SH-F-76

**Studien zur
Wirtschafts- und Sozialgeschichte
Schleswig-Holsteins**

Herausgeber:
Arbeitskreis für Wirtschafts- und Sozialgeschichte
Schleswig-Holsteins
und
Gesellschaft für Schleswig-Holsteinische Geschichte

Band 7

Leezen 1720–1870

Ein historisch-demographischer Beitrag zur Sozialgeschichte des ländlichen Schleswig-Holstein

Von Rolf Gehrmann

Karl Wachholtz Verlag Neumünster 1984

CIP-Kurztitelaufnahme der Deutschen Bibliothek:
Gehrmann, Rolf:

Leezen 1720–1870.
Ein historisch-demographischer Beitrag
zur Sozialgeschichte des ländlichen
Schleswig-Holstein/von Rolf Gehrmann
Neumünster: Wachholtz, 1984
  (Studien zur Wirtschafts- und Sozialgeschichte
  Schleswig-Holsteins, Bd. 7)
  ISBN 3-529-02907-6

D 188

ISSN 0-172-9152

ISBN 3-529-02907-6

Alle Rechte, auch die des auszugsweisen Nachdrucks,
der photomechanischen Wiedergabe und der Übersetzung,
vorbehalten

Karl Wachholtz Verlag Neumünster 1984

Vorwort

Die vorliegende Studie, eine unter der Anleitung Prof. Dr. Arthur E. Imhofs im Fachbereich Geschichtswissenschaft der Freien Universität Berlin entstandene Dissertation, ist mehr als eine Bevölkerungsgeschichte des Kirchspiels Leezen im ehemaligen holsteinischen Amt Segeberg. Durch den historisch-demographischen Ansatz und die Berücksichtigung wirtschaftlicher und kultureller Gegebenheiten liefert die Untersuchung einen wertvollen Beitrag zur Sozialgeschichte des ländlichen Schleswig-Holstein. Die Untersuchungsergebnisse werden denen anderer deutscher und europäischer Regionen gegenübergestellt und bieten Vergleichsmöglichkeiten für künftige Untersuchungen.

Der *Arbeitskreis für Wirtschafts- und Sozialgeschichte Schleswig-Holsteins* hat das Entstehen der Studie erwartungsvoll verfolgt und sie nach ihrem erfolgreichen Abschluß zur Aufnahme in die Schriftenreihe *Studien zur Wirtschafts- und Sozialgeschichte Schleswig-Holsteins* empfohlen.

Die Veröffentlichung wurde durch Druckkostenzuschüsse folgender Institutionen ermöglicht:

    Kreis Segeberg
    Sparkassen- und Giroverband für Schleswig-Holstein
    Raiffeisenbank Leezen
    Gemeinde Leezen

Im Namen des Verfassers und der Herausgeber der Schriftenreihe danke ich den Vertretern der genannten Einrichtungen für ihr Interesse und die gewährte Förderung.

I. E. Momsen

Inhaltsverzeichnis

1	**Einleitung**	19
1.1	Die Ziele der Arbeit	19
1.2	Methodische Bemerkungen	22
2	**Der ökonomische und soziale Hintergrund**	25
2.1	Administrative und geographische Rahmenbedingungen	25
2.2	Landwirtschaft	28
	Der Landbesitz und seine Entwicklung	28
	Ackerbau	35
	Konjunkturen	40
	Viehzucht	43
2.3	Das Gewerbe	46
2.4	Die Erbgewohnheiten	50
2.5	Die wirtschaftlichen und sozialen Verhältnisse (Zusammenfassung)	53
3	**Die Quellen der demographischen Auswertung**	55
3.1	Die Kirchenbücher	55
	Bestand	55
	Gestaltung	56
	Lücken	57
	Unterregistrierung	58
3.2	Die Familienrekonstitution	59
	Entstehung	59
	Inhalt des Ortssippenbuchs	60
	Rekonstitutionsfehler	60
	Zum Problem der „enfants retrouvés" und „ondoyés décédés"	63
4	**Die Bevölkerungsentwicklung 1657–1906**	65
4.1	Einwohnerzahl	65
4.2	Bevölkerungsbewegung	69

4.3	Periodisierung der Leezener Bevölkerungsentwicklung	79
	Rekuperationsphase vor 1740	81
	Stagnation und Krisen 1740/42–1762	82
	Durchbruch eines neuen Trends 1763–1780	83
	Stockungen und fortgesetzter Aufschwung 1781–1818	83
	Krise und letzte Aufwärtsentwicklung in zwei Phasen 1819–1864	84
	Strukturwandel nach 1864	85
5	**Mortalitätsuntersuchungen**	86
5.1	Die Lebenserwartung im achtzehnten und neunzehnten Jahrhundert	86
	Methodische Vorbemerkungen	86
	Die allgemeine Entwicklung der Lebenserwartung	88
	Kindersterblichkeit	92
	Erwachsenensterblichkeit	96
5.2	Die Todesursachen	99
5.3	Die Krisen als Ausdruck von Mortalitätsmustern	102
	Probleme der Messung und Interpretation von Krisen	102
	Intersaisonale Krisen	106
	Sommerkrisen	108
	Herbstkrisen	109
	Frühjahrskrisen	113
	Ergebnisse der typisierenden Auswertung	115
5.4	Ursachen der Veränderung der Mortalitätsstruktur	118
5.5	Zusammenfassung	122
6	**Die Säuglingssterblichkeit**	125
6.1	Vorbemerkung	125
6.2	Der Erwartungsrahmen für die Leezener Ergebnisse	126
6.3	Datenauswahl und -qualität	128
	Die Registrierung der Totgeburten	129
6.4	Die Höhe der Säuglingssterblichkeit in Leezen	131
6.5	Der Einfluß der Krisen	134
6.6	Geschlechtsspezifische Säuglingssterblichkeit	135
6.7	Die Einflußfaktoren Geburtsrang und Alter der Mutter	136
6.8	Die biometrische Analyse der Säuglingssterblichkeit	140
6.9	Die saisonale Säuglingssterblichkeit	149
6.10	Säuglingssterblichkeit und Sozialstruktur	156
	Die einzelnen Dörfer	156
	Soziale Gruppen	157
6.11	Erklärungsversuch	162
	Explananda	162
	Stillgewohnheiten	163
	Säuglingspflege	165

	Medizinische Versorgung	166
	Ökonomischer Wandel	169
7	**Ehen**	172
7.1	Forschungsmeinungen	172
7.2	Die Einleitung der Ehe	174
7.3	Quantitative Auswirkungen des nichtehelichen Sexuallebens	177
7.4	Der Zeitpunkt der Heirat	182
7.5	Ehe- und Haushaltsformen	187
7.6	Konnubiale Mobilität	196
7.7	Das Heiratsalter	197
7.8	Ehedauer und Kinderzahl	201
7.9	Ehekrisen und Eheende	202
7.10	Wiederverheiratung und definitive Verwitwung	204
7.11	Verwitwungsdauer	210
7.12	Zusammenfassung	216
8	**Eheliche Fruchtbarkeit**	219
8.1	Vorbemerkung	219
8.2	Der Erwartungsrahmen für die Leezener Ergebnisse	220
8.3	Datenauswahl und -qualität	221
8.4	Die verschiedenen Aspekte der Fertilität in ihrer Entwicklung	222
	Altersspezifische Fertilitätsraten	222
	Das Alter der Frau bei der letzten Geburt	229
	Das Einsetzen des definitiven Geburtenrückgangs	233
	Intervallkategorien nach Dupâquier/Lachiver	234
	Intergenetische Intervalle	235
	Protogenetische Intervalle	238
	Die saisonale Verteilung der Konzeptionen	240
8.5	Fertilitätsunterschiede zwischen Erst- und Wiederverheiratungen	244
8.6	Fertilitätsveränderungen durch Heiratsalter und Ehedauer – gab es eine kinderzahlabhängige Geburtenbeschränkung?	247
8.7	Lokale Besonderheiten	252
8.8	Differentielle Fertilität nach sozialem Status	253
8.9	Zusammenfassung	258
9	**Migrationen**	262
9.1	Fragestellung	262
9.2	Quellenlage und Auswertungsmethoden	263
9.3	Der Umfang der Migrationen	265
	Gesamtziffern auf der Grundlage der Volkszählung und der Bevölkerungsbewegung	265
	Die Eheleute	265
	Kinder	271
	Unverheiratete Erwachsene	274

9.4	Die Entwicklung der Migrationen 1720–1869	280
9.5	Die Migrationen im geographischen Kontext	282
	Die Herkunftsorte im Wandel der Zeit	284
	Auswanderungsziele	290

10	**Schlußbetrachtung**	294
10.1	Die Entwicklung der demographischen Struktur im Kirchspiel Leezen	294
10.2	Versuch einer Einschätzung der Repräsentativität der Ergebnisse	301

Anhang 311

Quellen- und Literaturverzeichnis 327

Abkürzungen 361
Übersicht über die Ehetypen 362

Summary 363
Résumé 365

Verzeichnis der Tabellen, Figuren und Karten

Tabellen

01	Inhalt der Familienblätter im Ortssippenbuch Leezen	61
02	Die Einwohnerzahl des Kirchspiels Leezen	67
03	Jährliche Rate der Bevölkerungszunahme	70
04	Geburten und Sterbefälle im Kirchspiel Leezen 1658-1907	71
05	Natalität und Mortalität im 19. Jahrhundert	80
06	Generationensterbetafeln 1720-1839	89
07	Sterbetafel für 1720-1839 Geborene nach Geschlecht	90
08	Prozentuale Verteilung der Sterbefälle nach Alter und Geschlecht	90
09	Überlebenswahrscheinlichkeiten von Kindern bis zum 15. Lebensjahr	93
10	Gewinnbilanz 1820-1869 pro 1000 Lebendgeborene	93
11	Schichten- und geschlechtsspezifische Kindersterblichkeit 1720-1869	96
12	Sterbefälle im Kindbett 1720-1869	97
13	Sterbefälle nach dem Alter der Frau 1720-1869	98
14	Todesursachen bei 1-7 jährigen 1810-1847	100
15	Übersicht über die Krisenjahre	105
16	Häufigkeit der verschiedenen Krisentypen	106
17	Monatliche Verteilung der Sterbefälle 1720-1899 nach Altersgruppen	120
18	Kindersterblichkeit nach Kalendermonaten	120
19	Die Säuglingssterblichkeit in Deutschland und Dänemark 1841-1934	127
20	Säuglingssterblichkeit und Totgeburten im Ksp. Segeberg 1742-1766	128
21	Die Totgeborenenquote 1660-1899	130

22	Die Säuglingssterblichkeit 1710-1899 für im Ksp. geborene Kinder	132
23	Geschlechtsspezifische Säuglingssterblichkeit	135
24	Säuglingssterblichkeit nach Geburtsrang und Alter der Mutter	137
25	Die Früh- und Nachsterblichkeit der Säuglinge	142
26	Säuglingssterblichkeit nach Lebensmonaten zu 30.4 Tagen	142
27	Abszissenwerte $\log^3(n+1)$ für Monate zu 30.4 Tagen	143
28	Berechnete endogene und exogene Mortalität im ersten Lebensjahr	145
29	Sterblichkeit im 1.-3. Lebensjahr nach Vierteljahren	147
30	Doppelt bereinigte monatliche Säuglingssterblichkeit	150
31	Doppelt bereinigte vierteljährliche Säuglingssterblichkeit	151
32	Früh- und Nachsterblichkeit nach Geburtsmonaten	153
33	Säuglingssterblichkeit nach Geburtsorten	157
34	Geschlechtsspezifische Säuglingssterblichkeit nach sozialer Gruppe und Alter in Tagen 1720-1869	158
35	Säuglingssterblichkeit nach Geschlecht, sozialer Gruppe und Geburtsrang 1720-1869	159
36	Uneheliche Geburten	176
37	Ehelichkeit der ersten Geburten und Konzeptionen in Erstehen	177
38	Voreheliche Konzeptionen nach sozialem Status	178
39	Wochentage der Heiraten	184
40	Heiratsmonate	186
41	Heiraten im Kirchspiel Leezen 1658-1907	188
42	Ehen nach Vollständigkeit der Familienblätter	191
43	Typen der in Leezen geschlossenen Ehen nach Datenqualität	192

44	Heiraten nach dem Zivilstand vor der Ehe	193
45	Haushaltstypen	195
46	Heiratsalter bei der ersten Ehe	198
47	Altersunterschiede zwischen Ehepartnern 1720-1869	198
48	Alter bei der Erstheirat 1720-1869 nach Sozialstatus des Mannes	199
49	Durchschnittliches Heiratsalter nach dem Zivilstand 1720-1869	200
50	Durchschnittliche Ehedauer	201
51	Wiederverheiratungen nach beidseitigen Erstehen 1720-1869	206
52	Wiederverheiratungschancen nach Alter und Kinderzahl	208
53	Wiederverheiratungschancen nach sozialem Status	209
54	Abstand zwischen erster und zweiter Ehe	211
55	Abstand zwischen zweiter und dritter Ehe	211
56	Verwitwungsdauer bei vorhandenen Säuglingen 1720-1869	214
57	Definitive Verwitwung 1720-1869 nach dem Alter beim Ende der Ehe	216
58	Altersspezifische Fruchtbarkeitsraten nach Heiratsjahrzehnten	224
59	Altersspezifische Fruchtbarkeitsraten in transversaler Darstellung	225
60	Eheliche Geburten in vollständigen Ehen	226
61	Fruchtbarkeitsziffern ausgewählter europäischer Regionen	229
62	Alter bei der letzten Geburt zum ersten Male verheirateter Frauen	231
63	Alter bei der letzten Geburt in Altersklassen der Frau	231
64	Alter bei der vorletzten Geburt	233
65	Verteilung der Intervallkategorien nach Dupâquier/Lachiver	235

66 Durchschnittliche intergenetische Intervalle
   pro Familie   236
67 Durchschnittliche intergenetische Intervalle   237
68 Intergenetische Intervalle bei Frauen mit
   sechs Kindern und mehr   238
69 Verteilung der protogenetischen Intervalle   239
70 Protogenetische Intervalle nach Heiratsaltern   239
71 Saisonale Verteilung der Geburts- und Konzeptionsmonate   241
72 Saisonale Verteilung legitimer und illegitimer
   Geburten 1720-1869   243
73 Fruchtbarkeitsraten der Untergruppen des Typ 1   246
74 Fruchtbarkeitsraten nach Heiratsalter   248
75 Fruchtbarkeitsraten nach Ehedauer   249
76 Synopse ausgewählter Fertilitätsmaße für
   1703-1852 geborene Frauen nach Heiratsalter   250
77 Fruchtbarkeitsraten nach Orten 1720-1869   252
78 Fruchtbarkeitsraten nach sozialem Status 1720-
   1869   253
79 Intervallkategorien nach sozialem Status 1720-
   1869   255
80 Durchschnittliche intergenetische Intervalle
   nach sozialem Status 1720-1869   256
81 Migrationsbilanz 1803-1905   266
82 Migrationsbilanz der einzelnen Orte 1803-1864   266
83 Migrationsbilanz der in Leezen Verheirateten   269
84 Herkunft der Ehepartner in Leezen   270
85 Migrationen von Kindern   272
86 Im Kirchspiel gestorbene Einzelpersonen   275
87 Verbleib der am 15. Geburtstag im Kirchspiel
   anwesenden Kinder   279
88 Entfernungen zwischen den Herkunftsorten der
   Ehepartner   284
89 Näherer Einzugsbereich außerhalb des Kirchspiels   286
90 Fernerer Einzugsbereich   286

91	Fernimmigrationen 1720-1869	287
92	Heiraten zwischen den Kirchspielsorten	288
93	Herkunftsorte auswärtiger Konfirmanden	289
94	Verteilung der Verbleibeorte im Nahbereich	291
95	Fernwanderungsrichtungen 10 - 49 km	291
96	Auswanderungsziele über 50 km	292
97	Wanderungen in den Hamburger Raum 1765-1894	292
98	Indizes wichtiger demographischer Eckdaten	295
99	Schätzung der Nettoreproduktionsziffer von Ehekohorten	296

Figuren

01	Die Preisentwicklung für Agrarprodukte in Schleswig-Holstein (1721-1790) und Hamburg (1792-1870)	41
02	Indizierte Einwohnerzahl für Schleswig-Holstein und Leezen 1735-1910	68
03	Anzahl der Haushalte in Leezen 1720-1845	68
04	Zweijahresdurchschnitte der Geburten	76
05	Sterbefälle 1658-1907	77
06	Fünfjahresdurchschnitte der Geburten und Sterbefälle	78
07	Natalität und Mortalität 1803-1905	79
08	Altersspezifische Mortalitätsraten 1720-1839	91
09	Altersspezifische Mortalitätsraten nach Geschlecht	91
10	Aussicht von lebendgeborenen Kindern, das fünfzehnte Lebensjahr zu erreichen	94
11	Die Krisen 1712, 1762 und 1785 im Kontext	116
12	Allgemeine saisonale Mortalität außerhalb der Krisenjahre	119
13	Indizierte monatliche Verteilung der Sterbealter 1720-1899	121

14 Saisonale Kindersterblichkeit 1720-1869 122
15 Kumulierte Rate der Säuglingssterblichkeit 143
16 Indizierte monatliche Säuglingssterblichkeit 1720-1869 152
17 Höhe der vierteljährlichen Säuglingssterblichkeit 152
18 Synopse der unehelichen Geburten und vorehelichen Konzeptionen 180
19 Wochentage der Heiraten 184
20 Heiratsmonate 186
21 Die jährliche Anzahl der Heiraten 1658-1869 190
22 Abstand zwischen erster und zweiter Ehe 1720-1869 211
23 Veränderungen in der Dauer der ersten Witwenschaft 213
24 Rate der gesamten ehelichen Fertilität 226
25 Anzahl der ehelichen Geburten in vollständigen Erstehen 1720-1869 227
26 Die Leezener Fertilitätsraten im europäischen Vergleich 230
27 Saisonale Verteilung aller Konzeptionen 242
28 Saisonale Verteilung legitimer und illegitimer Konzeptionen 244
29 Fruchtbarkeitsraten von Untergruppen Typ 1 247
30 Fruchtbarkeitsraten nach Ehedauer 251
31 Altersspezifische Fruchtbarkeitsraten von Hufnern und Landarbeitern 1720-1869 255
32 Durchschnittliche Intervalle 1720-1869 nach sozialem Status 256
33 Konfirmationen 1720-1869 und Heiraten 1730-1879 277

Karten

01 Geographische Lage des Kirchspiels Leezen 25
02 Städte, Dörfer, Parzellistenkommunen und
   Gutshöfe bis zu zehn Kilometer Entfernung
   vom nächstgelegenen Ort im Kirchspiel Leezen 283
03 Herkunftsorte der Ehepartner 1657-1719 305
04 Herkunftsorte der Ehepartner 1720-1769 306
05 Herkunftsorte der Ehepartner 1770-1819 307
06 Herkunftsorte der Ehepartner 1820-1869 308
07 Emigrationsziele 1765-1844 309
08 Emigrationsziele 1845-1894 310

1. Einleitung

1.1 Die Ziele der Arbeit

Die vorliegende Arbeit befaßt sich mit der Geschichte eines kleinen schleswig-holsteinischen Kirchspiels aus sieben Dörfern, etwa vierzig Kilometer nordöstlich von Hamburg gelegen. Nicht nur von Bewohnern der Gegend wurde mir häufig mit spürbarer Verwunderung die Frage gestellt: warum ausgerechnet eine Studie über Leezen?
Zweifellos ist die historische Bedeutung von Orten wie Niendorf oder Neversdorf, vom Standpunkt einer ereignisgeschichtlichen Betrachtungsweise aus gesehen, gering und mit dem Durchzug einiger Truppen in einigen Kriegen eher auf der passiven, leidenden Seite. Interesse kann dieses Unbedeutende aber im Rahmen der Sozialgeschichte und besonders der Historischen Demographie beanspruchen, sofern es im Rahmen einer Fallstudie zu neuen Erkenntnissen führen kann, die sich in einen größeren Problemzusammenhang einordnen lassen, und sofern die Quellenlage günstig ist. Letzteres ist in Deutschland besonders dort der Fall, wo in der Form der sogenannten Ortssippenbücher bereits die Vitaldaten der Kirchenbücher nach Familien zusammengestellt sind. Wenngleich historisch-demographische Fallstudien bei uns, im Gegensatz zu anderen europäischen Ländern, noch recht selten sind[1], liegen für Regionen mit gedruckten Ortssippenbüchern in der Regel bereits einige, wenn auch manchmal etwas magere, demographische Grunddaten vor[2]. Von den in dieser Hinsicht noch völlig unbeschriebenen Blättern wurde Schleswig-Holstein ausgewählt, eine Region, der sich der Verfasser ohnehin verbunden fühlt. Die Entscheidung für Leezen war dann insofern zufällig, als nur die Quellenlage, in diesem Falle das Vorhandensein eines in Manuskriptform vorliegenden, das 18. und 19. Jahrhundert umfassenden, abgeschlossenen und leicht zugänglichen Ortssippenbuchs, den Ausschlag gab[3].

---

[1] Vgl. Imhof 1977.
[2] Vgl. die Übersicht bei Gehrmann 1979, S. 469.
[3] LAS, Abt. 399, 11, Nr. 82-92. Ein "Stellenverzeichnis", das aber nur das siebzehnte Jahrhundert und den Anfang des achtzehnten umfaßt, liegt für Bramstedt vor (Riediger 1955).

Das Genre der Parochialstudie, welchem die vorliegende Untersuchung zuzuordnen ist, läßt sich am besten aus den inzwischen schon klassisch zu nennenden französischen Vorbildern bestimmen[1], deren Grundlage und ursprünglich einzige Quelle die Geburts-, Heirats-und Sterbeeinträge der Kirchenbücher darstellten. Die darauf beruhenden Auswertungsmöglichkeiten wurden in Deutschland von Imhof[2] anhand der Stadt Gießen und einiger umliegender Dörfer in exemplarischer Weise aufgezeigt. Daneben sind Ergebnisse detaillierter demographischer Analysen dieser Art bei uns bisher nur in Einzelaufsätzen veröffentlicht worden, die in Vergleichen zwischen Gemeinden aus verschiedenen Regionen nur isolierte Aspekte aus der Gesamtheit, die die generative Struktur[3] einer Population ausmacht, behandeln[4]. Sie stellen wichtige Anhaltspunkte zum Verständnis der hier betrachteten Mikroregionen dar und sind in den entsprechenden Partien der Arbeit herangezogen worden.

Wenn hier auch in wesentlichen Punkten dem Ansatz der erwähnten Parochialstudien gefolgt werden soll, wird doch aus vielerlei Gründen eine Beschränkung auf die dadurch vorgegebenen Auswertungsschemata zu vermeiden sein. Dies ist nur zum geringeren Teil eine Folge der Verfeinerung in den Auswertungstechniken der Historischen Demographie, die im Zusammenhang mit einer intensiveren Diskussion, beispielsweise der Fragen der Wiederverheiratung und der Säuglingssterblichkeit, stattfand[5]. Zum größeren Teil ist es eine Konsequenz aus der Erkenntnis, daß die einfache

---

[1] Vgl. Gautier/Henry 1958, Lachiver 1969, Charbonneau 1970, Bouchard 1972.

[2] Imhof 1975.

[3] S. Mackenroth 1953, S. 110. Der im folgenden auch verwandte Begriff der "demographischen Struktur" ist etwas weiter gefaßt und schließt Elemente wie die Größe der Population und andere demographische Charakteristika ein.

[4] Vgl. Forschungsübersichten Lee 1981 und Gehrmann 1979.

[5] Vgl. Dupâquier 1981 und Population Conference 1981.

Darlegung demographischer Sachverhalte nur von einem sehr begrenzten Fachinteresse ist[1].

Um einen integrierbaren Beitrag zur allgemeinen Geschichte zu leisten, müssen in der historisch-demographischen Studie selbst bereits die Verbindungslinien zu ökonomischen, sozialen, mentalitätsgeschichtlichen und gegebenenfalls auch anderen Bereichen deutlich werden, wobei diese aber in ihrem Eigenwert reduziert und nur in ihrer begrenzten Funktion als Einflußgröße für demographische Erscheinungen behandelt werden können. Andernfalls bestünde sogar die Gefahr, daß die Eigenschaft der letzteren als Ergebnis einer Vielfalt von Umständen aus dem Blickfeld gerät und demographische Struktur nur noch als eine von vielen Ausdrucksweisen eines außerhalb davon liegenden Ursachenkomplexes gesehen wird. So rücken beispielsweise in der Arbeit Lees[2] die ökonomischen Verhältnisse in das Zentrum der Analyse, so daß sich dort für die bevölkerungsgeschichtlichen Merkmale aus der Randlage fast zwangsläufig ein monokausales Erklärungsmuster ergibt. Diesem Risiko unterliegen natürlich auch Untersuchungen, die sich zwar schwerpunktmäßig mit der demographischen Struktur befassen, die aber aus derem Umfeld nur einen Ausschnitt betrachten, der dadurch leicht zum alles erklärenden wird. Das zeigt sich auch bei Gaunt, der Ökotypen als ortsspezifische Formen des Wirtschaftens definiert[3] und diesen verschiedene Typen generativen Verhaltens zuordnet.

---

[1] Vgl. Imhof 1977 und Braun 1977. Beispiele für die Erfüllung der Forderung nach einer Historischen Demographie, die zugleich Sozialgeschichte ist, bieten beispielsweise die französischen Regionalstudien, wie Lebrun 1971 und Croix 1981.

[2] Lee 1977.

[3] Gaunt 1978, S. 69. Bei Oakley 1981 findet sich ein Versuch, mit dieser Kategorie größere Regionen Skandinaviens zu charakterisieren. "Ökotypus" stammt aus dem Wortschatz der Ethnologen und bezeichnet im engeren Sinne "a system of energy transfer from environment to man" (Wolf 1966, S. 19). Auf diese Weise können verschiedene Lebensweisen, wobei hier natürlich besonders das generative Verhalten interessant ist, auf dem Hintergrund unterschiedlicher Umwelten typisiert werden. In diese Richtung geht auch der Ansatz einer bei Abschluß dieses Manuskripts (1983) eingehenden Dissertation von Wilhelm Norden, Oldenburg.

Sofern aber der ökotypenbildende Ansatz um mentalitätsgeschichtliche Elemente wie Kultur und Moralvorstellungen erweitert wird, gewinnt er für die historisch-demographische Forschung einen hohen heuristischen Wert, denn er ermöglicht eine Präzisierung der erwähnten Vielzahl von Einflüssen auf die demographische Struktur und die Formulierung eines Modells, ohne eine einseitige Betrachtungsweise vorzubestimmen. Dabei soll nicht verkannt werden, daß dieser Ansatz in der Praxis nur schwer zu realisieren ist. So wird man auch in der vorliegenden Studie über Leezen in erster Linie etwas über die von der Wirtschaftsweise geprägten Lebensbedingungen der dörflichen Gesellschaft erfahren, da sich das materielle Umfeld aus den Quellen und der Literatur weitaus besser rekonstruieren läßt als das ideelle.

Für die im Bereich der Mentalität liegenden Faktoren[1], die zu demographisch wirksamen Einstellungen werden, können fast nur die Veränderungen der Kennziffern selbst als Indizien dienen. Lediglich für den Bereich der Ehe sind aufgrund von Protokollen kirchlicher Schiedsverfahren einige unmittelbar zu belegende Aussagen möglich. Dieser Quellenmangel auf lokaler Ebene kann nicht durch Ableitungen aus umfassenderen Untersuchungen ausgeglichen werden, da diese für den deutschen Bereich, der hier primär interessant ist, erst in Ansätzen existieren[2]. Die vorliegende Studie über Leezen kann auch deshalb nicht in eine vollständige Modellbildung münden, weil dies ein konsequentes komparatives Verfahren, z.B. in der Form einer Untersuchung von Mikroregionen aus den verschiedenen Agrarlandschaften Schleswig-Holsteins, erfordert. Der ökotypisierende Ansatz bleibt also allein ein Mittel zur Strukturierung einer exemplarischen Untersuchung, deren übergeordnetes Ziel nicht ein räumlicher Vergleich, sondern eine historische Betrachtung von Kontinuität und Wandel einer in ihrer Repräsentativität noch zu definierenden generativen Struktur in der Zeit vor den großen Umwälzungen gegen Ende des 19. Jahrhunderts ist.

1.2 Methodische Bemerkungen

In methodischer Hinsicht hat der aufgezeigte Ansatz der Arbeit zur Folge, daß in erster Linie die Analysetechniken

---

[1] Vgl. Forschungsübersicht Reichardt 1978.
[2] Vgl. Imhof 1981 und Hinweise bei Reichardt 1978.

der Historischen Demographie anzuwenden und in ihren
Möglichkeiten und Grenzen transparent zu machen sind.
Wegen des Umfanges des Datenmaterials und um ständig die
Möglichkeit zu neuen Gruppierungen und Periodisierungen zu
haben, erwies sich eine Auswertung mit EDV als sinnvoll.
Auf diese Weise entstand auch als Nebenprodukt der Arbeit
ein Musterprogramm für demographische Analysen anhand von
Ortssippenbuchmaterial[1]. Der angestrebte exemplarische
Charakter der Untersuchung führte außerdem dazu, daß
versucht wurde, den Gang der Analyse auch in der Darlegung
der Ergebnisse zu verdeutlichen, so daß für den kritischen
Leser die Notwendigkeit, in einzelnen Punkten die großenteils
französischsprachige Spezialliteratur zu konsultieren,
reduziert wurde.

Die Methode des Vergleichs mit anderen Familienrekonstitutionen
konnte nur in begrenztem Maße angewandt
werden. Das lag im wesentlichen daran, daß der Kontext der
wenigen vollständigen Studien sich erheblich von dem
Leezener unterscheidet. Ein durchgehender Vergleich wäre
aber nur zu Objekten möglich gewesen, die in vom Verfasser
weitgehend zu kontrollierender Weise charakteristische
Gemeinsamkeiten und Unterschiede in geographischer,
ökonomischer, sozialer und kultureller Hinsicht aufweisen,
so daß von einer etwa abweichenden demographischen
Struktur Rückschlüsse auf entscheidende Faktoren hätten
gezogen werden können. Dagegen hätte beispielsweise die
Verwendung der Daten Lees nur zu dem Ergebnis geführt, daß
sich - überspitzt gesagt - Leezen und Massenhausen[2],
vielleicht außer der Tatsache, daß beide ab 1871 dem
Deutschen Reich angehörten, in allen Punkten unterschieden,
was nicht gerade zur theoretischen Klärung unterschiedlichen
generativen Verhaltens beigetragen hätte.

Trotzdem sind die von nominativen und nichtnominativen
Auswertungen erbrachten Ergebnisse wertvoll, um das Feld
abzustecken, auf dem die demographischen Verhältnisse in
Leezen anzusiedeln sind. Hier sind die Pflöcke durch die
von Imhof zwischen dem ostfriesischen Hesel und dem
bayrisch-schwäbischen Gabelbach festgestellten Unterschiede
zwischen einem "system of wastage" und einem
"system of conservation of human life" bereits eingeschlagen[3].
Es galt also, diese beiden Extreme in erster
Linie zu berücksichtigen. Daneben wurde wegen seiner

---

[1] Beim Verfasser zu beziehen.

[2] Vgl. Lee 1977.

[3] Imhof 1981a, S. 369.

großen statistischen Dichte und der Möglichkeit, selbst
die Daten auszuwerten, in gleicher Weise von Fall zu Fall
auch das Gebiet der südlichen Schwalm in Hessen herangezogen[1]. Schließlich waren wegen ihrer räumlichen Nähe auch
einige Ergebnisse nichtnominativer Studien in Schleswig-
Holstein zu verwenden[2] und, soweit dies möglich war,
aggregierte Zahlen aus den Herzogtümern und der späteren
preußischen Provinz Schleswig.

Ein wichtigeres Mittel zur Ergebnisfindung als der
räumliche Vergleich stellt in dieser Studie die Gegenüberstellung der unterschiedlichen Zeiträume in einer
Mikroregion dar. Die schließliche Form der Periodisierung
in die drei Abschnitte 1720-1769, 1770-1819 und 1820-1869
entstand dabei erst im Laufe der Untersuchung. Dagegen war
es bisher bei den meisten historisch-demographischen
Auswertungen in Deutschland üblich, daß im Interesse der
Einheitlichkeit und aus arbeitstechnischen Überlegungen a
priori eine Zusammenfassung zu teilweise recht großen
Zeiträumen erfolgte, die geeignet ist, Entwicklungstendenzen zu nivellieren. Das bedeutet zwar nicht, daß starke,
in eine Richtung wirkende demographische Veränderungen
nicht mehr nachvollziehbar sind, heißt aber doch oft, daß
der Zusammenhang mit sich möglicherweise zu anderen
Zeitpunkten ändernden Verhältnissen im historischen
Kontext nur noch schwer herstellbar ist. Auch ein Beweis
einer tatsächlich unveränderten demographischen Struktur
ist letzten Endes nur durch eine Gegenüberstellung mit
Vergleichsgrößen in den Zeiträumen zu erreichen, in denen
diese Änderungen aufweisen.

---

[1] Prof. Dr. Imhof möchte ich dafür danken, daß er mir
freundlicherweise den Zugriff auf seine Datenbank
gestattete. Ich habe nach verschiedenen Tests von elf
Dörfern sieben aus der südlichen Schwalm ausgewählt,
die im folgenden als "Schwalm" bezeichnet werden.
Gungelshausen, Leimbach, Loshausen, Merzhausen,
Ransbach, Wasenberg und Zella (vgl. Imhof/Kühn 1977, S.
24) hängen geographisch zusammen und bei den dort
geschlossenen Ehen treten m.E. keine Verzerrungen durch
Unterregistrierung oder Migrationen auf.

[2] S.u., S. 133.

2. Der ökonomische und soziale Hintergrund

2.1 Administrative und geographische Rahmenbedingungen

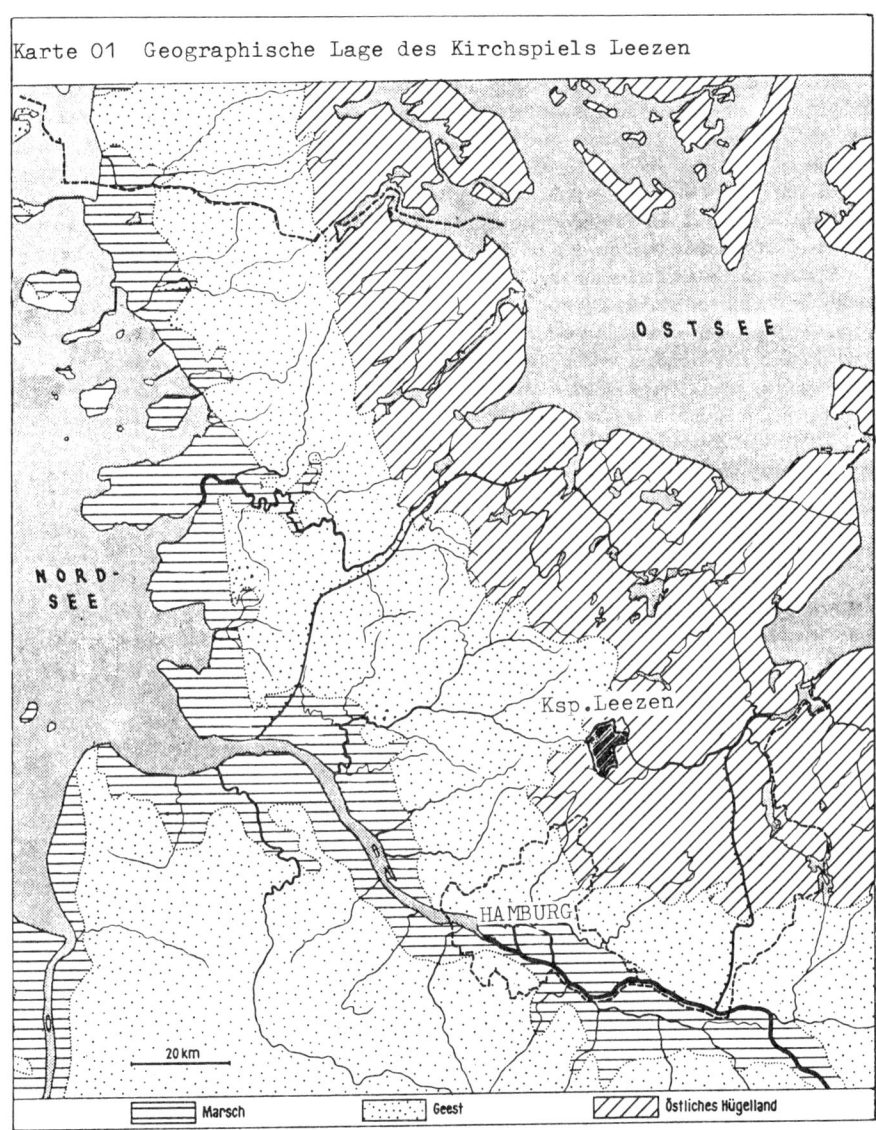

Karte 01   Geographische Lage des Kirchspiels Leezen

Das Kirchspiel Leezen liegt gut vierzig Kilometer nordöstlich von Hamburg und knapp dreißig Kilometer westlich von Lübeck. Es umfaßte im Untersuchungszeitraum die sieben Gemeinden Leezen, Heiderfeld, Krems, Niendorf, Neversdorf, Tönningstedt (dafür 1907 Kükels) und Neverstaven (dafür 1972 Bebensee). Daneben wurden drei Katen aus dem Dorfe Tralau eingepfarrt. Nach einem Schiedsspruch des Segeberger Konsistoriums von 1689 betraf dies alle Familien, die in diesen wohnten[1]. Dieser Richtlinie scheint aber zumindest im 19. Jahrhundert nicht immer konsequent entsprochen worden zu sein, denn 1864 - in der einzigen Volkszählungsliste, die hinsichtlich der Kirchspielszugehörigkeit in Tralau differenziert - sind nicht alle Einwohner der betreffenden Katen Leezen zugeschrieben. Es scheint hier also das Real- und das Personalprinzip, sprich Familientradition, durcheinandergegangen zu sein. Neben den Namen der genannten Dörfer tauchen in den Kirchenbüchern im 17. Jahrhundert eine Glashütte und eine mit "Warder" bezeichnete Stelle am See auf. Zudem wurde um diese Zeit Leezen noch in Baudorf und Kamp unterschieden. Später wurden Langenhorst und Traden als Ausbauten von Niendorf, Blocksberg als Stelle bei Neversdorf und Heidiek und Klingberg bei Neverstaven besonders gekennzeichnet. Nach Oldekop[2] sollen im Mittelalter die Dörfer Holm und Grabau, bevor sie gelegt wurden, ebenfalls zu Leezen eingepfarrt worden sein. Die damit verbundene Annahme eines Urkirchspiels mit den Grenzen Trave und Norderbeste gewinnt dadurch an Plausibilität, daß Leezen sich durch seine geringe Größe von den umliegenden Kirchspielen Segeberg, Oldesloe und Sülfeld als Sonderfall abhob. Für den Untersuchungszeitraum ist dies ohne Bedeutung[3].

Die Oberfläche betrug nach der nicht lange anhaltenden rechtlichen Verselbständigung des Guts Neverstaven um 1900 (498 ha) 42,9 km^2 [4]. Groß-Niendorf (1068 ha), Neversdorf (723 ha) und Leezen (643 ha) stellten flächen- und ab der Mitte des 19. Jahrhunderts auch bevölkerungsmäßig die großen Gemeinden dar, die bis heute ihre Selbständigkeit bewahren konnten. Die kleinen, nämlich Tönningstedt (501 ha), Heiderfeld (473 ha) und Krems (380 ha) fielen 1936

---

[1] Meifort 1939a.

[2] Oldekop 1908, Bd 2, S. 15 und S. 36.

[3] Vgl. dagegen Carsten/Burmester 1960 mit einer irreführenden Karte der Kirchspielsgrenzen.

[4] S. Bevölkerung 1972.

und 1937 der Eingemeindung zu Sülfeld und Leezen zum Opfer. Die fünf nordwestlichen Dörfer bildeten bis 1867 die Kirchspielvogtei Leezen im vormals königlichen Amt Segeberg, die faktisch mit Bornhöved und Segeberg eine administrative Einheit bildete. Das Dorf Tönningstedt gehörte zum Amt Tremsbüttel, das bis 1773 gottorfisch war, während Neverstaven dem Gut Tralau im Preetzer Güterdistrikt unterstand. Die deutlichste rechtliche Grenze bildete also der Gegensatz zwischen den Amtsdörfern des sogenannten "Oldesloer-Segeberger Bauerndistrikts"[1] mit einer vom Mittelbauerntum geprägten Sozialstruktur und den Gutsdörfern, für die hier Neverstaven steht[2].

Das Kirchspiel befindet sich auf einem westlichen Ausläufer der ostholsteinischen Jungmoränen, der am Rande der Gemarkungen Niendorfs und Heiderfelds in die Moore der Geest übergeht[3]. Neben dem Anteil von Moor herrschen verschieden dichte Mischungen von Lehm und Sand vor, wobei sich in nordwest-südöstlicher Richtung ein anlehmiger Rücken durch das Kirchspiel zieht. Als der relativ fruchtbarste Ackerboden galt in der ersten Hälfte des 19. Jahrhunderts der Neversdorfer, als der ungünstigste der Niendorfer und Tönnigstedter[4]. Die Unterschiede waren aber in Hinsicht auf den durchschnittlichen Bodenwert nicht erheblich, wie die Taxierungen 1825 und 1905 zeigen[5]. Nach dem Grundsteuerertrag 1905 hoben sich Leezen, Heiderfeld, Niendorf und Tralau mit 20-29 M pro ha als Teile einer schmalen Übergangszone positiv von den umliegenden Geestgebieten ab[6], so daß, wie nur selten in Schleswig-Holstein, die Bezeichnung "Mittelboden" angebracht ist[7].

---

[1] Stollt 1938, S. 51.

[2] Vgl. Hartz 1928.

[3] Vgl. Stormarn 1938, Wolff 1930.

[4] Vgl. Schröder/Biernatzki 1855 und den Bericht v. Rosens (LAS, Abt. 400 I, Nr. 267, S. 25 f.).

[5] LAS, Abt. 65.2, Nr. 4478 I, und Engelbrecht 1905, Atlas, Tafel 1.

[6] Sering 1908, S. 8.

[7] Die heutige Gemeinde Leezen liegt mit einem Wert von 44 nahe an der durchschnittlichen Ackerzahl Schleswig-Holsteins (Planungsatlas 1960, Karte 15).

Als geographische Komponente nicht unerwähnt bleiben sollen die Verkehrverbindungen. Hier ist allein die Straße von Segeberg nach Hamburg bemerkenswert, die über die Dörfer Krems, Leezen und Niendorf das Kirchspiel durchzog[1]. Ihr gegenüber wurde von Reisenden allerdings oft die Strecke über Oldesloe bevorzugt, so daß in den Reisebeschreibungen nur selten die Leezener Gegend erwähnt wird[2]. Immerhin war der Verkehr aber ausreichend, daß es sich für die Kirche lohnte, 1756 eine Brücke über die Leezener Au zu bauen und dafür einen Zoll zu erheben. 1844 wurde die Straße zur Chaussee ausgebaut, die Abgabe entfiel. Diese Nordost-Südwest-Straße blieb der einzige Verkehrsweg von Bedeutung; durch ihn wurde eine Anbindung an den Hamburger Markt möglich.

2.2 Landwirtschaft

Die Charakterisierung der Landwirtschaft in ihrer Entwicklung erfolgt hier in ihren zwei Hauptaspekten, nämlich den Besitzverhältnissen der einzelnen sozialen Gruppen und den Wirtschaftszweigen der Dörfer.

2.2.1 Der Landbesitz und seine Entwicklung

Die Statusbezeichnung, durch die dem einzelnen ein Platz in der dörflichen Gesellschaft zugewiesen wurde, veränderte sich im Untersuchungszeitraum nicht. Es gab Hufner, Kätner, Insten und Altenteiler. Diese Einteilung beruhte auf dem Verhältnis zu Land- und Hausbesitz, der in den Amtsdörfern schon längst zu Eigentum der Bauern und in den Gutsdörfern zu Eigentum des Adels geworden war[3].
In Neverstaven wurde um die Mitte des 19. Jahrhunderts nur noch 30% des Landes von den Bauern in eigener Regie

---

[1] Vgl. Blatt 51 des Varendorfschen Kartenwerks 1789-1796, Geodätisk Institut København.

[2] Der ausführlichste Bericht findet sich bei Camerer 1766.

[3] Zum Unterschied zwischen den altfreien westlichen Kirchspielen des Amts Segeberg und dem Kolonisationsgebiet, zu dem Leezen gehörte, vgl. Rieken 1963.

bewirtschaftet, der Rest gehörte zum Hofland[1]. Diese Proportionen hatten sich vermutlich schon außerhalb des Untersuchungszeitraums stabilisiert, denn der Hof Tralau leistete der Kirche immer Zahlungen für sieben niedergelegte Pflüge, während die Zahl der weiter bestehenden Hufen bzw. Teilhufen bei 5-7 lag. Sie wurde ab 1805 gesetzlich konserviert[2]. Die Leibeigenschaft mit allen ihren Implikationen und später die Abhängigkeit vom Verpächter erlauben es aber nicht, sie mit den Bauernstellen der Amtsdörfer gleichzusetzen, auf die sich die folgenden Ausführungen beziehen. Für die Nichtbesitzenden fielen dagegen mit der Aufhebung der Leibeigenschaft 1805 die wesentlichen Unterschiede weg.

Für die königlichen und fürstlichen Dörfer galt, daß vor der Verkoppelung allein die Hufner und Teilhufner Landbesitzer waren. Sie unterschieden sich in ihren Rechten nicht voneinander und bildeten zusammen die Dorfgemeinschaft und deren Institution, das Bauernlag[3]. Allerdings wurde die freie Verfügbarkeit über den Grund und Boden erst durch die Verkoppelung hergestellt. Die Erbgewohnheiten waren aber so fest verankert, daß Teilungen auch in der Folgezeit nicht vorkamen. Der Wert der Hufen war nun innerhalb der einzelnen Dörfer gleich, zwischen ihnen aber unterschiedlich. Flächenmäßig am größten waren die Neversdorfer Hufen mit 114-132 to, als durchschnittlich um 60 ha, am kleinsten die Leezener mit 64-70 to, also ca. 33 ha[4]. Nach einer Schätzung 1825 entsprach unter Berücksichtigung der Bodengüte im Verhältnis zu einer Leezener Hufe, hier als 100 gesetzt, eine Heiderfelder einem Wert von 185, eine Kremser 133, eine Niendorfer 147, eine Neversdorfer 182, eine Tönningstedter 50[5]. Die Hufner waren pflugzählig und mußten für einen ganzen, halben, drittel, viertel oder zwölftel Pflug, wie die Hufe steuerrechtlich hieß, Kontribution zahlen. Außerdem waren

---

[1] Schröder/Biernatzki 1855, Bd 2, S. 10.
[2] Hanssen 1861, S. 54.
[3] Vgl. Ast-Reimers 1965, S. 67.
[4] LAS, Abt. 65.2, Nr. 4478 I.
[5] Ebenda.

sie zu anderen an den Landbesitz gebundenen Leistungen, wie Magazinkorn- und Fouragelieferungen, verpflichtet[1].

Die Gruppe der Kätner stand an der Schnittstelle zwischen Landeignern und Landlosen. Im Kirchspiel Leezen wurden sie überhaupt erst vom ausgehenden 18. Jahrhundert an zu einer nennenswerten Größe, nachdem der "Alt Kötener" aus der Zeit vor dem Dreißigjährigen Krieg nach diesem zu einem Drittelhufner, die "Klein Kötener" zu Viertel- und die "Zubauern" zu Zwölftelhufnern gemacht worden waren[2]. Das gemeinsame Merkmal der Kätner war der Hausbesitz, wofür sie als Steuer den sogenannten Katentaler entrichten mußten[3], während sie in den Kirchenrechnungen wie Insten behandelt wurden. Wie diese hatten sie vor den Agrarreformen keinen Anteil an den Dorfländereien und Weiden[4]. Katen mit Land gab es erst wieder nach der Verkoppelung in der Form von Anbauernstellen, von denen 1828 schließlich 16 gegenüber 73 Hufnern und Teilhufnern existierten[5]. Sie waren unterschiedlich groß ausgelegt, durchschnittlich etwa im halben Umfang einer Zwölftelhufe. Die Kätner ohne Land (1828 17) unterschieden sich oft nur durch den Hausbesitz von den Insten, nicht aber durch die von ihnen ausgeübten Tätigkeiten[6]. Allerdings hatten sie wohl häufiger etwas Pachtland zur Verfügung als diese.

Die Insten schließlich waren besitzlose Mieter der Bauern. Ein bis zwei Familien bewohnten die Altenteilskaten der Hufen, soweit diese nicht von Abschiedsleuten bewohnt waren. Die vermutlich größere Gruppe verdiente ihren Lebensunterhalt durch Landarbeiten im Halbjahreskontrakt mit dem Hofbesitzer, eine andere ernährte sich durch Tagelohn oder Handwerk. Die Stellung der erstgenannten

---

[1] Vgl. Zusammenstellung im Segeberger Erdbuch von 1665, LAS, Abt. 110.2, Nr. 38 und Nr. 39.

[2] Ebenda.

[3] Bericht v. Rosens, LAS, Abt. 400 I, Nr. 267, S. 159.

[4] Bericht des Segeberger Amtmanns vom 1.2.1768, LAS, Abt. 25, Nr. 517 I, 5, fol. 63.

[5] LAS, Abt. 65.2, Nr. 4478 I.

[6] Da aus dem OSB-Material nicht immer eindeutig hervorgeht, ob es sich um Kätner mit oder ohne Land handelte, wurden alle Kätner, die keinen weiteren Beruf ausübten, der Sozialgruppe 2 (Kleinbauern) zugeschlagen. "Eigenkätner" und "Kätner" machten etwa ein Zehntel dieser Gruppe aus.

Kontraktinsten gegenüber den Bauern unterschied sich hauptsächlich dadurch von der von Knechten, daß die Insten eigene Haushalte hatten. Ansonsten waren die dinglichen Bindungen, z.B. durch Naturalleistungen, so stark, daß man sie als "Hintersassen" bezeichnen kann[1]. Die Arbeitsleistung des Insten wurde gegen freie Wohnung, Lieferung von Feuerung und Getreide in Form des Drescherlohns sowie Nutzung eines Stück (Garten-)Landes und eines Weideplatzes für die Kuh[2] aufgerechnet. Auch das Brot kam bis zum Auftreten des ersten Bäckers in Leezen, vermutlich in den 1750er Jahren, aus dem Ofen des Hufners[3]. Dagegen war das Verhältnis der im 19. Jahrhundert quellenmäßig häufiger belegten Tagelöhnerinsten zur Hufe in erster Linie das von Mietern zu Vermietern. Sie waren aber in höherem Maße als die Kontraktinsten von Schwankungen im Arbeitskräftebedarf betroffen, sie stellten nach diesen in der Regel die zweite Familie in der Kate[4]. Nicht nur aus den Besitzverhältnissen, sondern auch aus Äußerlichkeiten geht hervor, daß die Insten die Unterschicht waren und als solche empfunden wurden. So mußten sie im Gegensatz zu den Bauern in der Kirche in den Gängen stehen und fanden lediglich an der Kirchhofsmauer ein Grab[5].

Die Altenteiler, also die ehemaligen Hufner, spielten als wirtschaftlicher Faktor keine Rolle. Sie hatten allerdings häufig einen Garten (Kohlhof) und Vieh, teilweise auch etwas Land, welches alles nach ihrem Tode wieder an die Hufe zurückfiel. Dadurch waren sie in ihrer Existenz relativ unabhängig, zumal sie auch über mehr Ersparnisse verfügt haben dürften als beispielsweise die Insten[6].

Aus dieser Übersicht ergibt sich, daß der dörflichen Gesellschaft im Kirchspiel Leezen rechtlich und statusmäßig eine Polarisierung zugrundelag. Auf der einen Seite standen die landbesitzenden Hufner, auf der anderen die landlosen Insten. Allerdings gab es innerhalb der Gruppe der Hufner Abstufungen, wobei die Vollhufner die größte Zahl stellten. Nach objektiven Kriterien, nämlich der

---

[1] S. Sering 1908, S. 233.
[2] Großmann 1892, S. 429.
[3] Vgl. Hähnsen 1928, S. 120.
[4] Sievers 1935, S. 38.
[5] LAS, Abt. 65.2, Nr. 4478 I.
[6] Ebenda.

Größe des Landbesitzes, müssen Teilhufner und Kätner mit Land zu einer Zwischenschicht der Kleinbauern zusammengefaßt werden, während die Kätner, Insten und Kleinbauern, die weniger als eine Viertelhufe besaßen und nachweislich ein Nebengewerbe betrieben, eine gewisse Sonderstellung einnahmen, da sie ihr Haupteinkommen nicht mehr aus der Landwirtschaft bezogen haben können. So ergibt sich ein im folgenden durchgängig verwandtes Vierschichtenmodell[1], in dem sozialgeschichtlich besonders der Gegensatz zwischen den in sich homogenen und zahlenmäßig stärksten Gruppen der Vollhufner und der Landarbeiter interessant ist.

Die klare Trennung im Zugang zum Produktionsmittel Land änderte sich im Untersuchungszeitraum nicht. In rechtlicher Hinsicht ergab sich mit der Verkoppelung aber ein Einschnitt, dessen landschaftsgestaltende Folgen bis heute sichtbar sind. Grundlage für diese Vorgänge war die königliche Verordnung vom 19.11.1771[2], die ziemlich schnell eine Umgestaltung der Agrarverhältnisse bewirkte, wie sie in anderen deutschen Staaten erst im Laufe des 19. Jahrhunderts vollzogen wurde. Der gemeinschaftlichen Bewirtschaftung des Landes (Flurzwang) und den Formen kommunalen Eigentums, wie Dorfweiden und Holzungen, wurde ein Ende gesetzt. Dem war, landschaftlich in Schleswig-Holstein verschieden, bereits eine mehr oder weniger lange Entwicklung vorangegangen, so daß die Verkoppelung als der "Abschluß einer allgemeinen Auflösung der Gewannverfassung durch Austausch und Konzentration der Besitzanteile"[3] gesehen werden kann. Hufnern und Teilhufnern wurden entsprechend der Anzahl ihrer Steuerpflüge grundbuchmäßig abgesicherte Felder zugestanden. Lehrer und Kätner bekamen ein kleines Landstück, das für letztere in Leezen etwa einen Hektar umfaßte. Von der Egalisierung des Besitzes nach der Pflugzahl profitierten in Leezen die Viertelhufner, die vorher manchmal außer über Pachtland nur noch über ein winziges Grundstück verfügten[4], relativ am

---

[1] Die Altenteiler wurden den Hufnern zugeordnet. Da sie nur in Ausnahmefällen noch im prokreativen Alter waren, hat dies kaum Konsequenzen für die Auswertung.

[2] Chronologische Sammlung 1800, n.36, S. 45 ff.

[3] Ast-Reimers 1965, S. 101.

[4] Zu den recht ungleichmäßigen Anteilen der Viertelhufner an den "Communeländereien" s. Zusammenstellung aus den Verkoppelungsakten bei Holtz 1969, S. 34 und S. 126.

meisten. Ansonsten entsprach die Gleichbehandlung durchaus dem Zustand vor der Verkoppelung.

Die Anteile wurden durch Knicks, mit Strauchwerk bestandene Erdwälle, eingefriedet. Die dadurch entstandenen Koppeln mußten mit neuen Zugangswegen versehen werden, so daß sich auch in dieser Hinsicht das Landschaftsbild änderte. Gelegentlich wurden auf den ehemaligen Gemeinheiten, die in der Regel aus ziemlich schlechtem Land bestanden, Anbauernstellen angelegt. In Niendorf entstand auf diese Weise die kleine Siedlung Traden, bestehend aus drei 1777/78 angelegten Katen mit Land[1].

Diese obrigkeitlich verordneten Umwandlungen kamen im Kirchspiel Leezen den Bestrebungen der Bauern entgegen. Diese hatten bereits mit der Einfriedung des vorher in großen Schlägen (Kämpen) liegenden Saatlands begonnen, nachdem die begehrten Wiesen schon zu festem Privateigentum geworden waren. Im Dorf Leezen war zum Zeitpunkt der offiziellen Vermessung 1774 bereits, ausgehend von den in der Nähe der Höfe liegenden Feldern, etwa die Hälfte des Landes eingekoppelt[2]. Um eine abschließende Regelung dieses Prozesses hatten die Leezener schon 1768 gebeten. Dabei stellten die Viertelhufner, die in diesem Dorf verhältnismäßig zahlreich waren und die sich mit Recht von einer gesetzlichen Regelung, wie sie 1766 für das Herzogtum Schleswig ergangen war, Vorteile erhofften, offenbar eine treibende Kraft dar[3]. In Neversdorf zeigte sich ebenfalls deutlich das Interesse der Bauern[4], während Krems und Heiderfeld die Verkoppelung langsamer angingen. Schließlich waren aber in allen segebergischen Dörfern des Kirchspiels zu Anfang der 1780er Jahre die Umgestaltungsarbeiten im wesentlichen abgeschlossen[5]. Im gottorfschen Tönningstedt waren ohnehin schon früher gesetzliche Maßnahmen in Kraft getreten, so daß bereits 1772 eine Flurkarte vorlag[6].

Die Vorgänge um die Verkoppelung in Leezen passen zu der generellen Beobachtung, daß in Holstein besonders die

---

[1] LAS, Abt. 110.3, Nr. 228.
[2] Vgl. Hanssen 1880, S. 344.
[3] LAS, Abt. 110.3, Nr. 238.
[4] Vgl. Ast-Reimers 1965, S. 135.
[5] LAS, Abt. 110.3, Nr. 216.
[6] LAS, Abt. 402, A. 83.

Dörfer mit den besseren Böden nach der Umwandlung förmlich drängten, während auf der Sandergeest zahlreiche Probleme auftraten[1]. Dies lag zum Teil an technischen Schwierigkeiten, besonders an der, die Erdwälle zu befestigen, die in den kargsten Gebieten Holsteins leicht dazu neigten, zu Wanderdünen zu werden. Der andere Teil der Probleme war darin begründet, daß für viele arme Dorfbewohner die gemeinsame Weide, wenngleich für sie deren Benutzung nicht verbrieft und entgeltpflichtig war, zum Lebensunterhalt notwendig war. 1794 kam es als Folge der Verkoppelung, in der wie überall die Ansprüche der Insten nicht berücksichtigt wurden, im Kirchspiel Kaltenkirchen zu Unruhen[2]. Im Kirchspiel Leezen war von Widerständen nichts zu spüren, was vielleicht auch darauf zurückzuführen war, daß die Insten zahlenmäßig noch in der Minderheit waren. Es gab lediglich Streitigkeiten um die Modalitäten der Landaufteilung. Besonders heftig waren sie in Niendorf, wo sich die Dorfschaft offenbar schon seit längerem in zwei verfeindete Parteien gespalten hatte, die vom Norufer und die vom Südufer des Baches, den die Leezener Au dort bildete[3].

Neverstaven blieb im Gegensatz zu den großfürstlichen und königlichen Amtsdörfern von diesen Entwicklungen ausgeschlossen. Hier setzte um 1800 ein Wandel im rechtlichen Status ein, der aber nicht dazu führte, daß die Bauern zu Landeigentümern wurden. 1795 wurden in Tralau die Hand- und Spanndienste gegen eine Geldabgabe abgelöst und die Stellen der Bauern für zehn Jahre zur Pacht vergeben[4]. 1805 wurde, wie überall in Schleswig-Holstein, die Leibeigenschaft aufgehoben. Neverstaven gehörte zu der überwiegenden Mehrzahl der Gebiete, in denen die Stellen nun zur Zeitpacht ausgegeben wurden; die außerhalb des Dorfes liegende Stelle Heidiek dagegen zur Erbpacht.

Der Zustand nach der Verkoppelung erwies sich als dauerhaft. Individuelle Landveräußerungen, die zur Verkleinerung der einen und zur Vergrößerung der anderen Hufe geführt hätten, fanden praktisch nicht statt. Allerdings erwiesen sich die Viertelhufen im Dorf Leezen im 19. Jahrhundert als nicht mehr lebensfähig. Drei von ihnen

---

[1] Vgl. Ast-Reimers 1965, S. 150.

[2] S. Lawaetz 1795 und Beyer 1957.

[3] Pro Memoria Wichmanns vom 28.3.1778, LAS, Abt. 110.3, Nr. 228.

[4] Hanssen 1861, S. 40 f.

wurden bis 1870 mit anderen zu Zweiviertelhufen zusammengefaßt.

2.2.2 Wirtschaftsweise und Konjunkturen

Bestimmend für die historische Entwicklung der Formen der Landwirtschaft sind Bodengüte, technische Kenntnisse, Besitzverhältnisse und Absatzmöglichkeiten der verschiedenen Agrarprodukte. Bis auf die Besitzverhältnisse ähnelten sich die Faktoren für alle Dörfer des Kirchspiels so sehr, daß sie hier einheitlich behandelt werden können.

2.2.2.1 Ackerbau

Der Mangel an Wiesenland wurde bei verschiedenen Gelegenheiten als ein Nachteil des Leezener Bodens hervorgehoben[1]. Nur an der Trave und an der Leezener Au fand es sich in größeren Flächen. Im Kirchspielsdurchschnitt nahmen die Wiesen 1900 13,1% des landwirtschaftlich genutzten Bodens ein; 1828 war ihr Anteil ähnlich groß[2]. Eine weitere Einschränkung der Bewirtschaftungsmöglichkeiten bestand darin, daß die Bodenqualität für die Weizenkultur nicht ausreiche. Lediglich in Neverstaven konnte eine kleine Menge angebaut werden[3]. Ansonsten wurden auf den Feldern des Kirchspiels fast ausschließlich Roggen, Hafer und Buchweizen angebaut. Höchst selten und in nur geringem Maße fand sich Gerste. Diese Art der Nutzung des Saatlandes blieb über den ganzen Untersuchungszeitraum unverändert. Aus den Schuld- und Pfandprotokollen des 18. Jahrhunderts, dem Bericht Rosens 1828 und der von Engelbrecht bearbeiteten Landwirtschaftsstatistik 1900 ergibt sich, daß die drei genannten Getreidesorten immer etwa im Verhältnis 2:2:1 angebaut wurden, wobei, nach den Zahlen

---

[1] Bericht Hannekens vom 19.8.1729, LAS, Abt. 110.3, Nr. 137; Bericht v. Rosens, LAS, Abt. 400 I, Nr. 267, S. 99.

[2] Engelbrecht 1905, Bd 2, S. 154 f.; Bericht v. Rosens, LAS, Abt. 400 I, Nr. 267, S. 102.

[3] Vgl. Beschreibung des Guts vom 30.5.1870, GAN.

Rosens zu schließen, die Variationsbreite zwischen den einzelnen Dörfern gering war[1].

Im Laufe der Zeit veränderte sich aber, im Gegensatz zur Bodennutzung, die Verwendung der Produkte. Buchweizen diente wohl immer zum eigenen Konsum[2]. Die große Anbaufläche für Hafer erklärt sich aus dem starken Pferdebesatz der Vollbauernstellen mit 7-9 Tieren im 18. Jahrhundert und 4-6 im 19. Jahrhundert. Hinzu kamen die obligatorischen Fouragelieferungen für die Kavallerie. Nachdem diese um 1770 durch eine Geldabgabe abgelöst worden waren, dürfte ein Teil des Hafers auch an andere Abnehmer verkauft worden sein. Das eigentliche Handelsgetreide, das den Leezener Bauern das nötige Bargeld zur Bezahlung der Steuern brachte, war der Roggen, der im 18. Jahrhundert zur Erzielung höherer Preise offenbar direkt auf den Hamburger Markt gebracht wurde[3]. Nicht oder nur teilweise ausgedroschener Roggen konnte aber auch zur Verbesserung der Milchproduktion an die Kühe verfüttert werden[4].

Die unveränderten Proportionen in den Anbauflächen zwischen den einzelnen Getreidearten sind ein Beleg dafür, daß das System der Fruchtfolge keinen Wandlungen unterworfen war. In Schleswig-Holstein hatte sich, im Gegensatz zu den meisten anderen Agrargebieten Deutschlands, die Dreifelderwirtschaft gegenüber der Feldgradwirtschaft nicht durchsetzen können, da diese dem maritimen Klima besser angepaßt war. Ebensowenig verbreitete sich im 19. Jahrhundert die Fruchtwechselwirtschaft[5]. Die Güter und Bauerndörfer unterschieden sich hierin nicht[6]. Wie aus den Verkoppelungsunterlagen zu schließen und aus der Beschreibung Rosens zu entnehmen ist[7], wurde im Kirchspiel Leezen die Koppel- und Feldgraswirtschaft in 9-11

---

[1] Bericht v. Rosens, LAS, Abt. 400 I, Nr. 267, S. 104; Engelbrecht 1905, Bd 1, S. 136 und S. 138.

[2] Vgl. Bericht v. Rosens, LAS, Abt. 400 I, Nr. 267, S. 94.

[3] Vgl. LAS, Abt. 110.3, Nr. 510, Schuld- und Pfandprotokoll vom 24.6.1790 und LAS, Abt. 400 I, Nr. 267, S. 100.

[4] Bericht 1755, S. 9 f.

[5] Abel 1967, S. 310 ff., Schröder-Lembke 1978, S. 61 ff.

[6] Hanssen 1880, S. 262.

[7] Bericht v. Rosens, LAS, Abt. 400 I, Nr. 267, S. 98.

Schlägen betrieben, was einem 9-11jährigen Anbauzyklus entsprach. In fünf Jahren wurden auf das Dreeschland nacheinander Hafer, Buchweizen, fetter, d.h. ertragreicher Roggen, Hafer und magerer Roggen angebaut. Darauf ruhte das Land vier bis acht Jahre. Wegen der zahlreichen sommerlichen Niederschläge stellte sich Grünwuchs von selbst ein, so daß während dieser Zeit das Land als Ackerweide benutzt werden konnte, hierdurch gedüngt wurde und sich erholte. Reine Brache kam auf dem Gut Tralau vor, hier wurden auch die Feldfrüchte Gerste und Erbsen angebaut, Buchweizen sowie Kartoffeln dagegen nur in Nebenschlägen[1]. Während nach der Untersuchung Steinborns[2] für das 18. Jahrhundert eher eine Tendenz zur Erhöhung der Schlagzahl anzunehmen ist, führte die Intensivierung der Landwirtschaft in der zweiten Hälfte des 19. Jahrhunderts dazu, daß die Fruchtfolge verkürzt wurde. So gingen die Bauern zu einem fünfjährigen Zyklus über (Buchweizen, Roggen, Hafer, zwei Weidejahre), während in Tralau vier Baujahre mit differenzierterem Anbau und vier Brach- und Weidejahre üblich waren[3].

Für die Aussaat von Klee für diese sogenannte Dreeschperiode fehlen in Leezen direkte Hinweise, obwohl der Weißklee in Schleswig-Holstein schon im 18. Jahrhundert verbreitet war[4] und Klee nach Dittmann und Hanssen[5] überall in die letzte Getreidesaat gegeben wurde. Aber erst 1799 wurde im Gut Tralau mit der Stallfütterung begonnen[6], für die Bauernwirtschaften ist sie nicht belegt. Dafür fand ein anderer Fortschritt, die Düngung durch das Mergeln, von den 1790er Jahren an zunehmend Anklang[7]. Es bestand darin, daß kalkhaltige Erde aus tieferen Schichten zutage gefördert und auf die Felder verteilt wurde. Die geologischen Voraussetzungen waren hierfür im Kirchspiel Leezen günstig. Eine Mergelkuhle

---

1) Bericht v. Rosens, LAS, Abt. 400 I, Nr. 279, Tab. VI.
2) Steinborn 1982, S. 15.
3) Engelbrecht 1905, Bd 1, S. 136 und S. 147.
4) Schröder-Lembke 1978, S. 153 ff.
5) Dittmann 1838, Bd 2, S. 192, Hanssen 1880, S. 263.
6) Schleswig-Holsteinische Blätter für Polizei und Kultur 1800, Stück 1, S. 48.
7) Neue schleswig-holsteinische Provinzialberichte 1811, S. 256.

entstand sogar direkt auf dem Dorfplatz in Leezen[1]. Dagegen wird für das 18. Jahrhundert immer wieder auf den Düngermangel hingewiesen. Darüber berichtet beispielsweise 1735 der Segeberger Amtmann[2] und Camerer präzisiert für Leezen 1762, daß die Bewohner ihm geklagt hätten, sie wären dazu gezwungen, ihren Dünger öfters aus der Marsch holen zu lassen[3]. Dies dürfte allerdings nur gelegentlich, so bei den Rückfahrten von Getreidelieferungen nach Itzehoe, geschehen sein und hatte keine nennenswerte Auswirkung auf die Ernteerträge.

Die entscheidende Produktivitätssteigerung des 18. Jahrhunderts erfolgte ohne den Einfluß anbautechnischer Neuerungen, allein durch eine erhöhte Arbeitsintensität und einen vermehrten Arbeitskräfteeinsatz. Die geringe Attraktivität der Agrarpreise in der ersten Hälfte des 18. Jahrhunderts spielte als Grund für die bis etwa 1770 relativ nachlässige Bodenkultur sicher eine Rolle. Zweifelsohne zu Recht stellten aber zeitgenössische Beobachter vor allem die Agrarverfassung mit einer gemeinsamen Bodenbewirtschaftung als Hauptursache der geringen Erträge heraus. Nach Camerer lag im Kirchspiel Leezen, wie in anderen Gegenden, die Misere darin begründet, "daß unser Landmann es damit versieht, daß er entweder nicht von seinen alten Gebräuchen abgeht, oder daß er wirklich zu viel Land bebauet, und daher der Menge der Arbeiten wegen, nirgends recht fortkommen kann"[4]. Hinzu kam, daß im Dorf Leezen ein Teil der Landbesitzer bei einem "Buchbinder, Wirth, Bierbrauer und Ackersmann"[5] verschuldet war, der von den Bauern das Land pachtete und dann selbige anheuerte, um es gegen Lohn zu bestellen. "Er (der Bauer) pflüget mit den wenigen Pferden, die er etwa noch hat, sein eigenes und sein vermiethetes Land, und die Erde wird daher nicht so bearbeitet, als sie bearbeitet werden sollte. Und der halbe Bauer und der halbe Handwerksmann, ist eben so faul. Mein Wirth konnte kein Pferd aufzäumen, ich vergab diese Unwissenheit dem Schuster, aber nicht dem Ackersmanne"[6]. Wie sich an der Bemerkung

---

[1] Holtz 1969, S. 5.
[2] LAS, Abt. 110.3, Nr. 5.
[3] Camerer 1762, S. 824.
[4] Ebenda.
[5] Ebenda, S. 826.
[6] Ebenda.

über den angeblich geringen Pferdebestand in Gegenüberstellung mit den Schuld- und Pfandprotokollen nachweisen läßt, unterlag Camerer hier der verengten Optik eines Durchreisenden, der gerade bei dem besagten "Bauernverderber" Quartier bezogen hatte. Die Feststellung eines durch die Agrarverfassung und -konjunktur erklärbaren Schlendrians in der Landwirtschaft bis zum Beginn der 1760er Jahre dürfte aber tendenziell zutreffend gewesen sein.

Eine genauere Bezifferung der Ertragssteigerung durch eine sorgfältigere Bodenkultur nach der Verkoppelung ist nicht möglich. Rosen[1] erhob für die Kirchspielvogtei im Jahre 1827/28, das als Erntejahr weder positive noch negative Besonderheiten aufwies, einen 5,0fachen Ertrag der Kornaussaat. Zieht man als Vergleichsbasis aus den Berechnungen Steinborns[2] das Mittel aus den bodenwertmäßig Leezen nahestehenden Gebieten Neumünster und Bordesholm heran, so lag der Ertrag 1700 etwa bei 3,4 und 1766 bei 4,2. Eine Steigerung ist also für Leezen mit ziemlicher Sicherheit anzunehmen, wenngleich sie angesichts des vorher von Steinborn verzeichneten Anstiegs nicht als einzig durch die Verkoppelung zu erzielender Effekt hingestellt werden darf[3]. In Verbindung mit der Ausweitung der bebauten Fläche[4] führte letztere aber dessenungeachtet zu einem bis dahin nicht gekannten Produktionszuwachs.

Die Anbauformen und, damit verbunden, die Ernährungsgewohnheiten in Hinsicht auf die Grundnahrungsmittel behielten ihre Ausrichtung auf das Getreide. Es kam als Brot und in Mehlspeisen aller Art, Buchweizen in Grütze und in gebratenen Klößen, auf den Tisch. Der Kartoffelanbau konnte sich bei den Bauern nicht in größerem Maße durchsetzen, er geschah in den Amtsdörfern wohl nur in den Gärten. In einem Inventar von 1810 wird zum ersten Male eine kleine Menge von Saatkartoffeln erwähnt, 1823 in einem weiteren[5]. In ebenfalls sehr geringem Umfang

---

[1] Bericht v. Rosens, LAS, Abt. 400 I, Nr. 267, S. 104.

[2] Steinborn 1982, S. 174.

[3] Vgl. Meyer 1965, S. 99 ff., der z.B. den Anstieg der Agrarpreise völlig vernachlässigt.

[4] In Leezen war vor der Verkoppelung 1/5 des Landes unurbar (Ast-Reimers 1965, S. 298).

[5] Schuld- und Pfandprotokoll vom 18.4.1810 und vom 15.5.1823, LAS, Abt. 110.3, Nr. 516 und Nr. 518.

tauchen um diese Zeit Leinen- und früher schon Hanfsaaten auf[1]). Alle weiteren gartenmäßig kultivierten Produkte lassen sich nicht detailliert nachweisen. Erst für 1900 liegt eine Obstbaumzählung vor, nach der Leezen mit einer Dominanz von Apfelbäumen, gefolgt von Pflaumen, Birnen und Kirschen, keine Auffälligkeiten aufweist[2]). Eine gewisse Tradition ist hier anzunehmen, wenngleich generell erst um die Mitte des 19. Jahrhunderts der Obstbau eine stärkere Belebung erfuhr[3]).

Während sich somit für die Feld- und Gartenfrüchte das Bild einer bemerkenswerten Kontinuität ergibt, lassen sich in der Viehzucht stärkere Veränderungen beobachten. Diese sind aber nur auf dem Hintergrund konjunktureller Entwicklungen zu verstehen.

2.2.2.2 Konjunkturen

Den besten Indikator für die sich verändernden Rahmenbedingungen der landwirtschaftlichen Produktion stellen die auf dem Markt zu erzielenden Preise für die Erzeugnisse dar, wobei im betrachteten Raum die Hamburger Marktsituation tonangebend war. Für die Einrichtung der Bauernwirtschaften war vor allem die längerfristige Preisentwicklung interessant. Die von Riemann nach Waschinskis Angaben für Schleswig-Holstein und von Jacobs/Richter für Hamburg erarbeiteten und hier einheitlich zu Zehnjahresdurchschnitten zusammengefaßten Preise für Roggen und Butter im Verhältnis zum Silber (Fig. 1) machen deutlich, daß im 19. Jahrhundert, für das ein vollständiger Vergleich möglich ist, die Milchwirtschaft tendenziell an Attraktivität gegenüber der Getreidewirtschaft gewann. In den Grundzügen weisen aber beide Preiskurven bis in die 1850er Jahre hinein Gemeinsamkeiten auf, die es erlauben, hier allgemeiner die Agrarkonjunktur zu skizzieren.

Nach Arnim[4]) läßt sich die Periode 1690-1740 für die schleswig-holsteinische Landwirtschaft als eine mit

---

[1]) Schuld- und Pfandprotokoll vom 29.12.1779, LAS, Abt. 110.3, Nr. 513.
[2]) S. Engelbrecht 1905, Atlas.
[3]) Sievers 1935, S. 36.
[4]) Arnim 1957, S. 61.

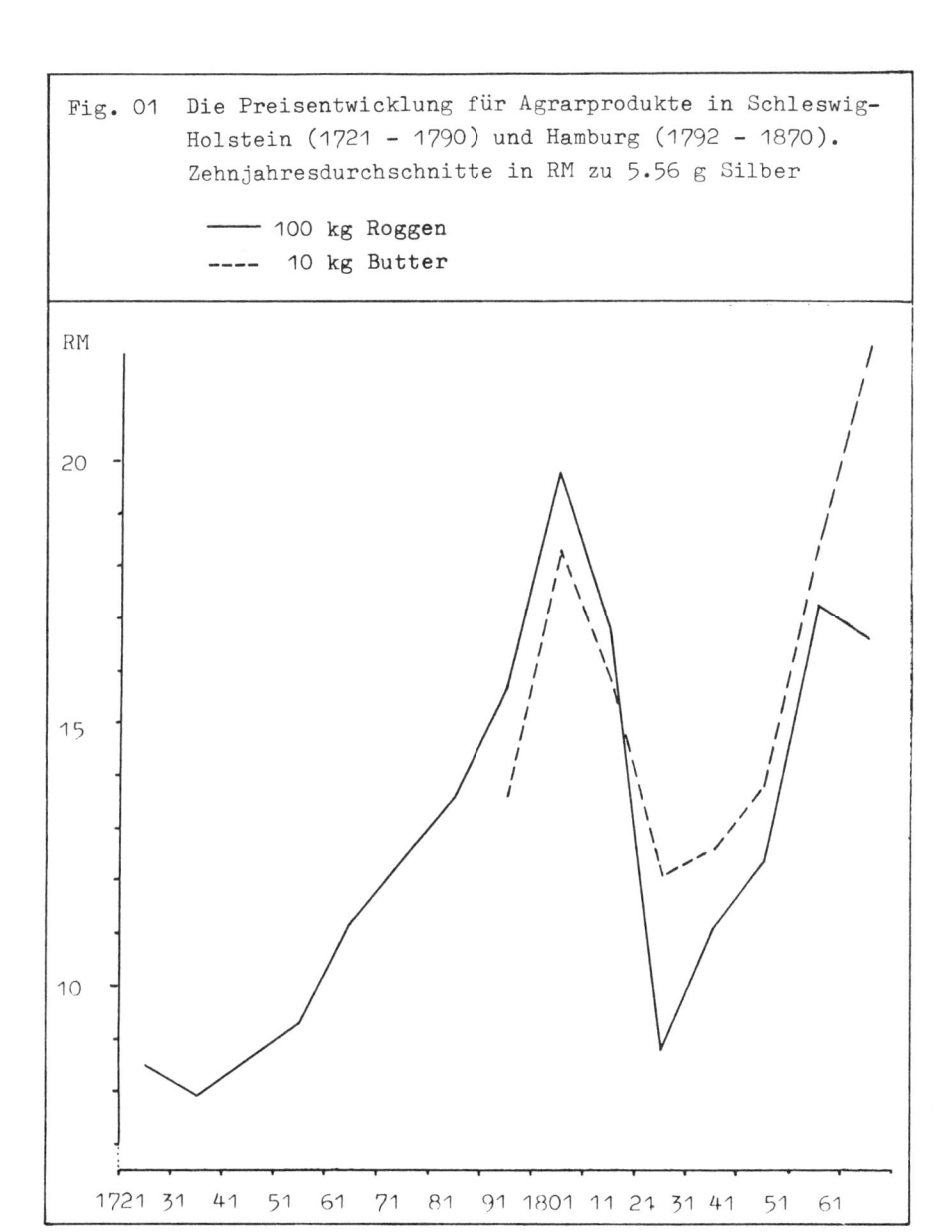

Fig. 01 Die Preisentwicklung für Agrarprodukte in Schleswig-Holstein (1721 - 1790) und Hamburg (1792 - 1870). Zehnjahresdurchschnitte in RM zu 5.56 g Silber

——— 100 kg Roggen
---- 10 kg Butter

Quelle: Jacobs/Richter 1935, S. 52 f., S. 58 f., Riemann 1953, S. 171.

gemäßigt profitablen Preisen charakterisieren. Impulse für eine Intensivierung der Landwirtschaft gingen davon aber nicht aus. In diese Zeit fiel in Leezen die Erholung vom Nordischen Krieg ab 1713. Zwar lagen wegen Steuerschulden, die Interessenten von einer Hofübernahme abhielten, einige Hufen wüst, deren Land wurde aber verpachtet oder von Nachbarn anteilsmäßig bebaut. Ab etwa 1750 begann im europäischen Maßstab eine Trendwende hin zu höheren Agrarpreisen[1]. Erst nach dem Ende des Siebenjährigen Krieges konnten aber durchgängig hohe Preise erzielt werden. Diese ermöglichten es den Leezener Bauern, die in den Jahren 1752 bis 1754 von angestauten Abgabenrückständen befreit worden waren[2], die zur Verkoppelung notwendigen Investitionen zu leisten.

Die Intensivierung der Landwirtschaft, die damit erreicht wurde, kann als eine zwar historisch längerfristig begründete, aber unter den Zeitumständen doch bemerkenswert folgerichtige Anpassung an die Agrarkonjunktur gewertet werden. Mit den 1780er und 1790er Jahren kam dazu die Phase ständig steigender Gewinnmöglichkeiten, die die Bodenpreise in die Höhe schnellen ließ[3]. Ausgelöst durch die Kontinentalsperre, war dieser Trend 1807 gebrochen. Dieses Jahr brachte in Leezen eine Anzahl von Konkursen, vorher und nachher durchaus ein seltenes Phänomen. Bis 1818 war die Ertragslage nun sehr schwankend, ohne daß das Niveau der 1790er Jahre wieder überschritten worden wäre[4].

In eine tiefe Depression versank die Landwirtschaft nach 1818. Es handelte sich dabei um eine Überproduktionskrise, die ein exportorientiertes Land wie Schleswig-Holstein besonders hart traf. Auf den Feldern häufte sich unverkäufliches Korn[5], die erfolgreichen Bemühungen um höhere Erträge zeigten für die Bauern plötzlich ihre Schattenseiten. Diese reduzierten Einkommensmöglichkeiten zogen eine Reihe von Problemen nach sich, besonders die Erwerbslosigkeit der Landarbeiter und die Zunahme der Bettelei[6].

---

[1] Abel 1974, S. 120.
[2] Sering 1908, S. 93.
[3] Abel 1967, S. 331.
[4] Vgl. Jacobs/Richter 1935, S. 80 und Abel 1967, S. 339.
[5] Abel 1967, S. 340.
[6] Vgl. Visitationsbericht 1829, LAS, Abt. 19, Nr. 80.

Wegen mangelnden Bargeldes wurden die Insten wieder verstärkt in Naturalien entlohnt, Holz wurde verstärkt anstelle des Handelsguts Eisen für die bäuerlichen Gerätschaften verwendet[1]. Es versteht sich, daß nun die Jahrhundertwende in der Erinnerung als ein goldenes Zeitalter erschien[2]. Mit dem Beginn der 1830er Jahre setzte eine Verbesserung der Situation ein, aber erst ab etwa 1852 kann wieder von hohen Agrarpreisen gesprochen werden. Diese günstige Konjunktur dauerte bis über das Ende des Untersuchungszeitraums hinaus an.

2.2.2.3 Viehzucht

Die großen Wechsellagen konnten nicht ohne Auswirkungen auf die Wirtschaftsweise der Leezener Bauern bleiben. Der Aufschwung des ausgehenden 18. Jahrhunderts bestärkte sie in ihrem Bestreben, möglichst viel Getreide für den Markt zu erübrigen[3]. Mit der Verkoppelung wurde die Landwirtschaft insgesamt verbessert, ohne daß sich die Bevorzugung des Ackerbaus änderte. Eine Folge davon war, daß es auf einer durchschnittlichen Hufe doppelt soviele Pferde wie Kühe gab. Vier Stück Rindvieh waren die Regel, hinzu kamen noch etwa zwei Jungtiere, so daß etwa die Proportionen eines sich selbst ergänzenden Milchviehbetriebes vorhanden waren. Diese Ziffer wurde aber noch häufiger unter- als überschritten. Dazu trug die 1745-1782 immer wieder auftretende Rinderpest bei. In deren Folge hatte z.B. ein Niendorfer Vollhufner 1771 nur noch eine Milchkuh, bei deren Taxierung aber besonders vermerkt wurde, daß sie "durchgeseucht" wäre[4]. Wenn also Milchprodukte von den Bauernwirtschaften zum Verkauf gelangten, kann es sich nur um kleinste Mengen gehandelt haben. Dagegen wurde auf dem gutsherrlichen Meierhof Neverstaven die Butterherstellung im 18. Jahrhundert durch eine Holländerei schon gewerbsmäßig betrieben[5].

---

[1] Sievers 1935, S. 28.

[2] Vgl. Hedemann-Heespen 1926, S. 795.

[3] Vgl. Abel 1967, S. 315.

[4] Schuld- und Pfandprotokoll vom 20.10.1771, LAS, Abt. 110.3, Nr. 513; vgl. Ahrens 1745, Hanssen 1925, S. 119, 126, 128, 131 f., Kuß 1825, S. 80 und S. 102.

[5] Vgl. Tabelle über das auf dem Adel. Gute Tralow und Meyerhofe Neverstaven den 1. Apr. 1774 befindliche Horn-Vieh, LAS, Abt. 66, Nr. 4939. Zu diesem Zeitpunkt gab es auf dem Meierhof 50 Kühe und kein Jungvieh.

Im 19. Jahrhundert tritt uns ein völlig anderes Bild entgegen. Bereits die Zahlen Rosens für 1828 lassen auf einen Bestand von durchschnittlich etwa 10 Milchkühen pro Hufe in den Bauerndörfern schließen[1]. Der Unterschied zu 1883 (1261 Rinder gegenüber 995 1828) und 1900 (1580 Stück) war damit geringer als zu den Werten des ausgehenden 18. Jahrhunderts. Es fand demnach eine ziemlich abrupte Veränderung statt, die man aufgrund der Schuld- und Pfandprotokolle auf die Zeit um 1810 datieren kann. Ab 1809 finden sich in Hufnernachlässen mehr als zehn und nie weniger als sechs Milchkühe, während noch 1807 die Norm von vier Stück ungebrochen schien. Demnach erfolgte eine Umstellung auf verstärkte Milchwirtschaft nicht erst in der großen Krise der 1820er Jahre, wie am ehesten zu erwarten gewesen wäre, sondern bereits früher. Folglich übte die Kontinentalsperre eine nachhaltige Wirkung aus. Wie die Konkurse 1807 zeigen, war die Einbindung in das Handels- und Kreditwesen schon so eng, daß nun versucht werden mußte, wegen der schlechten Gewinnchancen für Getreide mit anderen Produkten auf den Markt zu gehen. Ein Bauernhaushalt mit sechs Personen konnte bei 14 Kühen etwa einhundert Pfund Butter zum Verkauf bringen[2]; eine Einnahmequelle, auf die man nicht verzichten wollte. Hinzu kam, daß das um diese Zeit einsetzende Mergeln gerade die Viehzucht begünstigte. Er förderte nämlich vor allem den Ertrag an Stroh, welches das traditionelle Futter der Kühe bildete, deren Vermehrung nun wiederum durch einen größeren Anfall an organischem Dünger die Ernteerträge verbessern half.

Die Zunahme der Milchwirtschaft zog in der Regel auch eine Ausweitung der Schweinezucht nach sich, die zum großen Teil aus den Abfallprodukten der Milchverarbeitung bestritten wurde. Als Norm galt zum Beispiel auf den Holländereien, daß zehn Kühe ein Schwein ernährten[3]. In Leezen war der Besatz mit vier Schweinen schon im 18. Jahrhundert stärker. In absoluten Zahlen bedeutet dies allerdings nur, daß sich auf einem Hof ein bis zwei Stück, die Ferkel nicht mitgezählt, befanden, die auch aus anderen Abfällen gefüttert werden konnten. Dieser Zustand änderte sich auch nicht nach 1807, sehr wohl aber in den

---

[1] Bericht v. Rosens, LAS, Abt. 400 I, Nr. 267, S. 102.
[2] Niemann 1823, S. 106.
[3] Wagner 1937, S. 34.

1820er Jahren. Rosen erwähnte 1828 ausdrücklich als eine Besonderheit des Kirchspiels Leezen, daß es sich "auf die Zuzucht von Schweinen legte, die einen leichten Absatz nach Hamburg fanden, und das Verfahren des Korns ersparten"[1]. Es ist anzunehmen, daß man bei den damaligen Preisverhältnissen nicht kleinlich bei einer Verfütterung von Getreide war.

Im weiteren Verlauf des 19. Jahrhunderts wurde die Schweinezucht beständig weiter ausgebaut, wobei sich die Proportionen gegenüber der Rindviehhaltung deutlich verschoben. Sie wurde also unabhängig von der Milchwirtschaft und beruhte mit ziemlicher Sicherheit auf der Getreidemast in den Monaten Juli bis Oktober[2]. Kamen 1828 drei Schweine auf zehn Stück Rindvieh, so waren es 1883 bereits sieben. Bis 1900 schließlich hatte sich der relative Bestand auf dreizehn zu zehn verdoppelt[3].

Entgegengesetzt verlief die Entwicklung der Schafzucht, die trotz der Hindernisse, die ihr durch die Verkoppelung erwachsen waren, in einigen Dörfern noch 1828 nicht ohne Bedeutung war. An deren Stelle trat eine vermehrte Ziegenhaltung, die Ende des 19. Jahrhunderts übrigens so sehr an die Landarbeiterhaushalte gebunden war, daß Engelbrecht in ihr geradezu einen Index für soziale Verhältnisse sieht[4]. 1828 wurde noch keine Ziege verzeichnet, was, nach den Schuld- und Pfandprotokollen zu urteilen, wohl durchaus eine zutreffende Beobachtung war. Stattdessen gab es 701 Schafe in den Amtsdörfern[5]. 1883 hatte sich ihre Zahl halbiert, dafür gab es bereits 213 Ziegen. 1900 schließlich hatten sich die Verhältnisse mit 242 Ziegen gegenüber 196 Schafen endgültig verschoben[6].

---

1) Bericht v. Rosens, LAS, Abt. 400 I, Nr. 267, S. 100.
2) Vgl. Wagner 1937, S. 35.
3) Bericht v. Rosens, LAS, Abt. 400 I, Nr. 267, S. 100 und Engelbrecht 1905, Bd 2, S. 178 f. und S. 202 f. Sowohl 1828 als auch 1883 und 1900 fanden die Zählungen nach der Schlachtzeit zu Ende des Jahres statt. Dies erklärt auch, daß die Stückzahlen 1828 nicht höher lagen als zu anderen Jahreszeiten im achtzehnten Jahrhundert.
4) Engelbrecht 1905, Bd 1, S. 252.
5) Bericht v. Rosens, LAS, Abt. 400 I, Nr. 267, S. 102 und LAS, Abt. 400 I, Nr. 273, S. 11.
6) Engelbrecht 1905, Bd 2, S. 178 f.

Völlig zu vernachlässigen für die Wirtschaftsbilanz der Bauernhöfe war das Kleinvieh. Hühner und Gänse, die in geringem Umfang in den Quellen erwähnt werden, spielten nur für den Hausbedarf eine Rolle, im 18. Jahrhundert letztere offenbar eine stärkere als erstere. Zudem gab es 1828 durchschnittlich einen Bienenstock pro Haushalt; die Imkerei wurde im 19. Jahrhundert weiterhin gepflegt (1828 298 Bienenstöcke in der Kirchspielvogtei[1], 1900 777 in den Amtsdörfern[2]).

2.3 Das Gewerbe

Die rechtlichen Voraussetzungen für die Entwicklung des Gewerbes in Schleswig-Holstein sind von Hähnsen[3] zusammengestellt worden. Demnach bedurfte von 1805 an die Ausübung eines Handwerkes auf dem Lande einer staatlichen Konzession, deren Erteilung sich im Idealfalle nach der Bevölkerungsgröße richtete[4]. Vor den von den 1820er Jahren an konsequenter durchgeführten Maßnahmen, mit denen auf dieser Grundlage das Landhandwerk kontrolliert und steuerlich eingestuft wurde, sollte das Bannmeilenrecht der Städte, im Falle Leezens Segebergs und Oldesloes, regulierend wirken. In der Praxis war es aber fast bedeutungslos, da in der Regel keine Aufsicht stattfand[5].

Als Quellen für die realen Verhältnisse in Leezen können die Kirchenbücher ab 1763, die Volkszählungslisten, die Schuld- und Pfandprotokolle und die Konzessionierungsunterlagen vom Ende der 1830er Jahre an dienen[6]. Ein synchroner Überblick ist allerdings nur durch die Zensuslisten möglich, deren Angaben als vollständig betrachtet werden können, wie ein Vergleich mit den Kirchenbüchern

---

[1] Bericht v. Rosens, LAS, Abt. 400 I, Nr. 267, S. 102.
[2] Engelbrecht 1905, Bd 2, S. 178 f.
[3] Hähnsen 1923.
[4] Ebenda, S. 94.
[5] Ebenda, S. 89.
[6] Namentliche Aufführung der Konzessionierten im Findbuch zu LAS, Abt. 110.3, dazu Einzelakten LAS, Abt. 110.3, Nr. 147, Nr. 290 und Nr. 323.

zeigte[1]). Lediglich 1835 sind die Berufsangaben ungenau, was vermutlich auf eine Unsicherheit über die veränderten Praktiken der Konzessionierung zurückzuführen war[2]).

Ein grundlegendes Element läßt sich in der Bindung der nichtlandwirtschaftlichen Berufe an einen bestimmten sozialen Status feststellen.

Die erste Gruppe, bei der gewerbliche Tätigkeit festgestellt werden konnte, war die der Teilhufner, von denen es besonders im Kirchspielshauptort eine größere Anzahl gab. Erst mit der Zunahme der Insten im letzten Drittel des 18. Jahrhunderts begannen diese auch, einen stärkeren Anteil an der Produktion des sekundären Sektors zu nehmen. Hier waren es vor allem die Berufe, die eine geringere Qualifikation erforderten und wenig Einkommen brachten, wie die der Schuster und Weber, die Zulauf fanden. Es versteht sich von selbst, daß von diesen Gruppen daneben beispielsweise in der Erntezeit auch Feldarbeit gegen Tagelohn verrichtet wurde[3]). Für Bauern, die zugunsten der handwerklich tätigen Insten auf einen wenig lohnenden Teil ihrer Eigenwirtschaft verzichten konnten, hatte diese Einrichtung den Vorteil, nicht auf Wanderarbeiter angewiesen zu sein.

Als Nebentätigkeit der spannfähigen Amtsbauern spielte im 18. Jahrhundert die Erbringung von Fuhren in der arbeitsarmen Jahreszeit des Winters eine wesentliche Rolle[4]). Genügend Pferde und Wagen waren dazu vorhanden und eine gewisse Transportleistung mußte ohnehin durch die Magazingetreide- und Fouragelieferungen erbracht werden, wobei

---

[1]) Bei zwei Teilhufnern fehlen in Leezen 1803 die Zusatzangaben Seiler und Weber. Möglicherweise wurde das Gewerbe zum Zeitpunkt der Volkszählung von den Betroffenen aber nicht mehr ausgeübt.

[2]) Vgl. Bericht v. Rosens, LAS, Abt. 400 I, Nr. 267, S. 165.

[3]) Vgl. Großmann 1892, S. 429.

[4]) Vgl. Renard 1838, S. 285.

die Reisen bis nach Glückstadt und Itzehoe gingen[1]. Darüberhinaus bot sich aber durch das Verfahren von Kalk-(Gips-)Steinen von Segeberg nach Hamburg eine Verdienstmöglichkeit, nach der sich die Bauern in der ersten Hälfte des 18. Jahrhunderts förmlich drängten[2]. Als vorteilhaft erwies sich bei diesem Geschäft zudem, daß auf dem Rückweg Waren mitgebracht werden konnten. Möglicherweise wurden in diesem Zusammenhang auch gleich noch Fahrten zwischen Hamburg und Lübeck unternommen[3]. Die Attraktivität der Kalkfuhren ließ nach, als nur noch der Weg bis zur Alster zurückgelegt zu werden brauchte[4]. Mit der Intensivierung der Landwirtschaft in der Verkoppelungszeit und den steigenden Gewinnen wurde schließlich diese Nebenerwerbsmöglichkeit nur noch als Last empfunden. 1802 wurden die Segeberger Kalklieferungen nach Hamburg eingestellt[5].

Auffallend als durchgängige geographische Komponente ist die Dominanz des Kirchspielhauptortes Leezen, in dem der tertiäre Sektor auch die meisten Vertreter hatte[6]. Zudem wies er 1803 unter den Orten des Amts Segeberg eine dem Flecken Bramstedt vergleichbare Gewerbedichte auf, eine größere als Kaltenkirchen und Bornhöved[7]. Dagegen befanden sich in den umliegenden vier Orten, von denen Niendorf Leezen an Einwohnerzahl kaum nachstand, nur wenige nichtlandwirtschaftliche Beschäftigte. Im peripher und außerhalb des Amts Segeberg gelegenen, ehemals gottorfschen Tönningstedt zeigten sich 1803 in dieser

---

[1] Vgl. Verbesserungsvorschläge Stolbergs vom 21.12.1747, LAS, Abt. 110.3, Nr. 5 und Bericht Hannekens vom 11.10.1735, ebenda. Die Neverstavener waren im Rahmen ihrer Hand- und Spanndienste von längeren Fuhren gleichfalls nicht frei. So wurde in einem Pachtkontrakt vom 24.6.1790 (LAS, Abt. 125.23, Nr. 3) festgelegt, daß weiterhin drei Hamburger Reisen mit Korn und dazu eine weitere über höchstens zwei Meilen zu leisten waren.

[2] Hagel 1955, S. 70.

[3] Vgl. Bericht Hannekens vom 11.10.1735, LAS, Abt. 110.3, Nr. 5.

[4] Hagel 1955, S. 71 und S. 75.

[5] Ebenda, S. 77.

[6] Vgl. Asmus 1980.

[7] Auswertung der Volkszählungslisten, LAS, Abt. 412, Nr. 291 und Nr. 292.

Hinsicht noch Spuren der Eigenständigkeit, die sich im
Laufe des 19. Jahrhunderts verloren. Eine Zunahme fand
dagegen die Weberei in Heiderfeld, deren Größenordnung
allerdings mit drei Vertretern 1845 und vier 1860 nur von
relativer Bedeutung blieb.

Dafür, daß die Verknüpfung von sozialen und geographischen
Bedingungen auf eine lange Tradition zurückblicken konnte,
spricht, daß nur im Kirchspielort eine größere Anzahl von
Kleinbauernstellen vorhanden war. Diese waren offenbar
schon immer auf einen Nebenerwerb mehr oder weniger
angewiesen, denn schon im frühen 18. Jahrhundert lassen
sich auf den Viertelhufen Rademacher und, als eine
typische zentralörtliche Institution[1], eine Gastwirtschaft nachweisen[2]. Der Schmied hatte dagegen zusätzlich
zu seinem Betrieb mit einer halben Hufe eine ausreichende
Bauernstelle, so daß er den Vollhufnern gegenüber wohl als
gleichgestellt angesehen werden konnte.

Bis auf das Ausnahmejahr 1835 blieb der Anteil der
Personen, die im sekundären Sektor Erwerb oder Nebenerwerb
fanden, an den Haushaltsvorständen des Kirchspiels
zwischen 1803 und 1864 mit 16,9% bis 19,8% nahezu konstant. Das war etwas mehr als der Durchschnitt des platten
Landes und der Flecken in Schleswig-Holstein 1803[3]. Eine
Haushaltsübersicht, die aus der Kirchenrechnung 1770 und
den Berufsangaben des OSB-Materials erstellt wurde,
erweckt den Eindruck, daß die Verhältnisse im letzten
Drittel des 18. Jahrhunderts ähnlich lagen.

Für einen früheren Zeitpunkt sind Untersuchungen mit einem
gewissen Anspruch auf Repräsentativität kaum durchführbar,
so daß die Frage offenbleibt, ab wann das Gewerbe den
Stand erreichte, der eine Trennung gewisser Funktionen von
der bäuerlichen Selbstversorgung anzeigt. Man wird aber
nicht fehlgehen, wenn man hier einen engen zeitlichen
Zusammenhang mit der Zunahme der Insten im Verhältnis zu
den Hufnern annimmt. Anzeichen für Protoindustrialisierung, definiert als "Herausbildung von ländlichen Regionen, in denen ein großer Teil der Bevölkerung ganz oder in
beträchtlichem Maße von gewerblicher Massenproduktion für
überregionale und internationale Märkte lebte"[4], können

---

[1] Vgl. Asmus 1980, S. 155.
[2] Holtz 1969, S. 106 und S. 115.
[3] Vgl. Gudme 1819, Tab. 3.
[4] Kriedte 1977, S. 26.

in diesem Prozeß nicht entdeckt werden, denn der Umfang des Gewerbes blieb doch sehr begrenzt. Die Gruppe der am ehesten der Produktion für einen größeren Markt verdächtigen Weber stellte zudem insgesamt nicht mehr Angehörige als die der Schuster und Schneider, von denen angenommen werden muß, daß sie für den lokalen Bedarf und auf Bestellung arbeiteten.

2.4 Die Erbgewohnheiten

Zum Zusammenhang zwischen den Vererbungsgewohnheiten und der demographischen Struktur einer Mikroregion liegen bisher in Deutschland keine Untersuchungen vor. Lediglich ein Teilaspekt, der der Bevölkerungszunahme und der Haushaltsstruktur, fand in einer Untersuchung Berkners über Calenberg und Göttingen[1] Beachtung.

Die prägnanteste Beschreibung des Erbrechts in der Kirchspielvogtei Leezen, die sich in dieser Hinsicht nicht von den anderen Teilen des Amts Segeberg unterschied, lieferte von Rosen in seinem Bericht 1828. Demnach waren die Bauernhufen "gewissermaaße Familienfideicommisse, die nicht nach dem gewöhnlichen Erbrechte transferirt und nicht zur etwanigen Ausmittelung des Werths verkauft werden können"[2]. Der Hof ging also an einen Anerben, nachdem den Geschwistern nach einer Taxation der Gebäude und des Inventars, nicht aber des Landes, eine gewisse Geldsumme oder Aussteuer zuerkannt worden war. Deren Höhe richtete sich nach der Leistungsfähigkeit des Hofes, deren Erhaltung im Vordergrund aller Überlegungen stand[3]. Anerbe war der jüngste Sohn[4]. War dieser gestorben, folgte der Älteste, dann der Zweitälteste usw. Schließlich kamen die Töchter in derselben Reihenfolge[5]. Diese

---

[1] Berkner 1977.

[2] Bericht v. Rosens, LAS, Abt. 400 I, Nr. 267, S. 188.

[3] Sering 1908, S. 92 und S. 387.

[4] Eine mögliche historische Ableitung dieser Sitte findet sich bei Sering 1908, S. 187.

[5] Bericht v. Rosens, LAS, Abt. 400 I, Nr. 267, S. 188. Sering (1908, S. 188) gibt eine andere Reihenfolge an, nämlich Jüngster - Ältester - Zweitjüngster - Zweitältester usw. und bei den Töchtern Majorat. Ersteres konnte in Leezen nicht nachgeprüft werden, da ein Wegsterben von Jüngstem und Ältestem bei gleichzeitigem Überleben von zwei mittleren Söhnen nie vorkam. Bei den Töchtern scheint dort aber allein die Kapitalkraft des

Regelung war aber nicht einklagbar, so daß der Vater, wenn er den jüngsten Sohn für ungeeignet hielt, testamentarisch oder beim Rückzug auf das Altenteil einen anderen bestimmen konnte[6]. Hatte der Erbe noch nicht das fünfundzwanzigste Lebensjahr und damit die Fähigkeit zur Führung des Hofes erreicht, führte entweder die Erbengemeinschaft die Wirtschaft weiter oder die Witwe heiratete erneut und machte damit ihren Mann zum Setzwirt, dem das Wohnrecht auf eine festgelegte Dauer und eine Abfindung, meist das Altenteil, zustand[7].

Diese Regelung der Erbfolge galt nicht in den beiden südöstlichen Dörfern des Kirchspiels. Im Tremsbütteler Amtsdorf Tönningstedt herrschte Majorat. Im Gutsdorf Neverstaven gab es kein bäuerliches Eigentum, es scheint aber, daß hier bei der Wiederbesetzung der Stelle der Erstgeborene Vorrang hatte.

Anhand des Ortssippenbuchs und der vollständig rekonstruierten Besitzerfolge in den Dörfern Leezen, Heiderfeld und Krems läßt sich feststellen, wie diese Regelungen in der Praxis gehandhabt wurden[8]. Die Auswertung aller 124 Besitzübertragungen, die zwischen 1720 und 1869 im Dorf Leezen stattfanden, zeigt, daß nur in einem Drittel der Fälle unmittelbar auf den Vater der Sohn folgte. Auch bei Einbeziehung der Erbschaften, die über einen Setzwirt gingen, war nur bei der knappen Hälfte der Wechsel die männliche Erbfolge gesichert. Die Töchter stellten aber auch nur einen geringen Anteil der Übernehmer (etwa 10%), Kollateralerbschaften und andere Formen der Weitergabe an Verwandte waren Ausnahmen. Den größten Anteil nach der männlichen Deszendenz machten in annähernd der gleichen Größenordnung die Verkäufe oder Konkurse, von denen vor 1770 nur ein Fall auftrat, und die Verheiratung von Witwen aus, ohne daß später Kinder aus der ersten Ehe das Erbe antraten. Fast immer hatte dies seinen Grund darin, daß tatsächlich kein Nachkomme mehr lebte, nur gelegentlich erfolgte auch eine Abfindung von Ansprüchen. Eine Übertragung des väterlichen Besitzes von Generation zu Generation war also nicht die Regel. Immerhin blieben aber

---

Schwiegersohns den Ausschlag gegeben zu haben.

[6] Vgl. Holtz 1969, S. 238.

[7] Vgl. Hartwig 1939, S. 246.

[8] Vgl. Meifort 1939 und Holtz 1969.

zwischen 1720 und 1870 von einundzwanzig Besitzungen neun, einschließlich weiblicher Erbfolge, in den Händen der Familie, wobei allerdings zu berücksichtigen ist, daß diese einhundertfünfzig Jahre beim Minorat nur vier Generationen bedeuteten.

Insgesamt wurde die von Rosen beschriebene Prozedur tatsächlich eingehalten, es gab in der Kirchspielvogtei kaum Ausnahmen. Gelegentlich werden in den Quellen die Gründe für das Übergehen von Anerben genannt. So hatte der Jüngste zur Heiderfelder Bauernvogtshufe 1748 "keine Lust"[1] und in der übernächsten Generation übernahm die Tochter, weil sie allein mit Hilfe eines gutsituierten Ehemannes den Hof wieder aus den Schulden befreien konnte[2]. Im Dorf Krems waren die Abweichungen zugunsten des ältesten Sohns zahlreicher, ohne daß hierfür die Gründe zu erkennen sind. Im Kirchdorf selbst traten schließlich nur acht Ausnahmen auf, davon allein drei auf der Bauernvogtshufe. Dort kam nie der gewöhnliche Anerbe zum Zuge, es handelte sich demnach um eine Familientradition, dem ältesten überlebenden Sohn das Erbe anzuvertrauen. Im Kirchdorf entfielen von den 52 Vorgängen letztendlicher Übernahme durch einen Sohn mit rekonstruierbarem Geburtsrang 21 Fälle auf den jüngsten, 15 Fälle auf den ältesten und 16 auf den einzigen überlebenden Sohn. Vor 1820 war der Anteil der beiden ersten Gruppen etwa gleich groß, erst durch die geringere Mortalität des 19. Jahrhunderts[3] kam das Jüngstenerbrecht in der Praxis voll zum Tragen.

Der Unterschied zwischen den verschiedenen Formen des Anerbenrechts ist zumindest für das 18. Jahrhundert also zu relativieren. Der hiervon ausgehende Einfluß auf das generative Verhalten darf deshalb auch nicht hoch veranschlagt werden. Viel wichtiger erscheint in dieser Hinsicht die Tatsache zu sein, daß überlebender männlicher Nachwuchs bei den Leezener Bauernfamilien keine Selbstverständlichkeit war.

---

[1] Zit. bei Holtz 1969, S. 188.
[2] Ebenda, S. 189.
[3] S.u., S. 94.

2.5 Die wirtschaftlichen und sozialen Verhältnisse (Zusammenfassung)

Die Sozialstruktur im Kirchspiel Leezen wies viele Merkmale einer rigiden Klassengesellschaft auf[1], obwohl, vom Gutsbesitzer abgesehen, eine im staatlichen Maßstab als Oberschicht zu bezeichnende Gruppe völlig fehlte. Auf der einen Seite standen die landbesitzenden Hufner, die bis in die zweite Hälfte des 18. Jahrhunderts hinein noch die Mehrheit der Haushalte ausmachten, auf der anderen die landlosen Insten, die später zum zahlenmäßig bedeutendsten Faktor wurden. Die Schicht der Kleinbauern war relativ dünn. Im Gutsdorf Neverstaven fehlte dagegen die Landeignerschicht ganz. Deren Platz wurde im 19. Jahrhundert vom Meierhofsbesitzer eingenommen. Für die demographische Analyse dürfte besonders die Gegenüberstellung der beiden zahlreichsten Gruppen der Vollbauern und der Landarbeiter erkenntnisfördernd sein. Im Auge zu behalten ist bei der folgenden Betrachtung auch, daß die Anzahl der Bauernstellen, bedingt durch die Erbgewohnheiten, konstant blieb und allein die Insten den variablen Teil der Haushalts- und damit Bevölkerungsmenge darstellten.

In Hinsicht auf die wirtschaftliche Entwicklung bot die geographische Lage Leezens für die Landwirtschaft einige Vorteile. Der Boden war von mittlerer Qualität und die Marktanbindung gegenüber den Zentren Hamburg und Lübeck gut, ohne aber so eng zu sein, daß sich eine Produktion für den täglichen Verkauf in den Städten angeboten hätte. Diese Mittelmäßigkeit der geographischen und geologischen Bedingungen ermöglichte eine relativ große Ausgewogenheit und Flexibilität in der landwirtschaftlichen Produktion. Zur historischen Realität wurde das zweite allerdings nur in größeren Zeiträumen. So zeichnete sich das 18. Jahrhundert durch ein Vorherrschen des Getreidebaus und -verkaufs, das 19. durch Viehzucht und den Verkauf von Milchprodukten sowie Schlachtschweinen aus. Diese Einrichtung der Wirtschaft hatte zur Folge, daß Leezen zwar nicht von den ökonomischen Krisen nach 1806 und nach 1818 verschont blieb, daß aber naturbedingte Katastrophen wie die Rinderpest in den 1745 folgenden Jahren und die Kartoffelkrankheit 1846 in ihren Auswirkungen sehr begrenzt blieben[2]. Der Gegensatz zu den Marschen mit ihrer profitablen, aber krisenanfälligen Produktionsweise

---

[1] Zur Definition des Begriffs "Klasse" vgl. Weber 1976, S. 177.
[2] Vgl. Sievers 1935, S. 41 und Bericht 1845.

ist bemerkenswert[1]). Zu untersuchen bleibt, wieweit Getreidemißernten oder -krankheiten zur Gefährdung für die Leezener führten.

Die Entwicklung des Gewerbes spielte sich in Leezen in dem Rahmen ab, der vom lokalen Markt vorgegeben war. Die Anzahl seiner Angehörigen blieb relativ zur Bevölkerungsgröße gleich. Offenbar waren Nachfrage und Arbeitsteilung aber stark genug, um eine handwerkliche Produktion zu ermöglichen, die trotz der Nähe der Städte Oldesloe und Segeberg einen Umfang annahm, der eher über als unter dem Durchschnitt des ländlichen Schleswig-Holstein lag. Für die demographischen Verhältnisse waren von der gewerblichen Entwicklung keine Impulse zu erwarten, sieht man vielleicht von einem nicht exakt datierbaren Zeitraum - vermutlich im letzten Drittel des 18. Jahrhunderts - der Trennung von Weberei und ähnlichen Verrichtungen von der bäuerlichen Hauswirtschaft ab. Auch diese war aber nur als eine Folge vermehrten Wohlstands aus der landwirtschaftlichen Produktion möglich, deren Veränderungen als einziger ökonomischer Faktor mit möglichem Einfluß auf das demographische Geschehen hier zurückzubehalten sind.

---

[1]) Vgl. Norden 1982.

3. Die Quellen der demographischen Auswertung

Da die gesamte vorliegende Studie mit der Qualität der Kirchenbücher und, was korrigierbar ist, der Familienrekonstitution steht und fällt, sollen diese Quellen etwas eingehender charakterisiert werden. Eine Übersicht über die anderen möglichen Unterlagen einer Parochialstudie in Schleswig-Holstein bietet das Handbuch[1].

3.1 Die Kirchenbücher

3.1.1 Bestand

Die Tauf-, Trau- und Begräbnisregister setzten gleichzeitig Michaelis 1657 ein. Ab 1712 wurden dazu jährlich die Konfirmierten aufgeführt, ab 1742 auch die Abendmahlsgänger (Konfitenten). Schließlich wurden ab 1771 die Verlobungen eingetragen. Alle Register sind für jedes Jahr bis heute erhalten. Diese Kontinuität zeichnet die Leezener Kirchenbücher gegenüber vielen des ehemaligen Amtes Segeberg bereits aus. Hinzu kommt, daß die Sterbefälle früher als in allen anderen, abgesehen vom Bramstedter Stellenverzeichnis, berücksichtigt wurden[2].

Für schleswig-holsteinische Verhältnisse muß in dieser Hinsicht die Quellenlage als gut bezeichnet werden; denn insgesamt fängt die Kirchenbuchführung dort relativ spät an. Während in den romanischen Ländern oder in England bereits im 16. Jahrhundert gute Serien erstellt werden können[3], begannen in diesem Zeitraum in Schleswig-Holstein erst acht Pfarreien mit der Aufzeichnung von Vitaldaten. Das älteste Kirchenbuch datiert von 1558, es ist damit um sechzig Jahre jünger als das älteste in Deutschland erhaltene[4].

---

[1] Handbuch 1954.
[2] Vgl. Riediger 1955. Die Leezener Kirchenbücher befinden sich im Gemeindekirchenarchiv (KAL) im Original und als Kopie im Archiv des Kirchenkreises Segeberg (PAS).
[3] Vgl. Croix 1981 und Wrigley/Schofield 1981.
[4] S. Jensen 1958, S. 22 ff.

3.1.2 Gestaltung

Die Taufeinträge enthielten anfangs nur den Namen des Kindes, dazu den Vornamen des Vaters, dessen Wohnort und die Namen der drei Paten, aus denen gewisse Hinweise auf die Familie der Mutter zu entnehmen sind[1]). Ab September 1742 wurde zudem der Vorname der Mutter angegeben, ab 1763 auch deren Mädchenname. Im gleichen Jahr wurde endgültig die Trennung von Geburts- und Taufdatum durchgeführt, nachdem sie 1744-54 schon einmal praktiziert worden war. Der Abstand zwischen beiden betrug im 18. Jahrhundert im Schnitt 2,3 Tage[2]).

Die Heiratseinträge enthalten die Namen der beiden Eheleute und deren Wohnort, dazu die Namen der Trauzeugen. Ab 1763 sind auch Berufsangaben anzutreffen, dazu die Namen der Eltern der Eheleute.

Die Beerdigungseinträge bestanden anfangs aus Namen und Wohnort. Hinzu kamen besondere Angaben wie Totgeburten, bei Kindern oftmals auch Bezeichnungen wie "infans", "Söhnlein", "Töchterlein" und/oder der Name des Vaters. Ab 1680 wurden die Einträge ungenauer. Eine wesentliche Verbesserung trat Ende 1711 ein, indem alle Sterbeeinträge in lateinische Kategorien eingeteilt wurden, die Rückschlüsse auf das Alter und den Familienstand zulassen (infans, puer, puella, adolescens, juvenis, virgo, servus, ancilla, maritus, uxor, viduus, vidua, senex). Nach 1744 wurde zum Teil das Alter direkt angegeben, zum Teil wurden die Hinweise in der alten Art beibehalten. 1763 wurden die Todes- und die Beerdigungsdaten getrennt. In der Mehrheit der Fälle wurde nun das Alter erwähnt, hinzu kam bei fast allen verheirateten oder verwitweten Erwachsenen eine Lebensbeschreibung mit den Namen der insgesamt geborenen Kinder und meist auch deren derzeitigen Aufenthaltsort. Die Angabe von Todesursachen blieb dabei dem Gutdünken des Pastors überlassen, um 1763-1770 und 1807-1847 sowie 1875-1896 treten sie gehäufter auf. 1899 wurde das Schema vereinfacht. Alle näheren biographischen Daten entfielen, nur noch gelegentlich wurde die Anzahl der überlebenden Kinder vermerkt.

Die Konfirmierten sind ab 1712 mit Namen und Wohnort verzeichnet, ab 1756 außerdem mit dem Alter und ab 1764 zusätzlich mit dem Namen des Vaters. 1770 schließlich

---

[1]) Vgl. Meyer 1940, S. 59.

[2]) Errechnet auf der Basis einer Stichprobe von 64 Fällen.

wurde die Altersangabe durch das genaue Geburtsdatum ersetzt. Bei den Konfitenten dagegen blieb es im ganzen Zeitraum beim Eintrag des Namens und des Wohnorts.

Generell wird also ein Einschnitt in der Kirchenbuchführung 1763 deutlich. Er ist auf die Verordnung vom 9.4.1763 zurückzuführen[1]. Hierin wurde zum ersten Male ein einheitliches Muster vorgeschrieben, nachdem es vorher nur allgemeine Ermahnungen zur guten Registrierung gegeben hatte[2]. Ansonsten war die Verwaltung im wesentlichen nur daran interessiert gewesen, daß die jährlichen Listen über Geborene und Gestorbene eingingen. In Leezen waren, wie in Segeberg, schon einige Jahre vor 1763 Verbesserungen eingetreten, die wohl auf die Initiative des Propstes Burchardus in den 1740er Jahren zurückgingen[3]. Im allgemeinen entsprachen die anderen Änderungen in der Kirchenbuchführung aber immer einem Wechsel im Amt des Pastors.

3.1.3 Lücken

Der Amtswechsel konnte Vakanzen mit sich bringen, besonders dann, wenn der vorherige Pastor verstorben war. Für die Einschätzung der Kirchenbuchführung sind also die biographischen Daten von einigem Interesse[4]. Längere Zeit blieb das Amt 1680, 1708/09, 1770 (8 Monate), 1806/07 (18 Monate), 1823/24 (1 Jahr) und 1837/38 (1 Jahr) unbesetzt. Entsprechende Lücken in der Registrierung sind aber nur in den beiden ersten Fällen zu finden. In den anderen wurden die Amtshandlungen von einem Vertreter wahrgenommen und die Schreibarbeiten unter Umständen auch vom Lehrer und Organisten ausgeführt[5]. Dagegen fehlen im Monat November 1711 alle drei Eintragungsarten, was nicht durch Zufall zu erklären ist. Offenbar war hier die Amtsübergabe nicht ohne eine Ausfallzeit vonstatten gegangen. Zwischen September und November 1744 scheint sich Ähnliches

---

1) Systematische Sammlung 1827, S. 447 ff.
2) Jensen 1958, S. 16 ff.
3) S. Hensler 1767, S. 22 f.
4) Vgl. Arends 1932.
5) Die Vakanz von einem Jahr war im neunzehnten Jahrhundert vorgesehen, um der Pastorenwitwe eine gewisse Abfindung zu sichern (sogenanntes "Gnadenjahr").

abgespielt zu haben. Merkwürdigerweise sind hier aber nur die Sterbeeinträge nachlässig geführt und fehlen dann ganz, während die Taufen und Heiraten ordnungsgemäß aufgeschrieben wurden.

Lücken sind ab 1710 demnach nur in zwei Fällen festzustellen. Der damit verbundene Informationsverlust ist insgesamt als gering anzusehen.

3.1.4 Unterregistrierung

Bei den Taufen ist die Gefahr von Unterregistrierung am kleinsten, denn der Taufnachweis hatte schon früh einen relativ hohen dokumentarischen Wert. Auch in Krisenzeiten wurde auf den Eintrag geachtet, er wurde gegebenenfalls nachgeholt. So heißt es im Kirchenbuch Leezen im August 1700 bei einem Kind: "ist bey damahligen Kriegestroublen anzuschreiben vergeßen worden". Im Vergleich zwischen Taufen und Sterbefällen können also bereits einige Aussagen über die Datenqualität getroffen werden. Nimmt man eine niedrige Säuglingssterblichkeit von 15%, eine ebensolche Kindersterblichkeit und eine nur marginale Erwachsenenmortalität an, so wäre damit zu rechnen, daß die Sterbefälle etwa ein Drittel der Geburten ausmachten und auch bei von Jahr zu Jahr stark zunehmenden Geburten mindestens 25%.

Selbst bei dieser großzügigen Betrachtung fallen in Leezen bereits einige Jahre durch unwahrscheinlich wenige Sterbeeinträge auf, nämlich 1680, 1687, 1688, 1691, 1696, 1702, 1708, 1709. Zwischen 1710 und 1800 wird dagegen von allen Jahren die 30%-Quote übersprungen; bis auf sieben weisen alle einen Anteil von Sterbeeinträgen an Taufen auf, der über 50% lag. Daraus ist der Schluß zu ziehen, daß die Jahre 1680-1709 zumindest aus Mortalitätsberechnungen ausgeklammert werden sollten, während Datenfehler ab 1710 durch eine nichtnominative Vorgehensweise nicht zu entdecken sind. Bezeichnenderweise lag 1680-1709 die Totgeburtenquote bei 0,6%, während sie 1658-1679 3,1% betragen hatte und auch später nie unter 2% pro Jahrzehnt sank. Dies alles deutet auf eine Unterregistrierung der Säuglingssterbefälle hin. Wenn dem aber so ist, besteht die Gefahr, daß Kinder, die kurz nach der Geburt verstarben, nicht in das Taufregister aufgenommen wurden. Vorsicht ist also auch bei den Geburtenziffern und den daraus folgenden Fruchtbarkeitsberechnungen vor 1710 geboten.

3.2 Die Familienrekonstitution

3.2.1 Entstehung

Aus verschiedenen Anhaltspunkten kann die Entstehung des Ortssippenbuchs rekonstruiert werden. Demnach wurde Ende 1938 die Initiative der Kieler Stelle des Reichsnährstandes (Landesbauernschaft) zur Anlegung von Dorfsippenbüchern von Pastor Meifort aufgegriffen, der um diese Zeit mit der Verkartung der ersten zweiundzwanzig Jahre des Kirchenbuchs begann[1]. Dem entspricht die Tatsache, daß 1938 das letzte Jahr mit zusammenhängenden Eintragungen im OSB ist. Meifort scheint sich dann sehr schnell an die Heimatforscher gewandt zu haben, ein Auszug seines Vortrages über die Qualität der Leezener Kirchenbücher fand sich im Nachlaß Schwettschers[2]. Diese übernahmen offenbar größtenteils die weitere Rekonstitution, wahrscheinlich in der richtigen Erkenntnis, daß das kleinste Kirchspiel des Kreises und ehemaligen Amts Segeberg als Anfang für die von offizieller Seite geforderte "Registrierung allen deutschen Bluts"[3] in diesem Gebiet das geeignetste wäre. Ihre arbeitsteilige Vorgehensweise bei der Anlegung der Familienblätter läßt sich an den Handschriften noch erkennen, so weisen die Heiratseinträge eines Zeitraums eine erste Schrift auf, die Geburtsdaten der Kinder dagegen eine zweite.

Der an der Erstellung des OSB beteiligte Lehrer Christiansen übernahm nach Kriegsende das Produkt dieser Arbeit und hinterließ dem Landesarchiv Schleswig elf lose gebundene Ordner mit Familienblättern[4]. Die der Rekonstitution zugrundeliegende Verkartung der Kirchenbucheinträge wurde offenbar vernichtet[5], so daß eine Verifizierung der Korrektheit der Arbeit auf anderem Wege geschehen muß.

---

[1] Mitteilung im Gemeindeblatt Leezen vom Januar 1939.

[2] Zwei undatierte, hektographierte Seiten.

[3] Vgl. Imhof 1977, S. 26 ff.

[4] S. Hoffmann 1952.

[5] Auskunft der Tochter Christiansens. Im Nachlaß Schwettschers finden sich leere Formulare von Taufkarten und Rekonstitutionsskizzen, die die Familiennummern des Leezener OSB tragen. Für die Existenz solcher Grundlagen spricht auch der Vermerk auf dem Familienblatt 4226 "Lebensbeschreibung siehe Sterberegister Christiansen".

3.2.2 Inhalt des Ortssippenbuchs

Die elf Bände des Ortssippenbuchs (OSB) enthalten 5961 alphabetisch nach Namen geordnete und durchlaufend numerierte Familienformblätter. Davon ist ein Teil nicht ausgefüllt bzw. aufgehoben, weil einige familiäre Zusammenhänge offenbar erst in einem späteren Stadium erkannt wurden. Insgesamt befinden sich unter den 5885 gültigen Positionen für 1657-1938 2783 (47,3%) Familien mit bekanntem Heiratsdatum der Eltern, 1567 (26,6%) mit unbekanntem, 164 (2,8%) Verlobungen, 459 (7,8%) illegitime Verbindungen und 912 (15,5%) Einzelpersonen (vgl. Tab. 1). Für eine weitere historisch-demographische Auswertung ist nur die erste Gruppe brauchbar, die Effektivität hängt wiederum vom Anteil der Ehen mit bekanntem Ende der Verbindung ab[1]. Dies fehlt bei Heiraten nach 1900 praktisch immer. Vor 1680 sind hingegen keine Geburtsdaten von Frauen in MF-Familien zu erhalten. Dieser Effekt des "Ausfransens" eines OSB ist zu berücksichtigen, so daß der Gültigkeitszeitraum in diesem Falle bei 1680-1900 liegt. Für das 18. Jahrhundert kann das Material im Vergleich zu allen anderen bisher ausgewerteten Ortssippenbüchern als sehr dicht bezeichnet werden. Es wird in dieser Hinsicht, was deutsche Untersuchungsgebiete anbelangt, nur noch von der Schwalm[2] übertroffen und braucht keinen Vergleich mit Crulai zu scheuen[3].

3.2.3 Rekonstitutionsfehler

Für die Zuverlässigkeit des Ortssippenbuchs spricht, daß die kirchlichen Eintragungen zum Teil mit anderen verglichen wurden. Randbemerkungen auf den Familienblättern zeigen, daß gelegentlich die Schuld- und Pfandprotokolle oder die Erdbücher konsultiert wurden. Die Zuordnung der Kinder zu ihren Eltern war auch ohne dies für den kritischen Zeitraum vor 1742 gut möglich, da Doppelgänger mit der gleichen Kombination von Vor- und Nachnamen, gleichem Wohnort und dazu einer Frau im gebärfähigen Alter praktisch nicht auftraten. Nachnamensgleichheiten in einem Dorf kamen zwar vor, sie hielten sich aber in Grenzen. Dies wurde schon dadurch gewährleistet, daß selbst der

---

[1] S.u., S. 192.
[2] S. Imhof/Kühn 1977.
[3] S.u., S. 221.

Tab. 01 Inhalt der Familienblätter im Ortssippenbuch Leezen
1657 - 1938

		(1) Geburts-und Todesdatum bekannt (2) Nur Geburtsdatum bekannt (3) Nur Todesdatum bekannt (4) Keine oder ungenaue Daten a Heiratsdatum bekannt b Heirat außerhalb, Geburt bekannt c Verlobung d Illegitime Verbindung e Einzelperson				
M	F	(1)	(2)	(3)	(4)	alle
(1)	a	490	137	164	38	829
	b	20	2	52	49	123
	c	3	1			4
	d				1	1
	e	2		6	34	42
(2)	a	112	889	17	58	1076
	b	11	3	12	67	93
	c		10		2	12
	d	1	2		5	8
	e	2		4		6
(3)	a	121	15	125	62	323
	b	8	2	76	72	158
	c	2		3	2	7
	d				1	1
	e	4		50	391	445
(4)	a	41	134	66	314	555
	b	20	16	51	1106	1193
	c	9	81	3	48	141
	d	4	66	5	374	479
	e	34		384	1	419
alle	a	764	1175	372	472	2783
	b	59	23	191	1294	1567
	c	14	92	6	52	164
	d	5	68	5	381	459
	e	42		444	426	912
						5885

Kirchort im angegebenen Zeitraum wohl kaum mehr als 30-40 Familien umfaßt haben dürfte[1]).

Die Eintragungen des OSB wurden auf zwei Arten verifiziert: zum einen immanent in Hinsicht auf ihre innere Logik[2]), zum anderen im Vergleich mit zusätzlichen Quellen. Die Ergebnisse des ersten Verfahrens, das parallel zur gesamten demographischen Auswertung angewandt wurde, können als sehr gut bezeichnet werden. Lediglich bei einer Heirat 1715 tauchten Zweifel auf, ob die Zuordnung der Ehepartner die richtige sei, bei zwei weiteren war eines der beiden Todesdaten falsch. Unter den Geburtsabständen, um ein weiteres Beispiel zu nennen, trat nur einmal ein unmöglicher Fall auf (1713-1714), dem unter Umständen eine falsche Identifizierung der Eltern des Kindes zugrunde lag. Alle anderen im Zuge der EDV-Auswertung entdeckten Fehler beruhten auf falschem Abschreiben und Übertragen der Daten.

Zur Absicherung der sich im Verlauf der Untersuchung als besonders interessant erweisenden Ergebnisse zur Säuglings- und Kindersterblichkeit wurde der Verbleib sämtlicher Kinder mit unbekanntem Schicksal anhand der Konfirmationen, Volkszählungen und Nachrufe beim Tode der Eltern erkundet. Dabei konnten einige weitere Fehler berichtigt werden. So waren insgesamt zehn Kinder vergessen worden, außerdem war eines falsch zugeordnet und bei etwa sechs bis acht Fällen war das Todesdatum innerhalb der Geschwister verwechselt. Bei 19 Kindern unter 4091 im Datensatz kann also von Rekonstitutionsfehlern gesprochen werden. Diese Quote von 0,46% - bei den Eltern liegt sie vermutlich ebenfalls um einiges unter 1% - ist aber vielleicht ein besseres Resultat, als es bei einer eigenen Familienzusammenfügung aufgetreten wäre.

In die Kategorie der Flüchtigkeitsfehler fallen die gelegentlich vergessene ausdrückliche Kennzeichnung von Totgeburten sowie die Eintragung lediglich des Geburts-und Todesjahres in zehn Fällen 1740-1758. In 33 Fällen, 2,9% aller im Alter von 0-15 Jahren Gestorbenen, wurde der Eintrag der Todesdaten von Kindern völlig vergessen. Die Ausschließung dieser Fehlerquelle war für die Feinanalyse der Kinder- und Säuglingssterblichkeit wichtig, da 1809/10

---

[1]) 1665 befanden sich unter den 23 Familien in Leezen 3 Teedes, 3 Stoltens, 2 Tonns und 2 Hildebrandts (LAS, Abt. 110.2, Nr. 39). Die Männer hatten aber verschiedene Vornamen.

[2]) Vgl. Knodel 1975.

acht hintereinanderliegende Eintragungen im Kirchenbuch übersehen worden waren.

3.2.4 Zum Problem der "enfants retrouvés" und "ondoyés décédés"

Das Problem der wiedergefundenen Kinder ohne Geburtseintrag stellte sich anders als bei den französischen demographischen Studien[1]. Für Leezen wurde deshalb ein ad-hoc-Verfahren gewählt, das den Vorteil mit sich brachte, die Berechnung der Geburtenintervalle nicht zu beeinträchtigen, ohne die Fruchtbarkeitsraten zu verfälschen. Insgesamt erwiesen sich 28 Kinder im Datensatz als außerhalb geboren. "Gefunden" worden wären durch die Heirat davon nach der Definition Henrys nur 9. Um aber nicht mit fiktiven Zahlen zu hantieren, wurden die Geburtsdaten in den Kirchenbüchern der Nachbargemeinden nachgesehen. Anhand der genannten zusätzlichen Quellen wie der Nachrufe und der Register des Kirchspiels Segeberg wurden Familien mit verdächtigen Intervallen verfolgt. Schließlich wurden 22 Familien (3,0%) aus den Fruchtbarkeitsberechnungen ausgeschlossen, die einen großen Teil ihrer prokreativen Phase außerhalb verbrachten und deren Verhalten von daher nicht mehr als typisch für die Leezener Bevölkerung hätte angesehen werden können. Die anderen wurden ohne Einschränkungen übernommen. Ein Korrekturfaktor für die Fruchtbarkeitsraten erwies sich nicht als nötig, da er unter 0,1% gelegen hätte; denn ein Vergleich der Säuglingssterblichkeit der auswärts mit den im Kirchspiel geborenen Kindern ergab, daß wahrscheinlich etwa 3 Geburten 1720-1869 der Registrierung entgangen waren. Nach der Heiratsquote der einheimischen Kinder wären nur 24 "naissances perdues" anzunehmen gewesen, während die richtige Zahl also wohl 31, mindestens aber 28 war.

Die Einschätzung der "ondoyés-décédés" muß in Leezen schon aus Quellengründen anders gehandhabt werden als in Frankreich. Dort gab es fast keine Totgeburten, sondern, bedingt durch Volksglauben und Konfession, die besagten Nottaufen durch die Hebamme oder irgendeine andere Person. Man bemühte sich nach Kräften, Lebenszeichen bei den Kindern zu entdecken; notfalls nahm man auch Reisen zu

---
[1] Vgl. Henry 1980, S. 75 ff.

besonderen Kapellen auf sich[1]). Im Extremfalle kam es sogar zur Taufe aller Geborenen unter der Einschränkung, daß sie nur gelte, falls das Neugeborene wirklich gelebt habe ("baptême sous condition"[2])). Dafür, daß es sich großenteils um Totgeburten gehandelt haben muß, spricht der Erfahrungssatz von 3% "ondoyés-décédés", der in französischen Parochialstudien angenommen wird. Dieser Satz entspricht der Totgeburtenrate in Leezen[3]), während die Anzahl der am Tage der Geburt oder am folgenden Verstorbenen geringer war. Da es aber absurd ist anzunehmen, daß die Totgeburten relativ gewissenhaft aufgezeichnet wurden und die ab dem zweiten Tag Gestorbenen praktisch fehlerfrei, die am ersten Tag Gestorbenen aber völlig unzureichend (gegen diese Annahme spricht auch die biometrische Analyse, s.u.), müssen die "ondoyés-décédés" für Leezen mit den Totgeburten gleichgesetzt werden. Als Leitlinie gilt, nur bei Unterschreitung der 3% einen Korrekturfaktor in die Fruchtbarkeitsberechnungen einzubeziehen. Da dies nicht der Fall ist, kann darauf verzichtet werden. In Süddeutschland stellte sich das Problem allerdings ähnlich wie in Frankreich. Deshalb sind bei einer komparativen Betrachtung der Säuglingssterblichkeit meist eher die Werte incl. Totgeburten anzunehmen.

---

[1]) Gélis 1981.
[2]) Ebenda, S. 218.
[3]) S.u., 129 f.

4. Die Bevölkerungsentwicklung 1657–1906

4.1 Einwohnerzahl

Die Einwohnerzahl der Dörfer Leezen, Heiderfeld, Krems, Niendorf, Neversdorf, Tönningstedt und Neverstaven ist erst ab 1803 genau zu beziffern. Hinzugerechnet werden müssen außerdem die Bewohner einiger Katen des Dorfes Tralau, die im Kirchspiel Leezen eingepfarrt wurden[1]. Für 1803-1864 liegt das Urmaterial der Volkszählungen vor, während für die preußische Zeit auf aggregierte Daten zurückgegriffen werden muß[2]. In den dreißig Jahren bis zur Bildung des selbständigen Gutsbezirks Neverstaven geht aus diesen dessen Einwohnerzahl nicht hervor, sie muß aus der Bevölkerung des Gutsbezirks Tralau geschätzt werden. Meist betrug der Abstand zwischen den Erhebungen etwa fünf Jahre. Zwischen den Jahren 1803 und 1835 sowie 1845 und 1860 klaffen aber größere Lücken, letztere dadurch bedingt, daß die Unterlagen der Zählung 1855 für den östlichen Teil des Amts Segeberg unauffindbar sind[3]. Eine wertvolle Ergänzung wäre es, wenn die Ergebnisse der Volkszählung 1769 für den königlichen Anteil auffindbar wären[4]. Mit ihrer Hilfe könnte die Bevölkerungszunahme im letzten Drittel des 18. Jahrhunderts genauer gemessen werden.

Problematisch ist es, mit anderen Unterlagen die nichtdokumentierten Zeitspannen zu überbrücken. So wurde im Frühjahr 1828 vom Amtmann von Rosen eine Zählung veranlaßt. Die Ergebnisse können durch dessen Erhebung 1825 in Tremsbüttel und seine Schätzung der zum Leezener Kirch-

---

[1] Mit Hilfe der Konfitentenlisten und des OSB konnten diese für die Zeit vor 1864 in den Volkszählungslisten identifiziert werden. Ab 1864 wurde die Einwohnerzahl mit 6% von Tralau-Neverstaven geschätzt.

[2] Volkszählungslisten in LAS, Abt. 412, Nr. 291, 295, 373, 555, 576, 680, 956, 976, 1080; LAA, M2040-41, M2070, M2071, M2073, M2109, M2113, M2159, M2163; aggregierte Zahlen in Bevölkerung 1972, S. 180 f., S. 184 f., S. 188 f., S. 212 f.

[3] Aus dem Tabelvaerk 1856, S. 30, ist nur die Gesamtziffer für die Kirchspielvogtei zu entnehmen.

[4] Vgl. Momsen 1974.

spiel eingepfarrten Einwohner Tralaus ergänzt werden[1]. Man erhält auf diese Weise 1219 Einwohner, davon 907 in der Kirchspielvogtei. Diese Ziffer führt zwar durchaus zu einer vernünftigen Natalitäts- und Mortalitätsquote (s. Tab. 5), erscheint aber zunächst in Beziehung zu 1835 als zu niedrig, denn die Differenz wird nicht einmal durch den Geburtenüberschuß wettgemacht. Zieht man aber zum Vergleich anderes Datenmaterial, die Haushaltszahlen aus den Kirchenrechnungen, heran, so zeigt sich, daß der Umfang der Migrationen, der nach den Angaben Rosens angenommen werden muß, plausibel ist.

Für das 18. Jahrhundert kann eine Einschätzung der Einwohnerzahl nur aufgrund fiskalischer Quellen, also Angaben über die Anzahl der Haushalte, geschehen. Eine direkte Umrechnung in die Einwohnerzahl ist natürlich nicht möglich. Diese kann aber durch die Veränderungen der Quantität der Haushalte zuverlässiger geschätzt werden als durch die Geburten und Sterbefälle oder gar durch eine Rückrechnung aufgrund deren Differenz. Als fiskalische Quellen wurden die Kirchenrechnungen ausgewählt, da sie gegenüber den Amtsrechnungen den Vorteil haben, alle drei Jurisdiktionsbereiche des Kirchspiels abzudecken und auch die Altenteiler aufzuführen. Sie liefern für 1717-21 und dann ab 1736 in ununterbrochener jährlicher Reihenfolge bis in die erste Hälfte der 1870er Jahre eine namentliche Auflistung der Familienvorstände oder Einzelpersonenhaushalte mit Angabe des sozialen Status. Lediglich für 1722-1735 und zur Einordnung des Untersuchungszeitraums in größere Zusammenhänge ist also ein Rückgriff auf andere Quellen nötig. So führen die Segeberger Amtsrechnungen seit dem 16. Jahrhundert in verschiedenen Rubriken ebenfalls die Hufner, Teilhufner, Kätner und Insten auf, ab 1762 wurde zusätzlich eine Kopfsteuer von allen Erwachsenen erhoben[2].

Völlig unbekannt bleiben also nur die Einwohner der Tralauer Katen, da der Gutsbesitzer summarisch kontribuierte. Die Kirchenjuraten und Kirchenbediensteten, die ebenfalls nicht in den Rechnungen auftauchen, lassen sich dagegen leicht ermitteln, so daß ein vollständiges Bild der Leezener Dörfer im 18. Jahrhundert zu erwarten ist[3].

---

[1] Berichte v. Rosens, LAS, Abt. 400 I, Nr. 268 und Nr. 273.

[2] Vgl. Bericht v. Rosens, LAS, Abt. 400 I, Nr. 267, S. 163 f.

[3] Die Armen und ein Zahlungsunwilliger wurden vermerkt. Manchmal finden sich auch Hinweise auf verstorbene oder verzogene Personen.

Tab. 02 Die Einwohnerzahl des Kirchspiels Leezen

	1803	1835	1840	1845	1855	1860	1864
Leezen	251	354	363	414		421	411
Heiderfeld	94	136	157	151		152	153
Krems	84	109	101	92	1219	150	153
Niendorf	195	237	270	253		331	354
Neversdorf	121	183	182	212		240	238
Tönningstedt	131	193	192	194	208	193	203
Neverstaven	100	146	152	165	171	160	163
Tralauer Katen	20	23	22	33	34	30	26
Kirchspiel	996	1381	1439	1514	1632	1677	1701
Ksp.vogtei	745	1018	1073	1122	1219	1294	1309

	1867	1871	1875	1880	1885	1890	1895
Leezen	433	444	431	465	468	474	461
Heiderfeld	137	153	146	156	148	121	132
Krems	150	141	130	108	111	100	108
Niendorf	348	341	343	343	340	339	359
Neversdorf	243	245	226	214	208	211	233
Tönningstedt	195	191	170	181	183	167	193
Neverstaven	(161)	(151)	(146)	(148)	(154)	(154)	143
Tralauer Katen	(24)	(23)	(21)	(22)	(24)	(23)	(23)
Kirchspiel	(1691)	(1689)	(1613)	(1637)	(1636)	(1589)	(1652)
Ksp.vogtei	1311	1324	1276	1286	1275	1245	1293

	1900	1905	1910	1919	1925	1950	1970
Leezen	457	501	515	529	505		
Heiderfeld	116	130	134	147	148	1645	1141
Krems	107	102	105	139	132		
Niendorf	362	384	379	331	331	599	363
Neversdorf	210	216	254	275	268	500	398
Tönningstedt	196	188	205	189	200	—	—
Neverstaven	117	127	105	94	100	—	—
Tralauer Katen	(21)	(23)	(20)	(19)	(20)	—	—
Kirchspiel	(1586)	(1671)	(1717)	(1723)	(1704)	—	—
Ksp.vogtei	1252	1333	1387	1421	1384	2744	1902

Fig. 02 Indizierte Einwohnerzahl in Schleswig-Holstein und im Kirchspiel Leezen 1735 - 1910 (1835=100)

——— Schleswig-Holstein
---- Kirchspiel Leezen

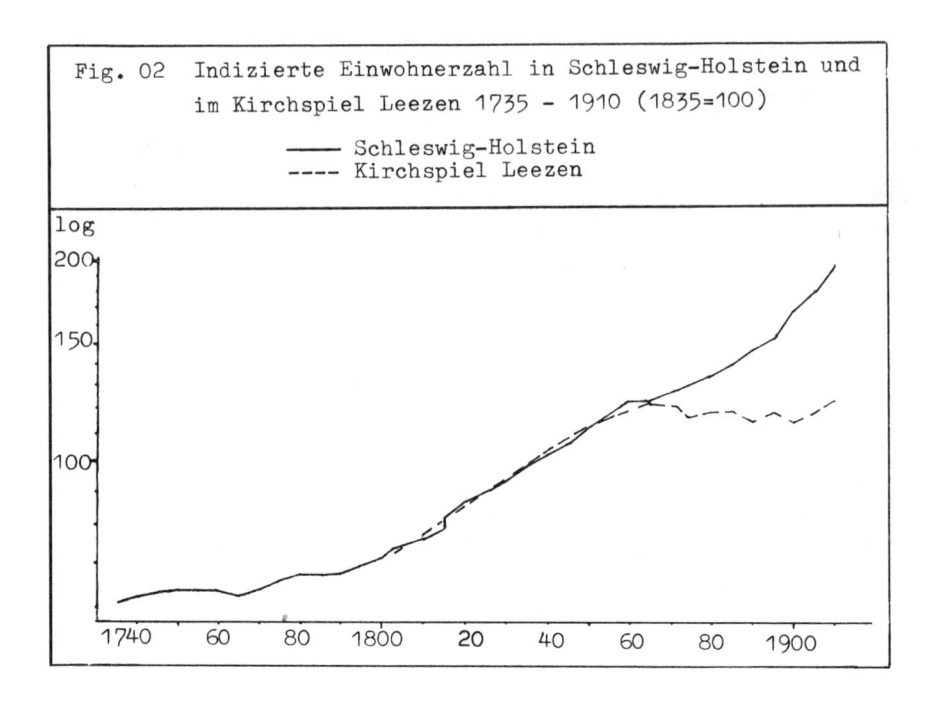

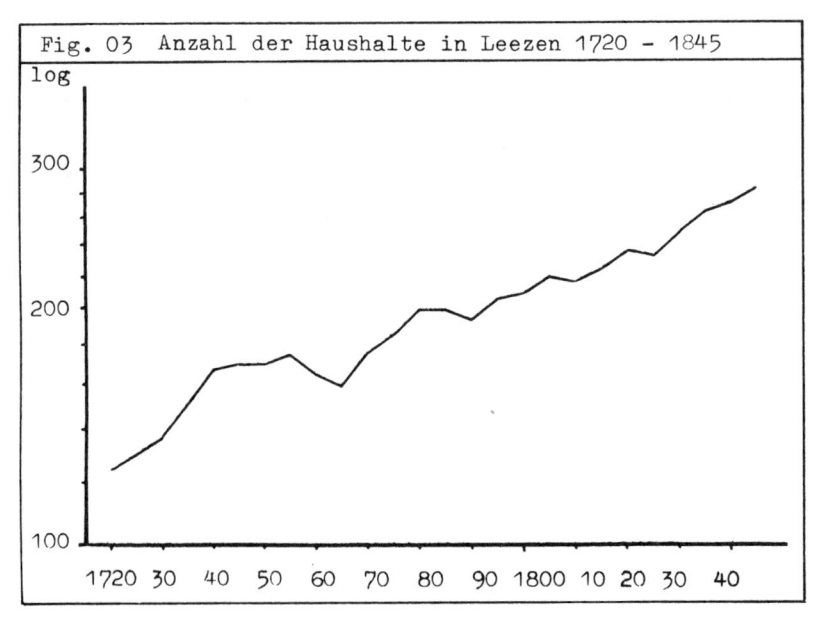

Fig. 03 Anzahl der Haushalte in Leezen 1720 - 1845

Quellen: Beiträge 1967, Tab.18; Köllmann 1980, S.124; Gudme 1819, Tab.5; Volkszählungslisten; Kirchenrechnungen

Dafür spricht auch, daß die Angaben 1803, 1840 und 1845
sehr gut mit den Volkszählungen übereinstimmen. 1835 und
ab 1855 ist die Abweichung relativ groß[1]).

Das durch Volkszählungsdaten abgesteckte 19. Jahrhundert
brachte einen Anstieg der Einwohnerzahl des Kirchspiels um
68% von 996 (1803) auf 1671 (1905). Dieser Anstieg
erfolgte aber keineswegs gleichförmig (Tab. 02, 03 und
Fig. 02). Die Zuwachsraten waren zwischen 1803 und 1835
mit 1,02% pro Jahr am höchsten. Um die Jahrhundertmitte
verlangsamte sich die Bewegung bereits, aber erst das Jahr
1864 brachte eine abrupte Trendwende. Im letzten Drittel
des 19. Jahrhunderts stagnierte die Leezener Bevölkerung.
Schwankungen traten dabei noch durch eine starke Abwanderung
nach der Reichsgründung ein. Bis zum Jahre 1864
folgte die Entwicklung der Bevölkerung des Kirchspiels
Leezen damit der des gesamten Landes (vgl. Fig. 02), wenn
man das Jahr 1803 zum Ausgangspunkt nimmt, wobei die
Zuwachsrate in der ersten Hälfte des 19. Jahrhunderts
allerdings höher war. Es ist aber höchst fraglich, ob die
von Gudme für Schleswig-Holstein angenommenen Veränderungen
im 18. Jahrhundert in gleicher Weise auf Leezen
zutreffen. Die Geburten und Sterbefälle und besonders die
Haushaltszahlen deuten darauf hin, daß in Leezen um 1770
eine Zunahme der Bevölkerung begann, die stärker war als
im Landesdurchschnitt, so daß die Zahlen der Volkszählung
1803 in einem anderen Verhältnis zu denen der Mitte des
18. Jahrhunderts standen.

4.2 Bevölkerungsbewegung

Die Daten der Vitalstatistik wurden direkt aus den
Kirchenbüchern entnommen. Da bei jedem Eintrag, außer
1680-1709, der Wohnort angegeben ist, konnte der Anteil
der einheimischen Bevölkerung genau bestimmt werden.
Dadurch war es möglich, die Effekte, die zu manchen Zeiten
durch die Anwesenheit von Soldaten, durch ein verstärktes
Auftreten von Bettlern oder durch den Ausfall eines
Pfarrers in einem Nachbarkirchspiel entstanden, zu
eliminieren. Eine große Rolle spielten zum Beispiel in den
1670er Jahren die Angehörigen einer vorübergehend errichteten
Glashütte. Die Auswertung der einzelnen Einträge

---
[1]) 1835 erschienen 287 Haushalte in der Volkszählung und
264 in den Kirchenrechnungen, wobei ein Drittel des
Defizits von Neverstaven verursacht wurde.

Tab. 03 Jährliche Rate der Bevölkerungszunahme

Zeitraum	Jahre	r(%)*
1803-	30	1.02
1835-	5	0.82
1840-	5	1.02
1845-	10	0.75
1855-	5	0.54
1860-	4.8	0.30
1864-	3	-0.20
1867-	4	-0.03
1871-	4	-1.15
1875-	5	0.30
1880-	5	-0.01
1885-	5	-0.58
1890-	5	0.78
1895-	5	-0.82
1900-	5	1.04
1905-	5	0.54
1910-	8.9	0.04
1919- 25	5.7	-0.19

$$* \quad r = \frac{1}{t} \ln \frac{P(t)}{P(0)}$$

ermöglichte es zudem, die Totgeburten gesondert auszuzählen. Dies ist insofern von Bedeutung, als sie in den Registern meist nur unter den Beerdigungen, in einer Periode aber auch zusätzlich bei den Geburten geführt wurden. In den folgenden Darstellungen sind also, wenn nicht anders angegeben, immer die Totgeburten sowie die Geburten und Sterbefälle von Nichteinheimischen ausgeschlossen.

Die verschiedenen graphischen Darstellungen (Fig. 4, 5, 6) bieten den besten Zugang zur Unterscheidung der kurzfristigen Schwankungen und längerfristigen Trends. Nur für das 19. Jahrhundert ist es möglich, die beobachteten Werte zuverlässig in Natalitäts- und Mortalitätsquotienten auszudrücken (Fig.7 und Tab. 5). In diesem Zeitraum wiesen beide einen abnehmenden Trend auf. Dagegen ist für das 18. Jahrhundert lediglich das Verhältnis zwischen den beiden Ziffern gesichert, nicht aber deren Höhe. Es scheint aber,

Tab. 04 Geburten und Sterbefälle im Kirchspiel Leezen 1658-1907

(1) Lebendgeborene
(2) Totgeborene
(3) Gestorbene ohne Totgeborene
(in Klammern zusätzlich Auswärtige)

	(1)	(2)	(3)		(1)	(2)	(3)
1658	13 (1)	1	16	1688	30 (1)		5
59	12 (1)		12 (2)	89	23 (1)		3
1660	16 (3)		13	1690	18		9 (2)
61	11		7	91	22		4
62	17 (1)		7	92	21		10
63	14	1	8	93	32		26 (2)
64	14 (1)	1	7	94	28 (1)		16
65	22	1	14	95	20 (2)		16
66	17		9	96	30 (6)		3
67	21	2	9	97	19		15 (1)
68	17 (1)	1	12 (1)	98	20	2	21
69	25 (3)	1	21 (1)	99	17	1	11
1670	24 (2)		32 (2)	1700	25		9
71	24 (3)	1	8 (2)	01	27 (5)		11
72	25 (5)		9 (1)	02	28 (1)		5
73	22 (2)	1	16 (1)	03	21		7
74	26 (3)		16 (4)	04	23		10
75	25 (6)	1	11 (2)	05	26 (1)		16
76	16 (5)		28 (4)	06	17		26 (1)
77	24 (5)	2	11(10)	07	28 (2)	1	10
78	15 (6)		9 (3)	08	20 (6)		5
79	16 (6)		16	09	25 (2)		2
1680	23 (2)		5	1710	23 (4)		23
81	13 (5)		14 (1)	11	24 (6)	2(1)	34
82	13		8	12	28 (10)	1	35 (1)
83	12		9	13	18 (5)	1	42 (2)
84	20		13 (1)	14	30 (2)	1	14
85	14		18	15	26 (5)		21
86	20 (1)		8	16	25 (1)	2	11
87	21 (2)		5	17	21 (2)		20

	(1)	(2)	(3)		(1)	(2)	(3)
1718	31 (2)		17				
19	18		32		(1)	(2)	(3)
1720	27 (1)	1	22	1750	17 (2)	2	23 (1)
21	20	1	6	51	32	2	21 (1)
22	24	1	13	52	25		17 (1)
23	22		11	53	22 (1)	1	12 (3)
24	22		23	54	28 (1)		38
25	20	1	15	55	27	1	23 (1)
26	27	1	17 (1)	56	22		14
27	20 (1)		35	57	26 (1)		22
28	28	1	32 (1)	58	29 (2)		36 (1)
29	29 (5)	1	27	59	24 (3)	1	30
1730	20 (2)	1	13	1760	26 (1)	3	23
31	27 (5)		18	61	28 (3)	1	24 (1)
32	24 (2)	3	12	62	26 (1)		51 (2)
33	23 (2)	2	15 (1)	63	24 (1)	2	16 (2)
34	19 (5)	1	9	64	39	1	18 (1)
35	24 (8)	1	11	65	22	1	24
36	22 (9)		14 (1)	66	24 (2)	1	24 (2)
37	22		15	67	32 (4)	2	21
38	27	1	13	68	25	1	26
39	23 (1)	2	22 (1)	69	36	1	22
1740	31		18 (1)	1770	37 (1)		23 (1)
41	23	1	30	71	25 (1)		13 (2)
42	27		23	72	20 (3)	1	19 (4)
43	28 (2)		31 (1)	73	41 (1)	2	20 (2)
44	30	3	13	74	28	2	22 (1)
45	25		23	75	34 (1)	2	23
46	20		26	76	30 (1)	2	20
47	24	1	27	77	32	2	25 (1)
48	22	2	38	78	46 (1)		26 (1)
49	32 (1)	2	17	79	35		18

	(1)	(2)	(3)		(1)	(2)	(3)
1780	42		16	1810	42	4	27 (1)
81	37 (1)	1	19	11	40 (1)	4	23
82	33	1	23	12	44	3	17
83	42	1	42	13	36		26
84	36		27	14	42 (1)	1	56 (2)
85	34	3	52 (1)	15	45	4	30
86	39 (1)		11	16	54	1	23
87	32		15	17	40	3	25
88	36	1	32	18	41 (1)	1	29
89	37 (1)	1	34	19	45 (1)	3	36 (1)
1790	22	2	39 (1)	1820	51 (1)	3	25 (1)
91	34	2	19	21	44 (1)	2	27
92	33	2	16	22	43 (1)		26
93	31 (1)	1	36	23	47 (3)	3	29 (2)
94	37	2	14	24	39 (2)	4	25
95	23		25 (1)	25	52 (2)	1	19 (2)
96	36	2	35	26	36 (1)	1	23 (3)
97	29	1	19 (1)	27	41 (1)	1	25
98	47	1	28 (1)	28	39	7	31 (1)
99	30	1	21	29	47 (1)		33
1800	30	2	52 (1)	1830	48	1	24 (2)
01	40	4	33	31	51 (1)	1	41
02	30 (1)		20 (1)	32	39 (1)	2	33
03	42	3	17 (1)	33	53		27
04	37	1	16 (1)	34	44 (1)	3	36
05	36	1	24	35	45	1	20
06	35	2	16 (1)	36	49	2	34
07	36 (2)	3	29 (1)	37	42	2	39
08	42 (1)	2	20 (2)	38	55 (1)	3	30 (1)
09	41	1	25	39	54	1	30

	(1)	(2)	(3)		(1)	(2)	(3)
1840	57 (2)	2	37	1870*	60	3	40
41	45	3	21 (3)	71	42	1	32
42	53	2	40	72	49	1	32
43	50 (1)	2	37	73	55		31
44	56 (1)	2	33	74	47		30
45	51 (1)	3	28	75	51	2	30
46	59 (1)	3	34	76	54		31
47	60 (1)	4	37	77	49	1	22
48	54	2	23	78	40	1	17
49	46 (3)		28	79	66	2	29
1850	53	3	47 (1)	1880	45	2	42
51	59		41	81	48		30
52	56	3	30 (2)	82	45		20
53	53 (1)	2	26	83	41	2	18
54	51	6	25	84	49	3	35
55	51	1(1)	30(1)	85	46	4	30
56	56	5	40	86	47	2	20
57	40	3	22	87	45	1	19
58	57		43	88	42	3	23
59	53	1	32	89	61	3	37
1860	51 (1)	2	30	1890	41	3	34
61	52	1	38	91	48	3	38
62	42 (1)	4	17	92	36	4	34
63	54 (2)	2	33 (1)	93	56	1	39
64	55	2	49	94	57	5	22
65	50	3	25	95	51	3	25
66	41 (1)	3	31	96	47	1	18
67	55 (1)	2	22	97	44	1	25
68	53 (1)	2	22	98	43	1	22
69	44 (1)	3	21	99	44	1	34
				1900	44		39
				01	46		17
				02	56		15
				03	36		29
				04	48	1	32
				05	55		24
				06	43	1	27
				07	50	1	13

* Ab 1870 wurden die Geburten nur noch einfach ausgezählt. Von der erhaltenen Zahl wurden dann die Totgeburten abgezogen.

Übersicht nach Jahrzehnten

		(1)	(2)	(3)
	1660	174 (9)	7	107 (2)
	1670	217(43)	5	156(29)
	1680	189(12)	0	88 (2)
	1690	227 (9)	3	132 (5)
	1700	240(17)	1	101 (1)
	1710	244(37)	7(1)	248 (3)
	1720	239 (7)	7	201 (2)
	1730	231(34)	11	142 (3)
	1740	262 (3)	9	246 (2)
	1750	252(10)	7	236 (8)
	1760	282(12)	13	249 (8)
	1770	328 (9)	11	209(12)
	1780	368 (3)	8	271 (1)
	1790	322 (1)	14	252 (4)
	1800	369 (4)	19	252 (8)
	1810	429 (4)	24	292 (4)
	1820	439(13)	22	263 (9)
	1830	480 (4)	16	314 (3)
	1840	537(10)	23	318 (3)
	1850	529 (1)	24(1)	336 (4)
	1860	497 (8)	24	288 (1)
	1870	513	11	294
	1880	469	20	274
	1890	467	23	291
	1720-	1266(66)	47	1074(23)
	1770-	1816(21)	76	1276(29)
	1820-	2482(36)	109 1	1519(20)
	1720-1869	5564 (123)	232 (1)	3869 (72)

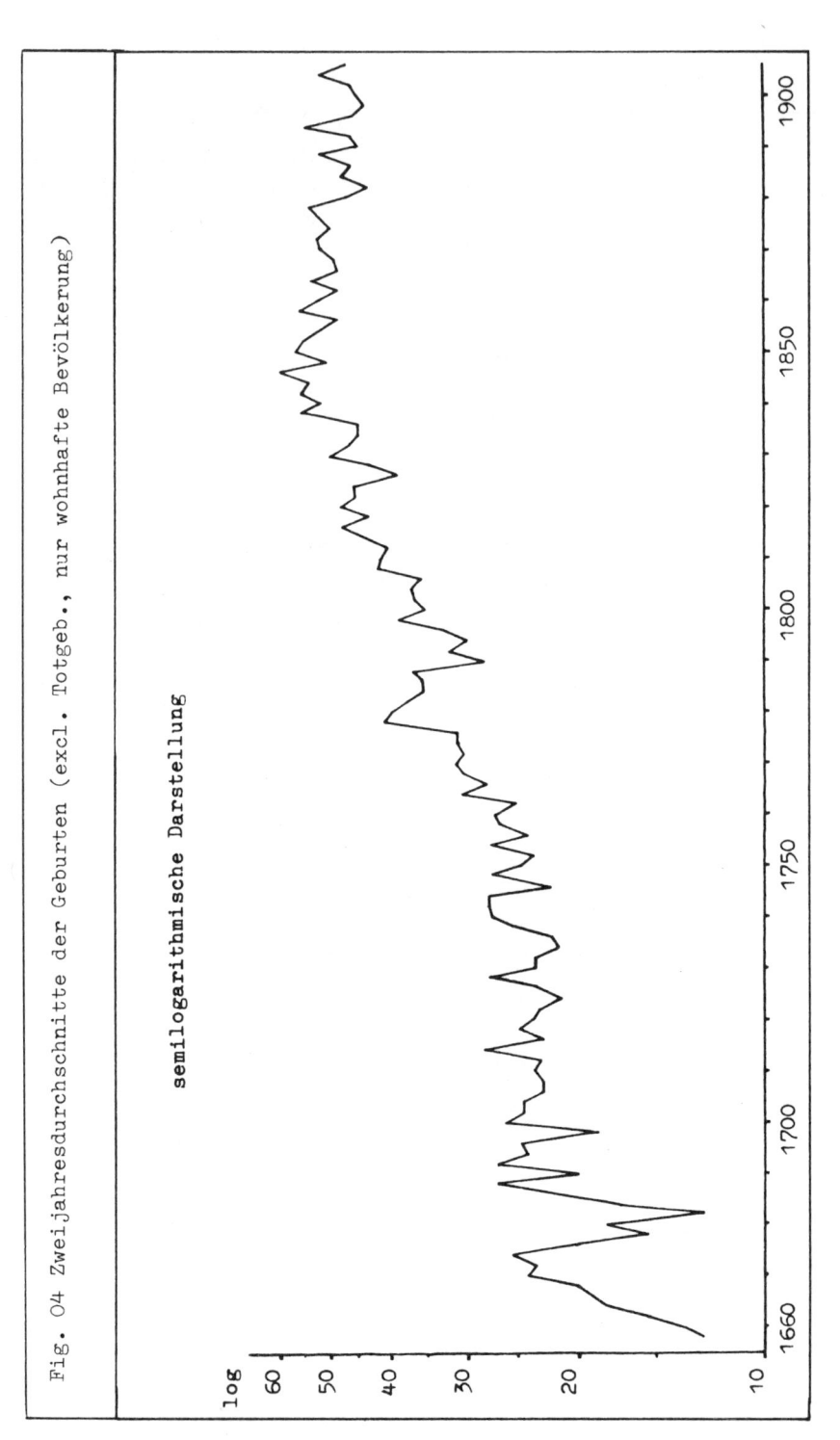

Fig. 04 Zweijahresdurchschnitte der Geburten (excl. Totgeb., nur wohnhafte Bevölkerung)

semilogarithmische Darstellung

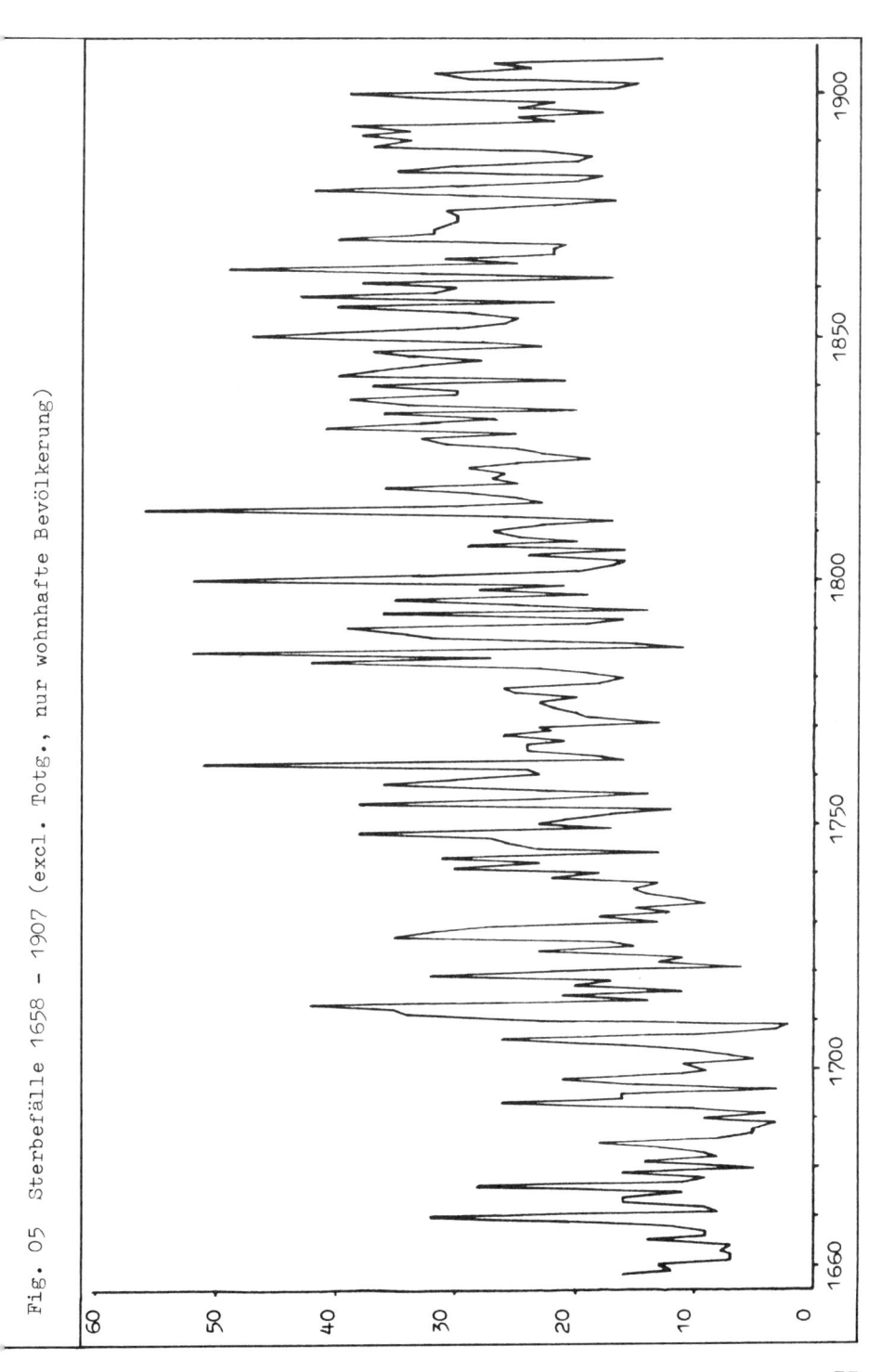

Fig. 05 Sterbefälle 1658 - 1907 (excl. Totg., nur wohnhafte Bevölkerung)

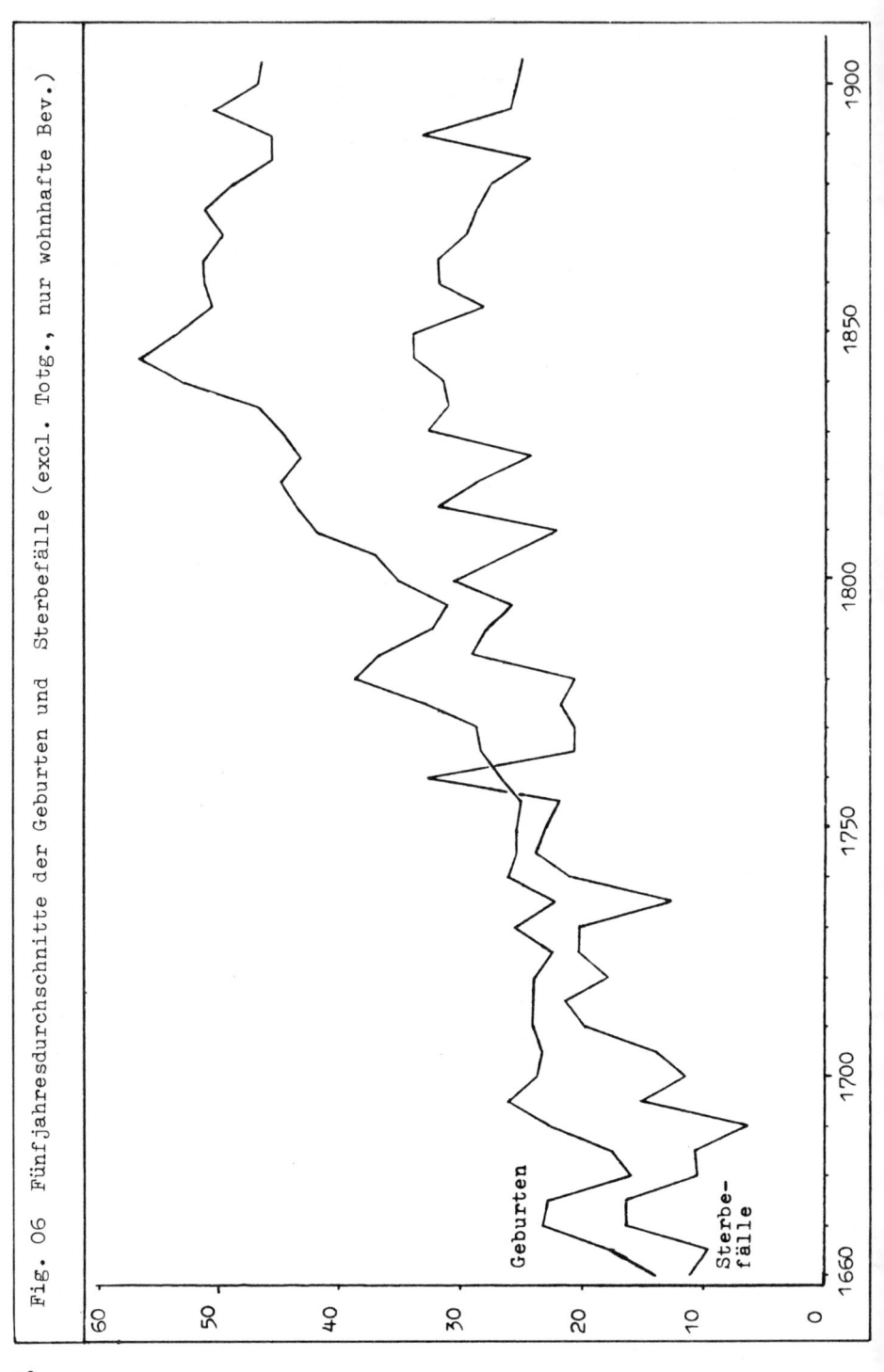

Fig. 06 Fünfjahresdurchschnitte der Geburten und Sterbefälle (excl. Totg., nur wohnhafte Bev.)

Fig. 07 Natalität und Mortalität 1803 - 1905

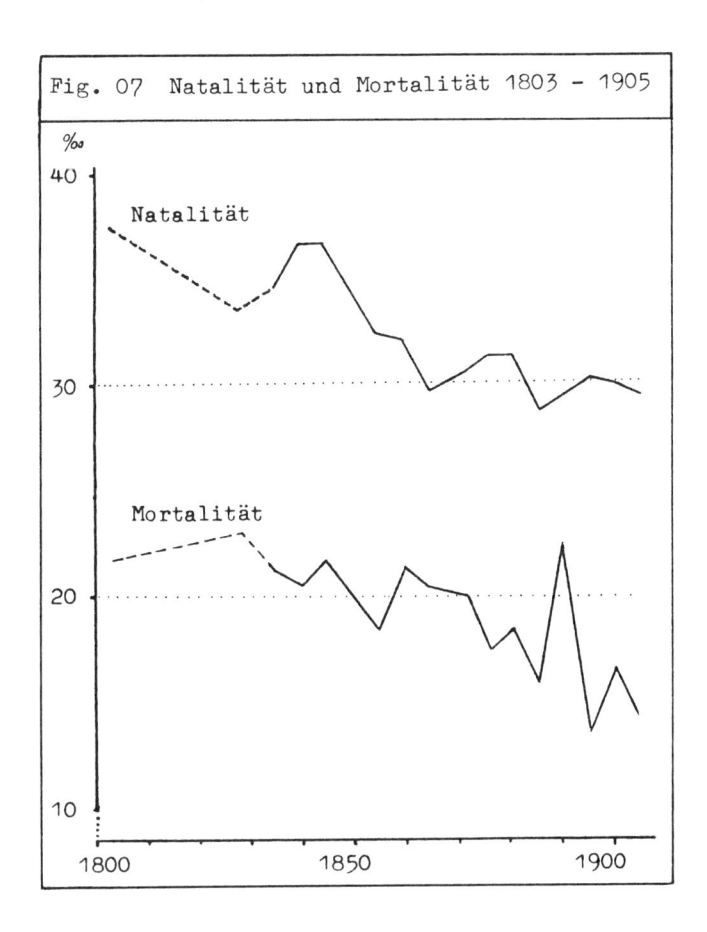

daß die Mortalität bereits ab 1770 zu sinken begann, während dies bei der Natalität erst fünfzig Jahre später der Fall war. Es stellt sich die Frage, wieweit hierin nur eine Auswirkung der Altersstruktur der Bevölkerung und, im Zusammenhang damit, der Migration zu sehen ist, oder eine real gewandelte Fruchtbarkeit und Sterblichkeit, vielleicht als Ausdruck der demographischen Transition.

4.3 Periodisierung der Leezener Bevölkerungsentwicklung

Alle Perioden sind durch das Zusammenspiel von Natalität und Mortalität gekennzeichnet, am deutlichsten werden aber die unterschiedlichen Etappen der demographischen Ent-

Tab. 05 Natalität und Mortalität im 19. Jahrhundert

	a Einwohnerzahl b Vierjahresmittel* der Geburten c Vierjahresmittel* der Sterbefälle d Natalität in Promille e Mortalität in Promille				
	a	b	c	d	e
1803	996	37.3	21.5	37.4	21.6
1828**	1219	40.8	28.0	33.4	23.0
1835	1381	47.8	29.3	34.6	21.2
1840	1439	52.8	29.5	36.7	20.5
1845	1514	55.5	33.0	36.7	21.8
1855	1632	52.8	30.0	32.3	18.4
1860	1677	53.3	35.8	31.8	21.3
1864	1701	50.0	34.5	29.4	20.3
1871	1689	51.5	33.8	30.5	20.0
1875	1613	50.3	28.3	31.2	17.5
1880	1637	51.0	30.3	31.2	18.5
1885	1636	46.8	26.0	28.6	15.9
1890	1589	46.5	35.8	29.3	22.5
1895	1652	49.8	22.5	30.1	13.6
1900	1586	47.5	26.3	29.9	16.6
1905	1671	49.0	24.0	29.3	14.4

* Zwei Jahre vor und nach dem Zeitpunkt der Volkszählung, die auf den Jahresanfang oder das Jahresende gesetzt wurde.
** Angaben von Rosens (s.o., S. 65 f.)

wicklung des Kirchspiels Leezen in den Wandlungen der Anzahl der Haushalte und der Geburten[1]. Anhand dieser Werte sollen auch die Wendepunkte bezeichnet werden. Insgesamt lassen sich im Untersuchungszeitraum drei Hauptphasen unterscheiden, dazu eine Periode im 17. Jahrhundert, deren Charakter weitgehend im Dunkeln liegt. Man könnte die noch genauer zu definierenden Zeiträume nach dem ersten Eindruck mit den Schlagworten Stagnation, säkularer Aufschwung und Saturation bezeichnen. Diese Einteilung, die einen Leitfaden für die ganze Untersuchung darstellen soll, soll hier kurz umrissen werden.

---
[1] Der Vergleich beider ergibt, daß für große Zeiträume gute Näherungen für die Bevölkerungszahl mit einer von auswärtigen Einflüssen bereinigten Geburtenstatistik erzielt werden können.

4.3.1 Rekuperationsphase vor 1740

Den Dekaden 1720 und 1730 ist eine Zunahme der Bevölkerung mit ansteigender Geschwindigkeit gemeinsam. Gegen Ende der 1730er Jahre wurde schließlich wieder ein Stand erreicht, der, soweit dies aus dem Vergleich mit den Segeberger Amtsrechnungen von 1625 ersichtlich ist[1], den Verhältnissen vor dem Dreißigjährigen Krieg entsprach. Seitdem hatten mehrere Kriegszüge das Kirchspiel Leezen unmittelbar betroffen, nämlich 1627-29, 1643-45, 1700 und 1712/13. Der Zweite Schwedische Krieg (1657-1660), der den Westteil des Amts Segeberg stark tangierte[2], hinterließ weniger Spuren. Mögliche Erholungsphasen und neue Rückschläge folgten also zweimal dicht aufeinander. Eine längere von Kriegen freie Zeit ergab sich lediglich für das letzte Drittel des 17. Jahrhunderts. Den Geburten nach zu urteilen war dies aber auch keine Zeit ungetrübten Aufschwungs; vielmehr wurde das Niveau von ca. 25 Geburten pro Jahr, das 1669 erreicht wurde, bis in die 1760er Jahre in Mehrjahresdurchschnitten kaum noch überschritten[3].

Als charakteristisch für Leezen muß es im Vergleich mit dem Gesamtbild der Herzogtümer gelten[4], daß nach der genannten kriegsfreien Zeit, deren demographische Bestimmung aufgrund der schlechten Kirchenbuchlage das Objekt einer eigenen Arbeit bilden würde, im Nordischen Krieg ein neuer Tiefpunkt erreicht wurde, der dem Dreißigjährigen Krieg in nichts nachstand. 1720 gab es mit 81 kaum mehr Haushalte (ohne Altenteiler) als 1665 mit 77[5]. Die vom Krieg nicht nur im Materiellen, sondern auch im Bewußtsein der Zeitgenossen hinterlassenen Spuren illustriert der Bericht des Segeberger Amtmanns Hanneken 1735[6]. Segeberg finge "anitzo kaum an, sich wieder umb in etwas zu erholen". Dieser positive Aspekt sei allein hervorgebracht von der "generalen Regul, daß Friede ernehret und Unfriede verzehret; welches an diesem Amte, da in dem letzten

---

[1] LAS, Abt. 110 AR.
[2] Vgl. Arnim 1957, S. 47.
[3] Mittelwert für 1710-1763 24,7, Standardabweichung 3,64.
[4] Vgl. Wegemann 1917.
[5] LAS, Abt. 110.3, Nr. 38 und Kirchenrechnungen Leezen 1717-1721 im KAL.
[6] LAS, Abt. 110.3, Nr. 5.

Kriege alle Marchen und Contremarchen, auch daher entstehende Frohnen und Beschwerungen von Freundt und Feinden es betroffen, endlich wahr geworden." Dieses "endlich" lag in rein militärischem Sinne für Schleswig-Holstein schon mehr als zwei Jahrzehnte zurück. In Leezen war der Wiederaufschwung in Hinsicht auf die Bevölkerung in den 1720er Jahren noch sehr zögernd, aber hohe Geburtenüberschüssen zeugten bereits von besseren Zeiten. Nach der Krise 1728[1] folgten zwölf Jahre mit zum Teil erheblichen Bevölkerungsgewinnen, die mit den 1770er Jahren zu vergleichen sind.

4.3.2 Stagnation und Krisen 1740/42-1762

Der Schraubstock der Mortalität, spürbar in niedrigen Geburtenüberschüssen und zahlreichen Krisen, bedrückte in den 22 Jahren dieser Periode erneut die Leezener Bevölkerung. Die Hälfte der Jahre der ersten Dekade brachte einen Überschuß an Sterbefällen, die Bevölkerung stagnierte. Eine gewisse Besserung trat in der ersten Hälfte der 1750er Jahre ein. Damit fiel die Regelung der seit 1693 aufgestauten Steuerschulden 1752-54 zusammen[2]. Zu einer dynamischen Bevölkerungsentwicklung kam es aber nicht, denn ab 1756 kündigte sich ein neuer Einbruch an, der 1759-61 offen zutage trat. Eine erhöhte Mortalität scheint hierfür aber nicht entscheidend gewesen zu sein, denn sie betraf vor allem Kinder und nicht die hier als Referenz verwandten Haushaltsvorstände[3], deren Anzahl sich verminderte. Es scheint ein Zusammenhang mit dem Siebenjährigen Krieg zu bestehen, der vor allem unverheiratete Insten, aus welchen Gründen auch immer, veranlaßte, fortzuziehen. Das Kriegsende bildete zugleich den Schlußpunkt einer langanhaltenden Phase demographischer Stagnation, die im Rahmen der "europäischen Krise"[4] zu sehen ist, die ungefähr von 1600 bis 1740 dauerte, in Schleswig-Holstein offensichtlich etwas länger. Von nun an sollte die Bevölkerungsentwicklung den quasi mittelalterlichen Rahmen sprengen[5].

---

[1] S.u., S. 106 f.

[2] S. Sering 1908, S. 93.

[3] S.u., S. 113.

[4] Reinhard 1968, S. 146.

[5] In analoger Verwendung der Angaben Wegemanns (1917) wäre Leezen bis 1762 nicht über den Stand von 1625 hinausgekommen, der wiederum erst das Resultat von fünfzig Jahren positiver Entwicklung nach dem Wieder-

4.3.3 Der säkulare Aufschwung 1763-1864

Die als Bevölkerungsexplosion zu charakterisierenden einhundert Jahre demographischen Geschehens erscheinen bei näherer Betrachtung als eine Abfolge teilweise widersprüchlicher Bewegungen. Ihnen war gemeinsam, daß ein relativ sicheres Polster von Geburtenüberschüssen dafür sorgte, daß einzelne Krisen ohne nachhaltige Wirkung blieben[6] Die Anzahl der Geburten verdoppelte sich auf einen Mittelwert von 53,4 (1838-1864), die der Haushalte von 163 (Kirchenrechnung 1765) auf 326 (Volkszählung 1864).

4.3.3.1 Durchbruch eines neuen Trends 1763-1780

Die Belebung, die ab 1763 einsetzte, führte dazu, daß um 1770 der Bevölkerungsstand der Stagnationsphase überwunden wurde, oder - um bei den langfristigen Termini zu bleiben - daß die Depression des langen 17. Jahrhunderts definitiv der Vergangenheit angehörte. Das darauffolgende Jahrzehnt zeichnete sich durch hohe Zuwachsraten aus, die, im Gegensatz zu vielen anderen Gebieten Deutschlands und Europas, durch keine ernsthafte Krise getrübt wurden. In dieser Zeit wurde die Verkoppelung durchgeführt, so daß ein positiver Zusammenhang mit einem ökonomischen Wandel wahrscheinlich ist.

4.3.3.2 Stockungen und fortgesetzter Aufschwung 1781-1818

Die Kombination einer Ruhrepidemie, die 1783 Erwachsene im besten Alter dahinraffte[7], und schwacher heranwachsender Jahrgänge aus der Rezessionszeit um 1760 machten die 1780er Jahre zu einem Jahrzehnt der Stockung. In den

---

    reichen des Standes vor der Pest (1350) gewesen wäre. Die Bevölkerungszahl von 1762 wäre also schon 1400 erreichbar gewesen. Drastischer kann man sich die neue Qualität der Bevölkerungsentwicklung vom letzten Drittel des 18. Jahrhunderts an kaum vor Augen führen.

[6] Vgl. Andersen 1979, S.16 und passim zur Entwicklung in Dänemark mit sinkender Mortalität ab ca. 1775.

[7] S.u., S. 112.

1790er Jahren folgte daraus ein temporärer Rückschlag bei den Geburten, der sich in der graphischen Darstellung (Fig. 4) wie ein Grabenbruch zwischen zwei nahezu identisch strukturierten Abschnitten ausnimmt. An diesem Bruch zeigt sich, wie sich einschneidende demographische Erscheinungen über die Generationen fortpflanzen. 1797-1801 kam es zu einem regelrechten Heiratsboom, der von den Kindern der ersten Aufschwunggeneration nach 1763 getragen wurde. Verstärkend wirkte hier der hohe Anteil von Wiederverheiratungen, der durch die Krisen 1796 und 1800 hervorgerufen wurde. Diese Konstellation bewirkte es, daß 1803 eine in den nächsten zehn Jahren nicht wieder erreichte Anzahl von Haushalten im Kirchspiel vorhanden war. Die aus der Volkszählung zu errechnende Haushaltsgröße ist daher mit ihren niedrigen Werten nicht repräsentativ für einen größeren Zeitraum, da relativ viele junge Ehen vorhanden waren.

Die Kirchenrechnungen und Geburten zeigen, daß die Entwicklung bis zur nächsten Volkszählung 1835 keineswegs regelmäßig war, so daß eine einfache Interpolation der Einwohnerzahlen sicher nicht gerechtfertigt ist. Zunächst folgte ein Rückschlag, an dem vermutlich die Kontinentalsperre nicht ganz schuldlos war. Nach 1812 wiesen die Geburten wieder eine steigende Tendenz auf. 1815 gab es wieder soviele Haushalte wie 1803. Der nun folgende Boom war aber nur von kurzer Dauer, denn 1820 stagnierten die Geburten und Haushaltszahlen bereits wieder.

4.3.3.3 Krise und letzte Aufwärtsentwicklung in zwei Phasen 1819-1864

Die hier angesprochene Zweiphasigkeit der Entwicklung zeigt sich nicht so sehr in der Zahl der Einwohner als in der Bewegung der Geburten (Fig. 4). Demnach nimmt sich die Zeit 1820-1864 wie eine Bewegung auf zwei Plateaus aus. Auf der ersten Stufe, 1820-37, liegt der Mittelwert bei 44,9, auf der zweiten, 1838-1864, bei 53,4. In den 1840er Jahren erreichte die Natalität ihren letzten Höchststand, um von da an zu sinken (Fig. 7). In Hinsicht auf die Haushalts- und Einwohnerzahlen ergibt sich freilich ein anderes Bild.

Der größte Teil der 1820er Jahre war nach den Kirchenrechnungen von Bevölkerungsstagnation geprägt. Dies macht die Angaben Rosens über die Bevölkerungszahl 1828 um Einiges erklärlicher. Es bestand hier sicher ein Zusammenhang mit der 1818 angebrochenen anhaltenden Absatzkrise der Landwirtschaft, die sich als ein Problem der Überproduktion bzw. städtischen Unterkonsumtion im Gefolge der Intensivierung der Landwirtschaft darstellte[1]). Der Zeitraum 1828-45 ähnelt dagegen sehr den Jahren 1763-1780. Ein wesentliches Merkmal ist eine Bevölkerungszunahme von 1% im Jahr bei einem Geburtenüberschuß von 1,3%. 1845-1864 verlangsamte sich die Zunahme der Bevölkerung, so daß die 1840er Jahre den Höhepunkt der Entwicklung darstellten.

4.3.4 Strukturwandel nach 1864

Der Zeitraum nach 1864 unterscheidet sich vom vorangegangenen weniger durch die Anzahl der Geburten als dadurch, daß die Einwohnerzahl trotz der Geburtenüberschüsse stagnierte. Die Auswanderung, die schon in der ersten Hälfte des 19. Jahrhunderts spürbar war, wurde zum dominierenden Faktor des gesamten demographischen Geschehens. Der Anstieg unmittelbar nach 1864 stand offenbar unter dem Einfluß politischer Geschehnisse, nämlich der Loslösung von Dänemark und der Reichsgründung, die hier grundlegende Tendenzen bestärkten. Die Zunahme der Einwohnerzahl kam zum Stehen, sie machte zeitweise sogar einem Rückgang Platz. Diese Situation dauerte bis zum Zweiten Weltkrieg an, so war beispielsweise die Einwohnerzahl 1925 identisch mit der von 1864. Diese von der Industrialisierung geprägte Epoche ist nicht Gegenstand der Untersuchung. Es werden lediglich in der Form von Ausblicken gewisse Aspekte bis zum Ende des 19. Jahrhunderts verfolgt werden können.

Die aufgezeigte Periodisierung deckt sich im großen und ganzen mit den im folgenden in den meisten Berechnungen verwendeten Fünfzigjahresabschnitten 1720-1769, 1770-1819, 1820-1869, die übersichtlicher und vergleichbar mit anderen Untersuchungen sind. Die dort erzielten Ergebnisse sind auf dem Hintergrund der skizzierten Entwicklungsphasen zu sehen.

---
[1]) Vgl. Franz 1976.

5. Mortalitätsuntersuchungen

Mortalität manifestiert sich bei historisch-demographischen Untersuchungen immer unter einem doppelten Aspekt. Der erste erschließt sich durch die Auszählung der Kirchenbücher in den Schwankungen der Gestorbenenziffern, der zweite in der Veränderung des Lebensalters von Individuen und Gruppen durch die Familienrekonstitution. Die beiden Arten von Ergebnissen dürfen nicht als Gegensatz zwischen Akzidentiellem und Strukturellem verstanden werden. Vielmehr zeigen die krisenhaften Schwankungen der Mortalität im Ancien Régime typische strukturelle Elemente auf und liefern wichtige Anhaltspunkte für Lebensverhältnisse und Todesursachen[1]. Sinnvoll erscheint es daher, mit der Entwicklung der Lebenserwartung, dem Explanandum, zu beginnen.

5.1 Die Lebenserwartung im achtzehnten und neunzehnten Jahrhundert

5.1.1 Methodische Vorbemerkungen

Die Messung der altersspezifischen Mortalitätsraten wurde abweichend von der von Henry[2] vorgeschlagenen Methode vorgenommen, sie bedarf daher einiger Erläuterungen. Während Henry sich darauf beschränkte, die Kindersterblichkeit bis zu fünfzehn Jahren und die Erwachsenensterblichkeit formal und inhaltlich getrennt zu berechnen, wurde hier eine Gesamtschau versucht. Es wurden also nicht zum einen die Kinder der Ehen und zum anderen die im Kirchspiel geborenen Ehepartner der Berechnung zugrunde gelegt, sondern einheitlich die Kinder aus den Ehen Typ 1-3. Dazu berechtigt die Datenqualität, die es zum Beispiel erlaubt, die Kinder bis zur Konfirmation und meist auch noch weiter zu verfolgen, so daß die Verteilung bis zu fünfzehn Jahren als sicher gelten kann[3]. Die Rückwanderung im Alter war praktisch ohne Bedeutung, so daß lediglich die Auswanderung zu berücksichtigen war. Hierbei wurde von der Annahme ausgegangen, daß die

---

[1] Vgl. Lebrun 1980, S. 255.
[2] Henry 1980, S. 123 ff.
[3] Vgl. Johansen 1976, S. 196.

Lebenserwartung der Ausgewanderten sich nicht von der der
im Kirchspiel Verbleibenden unterschied, daß den Daten der
letzteren also eine Repräsentativität für die gesamte
Gruppe der Erwachsenen zukam. Dies ist allerdings nur für
die Berechnung der durchschnittlichen Lebenserwartung im
Kindesalter von Bedeutung.

Unter diesen Voraussetzungen bietet das SPSS-Programm
"Survival", das die Auswanderung in Rechnung stellt, indem
die aus der Beobachtung verschwundenen Personen sukzessive
aus dem Datensatz herausgenommen werden, ein geeignetes
Hilfsmittel zur Berechnung der altersspezifischen Mortalitätsraten. Ein gewisses Problem trat allerdings dadurch
auf, daß oft das genaue Ende der Beobachtung bei den
Erwachsenen nicht zu bestimmen war. Dies betraf immerhin
40,2% (1720-1779) bis 52,4% (1780-1839) der im Kirchspiel
Geborenen, die das Alter von fünfzehn Jahren erreichten.
Für die dort Heiratenden wurde das Datum der Eheschließung
als das Ende der Beobachtung angenommen, für die anderen
mußte ein anderer Weg zu Schätzwerten beschritten werden.
Glücklicherweise konnte für zweiundneunzig 1720-1839
geborene Personen ohne großen Aufwand anhand von Volkszählungslisten und Nachrichten beim Tode der Eltern
festgestellt werden, in welcher Altersgruppe ungefähr der
Zeitpunkt des letzten Aufenthalts im Kirchspiel anzusiedeln war. Diese Verteilung wurde dem Datensatz aller
1720-1839 geborenen Kinder des Typs 1-3 zugrundegelegt
(Zufallsverteilung nach dem Monatstag der Geburt). Demnach
wanderten von den Fällen, bei denen sonst die Konfirmation
die letzte gesicherte Nachricht dargestellt hätte, 39,5%
mit fünfzehn bis neunzehn, 19,7% mit zwanzig bis vierundzwanzig, 16,4% mit fünfundzwanzig bis neunundzwanzig,
13,2% mit dreißig bis vierunddreißig, 6,6% mit fünfunddreißig bis neununddreißig, 3,3% mit vierzig bis vierundvierzig und 1,3% mit fünfundvierzig bis neunundvierzig
Jahren aus[1].

Es wurde eine Longitudinalstudie der 1720-1839 Geborenen
angestellt. Eine weitere zeitliche Ausdehnung im neunzehnten Jahrhundert erschien nicht ratsam, da der Anteil der
Emigrierten erdrückend geworden wäre, beim Ende der
Zusammenstellung des Ortssippenbuchs 1938 sich noch
Personen am Leben befunden hätten und auch aus anderen
Gründen, zum Beispiel durch die Auspfarrung von Tönning-

---

[1] Vgl. Angaben zum Auswanderungsalter bei Holt 1976, S.
113 und Kälvemark 1979, S. 225, sowie Dupâquier 1979b,
S. 285.

stedt 1907, der Anteil der nicht mehr im Kirchenbuch aufgeführten Sterbefälle zu stark angestiegen wäre.

5.1.2 Die allgemeine Entwicklung der Lebenserwartung

Tab. 6, Tab. 7, Fig. 8, Fig. 9 und Fig. 10 verdeutlichen den Verlauf der Überlebenschancen nach Geschlecht und Altersgruppen sowie im achtzehnten und neunzehnten Jahrhundert[1]. Da durch die Einteilung der Geburtszeiträume die Säuglingssterblichkeit fast konstant gehalten wurde, ist der Gewinn an mittlerer Lebenserwartung bei der Geburt von etwa vier Jahren zu etwa gleichen Teilen auf die gesunkene Kinder- und Erwachsenensterblichkeit zurückzuführen. Das Sinken des Anteils der Sterbefälle im Alter von ein bis fünfzehn Jahren schlug sich somit in einem höheren Anteil der Altersgruppe über sechzig nieder (Tab. 8). Insgesamt waren die Chancen eines Neugeborenen, als Kind bis zu fünfzehn Jahren, als Erwachsener bis zu sechzig Jahren oder als für damalige Verhältnisse alter Mensch später zu sterben, etwa gleich groß.

Eine Gegenüberstellung der vorliegenden Tabellen mit den ansonsten für die historisch-demographische Auswertung empfohlenen Modellsterbetafeln[2] zeigt, daß die dort vorzunehmende Projektion aller Mortalitätsraten aus der Höhe der Säuglings- und Kindersterblichkeit für Leezen in die Irre geführt hätte[3]. Das liegt bei den hier herangezogenen Modellen Ledermanns daran, daß sie keine Möglichkeit für das im Untersuchungsgebiet beobachtete Verhältnis von $_1q_0$ und $_{14}q_1$ vorsehen. Zurückzuführen ist dies wohl darauf, daß in den heutigen Entwicklungsländern, deren Zahlenmaterial den Tafeln zugrunde liegt, bereits eine sehr viel niedrigere Kinder- als Säuglingssterblichkeit erreicht ist.

Mit den Werten der mittleren Lebenserwartung bei der Geburt e_0, die für Leezen gewonnen wurden, lassen sich Vergleiche durchführen. Demnach wäre dort die Situation ähnlich wie in den ärmsten Ländern der Dritten Welt zu Beginn der 1970er Jahre gewesen. Selbst in Afrika als ganzem betrug 1975 die Lebenserwartung bereits 45 Jahre,

---

[1] Die Werte zu Fig. 10 sind aus Tab. 85, Sp. 4 zu entnehmen.

[2] Vgl. Coale/Demeny 1966 und Ledermann 1969.

[3] Vgl. Hansen 1970 und Houdaille 1980, S. 99.

Tab. 06   Generationensterbetafeln 1720 - 1839

Gen. n →	1720-1779 1029				1780-1839 1538			
	q_x	l_x	e_x(Md)	e_x^*	q_x	l_x	e_x(Md)	e_x^*
0	143	1000	39.6	37.1	142	1000	44.3	40.6
1	139	857		42.2	136	858		46.2
5	76	738	49.7	44.7	40	741	53.3	49.2
10	39	682	46.9	43.1	27	712	49.6	46.1
15	38	655	42.9	39.8	22	692	45.3	42.4
20	63	630	38.9		33	677	40.8	
25	55	590	35.4		38	655	36.6	
30	48	558	31.8		61	630	32.5	
35	64	531	27.9		94	591	28.8	
40	85	497	24.3		78	535	25.8	
45	94	455	20.9		71	494	22.5	
50	112	413	17.3		112	459	18.9	
55	180	366	13.9		140	408	15.6	
60	201	301	11.2	11.6	207	351	12.1	12.8
65	304	240	8.2		228	278	9.1	
70	436	167	5.9		432	215	6.5	
75	642	94	3.9		405	122	6.3	
80	632	34	4.0		596	73	4.2	
85	1000	12			895	29	2.8	
90					1000	3		

q_x Altersspezifischer Mortalitätsquotient pro 1000
l_x Überlebende zu Beginn einer Altersklasse von 1000 Lebendgeb.
e_x Lebenserwartung , (Md) Medianwert
    * Mittelwert, berechnet nach Henry 1980,S.124 [1]

[1] Zum Vergleich kann die exakte mittlere Lebenserwartung herangezogen werden, die aus den durchschnittlichen Sterbealtern 0-14 und 15-94 zusammengesetzt ist, wobei keine stufenweise Auswanderung angenommen wird, sondern die Alter über 15 einfach entsprechend dem Anteil der Verschwundenen gewichtet werden. Sie ist nach Tagen berechnet und damit frei von der sonst üblichen Annahme, daß der Mittelwert der Lebenserwartung einer Altersklasse in der Klassenmitte liegt (vgl. Feichtinger 1973, S.66). e_0 beträgt nun 1720-1779 34.5 Jahre und 1780-1839 38.0. Die entsprechenden Werte für e_{15} sind 37.4 und 39.4. Beide sind niedriger als die Werte in der Tab.06, weil durch die Auswanderung eine Registrierung von Sterbefällen in jungen Jahren wahrscheinlicher war als in höherem Alter.

Tab. 07 Sterbetafel für 1720-1839 Geborene nach Geschlecht

	m				w			
n →	1252				1310			
	q_x	l_x	$e_x(Md)$	e_x^*	q_x	l_x	$e_x(Md)$	e_x^*
0	150	1000	42.7	38.7	132	1000	42.0	39.5
1	148	850		44.5	127	868		44.4
5	66	724	52.7	47.9	43	758	50.4	46.6
10	26	676	49.6	46.1	38	725	46.7	43.6
15	27	659	45.3	42.2	30	698	42.9	40.1
20	54	641	40.9		38	677	38.7	
25	47	607	37.2		43	651	34.7	
30	39	578	33.2		74	624	30.8	
35	67	556	29.1		98	577	27.6	
40	67	518	25.5		98	521	24.7	
45	70	484	21.9		95	470	21.5	
50	122	450	18.2		98	425	17.9	
55	157	395	15.3		158	383	14.3	
60	204	333	12.1	12.6	205	323	11.2	11.8
65	235	265	9.1		294	257	8.3	
70	423	203	6.4		448	181	5.9	
75	481	117	5.3		528	100	4.7	
80	585	61	4.3		640	47	3.9	
85	941	25	2.7		889	17	2.8	
90	1000	2			1000	2		

Tab. 08 Prozentuale Verteilung der Sterbefälle nach Alter und Geschlecht

	$_{15}q_0$	$_{45}q_{15}$	$_{35}q_{60}$
1720-1779	34.5	35.4	30.1
1780-1839	30.8	34.1	35.1
m, 1720-1839	34.1	32.6	33.3
w, 1720-1839	30.2	37.5	32.3

Fig. 08 Altersspezifische Mortalitätsraten 1720 - 1839

　　　.... 1720-1779 Geborene
　　　---- 1780-1839 Geborene

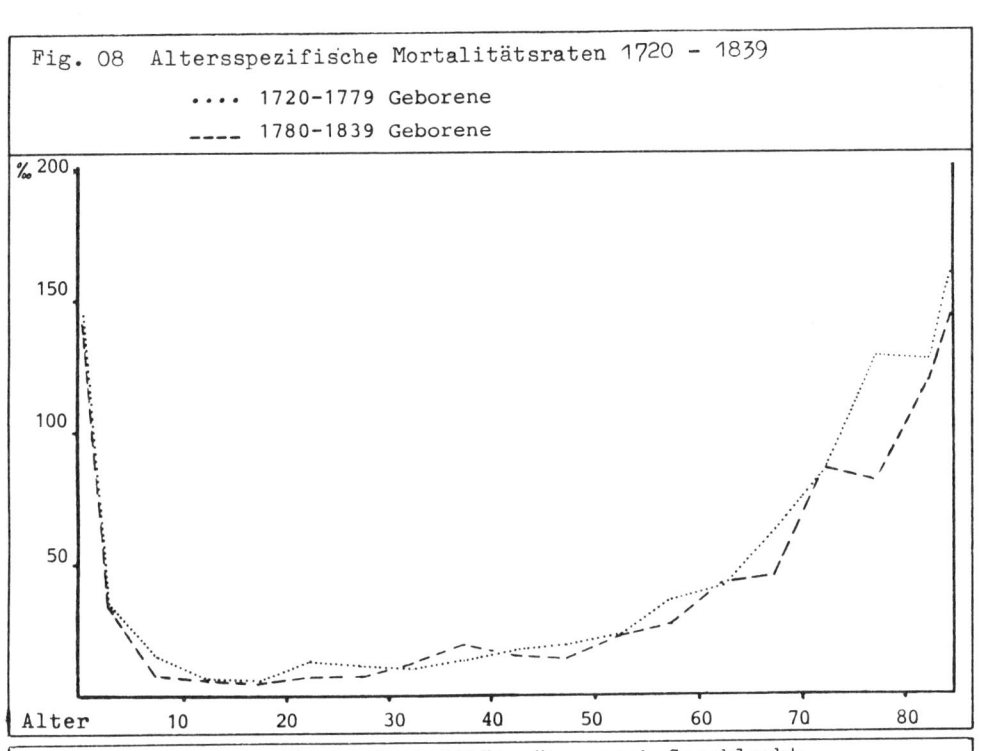

Fig. 09 Altersspezifische Mortalitätsräten nach Geschlecht

　　　---- männlich, 1720-1839 geboren
　　　.... weiblich, 1720-1839 geboren

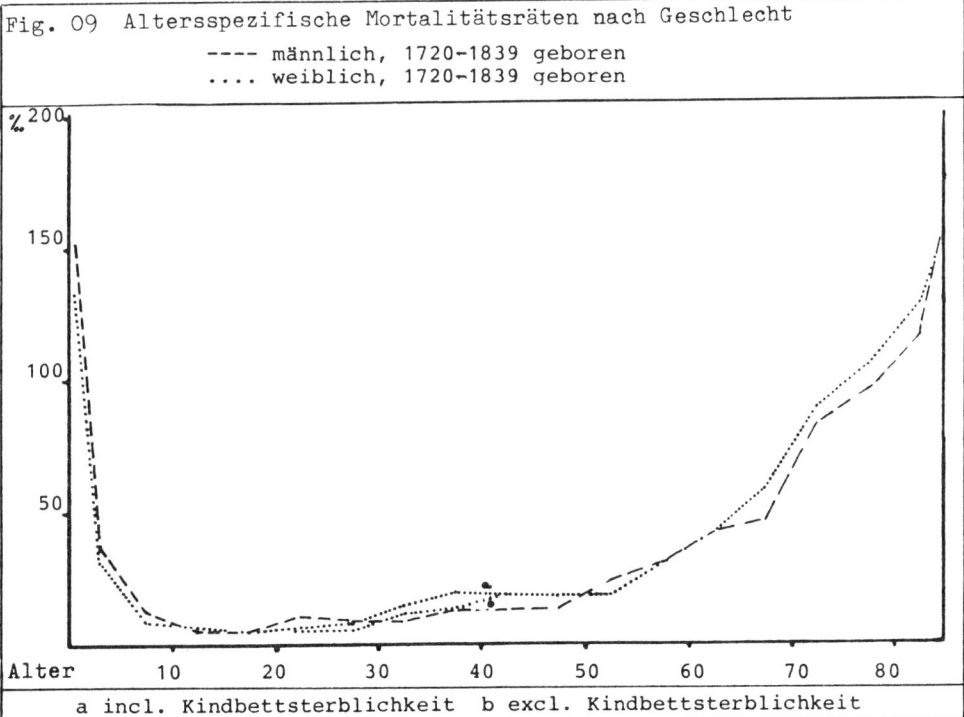

a incl. Kindbettsterblichkeit   b excl. Kindbettsterblichkeit

in Südostasien 51, in Europa dagegen 71[1]). Einen deutlich niedrigeren Wert für das ländliche Pariser Becken mit 25,9 Jahren errechnet Dupaquier[2]) für das siebzehnte Jahrhundert. Die Säuglingssterblichkeit war dort erheblich höher als in Leezen, aber auch die anderen Altersgruppen waren stärker von Mortalität betroffen. Über die Lebensumstände der einzelnen Menschen sind damit aber noch keine Vergleiche gezogen. Dazu ist besonders die mittlere Lebenserwartung bei der Geburt ein viel zu stark kondensierter Wert.

5.1.3 Kindersterblichkeit

Die Kindersterblichkeit (zweites bis fünfzehntes Lebensjahr) bildet zusammen mit der Säuglingssterblichkeit den linken Ast der "U-Kurve" der altersspezifischen Mortalitätsraten[3]). Diese stabilisieren sich generell vom siebten Lebensjahr an. Zur besseren Übersicht sind die Ergebnisse der detaillierten Sterbetafel[4]) (Tab. 9) noch einmal zusammengefaßt worden (Tab. 10). Eine Konstante stellt hierbei, wie bei den Säuglingen[5]), eine Übersterblichkeit der Jungen dar, die sich bis ins dritte Lebensjahr hinein erstreckt. Danach sind die Unterschiede als zufällig anzusehen. Es überlebten 1720-1869 insgesamt 714 Mädchen von 1000 bis zum fünfzehnten Geburtstag, aber nur 688 Jungen. Theoretisch wäre damit der Überschuß der männlichen Geburten ausgeglichen worden, praktisch bedeutete es in Leezen aufgrund der zeitweise verschobenen Sexualproportion bei der Geburt[6]) einen Frauenüberhang.

---

[1]) Schmidt 1970, S. 143.

[2]) Dupâquier 1979b, S.286.

[3]) S. Fig. 8 und Fig. 9.

[4]) Diese Sterbetafel wurde ebenfalls mit Hilfe der SPSS-Prozedur "Survival" erstellt. Die nicht konfirmierten, bis zum 15. Lebensjahr - fast immer mit einem Elternteil - aus dem Kirchspiel verschwundenen Kinder wurden beim Ende der Beobachtungszeit aus der Risikopopulation herausgenommen; die sieben Fälle mit Verdacht auf Unterregistrierung wurden als Sterbefälle gewertet.

[5]) S.u., S. 135.

[6]) S. ebenda.

Tab. 09 Überlebenswahrscheinlichkeit von Kindern bis zum 15. Lebensjahr

Gen. n	1720- 815	1770- 1179	1820- 1258	alle 3252
0	1000	1000	1000	1000
1	864	835	897	866
2	820	775	853	816
3	792	742	832	866
4	770	721	820	771
5	748	711	806	757
6	732	698	795	744
7	716	695	789	736
8	708	686	785	730
9	700	681	781	724
10	690	677	777	719
11	684	671	772	713
12	675	670	770	710
13	670	664	768	705
14	664	657	768	701
15	662	652	766	698

Tab. 10 Gewinnbilanz 1820 - 1869 pro 1000 Lebendgeborene

	a gegenüber 1720-1769 b gegenüber 1770-1819						
	Verluste pro 1000			a		b	
	1720-	1770-	1820-		%		%
0-1	136	165	103	33	31.7	62	54.4
1-8	156	149	112	44	42.3	37	32.5
8-15	46	34	19	27	26.0	15	13.2
alle	338	348	234	104	100.0	114	100.0

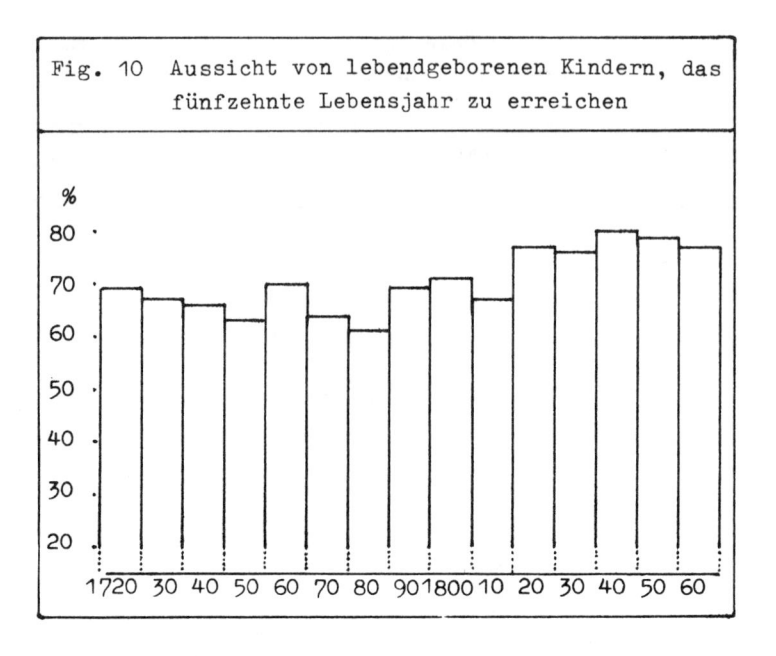

Fig. 10 Aussicht von lebendgeborenen Kindern, das fünfzehnte Lebensjahr zu erreichen

Der größte Fortschritt in der Überlebenswahrscheinlichkeit bis zum 15. Lebensjahr und der Lebenserwartung überhaupt fand, wie in Schweden[1], im Jahrzehnt 1820 statt (Fig. 10). Betrachtet man die Entwicklung von den Resultaten 1820-1869 aus, so ergibt sich ein anderes Bild, wenn man entweder nur fünfzig oder wenn man einhundert Jahre zurückblickt. Kurzfristig war die verbesserte Überlebenswahrscheinlichkeit vor allem auf den dramatischen Rückgang der Säuglingssterblichkeit zurückzuführen. Gegenüber 1720-69 war deren Abnahme aber nicht stärker als die zwischen ein und fünfzehn Jahren, nur daß die zwischenzeitliche Steigerung der ersten das Bild verwischte. Insgesamt nahmen die Verluste in der Kindheit um ein Drittel ab. Eine weiter zurückreichende Betrachtung würde aber unter Umständen noch einmal zu einer Revision der Proportionen führen, denn es ist durchaus denkbar, daß durch die zahlreichen Epidemien des achtzehnten Jahrhunderts die Kindersterblichkeit einen außergewöhnlich hohen Stand hatte.

Die Höhe der Quoten für die einzelnen Geburtsjahrzehnte zwischen 1710 und 1889 ist in ihrer Abfolge nicht uninter-

---
[1] Vgl. Tabutin 1978, S. 122.

essant, wenngleich die Schwankungen nicht überinterpretiert werden dürfen. 1710-1789 wird ein Muster von über 20% deutlich, bereits unterbrochen 1760-69, wo sich das neue Niveau von 17% ankündigt. Dies ist 1790-1829 gültig, außer im Jahrzehnt 1800, in dem die niedrigen Werte von 13% antizipiert werden, welche wiederum 1830-1889 ihre Gültigkeit haben[1]. Der Beginn der Pockenschutzimpfung 1812 stellte also, wie häufig in Deutschland[2], keinen Einschnitt dar.

In der Schwalm mit einem Durchschnitt einer Kindersterblichkeit von 18,2% der Geborenen 1720-1869, was 672 Überlebende von 1000 Lebendgeborenen im Alter von 15 Jahren bedeutete, entsprachen die Verhältnisse den Leezenern. Es zeigte sich hier allerdings eine sinkende Mortalität nach etwa 1810, nachdem zuvor im Gegensatz zu Leezen Höchstwerte erreicht worden waren. Obwohl insgesamt die Verbesserungen im neunzehnten Jahrhundert gegenüber dem achtzehnten in Leezen deutlicher ausfallen als in der Schwalm, sind die Verhältnisse doch sehr viel ähnlicher als bei der Säuglingssterblichkeit[3]. Die Zahlen, die, allerdings auf einer anderen Berechnungsbasis, für Neuenbrook, Marne und Hohenfelde vorliegen[4], bewegen sich für das neunzehnte Jahrhundert zwischen 13,2 und 16,1% der Lebendgeborenen. Demnach hatte sich die Bandbreite der Kindersterblichkeit in Norddeutschland ziemlich verengt. Auch die Extreme Leezen und Marne lagen nur um drei Prozentpunkte auseinander. Folglich dürften, im Gegensatz zur Säuglingssterblichkeit, mikroregionale Gründe für den Rückgang der Kindersterblichkeit weniger maßgeblich gewesen sein als großräumliche.

Zwischen den einzelnen Orten des Kirchspiels waren die Unterschiede in der Gefährdung gering. Wo sie bestanden, hatten sie die Tendenz, dem Verlust durch die Säuglingssterblichkeit entgegenzuwirken, so daß die Bilanz am Ende des fünfzehnten Lebensjahres relativ ausgeglichen war. Eine auffallende, aber keineswegs signifikante Abweichung vom Durchschnitt wies nur Krems auf; das Gutsdorf Neverstaven brachte denselben Anteil von Kindern bis zum fünfzehnten Geburtstag wie die Amtsdörfer. Noch unbedeutender waren die Unterschiede zwischen den sozialen

---

[1] Prozentwerte bezogen auf Lebengeborene.

[2] Vgl. Lee 1977a, S. 3.

[3] In der Schwalm 1810-1869 l_1 863, l_{15} 709.

[4] S. Lorenzen-Schmidt 1982.

Tab. 11 Schichten- und geschlechtsspezifische Kindersterblichkeit 1720 - 1869

		a Überlebende am ersten Geburtstag b Gestorbene bis zum 15. Lebensjahr		
		a	b	
		n	n	%
Hufner	m	501	108	21.6
	f	503	103	20.5
	alle	1004	211	21.0
Kleinbauern	m	275	65	23.6
	f	238	38	16.0
	alle	513	103	20.1
Landarbeiter	m	323	67	20.7
	f	343	77	22.4
	alle	666	144	21.6
Gewerbetreibende	m	189	43	22.8
	f	201	36	17.9
	alle	390	79	20.3
ohne Angaben	m	86	21	24.4
	f	119	24	20.2
	alle	205	45	22.0
alle	m	1374	304	22.1
	f	1404	288	20.5
	alle	2778	592	21.3

Gruppen (Tab. 11). Die geschlechtsspezifischen Vorteile der Mädchen gegenüber den Jungen kamen allerdings bei den Kleinbauern am stärksten zum Ausdruck, so daß hier, im Gegensatz zu den Hufnern, keine gegenläufige Tendenz zur differentiellen Säuglingssterblichkeit bestand.

5.1.4 Erwachsenensterblichkeit

Zwischen den Mortalitätsraten der beiden Zeiträume 1720-1779 und 1780-1839 und der Geschlechter sind gewisse Zusammenhänge erkennbar, die darauf hindeuten, daß die Unterschiede zwischen dem achtzehnten und dem neunzehnten Jahrhundert, was die einzelnen Altersklassen anbelangt, eher akzidentielle als strukturelle Ursachen haben. So scheint die erhöhte Sterbeziffer für die Zwanzig- bis Vierundzwanzigjährigen 1720-1779 vor allem bei den Männern begründet zu liegen, unter Umständen durch die Epidemien bedingt. Die Verluste unter den Fünfunddreißig- bis Neununddreißigjährigen wiederum laufen mit einer generell erhöhten Mortalität der Frauen parallel. Die Unterschiede zwischen den beiden Zeiträumen sind in Hinsicht auf die

Erwachsenenmortalität also kaum als eindeutig zu bezeichnen, sie führen vielmehr direkt zu den geschlechtsspezifischen Unterschieden. Das auffallendste Phänomen ist hierbei die Übersterblichkeit der Frauen zwischen dreißig und neunundvierzig Jahren. Welche Rolle spielte die Kindbettsterblichkeit dabei[1]?

Die Kindbettsterblichkeit scheint im Beobachtungszeitraum einen wichtigen Faktor der weiblichen Übersterblichkeit darzustellen. Zwar konnte sie nur an einer begrenzten Anzahl von Fällen, für die Ehen, die im Kirchspiel zu Ende gingen (Typ 1-3), bzw. daraus für die Frauen, die dort auch geboren wurden (Typ 1), untersucht werden (Tab. 12, Tab. 13), aber die Ergebnisse sind doch trotzdem ziemlich

Tab. 12 Sterbefälle im Kindbett 1720 - 1869

	a Geburten incl. Totgeburten b Sterbefälle					
	Typ 1-3			Kirchspiel *		
	a	b		a	b	
	n	n	%	n	n	%
1720-	840	15	1.79	1369	22	1.61
1770-	1216	17	1.40	1844	24	1.30
1820-	1307	14	1.07	2489	21	0.84
alle	3363	46	1.37	5702	67	1.18

* a alle ehelichen Geburten

  b auf alle F- Verbindungen hochgerechnete Anzahl der Kindbettsterbefälle

aufschlußreich[2]. Die allgemeine Höhe der Wochenbettsterblichkeit um 1770 entspricht der von Zeitgenossen

---

[1] Als Kindbettsterblichkeit wurden hier die Sterbefälle bis zum 42. Tag nach der Niederkunft gewertet (s. Müttersterblichkeit 1978, S. 177). Die Abweichung von der Definition Bardets (1981a, S. 38) ist unerheblich.

[2] In Sp. 2 ist der Fehler vermieden, der dadurch entstanden wäre, daß ein Kindbettsterbefall das Risiko einer Ehe erhöhte, zu einer F-Verbindung (Eheende im Kirchspiel) zu werden.

Tab. 13 Sterbefälle nach dem Alter der Frau 1720 - 1869

	a im Kindbett b sonstige				
	a		b		
	n	%	n	%	n
20-	2	28.6	5	71.4	7
25-	7	41.2	10	58.8	17
30-	5	22.3	17	77.3	22
35-	7	29.2	17	70.8	24
40-	0	0.0	23	100.0	23
45-	0	0.0	22	100.0	22
50-	1	5.9	16	94.1	17

beobachteten[1]) und liegt insgesamt nur geringfügig über dem Durchschnitt der von Imhof untersuchten Orte[2]). Tendenziell findet sich überall die gleiche Verbesserung im neunzehnten Jahrhundert wieder, die in Leezen wohl noch deutlicher ausfielen, als es die Zahlen angeben, da aufgrund einer gewissen Unterregistrierung der Totgeburten im 18. Jahrhundert einige Fälle von Müttersterblichkeit der Beachtung entgangen sein können. Obwohl nur etwa ein Sterbefall auf einhundert Geburten eintrat, bewirkte dies in Leezen doch 30,0% der Mortalität von Frauen zwischen zwanzig und vierzig Jahren. Insbesondere jung verheiratete Frauen waren, vermutlich im Zusammenhang mit der ersten Geburt, davon betroffen. Dies vermag eine Einstellung, daß das Gebären jedesmal eine Sache auf Leben und Tod war, begünstigt haben, wenngleich diese, rein statistisch gesehen, unbegründet war.

Insgesamt läßt sich die Übersterblichkeit der Frauen in den genannten Altersklassen also vollständig durch die Kindbettsterblichkeit erklären, wie bereits anderenorts bemerkt[3]). Es scheint, trotz der schmalen Zahlenbasis, mehr als ein Zufall zu sein, daß die Kindbettsterblichkeit

---
1) Nach Süßmilch 1775, Tab. 3 und Tab. 5, waren es 1,20% in Berlin 1764-1774 und 1,25% in 140 altmärkischen Dörfern 1766-1774.
2) S. Imhof 1979, S. 500 ff.
3) S. Bardet 1981a, S.48. Vgl. Fig. 09, Variante "b".

im letzten Zeitraum am niedrigsten war. Als Ursachen kommen eine verbesserte gynäkologische Versorgung in der Form einer generell stärkeren medizinischen Betreuung oder verbesserten Hygiene in Frage. Es bleibt zu untersuchen, ob sich dies auch bei der Säuglingssterblichkeit bemerkbar machte[1].

Vom vierzigsten Lebensjahr an war die Kindbettsterblichkeit ohne Bedeutung. Während vorher die Variante b der Kurve der weiblichen Mortalität sich kaum von der männlichen unterschied, wird für die Altersgruppe vierzig bis neunundvierzig nach anderen Erklärungen für die weibliche Übersterblichkeit zu suchen sein, ebenso übrigens für die schneller abnehmende Lebenserwartung in den sehr hohen Altersgruppen. Als These kann gelten, daß möglicherweise in beiden Fällen physische Abnutzungserscheinungen die Ursache waren, die nach dem Abschluß der Phase der Prokreation und der Kinderaufzucht eine kumulierte Wirkung aufwiesen[2]. Hier, wie im Bereich der Erwachsenensterblichkeit überhaupt, läßt die strukturelle Analyse der Mortalität keine interpretierbaren schichtenspezifischen Unterschiede erkennen.

5.2 Die Todesursachen

Genaueren Analysen der altersspezifischen Todesursachen steht in Leezen die Seltenheit und Ungenauigkeit diesbezüglicher Eintragungen der Pastoren entgegen. Sicherlich zeigt sich auch an diesen, daß einige Krankheitsbegriffe, wie zum Beispiel Scharlach, schon immer den Kindern zugeordnet wurden. Für diese Altersgruppe sind auch noch die fundiertesten Aussagen möglich. Dagegen sind für die Erwachsenen, bei denen beispielsweise Pastor Sandau (1763-1770) reihenweise auf die Todesursache "Brustkrankheit" erkannte, die Angaben um einiges seltener und unpräziser.

Obwohl die Todesursachen bei Kindern nur für einen kurzen Zeitraum in den Kirchenbüchern relativ häufig angegeben sind (1807-1847), ist die letzte Pockenepidemie im Jahre 1807 dokumentiert. In den Monaten März bis Mai und im August starben daran sieben Kinder zwischen einem und sieben Jahren, dazu noch ein Säugling von zehn Monaten. Bald darauf wurde mit der kgl. Verordnung vom 2. September

---

[1] S.u., S. 167 f.
[2] Vgl. Heller/Imhof 1981.

1811 die Vakzination vorgeschrieben, eine Bescheinigung war ab 1813 bei allen Konfirmationen und Heiraten beizubringen[1]. Die ersten Konfirmanden, die in Leezen Impfzeugnisse vorlegten, waren 1812 von Dr. Henning in Segeberg geimpft worden. Alle folgenden Jahrgänge waren ausnahmslos vakziniert, wobei allerdings das Impfalter noch recht unterschiedlich gewesen sein mag[2].

Das Verschwinden der Seuche führte aber nicht sofort zu einer nachhaltigen Verbesserung der Gesundheitsverhältnisse. In den 1810er und 1820er Jahren breiteten sich andere Kinderkrankheiten aus, die nach der Frieselepidemie 1834 nicht mehr dokumentiert sind und wohl tatsächlich für den Rest des Untersuchungszeitraums an Bedeutung verloren. Vereinzelt traten neben den in Tab. 14 aufgeführten

Tab. 14 Todesursachen bei Ein- bis Siebenjährigen 1810 - 1847

	Friesel	Masern	Krämpfe	Brustkrkh.	Keuchhusten	Stickhusten	Scharlach
1810-	0	7	0	0	2	5	0
1820-	1	5	0	0	2	0	0
1830-	13	1	2	2	1	0	4
1840-	0	1	5	5	1	0	0
alle	14	14	7	7	6	5	4

Todesursachen noch Nervenfieber und Nervenschleimfieber, Halsbräune und Drüsenkrankheit, Zahnfieber, Zahnkrankheit und Ausbruch der Zähne, Kopfwassersucht und Gehirnentzündung, Schlagfluß und Auszehrung auf. Die Acht- bis Fünfzehnjährigen wurden einmal von den Masern (1828), dreimal vom Friesel (1831), einmal vom Nervenfieber (1832) und einmal von epileptischen Krämpfen betroffen.

Was sagen aber diese Todesursachen aus? Bereits bei den Krankheitsbezeichnungen Scharlach und Masern, die auch heute gebräuchlich sind, beginnen die Probleme. So unterschied beispielsweise der schleswig-holsteinische Arzt Steinheim beide nach theoretischen Prämissen, die

---
[1] Gudme 1833, S. 385.
[2] Vgl. LAS, Abt. 42, Nr. 35 I. In Kiel waren 1852 nur 36% der Geimpften unter zwei Jahre alt (Baumgart 1964, S.77).

eine Gleichsetzung mit modernen Diagnosen verbieten[1]. Masern standen ihmzufolge mit den Respirationsorganen in Verbindung, "daher sie vorzüglich im Frühjahr und im Kindesalter sich vollkommen als Epidemie entwickeln können", während Scharlach dagegen mit Digestion zu tun habe, "daher mehr ein Exanthem des Spätjahrs und zugleich älterer Subjekte" sei[2]. Noch weiter in die Irre geführt wird man aber, wenn man am konkreten Fall des Auftauchens der Frieseln in Leezen 1831 versucht, dessen Hintergründe aufgrund der zeitgenössischen Literatur zu erhellen.

Der Physikus Henning beschrieb als die ersten Anzeichen der in Segeberg nach einer heißen Trockenperiode am 18.7.1831 auftretenden Frieselkrankheit "heftige Kopfschmerzen" sowie auch "entzündliche Bräune"[3]. -Also Diphterie? Landesweit ist davon aber nicht die Rede, vielmehr grassierte angeblich das Scharlachfieber[4], etwas, was durchaus zu den im Wortsinn von Friesel steckenden Hautausschlägen paßt. Nun stellte aber ein Arzt aus Uetersen fest, daß "das Scharlach unter den Erscheinungen der sporadischen Cholera verlaufen sei"[5]. Das deckt sich mit der Beobachtung Hirschs[6], daß Friesel im Vorfelde der Cholera zu finden sei, als deren "unzertrennlicher Gefährte", vielleicht sogar mit ihr identisch sei. -Also doch asiatische Cholera in Leezen? Pfaff, mit seiner Autorität als Direktor des schleswig-holsteinischen Sanitätskollegiums, widerspricht dem aber, indem er berichtet, daß die Choleraepidemie nur entlang der Elbe bis Glückstadt vorgedrungen sei und das restliche Schleswig-Holstein verschont habe[7]. Einige Fälle von sporadischer Cholera seien unabhängig von der asiatischen im August und September in Segeberg beobachtet worden. Sie seien aber leicht heilbar gewesen. Das Leezener Kirchenvisitationsprotokoll vom 13.6.1832[8] spricht sogar

---

[1] Steinheim 1815. Vgl. Imhof/Larsen 1975, S. 141.
[2] Steinheim 1815, S. 38.
[3] LAS, Abt. 42, Nr. 37.
[4] Nagel 1831, S. 5.
[5] Pfaff 1851, S. 3.
[6] Hirsch 1881, S. 82 und S. 85.
[7] Pfaff 1851, S. 3.
[8] LAS, Abt. 19, Nr. 80.

ausdrücklich von einer "zu befürchtenden, aber nicht erschienenen Cholera".

Diese Beispiele sollen genügen, um zu zeigen, daß die Todesursachenangaben oftmals nicht weiterhelfen. Allerdings ist bei relativ eindeutigen Krankheitsbildern, wie zum Beispiel den Pocken, weniger Skepsis angebracht. Eine gute Möglichkeit, die vorhandenen Angaben zu überprüfen und vor allem für die überwiegende Mehrzahl der Fälle, in denen keine Todesursachen angegeben sind, grobe Ursachengruppen zusammenzustellen, bietet aber eine Auswertung der saisonalen Sterblichkeitsmuster. Am deutlichsten treten sie in den Krisenjahren in Erscheinung.

5.3 Die Krisen als Ausdruck von Mortalitätsmustern

5.3.1 Probleme der Messung und Interpretation von Krisen

Das Verständnis der Krisen ist vielleicht ein Schlüssel zur Analyse des demographischen Ancien Régime, als dessen entscheidendes Element Lebrun sie sieht[1]. Als Anhaltspunkte zur Interpretation sollen die gegensätzlichen Auffassungen dienen, die im Verlaufe der Entwicklung der Historischen Demographie am ausgeprägtesten von Meuvret[2] und von Dupâquier[3] vertreten wurden, die sich aber in verschiedenen Gewichtungen durch alle Abhandlungen zu diesem Thema hindurchziehen als Frage: Handelte es sich um Subsistenzkrisen oder um Epidemien? Häufig ist anzunehmen, daß beides zusammenspielte, denn eine Epidemie ist für schlechternährte Menschen sehr viel gefährlicher als für gutsituierte. So kann beispielsweise die Letalität an Ruhr oder Typhus von 10-15% unter normalen Umständen auf 60% in Mangelzeiten steigen[4]. Der umgekehrte Fall, Ernährungsprobleme durch Epidemien, war dagegen nur in Extremsituationen gegeben, so zum Beispiel, wenn eine Pest die

---

[1] Lebrun 1980, S. 225.
[2] Meuvret 1946.
[3] Dupâquier 1979a.
[4] Biraben 1976, S. 39.

Einbringung der Ernte oder den Transport des Korns verhinderte[1].

Es soll im folgenden mit Lebrun[2] von der Hypothese ausgegangen werden, daß alle historisch als Epidemien auftretenden Krankheiten, außer der Pest, in irgendeiner Weise mit der allgemeinen sozialen Lage zu tun hatten. Das Interesse erschöpft sich also nicht in der Frage, ob eine einzelne Krise die Merkmale einer offenen Subsistenzkrise aufwies, nämlich stärkste Ausprägung vor der Einbringung der neuen Ernte und Rückgang der Konzeptionen durch Hungeramenorrhöe, wobei eine solche Klassifizierung der Krisen nach der Jahreszeit ihres Auftretens auch zur Deduzierung anderer Todesursachen dienen kann. Vielmehr soll das Vorhandensein von Krisen selbst als ein Merkmal unterschiedlicher Anfälligkeit der Bevölkerung in verschiedenen Zeiträumen durch eine unterschiedliche Ernährungssituation gewertet werden[3], wobei die schichtspezifischen Unterschiede innerhalb des Kirchspiels nicht ausgewertet werden können, da die Datendichte in einzelnen Krisenjahren zu gering ist.

Die Diskussion darüber, welche Jahre als Krisenjahre anzusehen sind, soll hier nicht in ihren generellen Aspekten aufgenommen werden. Es sei auf die Literatur verwiesen[4]. Um eine Vergleichbarkeit herzustellen, wurde für das Kirchspiel Leezen die Messung nach der Formel Dupâquiers durchgeführt, die die Werte des betreffenden Jahres mit dem Durchschnitt der zehn vorangegangenen sowie der Standardabweichung dieses Mittelwerts vergleicht[5]. Diese Vorgehensweise brachte im allgemeinen die Resultate, die aus der Betrachtung der Fig. 5 zu erwarten waren.

---

[1] Vgl. Biraben 1973.

[2] Lebrun 1980, S. 211. Zur Definition von Hungerkrisen im engeren Sinne vgl. dagegen Appleby 1973, S. 422.

[3] Da sich die Hygiene als zweiter Hauptfaktor von Morbidität schon aufgrund der Quellenlage nicht mit Reichtum oder Armut verbinden läßt, ist im folgenden immer auf die Ernährungssituation abgezielt, wenn im Zusammenhang mit Mortalität von "sozialer Lage" die Rede ist. Von der Analyse weiterer Faktoren, wie der Arbeitsbelastung, ist ohnehin abzusehen, da sie selbst mit Hilfe der Statistiken des 20. Jahrhunderts nur schwer nachzuweisen sind.

[4] Vgl. v.a. Charbonneau 1979.

[5] Dupâquier 1979a, S. 86.

Allerdings machte sich eine Schwäche der genannten Berechnungsweise bemerkbar, die darin besteht, Krisen dann nicht mehr zu registrieren, wenn im vorangegangenen Jahrzehnt bereits stark ausgeprägte eingetreten waren[1]. Dagegen werden nach relativ ruhigen Perioden, wie den 1730er und 1770er Jahren, Jahre mit geringfügig höheren Werten zu Krisenjahren, wobei die Gründe manchmal einfach in zahlreichen Geburten mit entsprechender Kindersterblichkeit liegen können. Im neunzehnten Jahrhundert sind diese Scheinkrisen relativ häufig.

Die Unterschätzung von Mortalität, die auf eine bereits dezimierte Bevölkerung wirkte und die Überschätzung von relativ unbedeutenden Abweichungen nach Zeiten ruhiger Entwicklung widerspricht im Grunde der tatsächlichen Bedeutung, die die Anzahl der Sterbefälle für die betroffene Bevölkerung hatte. Deshalb wurde zusätzlich eine Messung mit einer für Leezen standardisierten Standardabweichung durchgeführt, die anhand längerer Perioden mit relativ konstanten Geburtenzahlen gewonnen wurde (1710-1763 und 1840-1879). Damit wurde die zu hohe Standardabweichung nach Krisenjahren und die im anderen Extremfall zu geringe korrigiert (Tab. 15). Unabhängig davon wurden noch die Jahre in die Betrachtung einbezogen, die in einem bestimmten Monat oder einem Dorf eine deutlich erhöhte Mortalität aufwiesen, ohne daß die Jahreswerte des Kirchspiels dadurch signifikant erhöht wurden.

Die Anzahl der nach Abwägung aller Gesichtspunkte als krisenhaft bezeichneten Jahre stimmte bis 1819 fast mit der nach der Methode Dupâquiers gefundenen überein, wenngleich innerhalb dieser Summe Verschiebungen auftraten (Tab. 15, Sp. 1). Für 1820-1906 scheint die Methode der standardisierten Standardabweichungen eher der Realität angemessen zu sein. Sie wurde daher generell zur Definition dessen verwendet, was im folgenden als "Krisenjahre" bezeichnet ist. Deren Amplitude stieg in Leezen im Beobachtungszeitraum nie über die Ziffer 3 der sechsstufigen Skala Dupâquiers ("starke Krise"). Mehr als doppelt soviele Sterbefälle wie Geburten wurden nur im Jahre 1713 verzeichnet. Für sich genommen hatten die einzelnen Krisenjahre also nicht den Anschein von Katastrophen; wenn überhaupt, wäre erst durch ihr gehäuftes Auftreten ein Einfluß auf die Bevölkerungsentwicklung zu vermuten.

Bis auf 1796 wiesen alle Krisenjahre deutliche saisonale Muster auf.

---

[1] Dies war z.B. 1719 der Fall.

Tab. 15 Übersicht über die Krisenjahre

(1) Kategorie nach der Methode der standardisierten Standardabweichung, 0 keine Krise
  1 saisonal erhöhte Mortalität [1]
  *2 Krisenjahr
(2) Stärke der Krise nach der Methode Dupâquiers
  1 leichte Krise
  2 mittlere Krise
  3 starke Krise
(3) Art der erhöhten Mortalität
  1 nur Beginn einer Krise
  2 erhöhte Mortalität über das ganze Jahr
  3 ausgeprägtes saisonales Muster
(4) Jahreszeit der Krise
  1 Januar, Februar, März, April
  2 Mai, Juni, Juli, August
  3 September, Oktober, November, Dezember
(5) Ausbreitung der Krise
  1 auch im Kirchspiel Segeberg (1712-1734)
  2 landesweit (ab 1735)

Jahr	(1)	(2)	(3)	(4)	(5)	Jahr	(1)	(2)	(3)	(4)	(5)	Jahr	(1)	(2)	(3)	(4)	(5)
1669	*2	3	1	3		1747	1	0	3	3	2	1850	*2	2	3	1	
1670	*2	3	3	1		1748	*2	2	3	1		1851	0	1			2
1676	*2	1	3	1		1754	*2	2	3	1		1856	1	1	3	2	
1693	*2	3	3	3		1758	*2	1	3	1	2	1858	*2	1	3	1	
1698	*2	1	3	1		1762	*2	2	3	3	2	1861	1	0	3	1	
1700	1	0	3	1		1777	0	1				1864	*2	2	3	1	
1705	1	1	3	1		1778	1	1	3	1		1870	*2	1	2		2
1706	*2	2	3	1		1783	*2	3	3	3		1871	1	0	3	3	2
1710	0	1				1785	*2	3	3	1	2	1876	1	0	3	2	
1711	*2	2	3	3		1790	*2	0	3	1		1880	*2	2	2		
1712	*2	2	3	2	1	1796	*2	1	2			1883	1	0	3	1	
1713	*2	2	3	1	1	1800	*2	2	3	3		1885	1	0	3	3	
1719	*2	0	3	1		1801	1	0	3	1		1888	1	0	3	1	
1727	*2	2	3	3		1814	*2	3	3	3	2	1889	*2	1	2		
1728	*2	1	3	1	1	1828	1	1	3	1	2	1891	*2	1	3	1	2
1729	1	0	3	1	1	1829	0	1			2	1893	*2	1	3	3	
1739	0	1				1831	*2	3	3	3		1895	1	0	3	1	
1741	*2	2	3	3	2	1834	0	1			2	1897	1	0	3	1	
1742	0	1				1837	0	1				1900	*2	1	3	1	
1743	*2	2	3	1		1842	0	1									
1746	1	0	3	1		1845	1	0	3	1							

[1] In einem Monat mindestens 25% der Mortalität des Jahres

Tab. 16 Häufigkeit der verschiedenen Krisentypen

```
                1  Frühjahrskrise (Jan.-April)
                2  Sommerkrise (Mai-August)
                3  Herbstkrise (Sept.-Dezember)
                0  ohne saisonales Muster
```

	1	2	3	0	alle
1710-1759	7	1	3		11
1760-1809	2		3	1	6
1810-1859	2		2		4
alle	11	1	8	1	21

5.3.2 Intersaisonale Krisen

Krisen, die sich über mehrere Jahreszeiten erstrecken, tauchen in Leezen nur in der Form der Herbst-Frühjahrskrisen auf. Sie zeichnen sich dadurch aus, daß im Herbst eine erhöhte Mortalität zu beobachten ist, die während der kalten Monate nachläßt, um dann im Frühjahr wieder massiv in Erscheinung zu treten. In diesen Fällen, wie bei einer sich über den Jahreswechsel hinweg erstreckenden Krise, kann man von einer Situation "à cheval" sprechen, die die Zusammenziehung zu einer einzigen Krise im Schema Dupâquiers rechtfertigt[1]. Der Verdacht auf eine gemeinsame Ursache der Herbst- und Frühjahrsmortalität ist nur einmal, 1727/28, angebracht, denn 1711/12 scheint die Quellenlage eine Unterscheidung von zwei verschiedenen Epidemien zu erlauben.

Das Ende der 1720er Jahre war nicht nur in Leezen von einer hohen Mortalität gekennzeichnet. In Hohenfelde (Steinburg) und Segeberg waren 1728 und 1729 sehr viel mehr Sterbefälle zu verzeichnen als sonst, in Bramstedt und Oldesloe folgt auf einen Anstieg 1728 eine Kirchenbuchlücke. Marne wies 1727-29 ebenfalls eine negative Bilanz auf[2]. Da in sechs der sieben holsteinischen Gebiete, für die exakte Daten vorliegen, krisenhafte

---

[1] Vgl. Dupâquier 1979a.
[2] Vgl. Lorenzen-Schmidt 1982. Eigene Auswertung der Kirchenbücher der Gemeinden Leezen, Segeberg, Oldesloe, Bramstedt.

Erscheinungen beobachtet werden können, ist deren landesweite Ausdehnung anzunehmen.

Es liegen aber keine Hinweise dafür vor, daß die Ernte 1727 oder 1728 schlecht ausfiel, obwohl sie 1727 in Schweden bereits zum zweiten Male unzureichend war[1]. Letzteres bewog offenbar die Rentekammer, eine Umfrage über die Verhältnisse in Schleswig-Holstein durchzuführen. Für das Amt Segeberg ist dazu die Aussage von Kirchspielvögten erhalten, daß Roggen und Buchweizen gut gestanden hätten, lediglich der Hafer sei in Kaltenkirchen mißgediehen[2]. Die Rendsburger und Bramstedter Roggenpreise bewegten sich im normalen Rahmen[3]. Aus schlechter versorgten Gebieten könnte aber eine Epidemie eingeschleppt worden sein. Hanssen vermeldet für Hamburg und Holstein das Auftreten von "Hitzigem Fieber"[4] und nach Kuß[5] folgte 1727 auf einen heißen Sommer eine gute Ernte, aber im Herbst starben viele Leute "am Fieber". Diese Bezeichnung und die große Anzahl von Sterbefällen im September und Oktober sprechen dafür, daß Typhoid als Todesursache anzunehmen ist[6]. Für das Frühjahr scheint dies nicht mehr zuzutreffen, denn außer der Jahreszeit spricht dagegen, daß, im Gegensatz zum Herbst, in dem fast ausschließlich Erwachsene betroffen waren, unter den neunzehn Gestorbenen vier "pueres", fünf "puellae", zwei "infantes" und ein weiteres Kind waren. Demnach ist es gerechtfertigt, praktischen Erwägungen zu folgen und die

---

[1] Imhof 1976, S. 721 f. Vgl. auch Abel 1974, S. 177: "Es scheint, daß im ganzen Osten Europas und vielleicht auch noch im Norden das Jahr 1727 das Jahr des größten Mangels gewesen war."

[2] Bericht zum Kammerschreiben vom 9.8.1727, LAS, Abt. 110.3., Nr. 131.

[3] Waschinski 1959, S. 161 ff., S. 177 und S. 185.

[4] Hanssen 1925, S. 115.

[5] Kuß 1825, Bd 2, S. 68.

[6] Höfler (1899, S. 141) kennt typhus abdominalis und petechalis unter der Bezeichnung "hitziges Fieber". Scheidt (1932) erwähnt für 1727/28 Malaria. Wahrscheinlich ist dies aber seine eigene Interpretation von "Hitzigem Fieber", denn Malaria kam in Norddeutschland zwar vor, aber wohl kaum nur in einem Jahr und dann epidemisch (vgl. den Fall von Tertianfieber im Konfirmationsregister Leezen 1756).

Herbstkrise 1727 und die Frühjahrskrise 1728 getrennt zu behandeln.

5.3.3 Sommerkrisen

Die Monate Mai bis August waren in Leezen krisenfrei. Nur das Jahr 1712 machte hier eine Ausnahme. Damals brach zum letzten Male in Schleswig-Holstein die Pest aus[1]. Ihr Verlauf läßt sich einigermaßen rekonstruieren, wenngleich keine geradlinige Ausbreitung erkennbar ist. Am meisten bekannt ist die Einschleppung auf dem Seeweg aus Kopenhagen und die Epidemie in Rendsburg Ende 1711, von wo aus das westliche Holstein kontaminiert wurde[2]. Auf einem anderen Wege scheinen sie aber die "Kriegsvölker" Anfang 1712 nach Höltenklinken (ungefähr zwölf Kilometer südöstlich von Leezen, im Kirchspiel Oldesloe) gebracht zu haben[3]. Im Februar schnellten darauf gleichzeitig die Sterbeziffern in den Kirchspielen Oldesloe und Segeberg in die Höhe. Bezeichnenderweise wurde mit der Annäherung der Pest ab Januar 1712 ein Totenbuch in letzterem eingerichtet. In der Stadt Segeberg wurde am 9.2. der Beginn der "Seuche" registriert, es starben daran bis Juni sechsunddreißig Personen[4]. Erst in diesem Monat zeigte sie sich in voller Stärke unter der Bevölkerung des Kirchspiels Leezen, die bereits durch die Ruhr des vergangenen Herbstes dezimiert war. Ende Juli wurde im Kirchspiel Bramstedt befohlen, die Wachen um die Orte zu verstärken und keine Personen aus den gesperrten Dörfern hereinzulassen[5]. Im August erreichte die Pest in Itzehoe ihren Höhepunkt[6]. Mit dem Jahresende verlosch sie in Holstein.

Sie hatte in Leezen, für sich genommen, keine katastrophalen Auswirkungen. In den Monaten März bis Juni starben insgesamt zwanzig Personen, davon elf Frauen, vier Männer und fünf Kinder. Solch eine Überrepräsentation des

---

[1] Vgl. Hanssen 1925, S. 101 ff.
[2] Waldschmiedt 1721, S. 6.
[3] Hanssen 1925, S. 101.
[4] Kuß 1847, S. 72.
[5] Harbeck 1958, S. 445.
[6] Hanssen 1925, S. 104.

weiblichen Geschlechts wurde bei anderen Todesursachen in Leezen nicht beobachtet. Im Zusammenhang mit der Pest trat sie häufiger auf[1], ohne daß die Gründe hierfür eindeutig zu benennen sind. Vermutet werden kann eine größere Risikoexposition durch mehr Hausarbeit als Feldarbeit der Frau, Krankenpflege und innerdörfliche Kontakte.

5.3.4 Herbstkrisen

Die Herbstkrisen zeigen im Kirchspiel Leezen ein einheitliches Erscheinungsbild. Aus verschiedenen Quellen lassen sich für 1711, 1762, 1783 und 1800 Ruhren nachweisen[2]. Dies ist, wenn man unter Ruhr Dysenterien im weiteren Sinne (incl. Typhoid) versteht, durchaus glaubwürdig, da das Krankheitsbild recht eindeutig ist und gastro-intestinale Infektionen im Spätsommer gehäuft vorkommen können[3]. Es ist mit einer gewissen Berechtigung anzunehmen, daß in den quellenmäßig nicht belegten Jahren ähnliche Todesursachen Krisen verursachten, während Mangelernährung im Herbst ausgeschlossen werden kann. Zweimal erreichten die Krisen ihren Gipfel im September, viermal im Oktober und zweimal im November.

Diesen Krisen war gemeinsam, daß sie Erwachsene und Kinder gleichermaßen trafen. Zudem waren sie relativ ortsgebunden. So kam es 1747 in dem kleinen Dorf Krems zu einer hohen Mortalität, die aber auf Kirchspielebene definitionsgemäß noch keine Krise bedeutete. Leezen hatte 1711 und 1727, Heiderfeld 1741 und 1762, Niendorf 1783 und 1800, Neversdorf ebenfalls 1800 und Tönningstedt 1727 und 1814, im letzten Jahr mit Heidiek, besonders zu leiden. Das ist insofern erstaunlich, als es sich um Epidemien handelte, die keineswegs auf kleinere geographische Bereiche beschränkt waren. Anders als bei den Frühjahrskrisen trat bis auf 1783[4] immer auch eine erhöhte Mortalität im benachbarten Kirchspiel Segeberg auf. 1741,

---

[1] Biraben 1975, Bd. 2, S. 29. Rambach (1801, S. 295) wies eine weibliche Übersterblichkeit für 1712 in Hamburg nach.

[2] S. Hensler 1767, S. 13, Hanssen 1925 und Kirchenbücher Leezen.

[3] Vgl. Imhof/Larsen 1975, S. 141, S. 193 und S. 226.

[4] Nach Rudloff (1967, S. 131) wies dieses Jahr einen besonders warmen Sommer auf.

1762 und 1814 gehörten außerdem zu den ab 1735 registrierten landesweiten Krisen.

In vielen Fällen lassen sich Wege der Einschleppung rekonstruieren. So kam es 1741 in Leezen zu einer Krise, nachdem eine solche schon im Jahre zuvor in Segeberg, Oldesloe und Bramstedt - um nur die ausgewerteten Kirchenbücher zu nennen - gewütet hatte. Im Gegensatz zu den nordischen Ländern, in denen die Jahre 1740 und 1741 ganz im Zeichen von Mißernten standen[1], führte in Schleswig-Holstein anfangs nur der Getreideaufkauf durch Holland und England zu Versorgungsschwierigkeiten[2]. Die Entwicklung der Probleme läßt sich im Amt Segeberg gut verfolgen.

Das General-Landes-Öconomie- und- Commerz-Collegium erkundigte sich Mitte März, ob in Schleswig-Holstein ein Kornausfuhrverbot als nötig empfunden würde[3]. Das Segeberger Öconomie-Collegium hielt dies wegen der angeblich bereits wieder fallenden Preise nicht für angebracht[4]. Das erwies sich aber sehr schnell als Irrtum oder Zweckoptimismus, denn die Preise zogen nun steil an, um Anfang Juni ihren Höchststand zu erreichen[5]. Entscheidend für einen Meinungsumschwung in Segeberg war vermutlich mehr noch der Augenschein, daß die Wintersaat und damit die künftige Ernte von schlechter Hoffnung, wie man sich ausdrückte, war[6]. Schließlich wurde am 7.6.1740 das Kornausfuhrverbot erlassen. Daß nicht nur in den Städten Kornmangel herrschte, sondern sich dieser auch auf dem Lande abzeichnete, bewies die Erhebung der Kornvorräte in den segebergischen Dörfern vom 15.6.1740. Sie führte zur Gewährung von Vorschüssen bis zur nächsten Ernte für "Personen, welche gegenwärtig keinen Kredit haben". Dazu zählte die Mehrheit der Bauern des Kirchspiels Leezen. Die schließlich vorgenommene Spezifizierung der Ernte erbrachte dort, daß der Ertrag an Roggen und Buchweizen gerade nur halb so hoch war wie im Vorjahr, an Heu noch gerin-

---

1) S. Imhof 1976, S. 728 ff.
2) Henningsen 1981, S. 15.
3) Schreiben vom 15.3.1740, LAS, Abt. 110.3, Nr. 131.
4) Schreiben vom 9.4.1740, ebenda.
5) Henningsen 1981, S. 15.
6) Bericht vom 23.5.1740, LAS, Abt. 110.3, Nr. 131.

ger[1]). Die Haferernte war dagegen von dem extrem harten Winter und kaltem Frühjahr, in dem nach Kuß[2]) sich beispielsweise in der Kremper Marsch noch bis Anfang Juni das Eis in den Gräben hielt, nicht angegriffen worden. Die Ernte war aber wohl kaum noch als gut oder "temmelig god"[3]) zu bezeichnen, wie es vielleicht für den Landesdurchschnitt zutreffen mag. Trotzdem führte sie in Leezen bis zum Herbst des folgenden Jahres, in dem eine gute Ernte eingefahren wurde[4]), nicht zu Krisenmortalität[5]). Diese ist demnach nur durch Einschleppung einer Epidemie zu erklären.

Eindeutig aus Richtung Segeberg kam wohl die Rote Ruhr 1747, die im Kirchspiel Leezen aber nur das Dorf Krems erreichte. 1762 schließlich fand im größeren Umkreis ein Truppenaufmarsch statt, in dessen Gefolge eine katastrophale Ruhrepidemie in Segeberg und, weniger ausgeprägt, in Leezen ausbrach. Im erstgenannten Kirchspiel wurden die höchsten Mortalitätsraten des Jahrhunderts verzeichnet (396 Sterbefälle bei 5000 Einwohnern nach Hensler[6]), also fast 80%o). 1814 schließlich ist ein Zusammenhang mit kriegerischen Ereignissen ebenfalls nicht auszuschließen. Diese schlugen sich im Januar 1814 im Kirchenbuch mit der Beerdigung einer vertriebenen Hamburgerin nieder, die mit ihrem Mann bei Tönningstedt im Schnee steckengeblieben war. Derselbe Winter brachte außerdem die Anwesenheit von russischen Soldaten[7]). Daraus kann aber nicht geschlossen werden, daß es sich Ende 1814 in Leezen noch um das Fleckfieber handelte, das Anfang des Jahres im belagerten Hamburg und in Holstein ausgebrochen war[8]). Wahrscheinlicher ist, schon aufgrund der Jahres-

---

1) Bericht vom 7.9.1740, ebenda.
2) Kuß 1825, Bd 2, S. 76.
3) Henningsen 1981, S.18.
4) LAS, Abt. 110.3, Nr. 5.
5) Vgl. Spezifizierung der Kornvorräte vom 16.5.1741, LAS, Abt. 110.3, Nr. 131.
6) Hensler 1767, S. 8 und Tabelle IV.
7) Vgl. Callies/Brodersen.
8) Vgl. Steinheim 1815, Mutzenbecher 1814 und Weber 1814. Alle erwähnen Petechien, was die Diagnose ziemlich sicher macht.

zeit, vielmehr, daß es sich um Typhoid oder "Ruhr" handelte, deren Vorkommen in Holstein 1814 ebenfalls bezeugt ist[1]).

Genauer belegt wäre die Ausbreitung der Herbstkrise 1831, falls es sich um Cholera gehandelt haben sollte. Sie kam aus Richtung Hamburg[2]). Als Schutz wurde für die Zeit vom 10.9. bis 19.10.1831 in Holstein ein Cordon eingerichtet. Er mußte aber bald von der Linie zwischen der Elbe und der Alster bei Rethfurt (Tangstedt) auf die Eider zurückverlegt werden, so daß Leezen sich im gefährdeten Gebiet befand.

Es mangelt also nicht an Hinweisen darauf, daß die Mortalität der Herbstkrisen auf Infektionskrankheiten zurückzuführen war, die oft eingeschleppt waren. Dafür spricht auch, daß sie zwar keine Auswirkungen auf die Konzeptionen hatten, sehr wohl aber auf die Heiraten. Fig. 11 illustriert dies am Beispiel 1762. Die erhöhte Nuptialität erklärt sich daraus, daß die Herbstkrisen durchweg auch die Erwachsenen schwer trafen, so daß eine Reihe von Ehen zerbrochen wurde. In solchen Fällen stellte sich die Frage der Wiederverheiratung oder der Erbfolge mit der Eheschließung eines Kindes. Eben weil Erwachsene starben, beschäftigten die Herbstkrisen die Gemüter und führten beispielsweise dazu, daß der Leezener Pastor ein Register über die im Ruhrjahr 1783 in Neversdorf gestorbenen elf Personen anlegte[3]). Dagegen sucht man lange nach Hinweisen auf die Todesursachen von zehn Kindern, die 1785 in nur einem Frühjahrsmonat starben, obwohl es sich um eine landesweite Epidemie gehandelt haben muß[4]). Man muß schon das Konfirmationsregister zu Rate ziehen, um dort die Erwähnung der Blattern zu finden, aufgrund derer ein Junge mit Verspätung examiniert wurde.

---

1) Hanssen 1925, S. 148. Vgl. für Hohenfelde auch Lorenzen-Schmidt 1982.

2) Hanssen 1925, S. 159.

3) Blatt im KAL.

4) Vgl. Gudme 1819, Tab. IV. Allerdings sind aus Hanssen keine Hinweise auf Pocken zu entnehmen, er erwähnt lediglich "einige Fälle von Faulfieber" (1925, S.136).

5.3.5 Frühjahrskrisen

Eine erhöhte Sterblichkeit im Winter und Frühjahr läßt zunächst an ein Grassieren der Grippe denken, die im Ancien Régime als "maladie de la misère"[1] vor allem alte Leute dahinraffte. Erscheint diese Annahme im Licht des Leezener Materials als plausibel?

Für eine einheitliche Haupttodesursache in den Jahren mit Krisen im ersten Jahresdrittel spricht die Konzentration auf einen Monat, den März (acht von fünfzehn Fällen), dem erst in deutlichem Abstand die gleich häufigen Monate Februar und Januar (zusammen fünf Fälle) und dahinter April (zwei Fälle) folgen. Dem ist aber entgegenzuhalten, daß trotz des ähnlichen Zeitpunkts des Auftretens erhöhter Mortalität der Betroffenenkreis verschieden war, was unterschiedliche Ursachen vermuten läßt. Vorwiegend Kinder starben in den Krisen der Jahre 1719[2], 1728, 1748, 1754, 1758, 1785 und 1790. Für zwei Jahre (1758 und 1785) sind die Pocken bezeugt[3]. Für zwei weitere Jahre (1748 und 1754) kann man sie aus dem Auftreten im Nachbarkirchspiel Segeberg vermuten[4]. Innerhalb dieser kurzen Zeitspanne traten sie demnach im Abstand von sechs bzw. vier Jahren auf. In den anderen Jahren ist es naheliegend, ebenfalls diese zur Kinderkrankheit gewordene Seuche zu vermuten, deren Vorkommen in Holstein seit dem frühen achtzehnten Jahrhundert bezeugt ist[5]. Damit scheinen alle zwischen 1748 und 1758 sowie 1785 und dem letzten Auftreten 1807 herangewachsenen Generationen von Kindern mindestens einmal dem Risiko einer Pockenerkrankung ausgesetzt gewesen zu sein. Hingegen war der dazwischenliegende Zeitraum des größten demographischen Aufschwungs bezeichnenderweise pockenfrei.

Sicherlich waren nicht die Pocken die Verursacher der Krisen 1713, 1743, 1850, 1858 und 1864, denn in diesen

---

[1] Lebrun 1980, S. 211.

[2] Fossel (1903, S. 845) erwähnt für 1719 eine sich über ganz Europa erstreckende, mörderische Blattern-Pandemie.

[3] Kirchenbuch Leezen, KAL. Vgl. Kuß 1825, Bd. 2, S. 131 und S. 179.

[4] Konfirmations- und Sterberegister Leezen, KAL. Hensler 1767, S. 22 f.

[5] Vgl. Hanssen 1925, S. 96.

Jahren überwog die Anzahl von Sterbefällen von Erwachsenen. Nur für die zwei Krisen des achtzehnten Jahrhunderts lassen sich aus den Quellen die Ursachen erschließen. 1713 bestand ein Zusammenhang mit den Ereignissen des Nordischen Krieges, denn angeblich waren es die am 2.1.1713 in Segeberg eintreffenden Schweden, die den Flecktyphus mitbrachten[1]. Sie blieben aber nur drei Tage dort, gefolgt von sächsischen und russischen Truppen, die die Gegend stark in Mitleidenschaft zogen[2]. Im Kirchspiel Leezen befanden sich, den Kirchenbüchern nach zu urteilen, 1713 ebenfalls zahlreiche Soldaten, denn insgesamt ist durch Geburten, Heiraten und Todesfälle die Anwesenheit von vier Kompanien, dazu das Leibregiment Dragoner, nachzuweisen. Not durch Requirierungen und Typhus trafen hier zusammen, so daß die Folgen schlimmer als die der Pest im vorangegangenen Jahre waren.

Die Krise 1743 war auf Leezen und Heiderfeld beschränkt. An ihr manifestiert sich ein Ursachenkomplex, über den sonst wenig zu erfahren ist, - die Ernährung. Der spätere Segeberger Physikus Hensler erwähnt nämlich für dieses und das darauffolgende Jahr in der Segeberger Gegend die sogenannte Kriebelkrankheit[3]. Im Leezener Kirchenbuch tritt sie im Frühjahr 1746 und vereinzelt in den beiden folgenden Jahren in Erscheinung[4]. Mit der Kriebelkrankheit ist Ergotimus gemeint, eine Vergiftung durch Mutterkorn, einem Parasiten des Roggens. Das beweisen die Symptombeschreibungen der Zeitgenossen. Schon Waldschmiedt stellte sie 1717 dar, er wies auch darauf hin, daß das sogenannte "Brand-Korn", die schwarzen Ähren des Roggens, daran schuld wären[5]. Die Krankheit führte bei den Betroffenen zu dem Eindruck, als ob Ameisen in den Gliedern liefen, zu Epilepsien, Verkrampfungen der Gliedmaßen, dauernden geistigen Schädigungen oder Tod in Konvulsionen[6].

---

[1] Kuß 1847. Vgl. Hanssen 1925, S. 24.

[2] Vgl. Chronik von Negernbötel im Nachlaß Schwettscher.

[3] Berichte 1772, S. 17.

[4] 1758 ist bei einem gebrechlichen Menschen noch einmal davon die Rede, daß früher die Kriebelkrankheit im Kirchspiel gewütet hätte (PAS, Fasc. 187, Protokoll vom 25.3.1758).

[5] Waldtschmiedt 1717, S. 6 und S. 24 f.

[6] Vgl. Berichte 1772, S. 32.

Die Zusammenhänge zwischen der Einnahme von Mutterkorn und der Kriebelkrankheit waren auch Hensler bekannt. Deshalb erreichte er im Segebergischen 1768 ein obrigkeitliches Verbot, brandiges Korn zu vermahlen[1]. Es ist anzunehmen, daß diese Kenntnis seit dem ersten bezeugten Auftreten des Ergotismus in Schleswig-Holstein 1717 eine Tradition hatte. Wieso konnte dann trotzdem das Mutterkorn ins Brot kommen? Dies kann nur dadurch erklärt werden, daß in der Not die armen Leute auch mit minderwertigem Getreide vorlieb nehmen mußten. Henslers diesbezügliche Beobachtungen werfen ein Schlaglicht auf die Ernährungssituation der späten 1760er Jahre, die in Segeberg, der Krisenhaftigkeit nach zu urteilen, sogar eher noch besser war als zwanzig Jahre zuvor. So stellte er fest, daß die Kriebelkrankheit besonders auf der sandigen Geest, und dort wiederum fast ausschließlich unter Kätnern und Insten, verbreitet war[2]. Diese waren einseitig ernährt und lebten, wenn die Viehseuche auch noch die Kuh geraubt hatte, "völlig von Brodt, Rockenbrei und Klößen"[3]. Sie waren, da sie selbst keine Felder hatten, auf das Mehl der Mühle zu einem möglichst billigen Preis angewiesen[4]. Als geeignetste Therapie wurde in Anbetracht dieser Umstände "täglich ein Stück fetten Speck, oder wo ihr Vermögen dies nicht erlaubt, ein paar Löffel voll Leinöhl" vorgeschlagen[5].

Die Vermutung auf Grippeepidemien als Verursacher von Frühjahrskrisen ist nach diesen Erkenntnissen für Leezen nur noch für das 19. Jahrhundert haltbar.

5.3.6 Ergebnisse der typisierenden Auswertung

Die Zuordnung der Leezener Mortalitätskrisen zu bestimmten Typen ermöglicht es, die Bedeutung von Nahrungsmangel oder schlechter Ernährung und von Epidemien oder Infektionen als Todesursachen besser einzuschätzen.

---

[1] Ebenda, S.9.
[2] Ebenda, S. 9 und S. 18.
[3] Ebenda, S. 6.
[4] Ebenda, S. 9.
[5] Ebenda, S. 37.

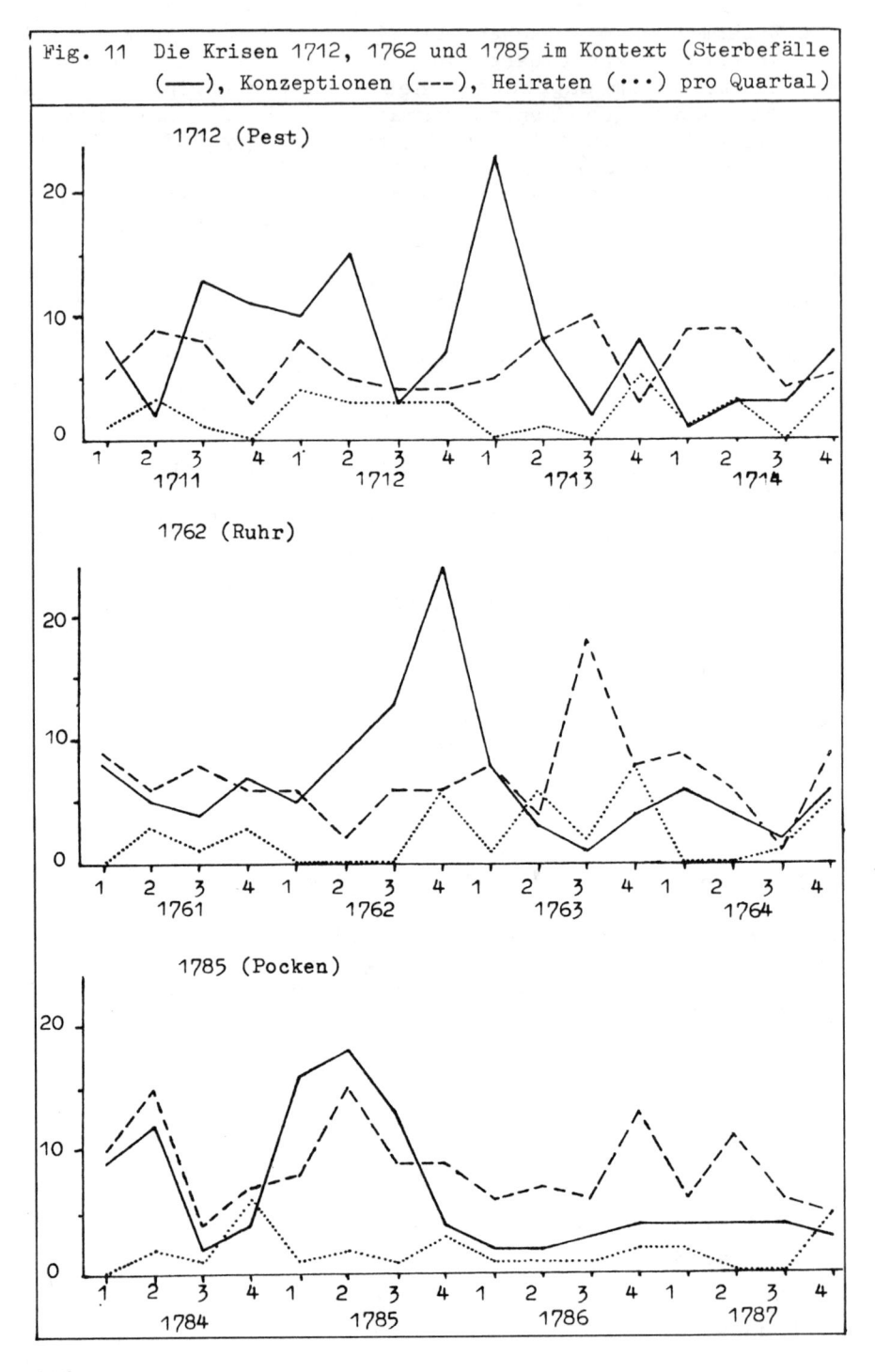

Fig. 11 Die Krisen 1712, 1762 und 1785 im Kontext (Sterbefälle (—), Konzeptionen (---), Heiraten (···) pro Quartal)

1712 (Pest)

1762 (Ruhr)

1785 (Pocken)

Zweifellos gab es in Leezen im Untersuchungszeitraum keine Hungerkrise im engeren Sinn des Wortes. Die Jahreszeit mit den höchsten Getreidepreisen im Juni und Juli war, bis auf die Ausnahme des Pestjahres 1712, immer frei von Mortalitätsgipfeln. Ein Konzeptionstief, das auf eine verbreitete Hungeramenorrhöe hinweisen würde, konnte nicht festgestellt werden. Dagegen zeigte aber das Auftreten der Kriebelkrankheit, daß unter den Frühjahrskrisen zumindest einige auf eine einseitige und Mangelernährung zurückzuführen waren. Diese schwächte sicherlich die Resistenz gegen Infektionen, so daß beispielsweise auch die Grippe häufiger als heute zum Tode führen konnte, wenngleich deren Bedeutung geringer als erwartet war.

Der Herbst war die Jahreszeit, in der nach der Ernte die Bevölkerung im Verhältnis zum Jahresdurchschnitt am reichlichsten und vielseitigsten ernährt war. Die Infektionskrankheiten dieser Jahreszeit müssen also weitgehend auf akzidentielle Gründe auf dem Hintergrund einer unzureichenden Hygiene zurückgeführt werden. Dabei handelte es sich in einigen Fällen ganz offensichtlich um Einschleppungen von gastro-intestinalen Erkrankungen.

Stellt man nun die Häufigkeit der Krisentypen in einzelnen Untersuchungsabschnitten gegenüber, so lassen sich Schlüsse auf die Lebensverhältnisse in Leezen ziehen (vgl. Tab. 16). Der Vergleich der Anzahl von Frühjahrskrisen in zwei gleich langen Zeiträumen vor der Einführung der Pockenschutzimpfung 1812 zeigt, daß deren Bedeutung im zweiten erheblich nachließ. Die Verminderung der allgemeinen Krisenhäufigkeit war allein auf diesen Rückgang zurückzuführen. Das Verschwinden der Pocken führte nicht mehr dazu, daß die Frühjahrskrisen seltener wurden. Daraus kann geschlossen werden, daß die wesentliche Verbesserung des Ernährungszustandes nicht erst im neunzehnten Jahrhundert, sondern schon in den 1760er Jahren stattfand. Kein Zufall ist es wohl auch, daß in diese Zeit auch der Übergang von einer stagnierenden zu einer zunehmenden Bevölkerungszahl fiel. Dagegen hatten die 1740er Jahre mit ihren offenkundigen Ernährungsproblemen den Beginn dieser Stagnation dargestellt.

Läßt sich der Zusammenhang zwischen Krisen und Bevölkerungsentwicklung aber auch auf die Aussage zuspitzen, daß die unterschiedliche Krisenhäufigkeit quantitativ verantwortlich war für die Veränderung der Bevölkerung? Für den Zeitraum 1710-1763 soll dies kurz berechnet werden. Wäre der Geburtenüberschuß in allen Jahren dieses Zeitraums so gewesen wie in den Nichtkrisenjahren, so hätte er 1710-1763 394 statt 143 Personen ausgemacht, also 180% mehr.

Natürlich ist eine solche Berechnung insofern müßig, als
die Nachkrisenjahre sich gerade durch einen ungewöhnlich
hohen Geburtenüberschuß auszeichnen; aber die Tatsache,
daß in den zwölf Krisenjahren der Bevölkerungsgewinn von
einundzwanzig anderen zunichte gemacht wurde, ist doch
zurückzubehalten. Auf diese Weise kamen rein rechnerisch
33 Jahre mit einer Nullbilanz zustande. Die Häufung von
Krisen 1711-13 und in den 1740er und 1750er Jahren
bedeutete also in der Tat eine Stagnation der Bevölkerung
für einen größeren Zeitraum, wenngleich hierbei auch
Wanderungen sicher noch eine Rolle spielten.

5.4 Ursachen der Veränderung der Mortalitätsstruktur

Nicht nur, daß die Frühjahrskrisen während der Phase der
Bevölkerungszunahme seltener wurden , auch die saisonale
Verteilung der Sterbefälle außerhalb der Krisenjahre
veränderte sich (Fig. 12). Sie wurde immer gleichmäßiger,
wenngleich generell das erste Halbjahr weiterhin eine
höhere Mortalität aufwies als das zweite. Trotzdem kann
die Abflachung des Frühjahrsgipfels als Bestätigung der
These gewertet werden, daß eine größere Resistenz der
Bevölkerung gegen Infektionen aufgrund einer besseren
Ernährung bestand. Gab es in dieser Hinsicht altersspezifische Unterschiede?

Über den ganzen Untersuchungszeitraum hinweg weist die
Säuglings- und Kindersterblichkeit die eindeutigsten
Konturen auf (Fig. 13). Mit zunehmendem Alter nahm die
Bedeutung der Jahreszeit dann ab, so daß sich für die
älteren Leute ein relativ diffuses Bild ergibt. Bei den
Erwachsenen unter sechzig Jahren ist es, durch die
Inhomogenität dieser Gruppe sicher mitbedingt, ähnlich.
Überall läßt sich aber feststellen, daß die Sommermonate,
sowie mit Einschränkungen die zweite Jahreshälfte überhaupt, die besseren Überlebenschancen boten. Die Bedeutung
der Monate September, Oktober und November war für die
einzelnen Altersgruppen besonders unterschiedlich, ohne
daß hierin eine Regelmäßigkeit zu entdecken ist.

Für die Kinder änderten sich die Verhältnisse nur insofern
nicht, als nach wie vor das Mortalitätsrisiko in den
ersten sechs Monaten des Jahres unvergleichlich höher
(1720-1869 insgesamt fast doppelt so hoch) war wie in den
letzten (Tab. 17). Trotzdem hatte sich aber der Rückgang
der Kindersterblichkeit stärker in der ersten Jahreshälf-

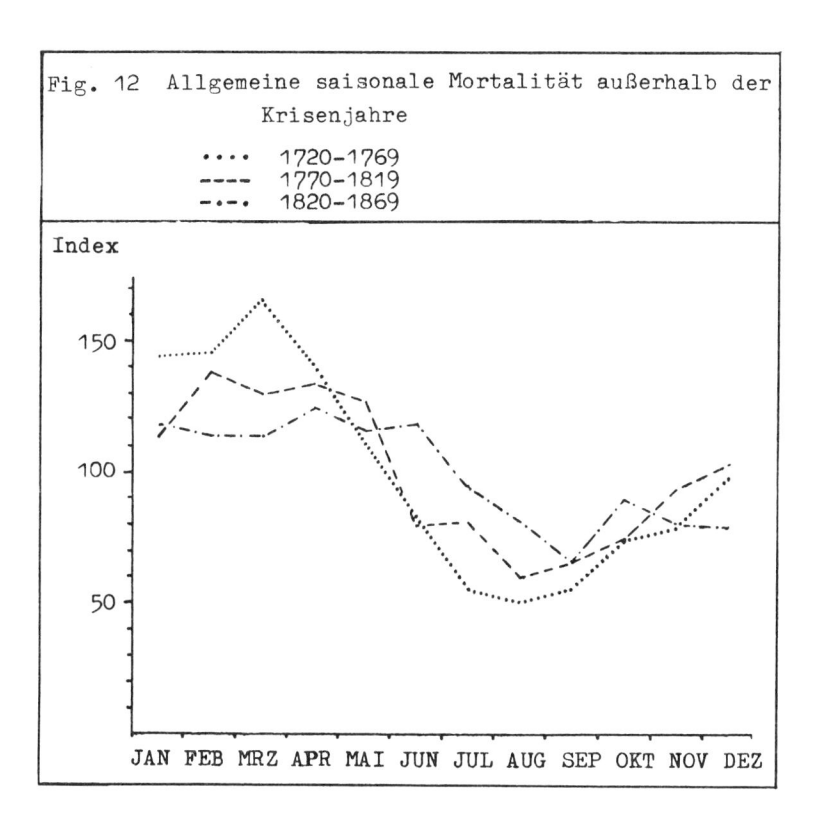

Fig. 12 Allgemeine saisonale Mortalität außerhalb der Krisenjahre

⋯⋯ 1720-1769
---- 1770-1819
-·-· 1820-1869

te, um 40%, als in der zweiten, um 25%, bemerkbar gemacht. Die ersten Verbesserungen, die gegen Ende des achtzehnten Jahrhunderts einsetzten, wirkten sich zuerst allein auf die Frühjahrsmonate aus. Da von der Temperatur her die Monate Dezember und März sich zweifellos mehr ähnelten als Januar und Juni, kann ausgeschlossen werden, daß klimatische Bedingungen dieser Verteilung zugrunde lagen. Einzelne Epidemien waren dafür ebenfalls nicht entscheidend; das zeigt beispielsweise die Tatsache, daß auch nach dem Verschwinden der Pocken die saisonalen Differenzen in ihrer Grundstruktur bestehen blieben. Gemeinsam war aber den Monaten des ersten Halbjahres, daß die Ernährung sich in dieser Zeit auf die konservierten Vorräte der letzten Ernte stützen mußte, bis im Frühsommer die ersten Garten- und im Hochsommer die Feldfrüchte reiften. Dies hatte, auch wenn die Unterernährung im Laufe des Untersuchungszeitraums seltener wurde, doch Mangel an wichtigen Nahrungsbestandteilen, wie Vitaminen, zur Folge, so daß

Tab. 17 Monatliche Verteilung der Sterbefälle 1720 - 1869 nach Altersgruppen

	0-14		15-59		60-94		Mw
	n	I	n	I	n	I	I*
JAN	89	109	61	128	32	111	116
FEB	94	126	59	136	27	103	122
MRZ	131	160	46	96	30	104	120
APR	105	132	51	107	35	126	122
MAI	97	118	60	126	29	101	115
JUN	77	97	38	82	29	104	94
JUL	63	77	45	94	23	80	84
AUG	54	66	29	61	20	69	65
SEP	54	68	31	67	34	122	86
OKT	78	95	48	100	28	97	97
NOV	60	76	58	125	25	90	97
DEZ	64	78	37	77	27	94	83
alle	966	1202	563	1199	339	1201	1201

* Mittelwerte der bereinigten Indizes

Tab. 18 Kindersterblichkeit nach Kalendermonaten

	1720-		1770-		1820-		alle	
	n	I	n	I	n	I	n	I
JAN	9	66	21	117	16	116	46	101
FEB	19	154	25	152	13	104	57	138
MRZ	25	184	25	139	23	167	73	161
APR	27	205	25	144	14	105	66	150
MAI	18	133	21	117	21	153	60	132
JUN	12	91	21	121	17	128	50	114
JUL	3	22	15	83	9	65	27	60
AUG	7	52	9	50	12	87	28	62
SEP	9	68	10	57	4	30	23	52
OKT	17	125	16	89	11	80	44	97
NOV	6	46	13	75	10	75	29	66
DEZ	8	59	11	61	12	87	31	68
alle	160	1205	212	1205	162	1197	534	1201

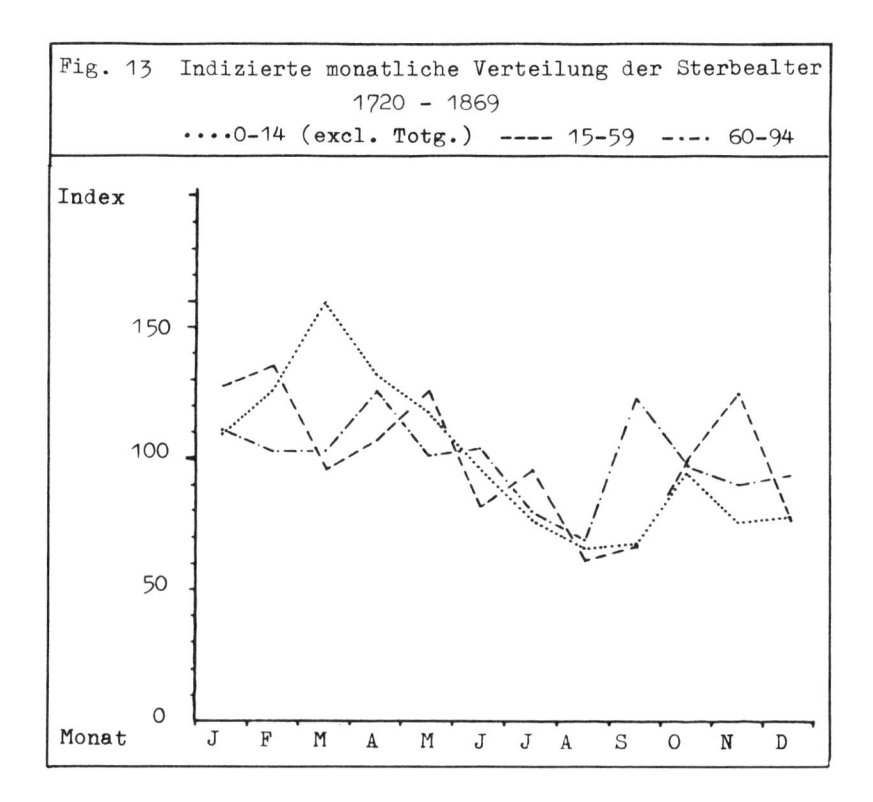

Fig. 13 Indizierte monatliche Verteilung der Sterbealter
1720 - 1869
···· 0-14 (excl. Totg.)   ---- 15-59   -·-· 60-94

die Kinder Krankheiten, die heute harmlos erscheinen mögen, nicht überstanden.

Die Mortalität der Erwachsenen und Älteren wurde im neunzehnten Jahrhundert wahrscheinlich ebenfalls von saisonalen Schwankungen unabhängiger[1]. Offenbar wirkte sich dabei die abnehmende Virulenz von Sommer- und Herbstinfektionen, die sich nicht mehr zu solchen Krisen wie 1762 oder 1783 ausweiteten, auf die Lebenserwartung der jüngsten Erwachsenenaltersgruppen positiv aus[2].

---

[1] Die Zahlendichte ist hier zu schwach, um die relativ geringfügigen Veränderungen zu verdeutlichen.

[2] Vgl. Tab. 06. Die männliche Übersterblichkeit der Zwanzig- bis Vierundzwanzigjährigen ist dort nicht durch eine etwaige falsche Einschätzung der Auswanderung bedingt; denn sie hätte auch dann bestanden, wenn alle Männer als bis zum dreißigsten Geburtstag im Kirchspiel anwesend angenommen worden wären.

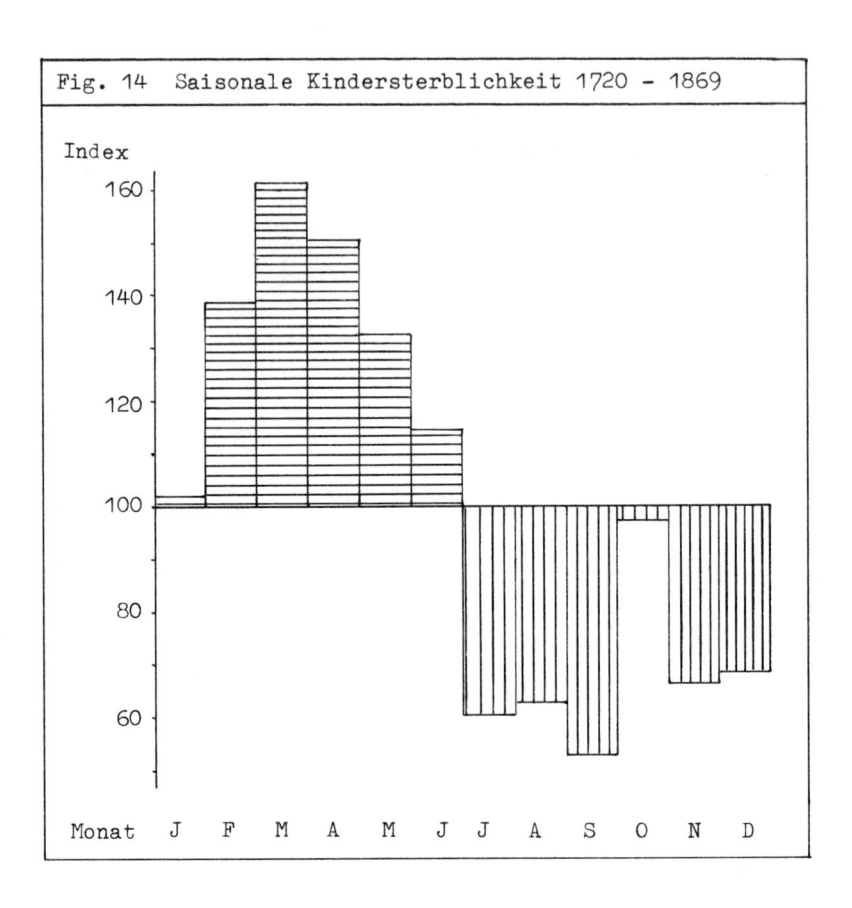

Fig. 14 Saisonale Kindersterblichkeit 1720 - 1869

5.5 Zusammenfassung

Die Hintergründe für das sich wandelnde Erscheinungsbild der Mortalität und die Verlängerung der Lebenserwartung im neunzehnten Jahrhundert konnten durch verschiedene Methoden genauer eingegrenzt werden. Die für Krankheiten als Todesursachen entscheidenden Faktoren entziehen sich dabei einem direkten Zugang. Indirekt wurde aber die Rolle der Ernährung in den Veränderungen des saisonalen Musters der Sterblichkeit deutlich. Hier zeigten sich in dem Zurückgehen der Frühjahrskrisen die augenfälligsten Verbesserungen. Diese kamen, wie sich am Beispiel des Verschwindens der sogenannten Kriebelkrankheit zeigen läßt, mit Sicherheit auch den Erwachsenen zugute, wenngleich diese stärker von den Herbstkrisen betroffen wurden[1]). Besonders deutlich wurden sie aber bei den Kindern zwischen einem und fünfzehn Jahren, deren Sterberisiko um 1790 und um 1830 in zwei Stufen sank.

Faßt man die Ergebnisse in Begriffe der Theorie der autoregulierten Gemeinschaft[2]), so entsprangen die Krisen zwischen den beginnenden 1740er und 1760er Jahren einem relativen Bevölkerungsdruck in Leezen. Die durch Mangelernährung begünstigten Krisen hätten demnach wie ein Regulator gewirkt, der eine weitere Zunahme der Population verhinderte. Der vorgegebene Rahmen wurde dann aber nach dem Siebenjährigen Krieg gesprengt. Gleichzeitig mit dem Einsetzen der Bevölkerungszunahme wurde die Landwirtschaft intensiviert. Die Hypothese, daß die verbesserten Einkommensmöglichkeiten zu einer sinkenden Krisenanfälligkeit der Bevölkerung führten, ist also begründet, wobei die Wirkung über einen verbesserten Ernährungsstatus geführt haben müßte.

Diese Interpretation entspricht der McKeowns[3]), während sich aus dem Leezener Material keine Hinweise auf eine bessere medizinische Versorgung oder eine Veränderung des Charakters von Krankheiten und Immunitäten ergeben oder ergeben können[4]). Zudem spricht einiges gegen eine entscheidende Rolle der Pocken. Eine gewichtige Einschränkung ist aber bei einer Erklärung im Sinne McKeowns zu machen. In Leezen egalisierten nämlich die schlechteren Überlebenschancen der Säuglinge zunächst noch die Verbesserungen bei der Kindersterblichkeit, so daß der Bevölkerungsaufschwung ab 1770 nicht durch diese hervorgerufen gewesen sein kann. Natalität und Migrationen dürften entscheidender gewesen sein[5]). Der Durchbruch zu einem Rückgang der gesamten Mortalität bis zu fünfzehn Jahren, der auch deutlich den der günstigen Jahrzehnte des achtzehnten Jahrhunderts, wie zum Beispiel der 1720er

---

[1]) Von den vier Krisen, die eine erhöhte Anzahl von Heiraten zur Folge hatten, fiel nur eine in das erste Jahresdrittel (s.u., S. 187).

[2]) Vgl. Dupâquier 1972.

[3]) McKeown 1976.

[4]) Vgl. die Zusammenstellung bei Lee 1977a, S. 1 f.

[5]) S.u., S. 296 f.

Jahre, übertraf, wurde erst in den 1820er Jahren erzielt[1]).

Als zweite Mortalitätsdeterminante wurde die Hygiene betrachtet, die aber nicht unbedingt als Anzeichen von Wohlstand gewertet werden muß. In ihr können auch gesellschaftliche Aufgeklärtheit oder aber unreflektierte Praktiken zum Ausdruck kommen. Meßbare Veränderungen konnten nur im Bereich der Müttersterblichkeit festgestellt werden. Durch den Vergleich mit anderen Studien wurde der Schluß bekräftigt, daß sich in einem Teilaspekt, dem Risiko im Kindbett, für die Lebensbedingungen der Frauen im neunzehnten Jahrhundert Fortschritte ergaben. Möglicherweise ebenfalls in Verbindung mit einer verbesserten Hygiene stand vielleicht auch der Rückgang der Virulenz von Spätsommer- und Herbstinfektionen.

Weiterhin außerhalb des Erklärungsrahmens, der durch die aufgeführten Faktoren gegeben ist, stehen Todesursachen, die als wirklich akzidentiell bezeichnet werden müssen. Dazu gehören in Leezen die Epidemien, die ohne militärische Ereignisse nicht aufgetreten wären, und die, um tödlich zu sein, keiner besonders schlechten Lebensverhältnisse bedurften, wie zum Beispiel die Pest.

---
[1]) Vgl. Tab. 85, Sp. 4 und Fig. 10.

6. Die Säuglingssterblichkeit

6.1 Vorbemerkung

Die Erforschung der Säuglingssterblichkeit nimmt, wie bereits eingangs erwähnt, in der Historischen Demographie einen hohen Stellenwert ein. Deshalb ist es gerechtfertigt, ihr ein eigenes Kapitel mit detaillierten Analysen zu widmen, die allerdings nicht immer auf Vergleichsmaterial aus entsprechenden Untersuchungen zu anderen deutschen Regionen bezogen werden können. Das erklärt sich teilweise daraus, daß in Deutschland seit den Arbeiten von Kisskalt in den 1920er Jahren und späteren Ergänzungen lange Zeit kaum noch relevante Beiträge erschienen waren, die die Säuglingssterblichkeit unter einem historischen Blickwinkel betrachteten[1]. Dieser Forschungsstillstand wurde besonders spürbar, als sich im Ausland gegen Ende der 1960er Jahre Interesse an solchen Informationen zeigte und von dieser Seite eigene Erhebungen durchgeführt wurden[2]. Erst mit den Veröffentlichungen Imhofs[3] trat dieser Problemkreis schließlich in das Blickfeld der deutschen Geschichtswissenschaft bzw. der nun entstehenden Historischen Demographie.

Mangelt es in Deutschland auch noch an genügend Einzeluntersuchungen, so ist es doch im wesentlichen seit langem bekannt, wo die Ursachen der Säuglingssterblichkeit in historischen Populationen am ehesten zu suchen sind. So sind die heute in der historisch-demographischen Diskussion meist an erster Stelle genannten sozialen und ökonomischen Verhältnisse und die Ernährungs- und Stillgewohnheiten bereits um die Jahrhundertwende für die deutschen Gegebenheiten relativ ausführlich erörtert worden. Aus jener Debatte sind die Ausgangshypothesen dieser Untersuchung gewonnen. Prinzing und Würzburg als Vertreter der damaligen Forschung erkannten, daß die unterschiedliche Höhe der Säuglingssterblichkeit in den deutschen Bezirken und Kreisen bzw. Ämtern einen Zusammenhang mit den Gegensatzpaaren Stillen - künstliche Ernäh-

---

[1] Vgl. Kisskalt 1927 und ders. 1953
[2] Vgl. Knodel 1967 und seine folgenden Arbeiten, Houdaille 1970 und Kintner 1982.
[3] Vgl. Imhof 1975 und als beste Übersicht ders. 1981a.

rung[1]), ländliche -städtische Wohnverhältnisse[2]), niedrige -hohe Belastung der Frau mit Fabrikarbeit[3]) und traditionelle - intensive Form der Landwirtschaft[4]) aufwies. Beiseite gelassen werden kann hierbei der Versuch Würzburgs, alle Aspekte der Säuglingssterblichkeit auf einen einzigen Faktor zurückzuführen, den er in den klimatischen Bedingungen annahm[5]). Er stand damit in der Tradition einer von der Ärzteschaft bis weit in das neunzehnte Jahrhundert hinein verfochtenen Theorie vom Einfluß der "aquarum, aërum et locorum"[6]), die dazu angetan war, eine Wurzel des Übels, nämlich die sozialen Mißstände, zu verdecken.

6.2 Der Erwartungsrahmen für die Leezener Ergebnisse

Schleswig-Holstein gehörte nach den Untersuchungen Würzburgs in den Jahren 1875-77 innerhalb Deutschlands zu einer Zone niedriger Säuglingssterblichkeit. Dies war wahrscheinlich in der ganzen zweiten Hälfte des 19. Jahrhunderts der Fall, die Zahlen ab 1845 weisen jedenfalls darauf hin (Tab. 19). Die Totgeburtenrate lag in Schleswig-Holstein 1841-1875 bei 4,5% und 1899-1908 bei 3,1%[7]).

Innerhalb Schleswig-Holsteins nahm der Kreis Segeberg, zu dem der größte Teil des Kirchspiels Leezen zu rechnen war, wiederum eine günstige Stellung ein. Er wies nach den ebenfalls nordelbischen Kreisen Tondern und Eiderstedt und dem oldenburgischen Birkenfeld die viertniedrigste Säuglingssterblichkeit im Deutschen Reich auf. Die Quote war 10,8% der ehelichen Geburten und 11,8% insgesamt und für den ländlichen Teil mit 10,3% und 11,1% noch mäßiger.

---

[1]) S. Prinzing 1899, S. 606 f.
[2]) S. Würzburg 1887, S. 93.
[3]) S. Prinzing 1899, S. 595.
[4]) S. Graßl 1910.
[5]) Würzburg 1887, S. 42.
[6]) S. ebenda, S. 94. Vgl. Fischer 1965, S. 110.
[7]) Köllmann 1980, S. 124 und Weinberg 1912b, S. 607.

Tab. 19 Die Säuglingssterblichkeit in Deutschland und Dänemark
1841 - 1934 (in Prozent)

	1 Schleswig-Holstein 1845-1934 2 Preußen 1846-1895 Deutsches Reich 1896-1934 3 Dänemark 1841-1900				
	1		2		3
1845-	12.7	1846-	19.1	1841-	14.4
1855-59	12.4	1856-60	19.9	1851-	13.5
1867-	14.8	1866-	22.4	1861-	13.4
1871-	15.2	1871-	20.5	1871-	13.8
1876-	14.9	1876-	20.5		
1881-	15.1	1881-	20.8	1881-	13.5
1889-	16.2	1891-	20.5	1891-	13.5
1896-	16.1		21.3		
1901-	15.8		19.9		
1906-	14.2		17.4		
1911-14	13.7		16.4		
1924-26	9.2		10.2		
1932-34	6.9		7.5		

Quellen: Prinzing 1899, S. 585 und S. 587, Knodel 1974,
S. 288 f., Saugstad 1979, S. 35

Für das 18. Jahrhundert sind für Schleswig-Holstein vereinzelt lokale Vergleichszahlen erhalten[1]). Interessant sind in diesem Falle besonders die Angaben für das Leezen benachbarte Kirchspiel Segeberg (Tab. 20). Abschließend sei noch mit den Zahlen für die ländliche Bevölkerung des Kreises Segeberg 1904, nämlich 12,1%, und 1908, 12,8%, der Erwartungshorizont abgesteckt, in dem sich die Ergebnisse für Leezen bewegen dürften, wobei die Phase der vorübergehenden Zunahme der Säuglingssterblichkeit um und nach 1900 bereits die Grenzen dieser Untersuchung überschreitet[2]).

---
[1]) Zahlen zu Münsterdorf bei Hanssen 1912, zu Eutin bei Gierlichs 1921 und zu Marne, Neuenbrook und Hohenfelde bei Lorenzen-Schmidt 1982.
[2]) Vgl. Hanssen 1912, S. 194. Zu den Ursachen vgl. Kaup 1910, S. 178.

Tab. 20 Säuglingssterblichkeit und Totgeburten im Ksp. Segeberg
1742 - 1766 (in Prozent *)

	Säuglings- sterblichkeit	Totgeburten
1742-	17.3	4.9
1750-	16.1	5.0
1760-66	21.1	4.4

* Die Totgeburten erscheinen, nach der Methode Süßmilchs, in beiden Spalten.

Quelle: Hensler 1767, Tab. IV

6.3 Datenauswahl und -qualität

Zunächst noch einige Bemerkungen zur Datenauswahl und -qualität. In die Berechnungen wurden nur die in Leezen geborenen Kinder der Familien Typ 1-3 einbezogen, derer also, von denen eine Seßhaftigkeit im Kirchspiel erwartet werden konnte. Die Angaben zur Säuglingssterblichkeit illegitimer Kinder finden sich im Anhang[1]). Die Untersuchung erstreckt sich auf die Geburtsjahrgänge 1710-1899 bzw. 1720-1869. Dadurch sind die Schwierigkeiten vermieden, die sich aus einer Unterregistrierung und Unterrekonstitution 1680-1711 ergeben. Die Basis ist für eine Berechnung zu den vermutlich korrekt registrierten Jahren 1660-1680 hingegen zu schmal. Es fehlt dort auch die Möglichkeit einer Überprüfung der Daten, wie sie sonst durchgeführt worden ist. So wurden alle Geburten 1710-1779 anhand der Konfirmationslisten mit dem Ziele verifiziert, festzustellen, ob die Kinder ohne spätere Wiedererwähnung im Ortssippenbuch nicht doch in der Kindheit gestorben waren. Außerdem wurden die Nekrologe der Eltern herangezogen, die ab 1763 in fast allen Fällen Aufschluß über den Verbleib der Nachkommen vermitteln (beides Teile der Kirchenbücher im Kirchenarchiv Leezen). Dazu wurden systematisch die Unterlagen der sieben Volkszählungen von 1803 bis 1864 ausgewertet, so daß schließlich für alle ab

---
1) Vgl. Anhang A.06. Die Werte sind dort dadurch etwas verzerrt, daß uneheliche Mütter häufiger als eheliche nach der Geburt auswanderten und so Säuglingssterbefälle der Beobachtung entgangen sein könnten.

1710 geborenen Kinder der Nachweis möglich war, ob sie bis zum Alter von 15 Jahren im Kirchspiel überlebt hatten.

Damit konnte aufgrund der Quellenlage der Forderung von Henry entsprochen werden, die Anzahl der Kinder mit unbekanntem Schicksal zu minimieren[1]. Einige Kinder mußten daraufhin aus einzelnen Berechnungen ausgeschlossen werden, was allerdings praktisch nur für die Kinder-, kaum dagegen für die Säuglingssterblichkeit von Bedeutung ist. Der Grund hierfür war meistens, daß ein Kind in früher Jugend Vollwaise wurde oder aber Halbwaise, so daß der verbliebene Elternteil es bei einer Wiederverheiratung oder bei einer anders begründeten Auswanderung mitnahm. Die wenigen Fälle, in denen Nachkommen nachweislich in früher Jugend verstarben, ohne daß ein Sterbeeintrag existiert, wurden in die Berechnungen einbezogen und in den Höchstwerten der Tab. 22 berücksichtigt. In einem Fall sind die fehlenden Angaben vermutlich auf die Lücke in den Kirchenbüchern zwischen September und Dezember 1744 zurückzuführen.

6.3.1 Die Registrierung der Totgeburten

Die Auszählung der Kirchenbücher der Gemeinde Leezen ergab, daß zwischen 1790 und 1869 die Totgeborenenrate 4,4% betrug, wobei die Ziffern in den einzelnen Jahrzehnten zwischen 3,3% und 5,3% schwankten (Tab. 21). Geht man von der in der Historischen Demographie üblichen Annahme aus, daß eine Totgeburtenrate von unter 3% auf eine Unterregistrierung zurückzuführen ist[2], so weisen die Jahrzehnte 1670, 1710, 1720, 1750 und 1780 niedrigere Werte auf. Da aber alle Fünfzigjahresperioden Werte oberhalb des kritischen Bereichs aufweisen, ist a priori nicht völlig auszuschließen - wenn auch in dem Umfang nicht wahrscheinlich - daß die Totgeborenenquote sich tatsächlich veränderte. Möglich wäre aber auch, daß sich unter den am Tag der Geburt verstorbenen Kindern auch solche befanden, die später als Totgeburten geführt wurden. Dies ist aber aufgrund der Verteilung zwischen beiden Gruppen in allen drei Zeiträumen auszuschließen (vgl. Tab. 25).

---

[1] Gautier/Henry 1958, S.55. S.o., S. 62.
[2] Vgl. Knodel 1975, S. 311.

Tab. 21 Die Totgeborenenquote 1660 - 1899 *

a Kirchenbuch Leezen (%)
b Datensatz Kinder Typ 1-3 (%)

Jahr	a	b	Jahr	a	b	Zeitraum	a	b
1660	3.9	2.6	1780	2.1	1.3	1720-1769	3.6	3.0
1670	2.3		1790	4.2	4.5	1770-1819	4.0	3.0
1680	0.0		1800	4.9	3.9	1820-1869	4.2	3.7
1690	1.3	0.6	1810	5.3	3.1	1720-1869	4.0	3.3
1700	0.4		1820	4.7	5.0			
1710	2.8	2.7	1830	3.3	2.4	1720-1789	3.3	2.6
1720	2.8	1.3	1840	4.2	4.0	1790-1869	4.4	3.8
1730	4.5	3.9	1850	4.5	3.9			
1740	3.3	2.4	1860	4.4	3.3			
1750	2.7	3.0	1870	2.1	1.1			
1760	4.4	4.1	1880	4.3	2.2			
1770	3.3	2.3	1890	4.9	6.7			

* Die Grundzahlen sind aus Tab. 04 und Tab. 22 zu entnehmen.
Für b 1660-79 ist n 78, für b 1680-1709 ist n 172.

Für das 19. Jahrhundert spricht alles dafür, daß sich die Leezener Pfarrer an die Anordnung vom 11.12.1797 gehalten haben, daß Nachricht über alle Totgeburten in den Geburts- und Sterbelisten an das General-Landes-Oeconomie- und Commerz-Collegium zu geben war, wobei "Kinder, die vor dem siebenten Monat geboren sind, nicht mitgezählt würden"[1]). Diese Definition ist von der heute angewandten nicht weit entfernt. Relativ unerklärlich ist allerdings der Rückgang der Totgeburten in den 1870er Jahren. Es ist nicht auszuschließen, daß bei der Umstellung auf Zivilstandsregister die Totgeburten zeitweise nur noch in Ausnahmefällen kirchlich registriert wurden. Für den Datensatz Typ 1-3 kann zusammenfassend vermutet werden, daß vor 1790 im Schnitt nur etwa drei von vier Totgeburten verzeichnet wurden, so daß sich für alle Geborenen ein Fehler von etwa 1% für diesen Zeitraum ergibt.

---

1) PAS, Fasc. 23, Nr. 37.

6.4 Die Höhe der Säuglingssterblichkeit in Leezen

Die Situation zur Zeit der Reichsgründung war nach Tab. 22 das Resultat von verschiedenen, nacheinander ablaufenden Prozessen. Aus ihnen ergibt sich nicht das Bild eines kontinuierlich hohen Mortalitätsniveaus im demographischen Ancien Régime und in der Folge eines rapiden Säuglingssterblichkeitsrückganges, womöglich in der Phase der demographischen Transition. Vielmehr verschlechterte sich nach einer Phase mit relativ gemäßigten Werten 1720-1769 die Situation an der Wende zum 19. Jahrhundert. Eine wesentliche Verbesserung trat erst ab 1820 ein, aber auch dieser Prozeß war noch nicht irreversibel. Die Zahlen für den Kreis Segeberg nach 1900 weisen darauf hin, daß später zeitweise sogar wieder eine leicht zunehmende Tendenz vorherrschte.

Es soll kurz erwähnt werden, wie sich die Leezener Zahlen zur Säuglingssterblichkeit auf dem Hintergrund der französischen Ergebnisse ausnehmen. Die Angaben Gautiers und Henrys für Crulai 1720-1800 liegen mit 17,2% im selben Bereich[1], während andere Werte im Frankreich des Ancien Régime weit höher waren[2]. Für das 19. Jahrhundert befinden sich dagegen die Zahlen von drei französischen Dörfern, für die Auswertungen nach 1820 vorgenommen wurden, mit 11,6-13,2% auf einem Leezen ähnlichen Niveau[3], allerdings dort aus dem Zusammenhang des Geburtenrückgangs heraus wahrscheinlich anders zu erklären.

Hilfreicher ist die Einordnung in die Ergebnisse von Studien zu deutschen und skandinavischen Gemeinden, in denen ein genereller Geburtenrückgang im beobachteten Zeitraum noch nicht eingesetzt hatte. Leider gibt es kaum Mikrostudien für Dänemark im achtzehnten Jahrhundert, man muß sich also mit den Angaben in Tabelle 19 begnügen. Johansen[4] weist für seine Stichprobe dänischer Dörfer 1780-1801 eine Säuglingssterblichkeit von 22,8% (incl. Totgeburten) nach. Im schwedischen Alskog waren 1745-1820

---

[1] S. Gautier/Henry 1958, S. 163.
[2] Vgl. Zusammenstellung bei Dupâquier 1979b, S. 278.
[3] S. Flandrin 1976, S. 252 ff.
[4] Johansen 1976, S. 118.

Tab. 22 Die Säuglingssterblichkeit 1710 - 1899 für im Ksp.
geborene Kinder (Familien Typ 1 - 3)

	a Lebendgeborene * b Totgeborene c Gest. Säuglinge incl. Totgeburten d Gest. Säuglinge excl. Totgeburten **					
	a	b	c		d	
	n	n	n	%	n	%
1710	107	3	23	20.9	20	18.7
1720	155	2	20	12.7	18(1)	11.6
1730	148	6	26	16.9	20	13.5
1740	164	4	28	16.7	24(1)	14.6
1750	159	5	29	17.7	24	15.1
1760	189	8	33	16.8	25	13.2
1770	214	5	41	18.7	36	16.8
1780	230	3	39	16.7	36	15.7
1790	213	10	44	19.7	34	16.0
1800	245	10	53	20.8	43	17.6
1810	277	9	55	19.2	46	16.6
1820	287	15	39	12.9	24	8.4
1830	286	7	43	14.7	36	12.6
1840	262(2)	11	32	11.7	21	8.0
1850	248	10	38	14.7	28(1)	11.3
1860	175	6	26	14.4	20	11.4
1870	186	2	19	10.1	17	9.1
1880	135	3	17	12.3	14	10.4
1890	98	7	18	17.1	11	11.2
1720-1769	815	25	136	16.2	111(2)	13.6
1770-1819	1179	37	232	19.1	195	16.5
1820-1869	1258(2)	49	178	13.6	129(1)	10.3
1720-1869	3252(2)	111	546	16.2	435(3)	13.4

* Davon die nicht bis zum ersten Geburtstag Beobachteten in Klammern (ab 1870 wurde das Schicksal der Kinder nicht mehr durchgängig verfolgt).
**Davon die Fälle mit Verdacht auf Unterregistrierung eines Säuglingssterbefalls in Klammern.

die Verhältnisse ähnlich[1]). Es scheint in diesen nördlichen Ländern aber auch Gebiete mit höherer Mortalität

---
[1]) S. Gaunt 1973, S. 39.

gegeben zu haben. Frederiksen ermittelte für die dänische Insel Sejerø eine Rate von 32% in der zweiten Hälfte des achtzehnten Jahrhunderts[1].

In Norddeutschland war, unter Einbeziehung der Resultate aus nichtnominativen schleswig-holsteinischen Studien, auf dem Lande die beachtliche Bandbreite von 9-25% zu verzeichnen[2]. Hesel mit 13,0% (incl. Totg.) und die Schwalm mit 14,6% (excl. Totg.) 1720-1869 waren allerdings stärker in der Nachbarschaft von Leezens 16,2% bzw. 13,4% angesiedelt[3] als das Marschkirchspiel Marne mit seinen extremen Werten. Dem steht eine Säuglingssterblichkeit von über 30% in einigen bayrischen Dörfern gegenüber [4].

Betrachtet man allein die durchschnittlichen Überlebenschancen der Säuglinge, so scheinen die Leezener Werte sich gut in die sonst in Norddeutschland und Skandinavien beobachtete Bandbreite einzuordnen. Ähnliche Werte waren auch in französischen und bayrischen Gebieten anzutreffen, in denen vermutlich gestillt wurde. Auch wenn man dagegen die scheinbar völlig andere Welt der bayrischen Nichtstillgebiete stellt, so sind doch die Unterschiede in der Gruppe mit entgegengesetzten Verhaltensweisen mit Werten von knapp 10 bis nahe 25% nicht gerade gering. Allgemein ergibt sich also aus den vorliegenden Mikrostudien, daß

---

[1] Frederiksen 1976, S. 87.

[2] <u>Hohenfelde</u> (Lorenzen-Schmidt 1982) 1710-1750 18,0%, 1750-1800 15,0%, 1800-1850 12,3%; <u>Neuenbrook</u> (ebenda) 1760-1790 13,1%, 1790-1820 7,5%; <u>Marne</u> (ebenda) 1760-1800 25,6%, 1800-1850 18,3%; <u>Münsterdorf</u> (Hanssen 1912, S. 198) 1767-1789 15,2%, 1790-1819 11,8%; <u>Stollhamm</u> (Norden 1982, S. 66) 1751-1800 17,3%, 1801-1850 12,3%; <u>Werdum</u> (Knodel 1979a, S. 6 und ders. 1978, S. 486) 1750-1849 14,9%, 1850-1899 14,5%; <u>Middels</u> (ebenda) 1750-1849 12,8%, 1850-1899 12,0%; <u>Eutin</u> (Gierlichs 1921, S. 4) 1796-1812 13,3%. Die Angaben Knodels verstehen sich incl. Totgeburten. Die Zahlen für Hamburg (Gesundheitsverhältnisse 1901, S. 143 ff) und Lübeck (Lübstorff 1862, S. 7 ff und Grotjahn 1968) sind naturgemäß mit denen aus ländlichen Gebieten nicht vergleichbar.

[3] S. Imhof 1978 und eigene Auswertungen.

[4] <u>Gabelbach</u> (Imhof 1981a, S. 363) 1780-1899 33,9%; drei bayrische Dörfer (Knodel 1979a, S. 6) 1800-1849 31,8%, 1850-1899 32,6%; <u>Massenhausen</u> (Lee 1977, S. 335) 1800-1849 40%; dagegen aber <u>Mömmlingen</u> (Knodel 1968, S.305) 1862-1888 17,0%. Die Zahlen Knodels und Imhofs incl. Totgeburten.

innerhalb des Rahmens der Säuglingssterblichkeit, der durch die Stillgewohnheiten unter den Bedingungen auf dem Lande im achtzehnten und dem größten Teil des neunzehnten Jahrhunderts gesteckt wurde, regionale und lokale Besonderheiten eine nicht zu unterschätzende Rolle spielten. Zur Interpretation dieser Erscheinungen ist es notwendig zu untersuchen, welche die sich ändernden Elemente der Säuglingssterblichkeit in Leezen waren und worin die konstanten Merkmale lagen.

6.5 Der Einfluß der Krisen

Denkbar wäre, daß eine besondere Häufung von Krisenjahren für die höhere Säuglingssterblichkeit in manchen Jahrzehnten verantwortlich war. Dies kann relativ leicht überprüft werden. Definiert man hier als Krisenjahre, ähnlich wie Goubert[1], solche, in denen mehr als doppelt so viele Säuglinge wie im Durchschnitt des Jahrzehnts starben, so erhält man sechs derartiger Fälle, nämlich 1732, 1793, 1814, 1824, 1856 und 1864. Auch die Hinzunahme weiterer auffallender Jahre (1727, 1739, 1748, 1757, 1800/01, 1863, 1867) verändert nicht den Eindruck, daß der letzte Zeitraum zumindest ebenso viele Jahre mit auffallender Mortalität aufzuweisen hatte wie die beiden anderen. Die Berechnung der "krisenfreien" Säuglingssterblichkeit nach Jahrzehnten bringt allerdings den Gipfel zum Verschwinden, der um 1800 im Verhältnis zu den vorangegangenen Jahrzehnten besteht. Zudem steigt die Rate incl. Totgeburten nun nicht mehr über 19%. Der Sprung von 1810 nach 1820 bleibt aber, während die 1730er und 1850er/60er Jahre sich besser in ihre Umgebung einfügen.

Demnach wurden die relativ schlechten Verhältnisse um 1800 durch die Krisen noch akzentuiert, während ab 1820 ein struktureller Wandel zu vermuten ist. Zu dessen Untersuchung braucht eine Eliminierung der Krisenjahre aus dem Datensatz nicht stattzufinden. Sie hätte ohnehin eine unzulässige Verzerrung dargestellt, denn die Krisen bilden einen integrierten Bestandteil der historischen Wirklichkeit.

---

[1] Goubert 1968, S. 75.

6.6 Geschlechtsspezifische Säuglingssterblichkeit

Ein grundlegendes Merkmal der differentiellen Säuglingssterblichkeit bildet das Geschlecht, wobei die Übersterblichkeit männlicher Säuglinge als eine demographische Konstante gilt. Sie findet auch in der Gesamtheit des Leezener Materials ihre Bestätigung (Tab. 23).

Tab. 23 Geschlechtsspezifische Säuglingssterblichkeit *
(in Klammern incl. Totgeburten)

	m		w		Geborene		
	n	%	n	%	m	w	P**
1720-	59	14.6	48	11.8	404	407	99
	(66)	(16.1)	(52)	(12.7)	(411)	(411)	(100)
1770-	98	17.1	96	15.9	573	605	95
	(117)	(19.8)	(111)	(17.9)	(592)	(620)	(95)
1820-	72	11.2	56	9.1	642	614	105
	(97)	(14.5)	(76)	(12.0)	(667)	(634)	(105)
alle	229	14.1	200	12.3	11619	1626	100
	(280)	(16.8)	(239)	(14.6)	(1670)	(1665)	(100)

* Bei 7 Säuglingen und 21 Totgeburten fehlte die Angabe des Geschlechts.
** Sexualproportion, d.h. Zahl der Knabengeburten auf 100 Mädchengeburten.

Demnach scheinen dort in Hinsicht auf die geschlechtsspezifische Säuglingssterblichkeit biologische Faktoren dominiert zu haben. Daraus kann mit ziemlicher Sicherheit geschlossen werden, daß die Mädchen im zarten Alter nicht allgemein schlechter behandelt wurden als Jungen[1].

Nicht ganz den Erwartungen entspricht das Verhältnis zwischen Knaben-und Mädchengeburten. Es ist zwar auch 1770 - 1819 noch nicht statistisch signifikant von 105/100 unterschieden, gibt aber doch zu denken. Da eine stichprobenartige Nachprüfung keine Datenübertragungsfehler in dieser Hinsicht ergab und in der Volkszählung 1803 ebenfalls eine Überrepräsentation des weiblichen Geschlechts in jungen Jahren festzustellen ist, muß dieses Faktum akzeptiert werden. In diesem Zusammenhang sei

---
[1] Vgl. dazu u., S. 158 ff.

darauf hingewiesen, daß Abweichungen von der Proportion 105/100 auch in größeren Gebieten, nämlich der Propstei Segeberg 1775-79 mit 101/100 und der Propstei Meldorf im gleichen Zeitraum mit 102/100, auftraten[1]. Erstaunlich ist besonders die Parallele zu Finkenwerder, wo ebenfalls eine geringe Knabenziffer und eine hohe Fertilität zusammenfielen[2]. Als Erklärung böten sich eine nicht registrierte, außergewöhnlich hohe männliche Fötalsterblichkeit oder aber das Bestreben der Bevölkerung, den Knabenmangel durch eine Aufhebung von bestehenden Fertilitätsbeschränkungen zu beheben[3]. Dagegen sind Registrierungsfehler auszuschließen, denn die Sexualproportion der Totgeburten entsprach mit 127/100 1770-1819 gegenüber 125/100 1820-1869 durchaus den Erwartungen.

6.7 Die Einflußfaktoren Geburtsrang und Alter der Mutter

Da Geburtsrang und Alter der Mutter des Kindes eng zusammenhängen, wurde die unübliche Darstellungsweise in Tab. 24 gewählt. Die Werte enthalten die Totgeburten, wodurch sie mit zunehmendem Alter etwas stärker steigen als die auf Lebendgeborene bezogenen Werte[4]. Zur Berechnung wurden nur die beidseitigen Erstehen Typ 1 verwandt. Dadurch entspricht der Geburtsrang dem tatsächlichen Rang des Kindes in der Familie. Von den Zwillingen wurde nach dem Zufallsprinzip nur ein Kind ausgewählt; voreheliche Geburten wurden, wie immer, mitgezählt.

Vergleicht man den Zeitraum 1770-1819 mit 1720-1769, so findet man im wesentlichen eine ähnliche Struktur der Säuglingssterblichkeit wieder. Die Ungleichmäßigkeiten im Anstieg dürfen nicht überinterpretiert werden, da die Zahlenbasis besonders für die ersten fünfzig Jahre nur schmal ist; insgesamt scheinen sie aber in Richtung auf einen Ausgleich zwischen den Geburtsrängen auf einem im

---

[1] Absolute Zahlen für Segeberg 3116/3075, für Meldorf 1990/1942 (Materialien 1784, Bd 1, Tafel VIII).

[2] S. Scheidt/Wriede 1927, S. 77 ff.

[3] Ebenda, S. 78. Vgl. Burguière 1977, S. 73.

[4] Zu den Totgeborenen vgl. Anhang, A.05.

Tab. 24 Säuglingssterblichkeit nach Geburtsrang und Alter der Mutter (incl. Totg.)

24.1.		1720 - 1769			
	15-19	20-29	30-39	40-49	15-49
	n %	n %	n %	n %	n %
1	1 33.3	14 16.7	6 28.6	1 100.	22 20.2
2-4		12 9.6	20 17.7	3 23.1	35 13.9
5-7		2 22.2	10 10.1	9 50.0	21 16.7
8-12			5 26.3	3 14.3	8 19.5
1-12	1 25.0	28 12.8	41 16.3	16 30.2	86 16.3

24.2.		1770 - 1819			
	15-19	20-29	30-39	40-49	15-49
	n %	n %	n %	n %	n %
1	2 18.2	26 20.6	6 37.5		34 22.2
2-4		38 15.6	23 20.0	2 20.0	63 17.0
5-7		3 10.7	37 19.5	4 22.2	44 18.6
8-12			8 21.1	7 16.3	15 18.5
1-12	2 15.4	67 16.9	74 20.6	13 18.3	156 18.6

24.3.		1820 - 1869			
	15-19	20-29	30-39	40-49	15-49
	n %	n %	n %	n %	n %
1	2 28.6	21 14.6	5 15.2		28 15.2
2-4	1 50.0	28 12.7	22 10.5	2 16.7	53 11.9
5-7		4 16.0	17 9.4	3 7.0	24 9.6
8-12			6.12.2	3 11.5	9 12.0
1-12	3 33.3	53 13.6	50 10.6	8 9.9	114 12.0

24.4.		1720 - 1869			
	15-19	20-29	30-39	40-49	15-49
	n %	n %	n %	n %	n %
1	5 23.8	61 17.2	17 24.3	1 100.	84 18.8
2-4	1 20.0	78 13.2	65 14.9	7 20.0	151 14.2
5-7		9 14.5	64 13.6	16 20.3	89 14.6
8-12			19 17.9	13 14.4	32 16.2
1-12	6 23.1	148 14.7	165 15.2	37 18.0	356 15.3

ganzen höheren Niveau zu wirken[1]. Eindrucksvolle Veränderungen finden dagegen nach 1820 statt. Bei allen Kindern von Müttern, die über 30 sind, reduziert sich die Quote der Säuglingssterblichkeit auf die Hälfte gegenüber 1770-1819, wobei das Schwergewicht auf der Gruppe Dreißig bis Vierunddreißig liegt. Diese Verbesserungen sind auch im Vergleich zu 1720-1769 signifikant (Irrtumswahrscheinlichkeit < 5%), wo die Verteilung der Geburten über die Altersklassen identisch war. Keine der angegebenen Kombinationsmöglichkeiten scheint durchgängig günstig für die Säuglinge gewesen zu sein. Eine ungünstige Situation bestand aber immer für Erstgeburten, deren Mütter älter als 30 Jahre waren. Ohnehin war, vergleicht man allein die Sterblichkeit nach Geburtsrängen, das erste Kind das gefährdetste. Für den zweiten bis zwölften Rang läßt sich aber feststellen, daß die Unterschiede unerheblich waren.

Folglich bildete das Alter der Mutter im beobachteten Zeitraum einen wandelbaren Risikofaktor. Ein von historischen Bedingungen unabhängiges günstigstes Alter der Mutter gab es für die Babies nicht. Betrachtet man die Übersicht 1720-1869, so stellt man, wenn man die nicht aussagekräftigen Angaben für Frauen unter zwanzig und über vierzig Jahren außer acht läßt, eine leichte Zunahme des Risikos mit steigendem Alter fest. Diese ist aber bei den Lebendgeburten weitaus geringer als bei den Totgeburten. Deren Quote lag bei vierzig bis neunundvierzigjährigen Müttern mehr als doppelt so hoch wie bei den dreißig- bis neununddreißigjährigen, die wiederum höhere Werte als die zwanzig- bis neunundzwanzigjährigen aufwiesen. Die Frauen über vierzig Jahren brachten etwa 20% der Totgeburten zur Welt, aber weniger als 10% der Geburten insgesamt[2]. Als eindeutige Verbesserung zu werten ist der schon angesprochene Wandel in der Altersgruppe Dreißig bis Neununddreißig, die sie 1820-1869 in eine günstigere Position brachte als die der zehn Jahre Jüngeren, obwohl von allen Geburten 1820-1869 relativ mehr auf die gefährdeten ersten entfielen als 1770-1819 und deren Verteilung auf die Altersklassen der Mütter praktisch gleichblieb. Damit ist ein erstes Element des Säuglingssterblichkeitsrückgangs lokalisiert.

---

[1] Davon ist die Altersgruppe der 25-29jährigen ausgenommen, in der sich über die drei Perioden nur wenig verändert.

[2] S. Anhang A.05.

Die Säuglingssterblichkeit nach Alter der Mutter und Geburtsrang ist einerseits von biologischen und andererseits von sozialen Bedingungen geprägt[1]. Diese beiden Bestandteile lassen sich auch in der heutigen Situation erkennen, in der ein Alter der Mutter unter 20 und über 40 und eine Kinderzahl über 5 als Risikofaktoren gelten[2]. Die Abhängigkeit der Unterschiede nach dem Geburtsrang von der sozialen Lage war auch im 19. Jahrhundert schon bekannt. So zeigte sich in einer Untersuchung bei gutsituierten Familien, daß nur die ersten und die sehr späten Geburten besonders gefährdet waren, während bei sächsischen Bergleuten eine ständige Zunahme der Säuglingssterblichkeit mit dem Geburtsrang beobachtet wurde[3]. Wenn man so will, verhielten sich die Leezener als Ganzes demnach eher wie gutsituierte Familien.

Ähnlich wie in Leezen war die Struktur im ostfriesischen Hesel. Dort war ein Mortalitätsanstieg erst nach dem achten Kind spürbar. In den anderen von Imhof[4] aufgeführten Orten war die Chancengleichheit geringer, der Anstieg aber relativ kontinuierlich. In der Schwalm war die Abstufung, bezogen auf den Zeitraum 1780-1899, recht deutlich. Dies war aber allein durch die Werte des 19. Jahrhunderts bedingt, während vorher wie in Leezen kein Unterschied zwischen den Geburtsrängen zu erkennen war. Die Gründe für diesen Wandel sind noch nicht untersucht. Gabelbach war hinsichtlich der geburtsrangspezifischen Gegensätze ein einzigartiger Fall. Hier schnellte die Säuglingssterblichkeit 1780-1899 von 24,8% beim ersten und 29,4% beim zweiten bis vierten Kind auf 41,7% beim fünften bis siebten (incl. Totgeburten) hinauf, um dann auf dieser hohen Ebene zu bleiben[5]. Der von Imhof und Phayer[6] geäußerte Verdacht, daß in einigen bayrischen Gebieten eine mehr oder weniger bewußte Vernachlässigung der Kinder stattfand, ist sicher berechtigt. Dergleichen ist für Leezen auszuschließen. Aber auch aus dem Vergleich mit den anderen Untersuchungen geht hervor, daß die Überlebenschancen für spätgeborene Kinder in Leezen zu den besten

---

[1] Vgl. Tab. 35.
[2] Müttersterblichkeit 1978, S. 174.
[3] Weinberg 1912, S. 377.
[4] Imhof 1981a.
[5] Ebenda, S. 377.
[6] Phayer 1970, S. 7 und Imhof 1981a, S. 376 ff.

der bisher in Deutschland beobachteten zählen. Es ist denkbar, daß das Erbrecht mit der Bevorzugung des Jüngsten dies noch begünstigte[1]. Nur in Hesel war der Unterschied zwischen dem zweiten bis vierten und dem fünften bis siebten Kind ähnlich gering.

Parallel zu den im Zusammenhang mit dem Geburtsrang beobachteten Erscheinungen stieg in Hesel die Mortalität bei einem Alter der Mutter über 30 nur leicht an. Sie war in der zweiten Hälfte des Lebensjahrzehnts nicht höher als in der ersten, während dies beispielsweise in der Schwalm generell der Fall war. Besonders auffällig ist der Gegensatz zu Gabelbach, wo die Säuglingssterblichkeit bei Müttern, die das 30. Lebensjahr überschritten hatten, sprunghaft anstieg[2]. Angemerkt sei hierbei, daß es auch in Süddeutschland Dörfer wie Altdorf gab, in denen zwischen fünfundzwanzig und vierzig Jahren und darüber hinaus keine Unterschiede festzustellen waren. Leider fehlt die kombinierte Auswertung nach Altersgruppen und Geburtsrang für Gabelbach und Hesel, so daß nicht auszumachen ist, ob die größere Bedeutung des Alters gegenüber dem Geburtsrang nicht nur in Leezen vorhanden war. Mit einem leichten und kontinuierlichen Anstieg der Säuglingssterblichkeit ab fünfundzwanzig, auf den Gesamtzeitraum bezogen, ähnelt Leezen Hesel. Völlig ungewöhnlich bleibt aber die Struktur 1820-69, was die Kinder dreißig- bis fünfunddreißigjähriger Mütter anbelangt.

6.8 Die biometrische Analyse der Säuglingssterblichkeit

Durch die biometrische Analyse, wie sie zuerst von Bourgeois-Pichat angewandt wurde, wird versucht, mittels Darstellung der einzelnen Phasen der Sterblichkeit innerhalb des ersten Lebensjahres zu Aussagen über das Verhältnis von endogenen zu exogenen Todesursachen, über die Unterschiede von Still- und Nichtstillgebieten, aber auch über die Qualität der ausgewerteten Daten zu gelangen[3]. Da das Leezener Material bereits mit anderen Methoden kontrolliert worden ist, kommt der biometrischen Analyse eine Testfunktion nur noch für die Registrierung der Totgeburten zu. Der Vergleich der Zahlen aus dem

---

[1] S.o., S. 50 ff.

[2] Imhof 1981a, S. 374.

[3] S. Bourgeois-Pichat 1951 und Knodel/Kintner 1977.

neunzehnten Jahrhundert mit denen aus dem achtzehnten Jahrhundert (Tab. 25) bestätigt den bereits geäußerten Verdacht einer Unterregistrierung in letzterem. Sobald Totgeburten registriert wurden, wurden sie aber offenbar im Kirchenbuch auch richtig benannt. In Anlehnung an die modernen Kategorien[1] ist parallel zur biometrischen Analyse nach Lebensmonaten eine Einteilung in perinatale Mortalität (Totgeburten und in der ersten Lebenswoche Verstorbene) bzw. Frühsterblichkeit (Sterbefälle in der ersten Lebenswoche), Neugeborenensterblichkeit (erste 28 Lebenstage) und Nachsterblichkeit (2. Woche bis 12. Monat) angebracht.

Wegen der Unterregistrierung der Totgeburten im neunzehnten Jahrhundert ist eine Quantifizierung der perinatalen Mortalität nicht möglich. Vergleiche hinsichtlich der Frühsterblichkeit können aber durchaus gezogen werden, wobei sich sofort zeigt, daß dort keine signifikanten Wandlungen stattfanden. Kaum noch zufällig waren dagegen bereits die Veränderungen der verbleibenden drei Wochen der Neugeborenensterblichkeit. Die größten Gewinne waren 1820-1869 gegenüber den vorangegangenen Zeiträumen aber zweifellos im 2.-6. Lebensmonat zu verzeichnen (Irrtumswahrscheinlichkeit in beiden Vergleichen <1%). Keinerlei positive Entwicklung war langfristig im Bereich der restlichen Nachsterblichkeit zu bemerken. Dies hat für die Kurve (Fig. 15) eine stärker werdende Krümmung im 2. Lebenshalbjahr zur Folge. Aus diesem Grund stellt sich das errechnete Verhältnis der Steigungen der beiden Teilkurven, 7.-12. Monat zu 1.-6. Monat (im folgenden "Slope"), verändert dar. Während 1720-1769 dieses 1,131 betrug, lag es 1770-1819 bei 1,095 und 1820-1869 bei 2,417[2]. Zum Vergleich sei erwähnt, daß die höchsten von Knodel/Kintner

---

[1] Als "Frühsterblichkeit" bezeichnet man die Sterblichkeit in der ersten Lebenswoche, die zusammen mit der intrauterinen in der letzten Schwangerschaftsphase in die Berechnung der "perinatalen Mortalität" eingeht. Demgegenüber steht die "Nachsterblichkeit" von der zweiten Woche bis zum Ende des ersten Lebensjahrs (Catel 1977, S. 10). Daneben gibt es auch die Bezeichnung "Neugeborenensterblichkeit" für den Zeitraum der ersten vier Lebenswochen.

[2] Dieser Quotient ist am einfachsten nach der Formel

$$\text{Slope} = \frac{\text{Prozentwert 12. Monat} - \text{Pw. 6. M.}}{\text{Prozentwert 6. Monat} - \text{Pw. 1. M.}} \cdot 1{,}571$$

zu berechnen.

Tab. 25 Die Früh- und Nachsterblichkeit der Säuglinge
(in Tagen, 0 = Kalendertag der Geburt)

		a bezogen auf alle Geborenen b bezogen auf Lebendgeborene k% kumulierte Prozentwerte										
		1720-1769			1770-1819			1820-1869			1720-1869		
		n	%	k%	n	%	k%	n	%	k%	n	%	k%
Totg.	a	25	3.0		37	3.0		49 49	3.7		111	3.3	
0	a	9	1.1	4.1	9	0.7	3.7	12	0.9	4.6	30	0.9	4.2
	b		1.1	-		0.8	-		1.0	-		0.9	-
1	b	3	0.4	1.5	7	0.6	1.4	5	0.4	1.4	15	0.5	1.4
2- 6	b	7	0.9	2.3	10	0.8	2.2	7	0.6	1.9	24	0.7	2.1
7- 27	b	18	2.2	4.5	34	2.9	5.1	21	1.7	3.6	73	2.2	4.4
28-180	b	43	5.3	9.8	80	6.8	11.9	34	2.7	6.3	157	4.8	9.2
181-364	b	29	3.6	13.4	55	4.7	16.5	49	3.9	10.2	133	4.1	13.3
o.A.	b	2	0.2	13.6	0	0	16.5	1	0.1	10.3	3	0.1	13.4

Tab. 26 Säuglingssterblichkeit nach Lebensmonaten zu 30.4
Tagen (excl. Totgeburten)

	1720-1769			1770-1819			1820-1869			1720-1869		
	n	%	k%	n	%	k%	n	%	k%	n	%	k%
1.	39	4.8	-	63	5.3	-	46	3.7	-	148	4.6	-
2.	15	1.8	6.6	27	2.3	7.6	8	0.6	4.3	50	1.5	6.1
3.	10	1.2	7.9	19	1.6	9.2	10	0.8	5.1	39	1.2	7.3
4.	7	0.9	8.7	11	0.9	10.2	6	0.5	5.6	24	0.7	8.0
5.	5	0.6	9.3	12	1.0	11.2	7	0.6	6.1	24	0.7	8.8
6.	4	0.5	9.8	8	0.7	11.9	2	0.2	6.3	14	0.4	9.2
7.	8	1.0	10.8	8	0.7	12.5	4	0.3	6.6	20	0.6	9.8
8.	6	0.7	11.5	12	1.0	13.6	8	0.6	7.2	26	0.8	10.6
9.	5	0.6	12.1	8	0.7	14.2	8	0.6	7.9	21	0.6	11.3
10.	3	0.4	12.5	14	1.2	15.4	15	1.2	9.1	32	1.0	12.2
11.	2	0.2	12.8	4	0.3	15.8	8	0.6	9.7	14	0.4	12.7
12.	5	0.6	13.4	9	0.8	16.5	6	0.5	10.2	20	0.6	13.3
o.A.	2	0.2	(13.6)	0	0		1	0.1	(10.3)	3	0.1	(13.4)
Geb.	815			1179			1258			3252		

Fig. 15 Kumulierte Rate der Säuglingssterblichkeit nach Monaten

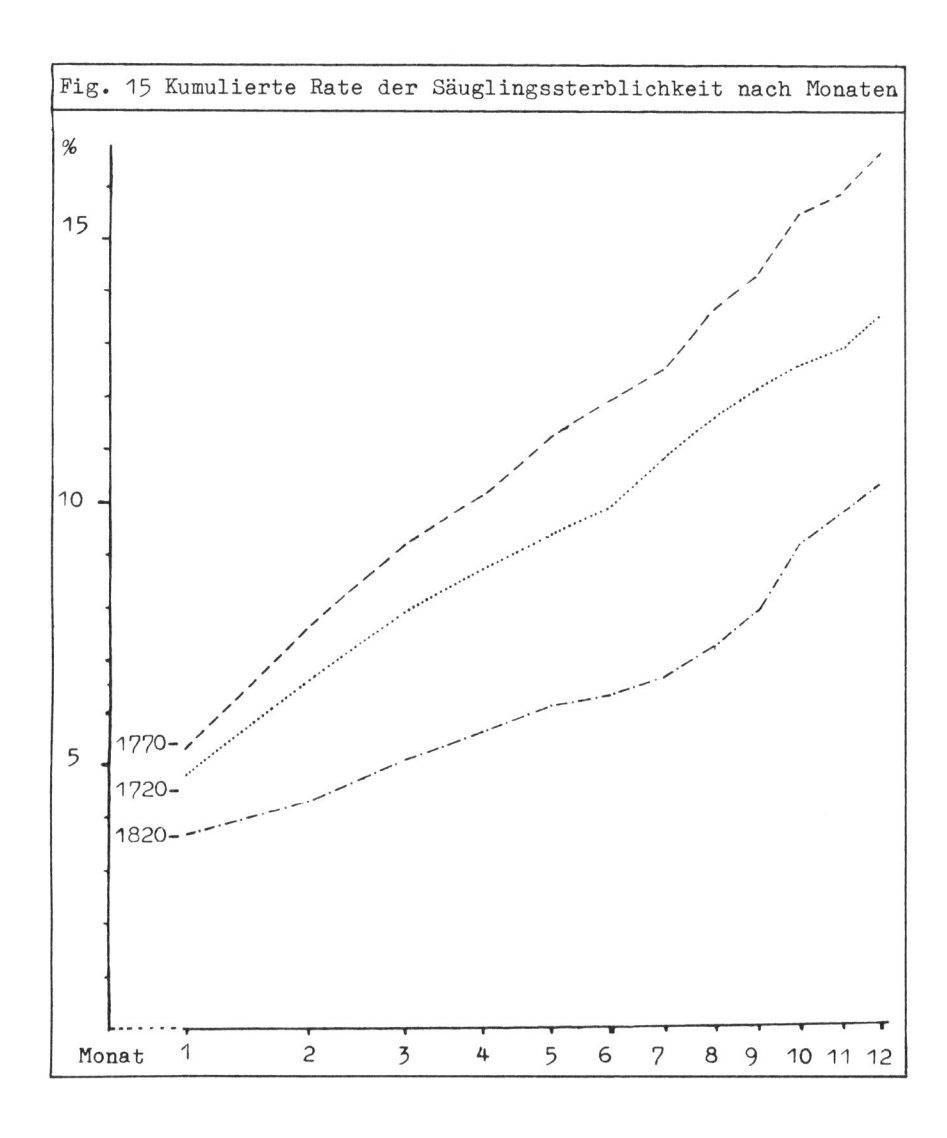

Tab. 27 Abszissenwerte $\log^3(n+1)$ für Monate zu 30.4 Tagen

n Anfangstag des folgenden Zeitraums							
n		n		n		n	
31	3.41	122	9.13	214	12.69	305	15.36
61	5.76	153	10.47	244	13.64	335	16.12
92	7.63	183	11.62	274	14.51	366	16.87

für bayrische Stillgebiete gemessenen Werte sich auf 1,815 beliefen[1]).

Aus dem Angeführten kann geschlossen werden, daß im Bereich der sogenannten endogenen Säuglingssterblichkeit, die sich in der ersten Lebenswoche am stärksten auswirkte, keine Veränderungen stattfanden, während mit dem Abklingen solcher Einflüsse Verbesserungen möglich waren. Diese stießen aber im zweiten Lebenshalbjahr an eine Grenze, die entweder durch nicht beeinflußbare alte oder durch hinzugekommene neue Faktoren gesetzt wurde. Die Frage stellt sich, welche Hypothesen über etwaige Todesursachen bereits anhand der biometrischen Analyse aufgestellt werden können. Die Berechnung des Anteils der endogenen Mortalität, also der angeborenen und geburtstraumatischen Schädigungen, ist nach der von Bourgeois-Pichat entwickelten Methode möglich. Die Ergebnisse sind aber mit starken Vorbehalten zu betrachten, denn es ist zu erwarten, daß sie ungenauer werden, sobald die Kurve der kumulierten Säuglingssterblichkeit stärker von einer Geraden abweicht[2]). Zudem ist fraglich, ob unter völlig anderen Bedingungen als im Kanada der 1940er Jahre, das von Bourgeois-Pichat betrachtet wurde, die Proportion zwischen endogener und exogener Mortalität die gleiche ist. Die Durchführung verschiedener Berechnungsarten kann hier zur Kontrolle dienen.

1. Berechnung nach der Regel, daß im ersten Lebensmonat 20% der exogenen Mortalität des ersten Lebensjahres stattfindet[3]), oder, anders herum, daß die gesamte exogene Mortalität 5/4 der Mortalität des 2.-12. Monats ausmacht. Hier wurde die Präzisierung Henrys[4]) angewandt, also die exogene Mortalität als das 1,228fache der Mortalität des 28.-364. Tages berechnet (Tab. 28).
2. Verlängerung der Geraden zwischen den kumulierten Werten des 1. und 6. Monats auf die Ordinate, wie es Knodel/Kintner in leichter Abwandlung der Vorgehensweise Bourgeois-Pichats unternahmen. Als Ergebnis erhält man 1720-1769 2,8%, 1770-1819 2,9% und 1820-1869 2,7%. Die Methode der Anlegung einer Geraden zwischen dem 6. und dem 12. Monat erweist sich als unbrauchbar, da sie für

---

1) Knodel/Kintner 1977, S. 403.
2) Vgl. Knodel/Kintner 1977.
3) Bourgeois-Pichat 1951, dort, wenn nicht anders angegeben, auch die anderen Ansätze.
4) Henry 1972, S. 185.

Tab. 28 Berechnete endogene und exogene Mortalität im ersten Lebensjahr

	exogen		endogen		
	n	%	n	%	n
1720-	88	10.8	21	2.6	815
1770-	166	14.1	29	2.5	1179
1820-	102	8.1	26	2.1	1258
alle	356	10.9	76	2.3	3252

1820-1869 zu negativen Werten führen würde[1].

3. Die Anlegung einer Geraden bis zu dem Punkt, an dem diese von der Kurve verlassen wird. Es ergeben sich 1720-1769 2,4%, 1770-1819 2,3%, 1820-1869 2,5%. Man kann auch, gerechtfertigt durch Henry[2], eine Gerade durch die Werte des ersten Monats und des Monats, zu dem von dort aus die geringste Steigung besteht, auf die Ordinate verlängern. Es ergeben sich die keineswegs abwegigen Werte 1720-1769 2,7%, 1770-1819 2,7%, 1820-1869 2,8%.

Die zeichnerischen Werte liegen für 1720-1769 und 1770-1819 nahe an den rechnerischen. Für 1820-1869 ergeben sich allerdings Abweichungen (2,7% gegenüber 2,1%), die bei der stark von einer Geraden abweichenden Form der Kurve nicht verwundern, so daß sich die rechnerische Methode hier letztendlich als die überlegenere erweist. Der Rahmen der endogenen Mortalität gewinnt aber durch eine Überprüfung mit allen Verfahren an Zuverlässigkeit.

Die unterschiedliche Zunahme der kumulierten Säuglingssterblichkeit nach Monaten erlaubt es, Hypothesen über die Stillgewohnheiten in Leezen aufzustellen. Das auffallendste Faktum in diesem Zusammenhang ist, daß die Mortalität im zweiten Lebenshalbjahr nicht abnahm, daß deren Bedeutung vielmehr relativ anstieg. Im einzelnen schnellte 1770-1819 die Sterblichkeit im zehnten Monat auf das Dreifache hoch, um auf diesem Niveau zu bleiben. In der letzten Periode wies zudem der elfte Monat, als einziger übrigens, höhere Werte auf als die anderen. Da Quellenfragen und veränderte Krisenhäufigkeit als Gründe hierfür

---
[1] Vgl. Fine-Souriac 1978, S. 93.
[2] Henry 1972, S. 184.

ausgeschlossen werden konnten[1]), es aber auch unwahrscheinlich ist, daß eine Unterernährung der Babies durch zu langes Stillen sich erst nach 1770 bemerkbar gemacht haben sollte, bietet sich als Erklärung nur an, daß die Stillgewohnheiten sich in der zweiten Hälfte des achtzehnten Jahrhunderts änderten. Das könnte in der Weise geschehen sein, daß nun nicht mehr das ganze erste Lebensjahr hindurch dem Säugling die Brust gegeben wurde, sondern in vielen Fällen nur bis zum zehnten Monat, bis also meist schon alle Schneidezähne ausgebildet waren[2]). Eine Umstellung auf eine andere Ernährungsform konnte unter den hygienischen Bedingungen der damaligen Zeit im ersten Lebensjahr eine erhöhte Mortalität zur Folge haben. Dagegen war scheinbar ein späterer Abstillmoment 1720-1769 nicht von solchen Problemen begleitet (Tab. 29). Im ganzen frei von den genannten Risiken war das erste Lebenshalbjahr. Darauf deuten die im Verhältnis zu Nichtstillgebieten niedrige Mortalitätsrate und der Kurvenverlauf in Fig. 15 mit einem hohen "Slope"-Quotienten hin.

Die biometrische Analyse ergibt also, daß die Verbesserungen im neunzehnten Jahrhundert vermutlich n i c h t mit der Stillproblematik zusammenhingen. Sie wirkten positiv auf die Überlebenswahrscheinlichkeit des Säuglings zwischen der zweiten Lebenswoche und dem achten Lebensmonat. Das generell hohe Säuglingssterblichkeitsniveau danach ist neben dem abrupten, hypothetischen Abstillphänomen wohl vor allem auf die weiterhin von Zeit zu Zeit auftretenden Infektionskrankheiten wie Masern oder Keuchhusten zurückzuführen, die eher die älteren Säuglinge berührten. Aus diesem Grunde dürfte das Verschwinden der Pocken ebenfalls keine Rolle beim Rückgang der Säuglingssterblichkeit gespielt haben. Wie in Berlin-Dorotheenstadt[3]) ist nicht damit zu rechnen, daß mehr als ein

---

1) Es kann hier darauf verzichtet werden, auf die Details der Untersuchung einzugehen, da es von keinem weiterführenden Interesse ist, in welchen Kalendermonaten beispielsweise die im zehnten Monat sterbenden Säuglinge zu Tode kamen.

2) Marvick (1977, S. 385) setzt den Beginn fester Nahrungsaufnahme auf den Zeitpunkt des Durchbrechens des ersten Zahns und die vollständige Entwöhnung auf das des letzten, bei 24 Monaten, an. Am Rande erwähnt sei hier, daß sich die Beobachtungen Josselins (MacFarlane 1970, S. 87) über den Zeitpunkt des Abstillens mit den aus den Leezener Zahlen gezogenen Schlüssen decken.

3) Untersuchung der Forschungsgruppe Imhof (unveröffentlicht).

Tab. 29 Sterblichkeit im 1. - 3. Lebensjahr nach Vierteljahren
(in Prozent der Lebendgeborenen *)

	1720-		1770-		1820-		alle	
	n	%	n	%	n	%	n	%
1.Jahr								
1.	64	7.9	109	9.2	64	5.1	237	7.3
2.	16	2.0	31	2.6	15	1.2	62	1.9
3.	19	2.3	28	2.4	20	1.6	67	2.1
4.	10	1.2	27	2.3	29	2.3	66	2.0
2.Jahr								
1.	13	1.6	23	2.0	18	1.4	54	1.7
2.	6	0.7	17	1.4	11	0.9	34	1.0
3.	8	1.0	16	1.4	9	0.7	33	1.0
4.	9	1.0	14	1.2	17	1.4	40	1.2
3.Jahr								
1.	7	0.9	7	0.6	11	0.9	25	0.8
2.	5	0.6	11	0.9	7	0.6	23	0.7
3.	6	0.7	10	0.8	3	0.2	19	0.6
4.	4	0.5	10	0.8	5	0.4	19	0.6
o.A.	2	0.2			1	0.1	3	0.1
alle	169	20.7	303	25.7	210	16.7	682	21.1
n	815		1179		1258		3252	

Fünftel der Säuglingssterblichkeit durch die Pocken bedingt war, denn in Schleswig-Holstein entfielen wie in Berlin 1/5 - 1/4 aller Pockensterbefälle auf Säuglinge. Hätten die Pocken wirklich mit den Veränderungen der Säuglingssterblichkeit in Leezen in kausalem Zusammenhang gestanden, so wäre ein Einschnitt schon nach 1810 zu spüren gewesen. Dieser Zeitpunkt spielte in Leezen aber keine Rolle. Da zudem der Rückgang der Säuglingssterblichkeit nach 1820 fast 40% betrug, kann die Hypothese einer entscheidenden Rolle der Pocken als zurückgewiesen gelten.

Eine vergleichende biometrische Analyse der Säuglingssterblichkeit ist zwischen Leezen, Hesel, Gabelbach und der Schwalm nur anhand einiger Eckdaten möglich. Sie bezeichnen den Prozentsatz der im ersten Lebensmonat im Verhältnis zum ganzen ersten Lebensjahr gestorbenen Säuglinge, sowie den Anteil des ersten Halbjahrs . Leezen erweist sich in dieser Hinsicht als nicht hundertprozentig typisch für Schleswig-Holstein, wo sich 1855 im ersten Monat 38,5% der Säuglingssterblichkeit abspielte[1]). In Leezen war der Anteil für 1820-1869 mit 35,9% niedriger. Diese rechnerische Verschiebung ist eine Folge der hohen Mortalität im zweiten Lebenshalbjahr - genaugenommen eigentlich nur im letzten Vierteljahr - die auch bei Berücksichtigung der in Leezen insgesamt um ca. 1% niedrigeren Säuglingssterblichkeit deutlich über der des Landes angesiedelt war. Dafür waren die Überlebenschancen in den ersten sechs Monaten auch auf dem Hintergrund dieses Vergleichs überdurchschnittlich günstig. Das läßt immerhin den Schluß zu, daß bei einer Senkung der Mortalität im zweiten Lebenshalbjahr auf das in den Herzogtümern übliche Niveau eine Säuglingssterblichkeit von weniger als 10% durchaus im Rahmen des Möglichen lag!

Für das 19. Jahrhundert ist eine gewisse Ähnlichkeit zwischen den Mustern der drei norddeutschen Dörfer bzw. Mikroregionen festzustellen. Hesel und die Schwalm weisen im ersten Monat allerdings etwas höhere Anteile auf, weil dort der in Leezen beobachtete Anstieg im zweiten Halbjahr geringer war. Dagegen sind die Werte für 1770-1819 in Leezen (43,1% im ersten Monat incl. Totgeburten) und die späteren in Gabelbach 1810-1899 (44,0%) erstaunlicherweise auf gleicher Höhe. Dahinter verstecken sich aber völlig andere biometrische Strukturen, die eine Gemeinsamkeit nur in einer relativ hohen Säuglingssterblichkeit außerhalb des ersten Monats haben. Unterschiede werden schon deutlich, wenn man nur die Werte für das zweite Halbjahr einander gegenüberstellt (33,7% in Leezen gegenüber 17,6%). Hier wiederum lagen Hesel und Gabelbach dicht beieinander, eine ebenfalls recht vordergründige Verwandtschaft.

Diese wenigen Andeutungen sollen genügen, um zu zeigen, daß durch die Messung des Anteils des ersten Monats im ersten Lebensjahr allein noch keine interpretationsfähigen Ergebnisse zustandekommen. Das grundsätzlich Vergleichenswerte wird am besten durch den "Slope"-Quotienten ausgedrückt, der Hinweise auf die unterschiedlichen Stillgewohnheiten und damit einen Erklärungsansatz für die unterschiedliche Höhe der Säuglingssterblichkeit geben kann. In diesem Falle ist er allerdings durch die quellenbedingte Hereinnahme der Totgeburten etwas unterschiedlich vom bei Knodel/Kintner 1977 angewandten. Der dort bemerkte Unterschied zwischen Gebieten mit Quotienten über 1 und

---
[1]) S. Beiträge 1967, Tab. 28.

Quotienten unter 1 kann aber auch im Vergleich dieser vier
Dörfer bzw. Mikroregionen als der entscheidende im
Zusammenhang mit der biometrischen Analyse angesehen
werden. Gabelbach hatte einen Wert von 0,720, alle anderen
über 1, wobei der Wert von 1,209 (Hesel) nicht überschritten wurde. Die Ungewöhnlichkeit der Werte Leezens 1820-
1869 mit 2,221 wird hier erneut sehr deutlich.

6.9 Die saisonale Säuglingssterblichkeit

Mit der Darstellung der Säuglingssterblichkeit in den
einzelnen Monaten und Jahreszeiten wird das Ziel verfolgt,
etwaige Witterungseinflüsse festzustellen, die bestimmte
Todesursachen begünstigen[1]. Dabei kann nicht zu einem so
weitverzweigten Verfahren gegriffen werden, wie Vilquin es
bei der Auswertung der belgischen Statistik verwendete[2].
Für kleine Datensätze müssen komprimiertere Werte erscheinen, die übrigens gleichzeitig den Vorteil größerer
Übersichtlichkeit aufweisen.

Die einfachste Vorgehensweise bestünde darin, die Verteilung der Säuglingssterblichkeit so darzustellen, wie sie
sich unmittelbar aus den Daten ergibt. Damit sind einige
Verzerrungen verbunden[3]. Um diese auszuschalten, wurde
für das Leezener Material jeder Geburtsmonat mit 100
Geburten angesetzt. Alle Säuglingssterbefälle erhielten so
ihre individuelle Gewichtung, die ihrer Kombination von

---

[1] s.o., S. 115 ff.

[2] Vilquin 1977.

[3] Zum Vergleich mit anderen Untersuchungen befindet sich
eine solche Darstellung in A.07. Die Störfaktoren,
denen die Zahlen ausgesetzt sind, sind dabei verschiedener Art. Der erste besteht in der Länge der Monate,
denn in den 28-29 Tagen des Februar sterben auch bei
unveränderter Höhe der Säuglingssterblichkeit weniger
Kinder als im Januar mit 31 Tagen. Der zweite besteht
darin, daß die Todesfälle im ersten Lebensmonat
unverhältnismäßig viel häufiger sind als in den
anderen. Da aber die Geburten in der Regel ungleich
über das Jahr verteilt sind, werden auch hier einige
Monate inadäquat repräsentiert. Der dritte besteht
darin, daß die Totgeburten eine unter Umständen andere
saisonale Verteilung haben als die Lebendgeborenen
(vgl. A.08), die uns hier allein interessieren.

Geburts- und Sterbemonat entspricht. Die potentiellen Todesmonate wurden auf genau ein Zwölftel der Jahreslänge gebracht. Das Ergebnis findet sich in Tab. 30. Die dort

Tab. 30 Doppelt bereinigte monatliche Säuglingssterblichkeit

	1720-		1770-		1820-		alle	
	n	%	n	%	n	%	n	%
JAN	11	15.3	18	17.7	14	13.1	43	15.5
FEB	7	11.2	18	20.7	12	12.3	37	15.0
MRZ	13	19.2	28	29.0	17	15.9	58	21.5
APR	10	14.8	16	16.3	13	12.4	39	14.4
MAI	11	17.4	17	16.2	9	8.6	37	13.4
JUN	4	6.4	12	12.4	11	11.0	27	10.6
JUL	4	6.5	24	24.9	8	7.6	36	13.5
AUG	6	7.9	12	12.0	8	7.5	26	9.4
SEP	9	13.7	12	13.0	10	9.1	31	11.4
OKT	15	20.4	12	11.7	7	7.2	34	12.2
NOV	6	8.5	11	10.9	14	13.8	31	11.3
DEZ	13	17.3	15	14.8	5	4.9	33	11.7
alle	109	13.4	195	16.5	128	10.2	432	13.3

aufgeführten Werte geben die Höhe der Säuglingssterblichkeit in Prozent der Lebendgeburten an und sind damit direkt mit den anderen Angaben vergleichbar.

Man kann also sagen, daß, wenn alle Monate solche Bedingungen wie beispielsweise der Juni geboten hätten, die Säuglingssterblichkeit insgesamt nur so hoch wie dort angegeben gewesen wäre, also beispielsweise 1770-1819 nur 12,4%. Aussagen über die relativen Unterschiede zwischen den einzelnen Jahreszeiten können bei der vorhandenen Datenmenge nur für Vierteljahre getroffen werden (Tab. 31).

In beiden Darstellungsweisen fällt die ungewöhnliche Mortalität 1770-1819 im Juli bzw. im dritten Jahresviertel auf. Ebenso verhält es sich mit dem Oktober im ersten Zeitraum 1720-1769. Diese hohe Oktober- und auch Dezembersterblichkeit scheint nicht epidemisch gewesen zu sein, denn in keinem Jahr starben mehr als zwei Säuglinge in einem dieser Monate. Sie ist vielmehr als entscheidender struktureller Unterschied zwischen dem genannten Zeitraum

Tab. 31 Doppelt bereinigte vierteljährliche Säuglingssterblichkeit

	1720-		1770-		1820-		alle	
	n	%	n	%	n	%	n	%
I	31	15.2	64	21.6	43	14.0	138	17.2
II	25	12.8	45	15.4	33	10.4	103	12.8
III	19	9.3	48	16.4	26	8.1	93	11.3
IV	34	16.6	38	12.9	26	8.4	98	11.9
alle	109	13.4	195	16.5	128	10.2	432	13.3

und 1820-1869 zu werten (Fig. 17). Demnach wären langfristige Verbesserungen besonders im letzten Teil des Jahres zu suchen. Von der Julisterblichkeit 1770-1819 wurden die Säuglinge im ersten Lebenshalbjahr stärker betroffen als sonst. Damit kann ausgeschlossen werden, daß der Grund 1770-1819 in einem verbreiteten Übergang zu einer anderen Ernährungsform in der heißen Jahreszeit liegt. Über die Hälfte der Sterbefälle im dieser Möglichkeit verdächtigen zehnten Lebensmonat fiel 1770-1869 auf das erste Jahresdrittel, wobei von Januar bis März die Zahl der Fälle anstieg. Daneben war auch im Juni eine leicht erhöhte Mortalität zu verzeichnen, im Juli dagegen nicht. Im Juli scheinen exogene Todesursachen im ersten Lebenshalbjahr vorherrschend gewesen zu sein, die besonders die Maigeborenen betrafen.

Insgesamt ist aber weit weniger die Sterblichkeit im zweiten Lebenshalbjahr für die saisonspezifischen Muster verantwortlich als die im ersten (Tab. 32). Die Säuglingssterblichkeit im gefährlichsten Monat, dem März, war demnach vor allem auf die Mortalität in den ersten vier Wochen zurückzuführen. Diese Unregelmäßigkeit liegt nicht im Bereich zufälliger Schwankungen, sie trägt vielmehr entscheidend dazu bei, daß die saisonale Verteilung der Neugeborenensterblichkeit unregelmäßig ist (Irrtumswahrscheinlichkeit < 5%). Dasselbe gilt für die Frühsterblichkeit, in der sich überwiegend witterungsunabhängige, nämlich endogene Schädigungen bemerkbar machen. Der März ist auch dort der einzige Monat mit abnormen Werten, während sonst trotz der relativ kleinen Zahlen beinahe exakt die zu erwartenden Quoten eintreffen. Dies ent-

Fig. 16 Indizierte monatliche Säuglingssterblichkeit
1720 - 1869 (doppelt bereinigt)

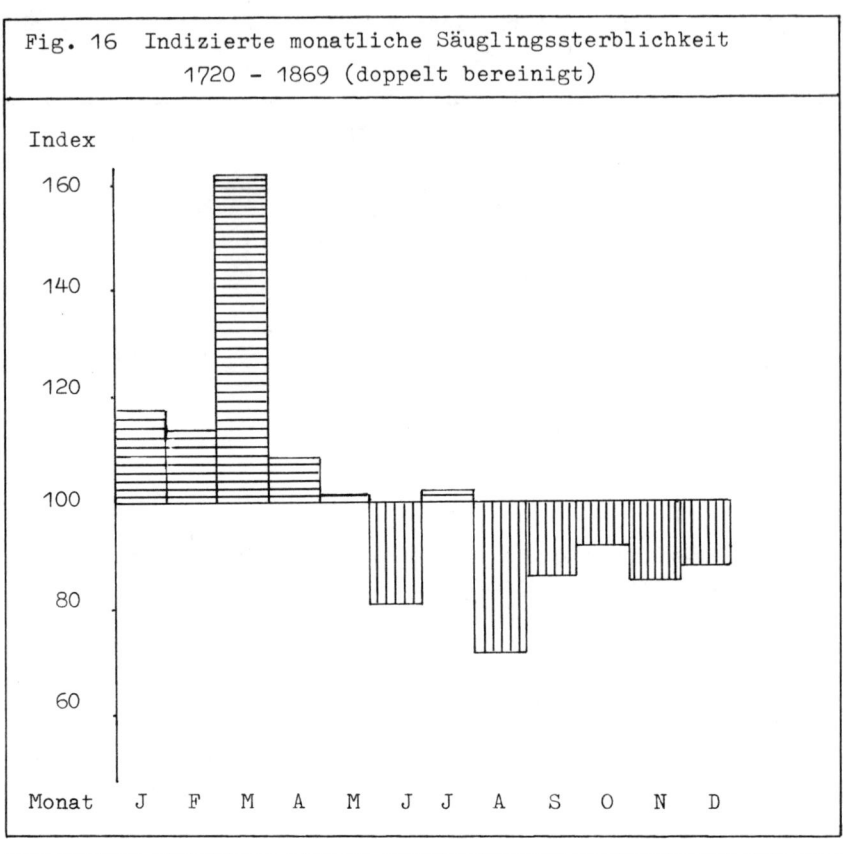

Fig. 17 Höhe der vierteljährlichen Säuglingssterblichkeit
(doppelt bereinigt)

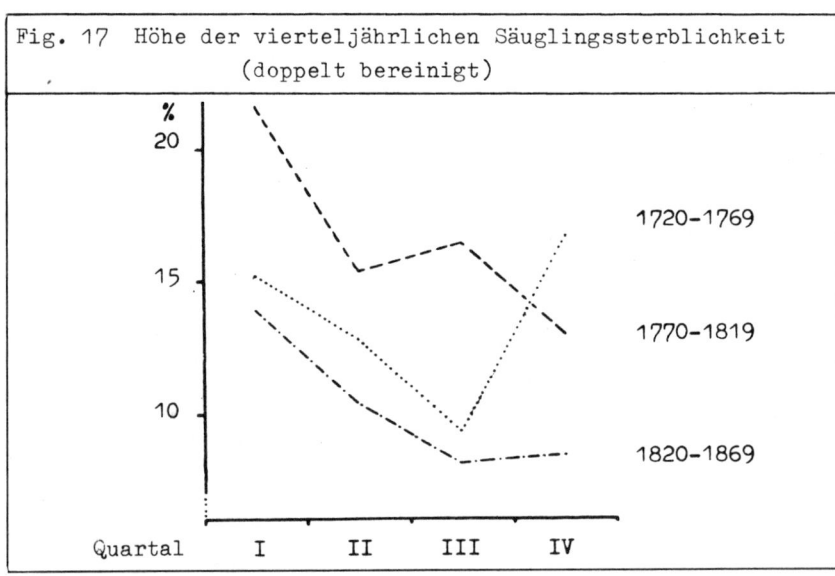

Tab. 32 Früh- und Nachsterblichkeit nach Geburtsmonaten
1720 - 1869

Tag	0-6 n %	7-27 n %	28-180 n %	181-364 n %	o.A. n %	alle n %	Geb. n
JAN	6 2.2	12 4.5	8 3.0	11 4.1		37 13.9	267
FEB	5 1.9	5 1.9	11 4.2	9 3.5		30 11.6	259
MRZ	12 4.4	13 4.8	10 3.7	10 3.7		45 16.7	269
APR	6 2.0	5 1.7	16 5.3	14 4.7	1 0.3	42 14.0	301
MAI	5 1.8	2 0.7	19 6.7	15 5.3		41 14.4	284
JUN	4 2.0	3 1.5	10 5.0	14 7.0	1 0.5	32 16.0	200
JUL	6 2.3	4 1.6	5 2.1	12 4.9		27 11.1	243
AUG	7 2.3	3 1.0	19 6.4	16 5.4		45 15.1	299
SEP	7 2.3	1 0.3	13 4.3	9 3.0		30 10.0	301
OKT	4 1.5	7 2.6	14 5.2	12 4.4	1 0.4	38 14.1	270
NOV	4 1.5	7 2.6	17 6.2	5 1.8		33 12.1	273
DEZ	3 1.0	11 3.8	15 5.2	6 2.1		35 12.2	286
alle	69 2.1	73 2.2	157 4.8	133 4.1	3 0.1	435 13.4	3252

spricht den Beobachtungen Birabens[1]), daß die Wintersterblichkeit Merkmale endogener Sterblichkeit trägt, wodurch die bisher gängigen Auffassungen in Frage gestellt werden.

Insgesamt erhält aber die Bestimmung der endogenen Mortalität, wie sie bereits vorgenommen wurde, eine gute Rechtfertigung. Auch die endogenen Sterbefälle par excellence, die Totgeburten nämlich, weisen kein signifikant saisonspezifisches Muster auf, wenngleich die Schwankungen, möglicherweise durch eine saisonspezifische Unterregistrierung im 18. Jahrhundert mitbedingt, hier größer sind[2]). Nur die außergewöhnliche Frühsterblichkeit im März bleibt ein Rätsel. Auffällig ist dabei, daß von den Fällen perinataler Sterblichkeit im März 1720-1769 nur vier von zehn als Totgeburten bezeichnet wurden, 1770-1819 fünf von neun und 1820-1869 sechs von acht. Da kein Jahr mehrmals vertreten ist, können Gründe wie beispielsweise ein Grassieren der Röteln ausgeschlossen werden. Möglicherweise förderte im 18. Jahrhundert der Aberglauben noch bei einigen Leuten die Tendenz, Totgeburten als Symbol der

---
[1]) Biraben 1981.
[2]) S. Anhang A.08.

Unfruchtbarkeit beim Frühlingsbeginn nach Möglichkeit nicht als solche anzuerkennen. Dies kann im Datenmaterial allerdings nur zwei- bis dreimal aufgetreten sein, so daß hier aus statistischen Gründen die Grenzen der Interpretierbarkeit bereits überschritten sind.

Von den Besonderheiten läßt sich die hohe Sterblichkeit zwischen dem zweiten und dem sechsten Lebensmonat für den Geburtsmonat Mai aufgrund der Tatsache, daß die Julisterblichkeit 1770-1819 vor allem Babies in diesem Alter betraf, erklären. Für den August sind die Verhältnisse in bezug auf den Oktober ähnlich. Beim Juni wirken sich die Sterbefälle im Frühjahr dagegen angesichts einer geringen Anzahl von Geburten nur statistisch stark aus. Zusammenfassend kann aus der Tabelle 32 eine Art Horoskop erstellt werden, das die Chancen, den ersten Geburtstag zu erleben, nach den Geburtsmonaten beschreibt. Diese waren für die Septembergeborenen eindeutig am besten und für die Märzgeborenen am schlechtesten.

Die saisonal bedingte Übersterblichkeit im ersten Jahresdrittel bildete ein konstantes Element in allen drei Zeiträumen. Nach 1820 trat sie durch das Zurückgehen der Sommersterblichkeit besonders hervor. Die schlechten Überlebenschancen der Säuglinge 1770-1819 waren aber nicht in entscheidender Weise durch den "Sommergipfel" bedingt, vielmehr waren sie damals zu allen Jahreszeiten geringer. Die konstanten saisonalen Einflüsse waren 1770-1869 weitaus stärker als die variablen. Damit ist eine Erklärung des Wandels der Säuglingssterblichkeit durch einen veränderten Einfluß der Witterung zwischen diesen beiden Zeiträumen nicht möglich. Langfristig, d.h. im Verhältnis zwischen 1820-69 zu 1720-69, scheint der Rückgang der Erkrankungen im Herbst, die vermutlich gastro-intestinalen Charakters waren, eine gewisse Bedeutung gehabt zu haben.

In Bezug auf die saisonspezifische Struktur können aus den zum Vergleich herangezogenen Studien nur die einfachen bzw. um die Monatslänge bereinigten Verteilungen der Säuglingssterblichkeit über das Kalenderjahr abgelesen werden. Diese weisen auch für Hesel und Gabelbach eine Übersterblichkeit im Frühjahr auf, wie in Leezen. Allerdings ist in Gabelbach ein weiterer Gipfel im Sommer zu bemerken[1], während die Schwalm im Verhältnis zum Spätsommer im Frühjahr nur einen Nebengipfel aufweist. Aus diesem widersprüchlichen saisonspezifischen Vergleich kann also kaum mehr als die Aussage gewonnen werden, daß eine hohe Säuglingssterblichkeit sich auch durch eine größere

---
[1] S. Imhof 1981a, S. 372.

Anzahl von Todesfällen im Sommer bemerkbar macht, während dies umgekehrt, zumindest, was den Spätsommer anbelangt, nicht gilt.

Das Phänomen eines "Sommergipfels" ist für die Städte im neunzehnten Jahrhundert oft nachgewiesen worden, in denen es vor allem nichtgestillte Kinder betraf[1]. Im achtzehnten Jahrhundert trat es wahrscheinlich seltener auf. Während die höchsten Säuglingssterblichkeitszahlen in Berlin bereits in der zweiten Hälfte des achtzehnten Jahrhunderts im Sommer angetroffen wurden[2] und in Wien schon 1728-1755[3], war dies in Genf 1730-39[4], Königsberg[5] und Hamburg nicht der Fall. In dieser Stadt war dergleichen erst ab den 1860er Jahren zu beobachten[6]. Dies bedeutete zugleich eine Zunahme der Säuglingssterblichkeit, sicherlich bedingt durch eine Änderung der vorherrschenden Stillgewohnheiten.

Im Beauvaisis stellte Goubert[7] eine entgegengesetzte Entwicklung fest. Dort fanden in den 1760er Jahren Veränderungen statt, wie sie in ähnlicher Weise in Leezen ab 1820 anzutreffen waren. Die Sommersterblichkeit ging zurück und die Säuglingssterblichkeit sank, allerdings von einem im Verhältnis zu Leezen hohen Niveau aus. Das dadurch erreichte saisonale Muster mit einem Wintergipfel bezeichnet Goubert mit einer gewissen Berechtigung als "maximum moderne". Modern insofern, als noch in den 1970er Jahren in der Bundesrepublik ein "Frühjahrsgipfel" nachweisbar war, hervorgerufen durch Infektionen der Luftwege wie Bronchitiden und Pneumonien, der wichtigsten Todesursache bei Säuglingen[8]. Sie zurückzudrängen war, besonders unter den Wohnverhältnissen auf dem Lande, im neunzehnten Jahrhundert noch nicht möglich, während zum Beispiel Sommerdurchfälle durch Stillen und durch eine

---
[1] Vgl. ebenda, S. 352.
[2] Ebenda.
[3] Fischer 1965, S. 173.
[4] S. Perrenoud 1979, S. 431.
[5] S. Kisskalt 1921, S. 467 f.
[6] S. Hanssen 1912, S. 378 und Gesundheitsverhältnisse 1901.
[7] Goubert 1968, S. 92.
[8] Hellbrügge 1977, S. 4.10 f.

verbesserte Hygiene vermieden werden konnten. Die Bemerkungen Prinzings 1900, wonach für Babies die "Kälte viel schädlicher als die Sommerhitze" sei[1], hatte also auch für frühere Zeiträume Gültigkeit. Dies betraf vor allem die Säuglinge im ersten Lebensmonat.

Diese Zusammenhänge erlauben es, aus der saisonspezifischen Struktur der Säuglingssterblichkeit nicht nur gewisse Rückschlüsse auf die Todesursachen der Kleinkinder in Leezen zu treffen, die anders sonst kaum ermittelt werden können, sondern auch die Tatsache zu erklären, daß in Hesel und Leezen die Sterblichkeit im ersten Monat bei insgesamt niedrigen Werten für das erste Lebensjahr, verglichen mit Gabelbach, relativ hoch war. Die Schuld daran trugen demnach wesentlich Erkältungskrankheiten. Darauf lassen auch die sporadischen Todesursachenangaben im Leezener Kirchenbuch schließen. Demnach starben 1810-1839 sieben Säuglinge an Keuchhusten, vier am Friesel, zwei an Stickhusten, zwei an Masern, zwei an Krämpfen und einer an Brustkrämpfen. Die Hustensymptome sind also stark vertreten. "Keuchhusten" könnte hier durchaus als Erkältungskrankheit interpretiert werden, da die Diagnose dieser Infektionskrankheit für Laien oftmals schwer ist[2].

6.10 Säuglingssterblichkeit und Sozialstruktur

6.10.1 Die einzelnen Dörfer

Als erster Schritt einer Betrachtung der differentiellen Säuglingssterblichkeit kann eine Unterteilung nach Dörfern dienen. Diese unterschieden sich schließlich nicht nur nach Größe und landwirtschaftlichen Erträgen, sondern auch nach ihrer Sozialstruktur. Der deutlichste Gegensatz bestand hierbei zwischen dem Gut Tralau-Neverstaven und den Amtsdörfern. Leider war die Bevölkerung in erstem nur sehr klein, so daß eine Untergliederung in Einzelzeiträume zu unzureichend abgesicherten Ergebnissen führt (Tab. 33). Es wiederholt sich aber auch dort der Gesamteindruck, daß die Unterschiede ohne Signifikanz blieben. Es gibt also keine Hinweise darauf, daß die Lebensbedingungen der Kleinkinder von Leibeigenen im achtzehnten Jahrhundert im

---

[1] Prinzing 1900, S. 606.

[2] Vgl. Prinzing 1912, S. 545.

Tab. 33 Säuglingssterblichkeit nach Geburtsorten

	1720-		1770-		1820-		alle		
	n	%	n	%	n	%	n	%	n
Leezen	29	12.4	50	18.2	43	12.1	122	14.2	861
Heiderfeld	6	7.1	24	16.2	15	9.6	45	11.6	389
Krems	11	14.9	15	16.1	13	11.7	39	14.0	278
Niendorf	35	20.7	31	12.9	22	9.8	88	13.9	634
Neversdorf	9	10.1	27	17.8	17	12.8	53	12.8	413
Tönningstedt	9	9.3	25	17.0	12	7.1	46	11.1	414
Neverstaven-T.	12	17.3	23	18.5	7	10.0	42	16.0	263

Kirchspiel Leezen gravierend schlechter gewesen wären als die von Amtsuntertanen[1]).

6.10.2 Soziale Gruppen

Ähnlich undifferenziert, wie die Säuglingssterblichkeit in den einzelnen Dörfern auftritt, scheint sie auf den ersten Blick zwischen den sozialen Schichten zu sein (Tab. 34). Diese Feststellung läßt sich sowohl insgesamt als auch für die verschiedenen Untersuchungsabschnitte treffen; das Sinken der Säuglingssterblichkeit nach 1820 war also keinesfalls eine schichtenspezifische Erscheinung. Eine ähnliche Nähe zwischen den Berufsgruppen stellt auch Knodel in den von ihm ausgewerteten neun deutschen Dörfern fest[2]). Es lassen sich demnach bisher östlich des Rheins keine Parallelen zu der von Derouet[3]) beobachteten generellen Benachteiligung der Kinder von 'Journaliers' gegenüber denen von 'Laboureurs' entdecken.

---

[1]) In den Kreisen mit einem starken Anteil von Gütern kann in der zweiten Hälfte des neunzehnten Jahrhunderts Ähnliches beobachtet werden (s. Würzburg 1887, S. 415). Vgl. dagegen die Auffassung Hanssens (1861, S. 29).

[2]) Computerausdruck vom 24.7.1982, von Prof. Knodel freundlicherweise zur Verfügung gestellt.

[3]) Derouet 1980.

Tab. 34 Geschlechtsspezifische Säuglingssterblichkeit nach sozialer Gruppe und Alter in Tagen 1720 - 1869

		0-27 n	0-27 %	28-180 n	28-180 %	181-364 n	181-364 %	0-364* n	0-364* %	Geb. n
Hufner	m	21	3.7	23	4.0	27	4.7	72	12.6	573
	w	18	3.1	40	6.9	21	3.6	79	13.6	583
	alle*	41	3.5	63	5.4	48	4.1	153	13.2	1158
Kleinbauern	m	20	6.1	22	6.7	10	3.0	52	15.9	328
	w	6	2.2	11	4.1	12	4.5	29	10.9	267
	alle*	18	4.7	33	5.5	22	3.7	83	13.9	598
Landarbeiter	m	22	5.9	12	3.2	16	4.3	51	13.6	374
	w	18	4.6	14	3.6	13	3.3	46	11.8	389
	alle*	40	5.2	26	3.4	29	3.8	97	12.7	763
Gewerbetr.	m	13	5.8	11	4.9	10	4.5	34	15.2	223
	w	3	1.3	12	5.3	10	4.4	25	11.1	226
	alle*	17	3.8	23	5.1	20	4.4	60	13.3	450
alle(incl.	m	80	5.0	72	4.5	69	4.3	223	14.0	1597
ohne Angabe)	w	51	3.2	82	5.1	62	3.9	196	12.3	1600
	alle*	137	4.3	154	4.8	131	4.1	425	13.3	3204

* Incl. einiger Fälle ohne Angabe des Geschlechts bzw. ohne genauen Todestag. Von Zwillingen nur einer gewertet.

Im Gegensatz zu den erwähnten Dörfern zeigen sich aber in Leezen bei näherem Hinsehen Eigentümlichkeiten, die zu einer ganzen Reihe von Schlußfolgerungen veranlassen können, von denen hier nur die im Rahmen dieser Arbeit wichtigen angesprochen werden sollen[1]. Es erweist sich nämlich, daß bei den männlichen Säuglingen Unterschiede bestanden, die die Hufnerkinder gegenüber den Landarbeiterkindern begünstigten, während es sich bei den weiblichen genau umgekehrt verhielt (Tab. 35). Dies bedeutete bei den Vollbauern eine Übersterblichkeit der Mädchen, ein Faktum, das nach den Erfahrungen der Humanbiologie als unnatürlich bezeichnet werden muß. Mit Hilfe einer in Analogie zur biometrischen Analyse vorgenommenen Altersverteilung läßt sich dieses Phänomen genau lokalisieren. Demnach waren die Mädchen nicht benachteiligt, solange die Säuglingssterblichkeit noch zum großen Teil durch endogene

---

[1] Einen Einblick in umfassendere Fragestellungen geben Knodel/de Vos 1980 und Voland 1984 (in Vorber.).

Tab. 35 Säuglingssterblichkeit nach Geschlecht, sozialer Gruppe und Geburtsrang 1720 - 1869

		1		2-4		5-7		8-12	
		n	%	n	%	n	%	n	%
Hufner	m	17	16.2	33	12.5	18	12.1	3	5.5
	w	27	22.9	33	12.4	14	9.1	5	11.4
	alle*	44	19.7	68	12.8	32	10.6	8	8.1
Kleinbauern	m	13	19.1	23	15.2	12	15.2	4	17.4
	w	11	16.7	11	9.2	4	7.1	3	15.0
	alle*	24	17.9	35	12.8	17	12.5	7	16.3
Landarbeiter	m	20	20.8	21	11.3	10	13.0	0	0.0
	w	14	14.6	19	9.6	10	12.8	3	16.7
	alle*	34	17.7	40	10.4	20	12.9	3	9.1
Gewerbetr.	m	12	22.2	13	11.9	4	8.5	5	38.5
	w	7	15.9	13	11.3	4	7.3	1	8.3
	alle*	19	19.4	26	11.6	8	7.8	7	26.9
alle (incl.	m	64	18.9	98	12.9	48	12.5	13	11.5
ohne Angabe)	w	63	18.0	84	11.0	37	9.7	12	11.5
	alle*	128	18.6	185	12.1	86	11.2	26	11.9

* Incl. einiger Fälle ohne Angabe des Geschlechts.
Von Zwillingen nur einer gewertet.

Faktoren geprägt wurde, nämlich im ersten Lebensmonat. Dagegen traf sie die Übersterblichkeit in den unmittelbar darauffolgenden Altersgruppen bis zum sechsten Monat[1]).

Welche exogenen Einflüsse können es gewesen sein, die die Mädchen benachteiligten? Krankheiten wie der Keuchhusten, unter denen Mädchen stärker leiden als Jungen, kommen als Erklärung nicht in Frage, denn es ist nicht einzusehen, wieso sie innerhalb eines Dorfes selektiv zuungunsten der Oberschicht gewirkt haben sollten[2]). Es muß also an unterschiedliche Stillpraktiken gedacht werden[3]). Die Altersverteilung der Sterbefälle im ersten Lebensjahr und

---

1) Der Unterschied zwischen den Werten für männliche und weibliche Hufnerkinder, die zwischen dem 28. und 180. Lebenstag starben (Tab. 34), ist mit einer Irrtumswahrscheinlichkeit von < 5% signifikant.
2) Vgl. Wall 1981, S. 130.
3) Das Fehlen von Untersuchungen zur unterschiedlichen Ernährung von Säuglingen in Abhängigkeit von ihrem Geschlecht ist mit Finlay (1981, S. 143) zu bedauern.

der sich daraus ergebende "Slope"-Quotient[1], der für die Hufnersöhne bei 1,846 und die Töchter bei 0,820 liegt, bestärken diese Annahme. Ein früheres Abstillen von weiblichen Säuglingen bedeutet aber nichts anderes als eine bewußt unterschiedliche Behandlung. Von anderen, subtileren Formen von Bevorzugung männlicher Nachkommen soll hier gar nicht erst die Rede sein.

Es gibt einen weiteren Hinweis darauf, daß der Grad der Erwünschtheit eines Kindes die Überlebenschancen beeinflußte. Die abnorme weibliche Übersterblichkeit konzentrierte sich nämlich auf den ersten Geburtsrang mit 16,2% (17 Fälle) der männlichen und 22,9% (27 Fälle) der weiblichen Erstgeborenen[2], während bei den nachgeborenen Hufnerkindern die zu erwartende höhere Sterblichkeit männlicher Säuglinge auftrat. Das hatte zur Folge, daß die zweite Geburt, bei der wieder auf einen Jungen gehofft werden konnte, schneller eintrat, denn "ein totes Kind reicht einem lebenden die Hand", wie es im schleswig-holsteinischen Volksmund hieß[3]. Aber nicht nur der Tod, sondern auch das frühere Abstillen weiblicher Säuglinge verkürzten die intergenetischen Intervalle, eine Tatsache, die bekannt gewesen sein dürfte[4]. Nach weiblichen Erstgeburten waren sie bei Vollhufnern durchschnittlich um zwei Monate kürzer als nach männlichen (m 26,5 Monate/w 24,5 Monate). Trotz der im zweiten bis vierten Geburtsrang gleich hohen Mortalität bei beiden Geschlechtern blieben auch die beiden folgenden Intervalle nach Mädchengeburten um durchschnittlich mindestens dieselbe Differenz geringer. Das Primäre war also das frühere Abstillen von weiblichen Säuglingen, die in den ersten Jahren nach der Heirat kamen, mit dem Ziel, möglichst bald männliche Erben zu haben. Daß infolgedessen die erstgeborenen Mädchen häufiger starben, war dann insofern ein sekundäres Phänomen, das sich aus dieser Vorgehensweise ergab, bei dem aber eine direkte Absicht nicht unterstellt zu werden braucht. Gerade bei den Erstgeborenen, die nicht lange gestillt wurden, dürfte sich aber die Unerfahrenheit der Mutter negativ ausgewirkt haben.

---

1) S.o., S. 141.

2) Dieser Unterschied in Tab. 35 ist allerdings nicht signifikant.

3) Meyer 1940, S. 42.

4) Vgl. Imhof 1981a, S. 373 und Rambach 1801, S. 259.

An plausiblen Gründen für die verschiedene Zuwendung mangelt es nicht. Söhne hatten als Arbeitskräfte und potentielle Erben für bäuerliche Eltern einen sehr viel höheren Wert als Mädchen, bei denen vorwiegend die Aussteuer als Last empfunden werden konnte. Dieses Problem stellte sich den kleinen Landbesitzern und nichtbäuerlichen Schichten nicht, ihren Töchtern war es sogar leichter als ihren Söhnen, durch Heirat in eine bessere soziale Position zu gelangen[1].

Weibliche Säuglingsübersterblichkeit ist bisher in der historisch-demographischen Forschung nur selten beobachtet worden, wenngleich es für eine geringere Erwünschtheit von Mädchen im Europa der Neuzeit genügend literarische Belege gibt[2]. Wieso läßt sie sich ausgerechnet in Leezen statistisch nachweisen? Das Leezener Untersuchungsmaterial begünstigt dies zweifach. Erstens gibt es hier in den Vollhufnern eine klar definierte und ausreichend starke Schicht von Mittelbauern, wie sie in dieser Homogenität beispielsweise in der Stichprobe Knodels[3] nicht auftritt. Zweitens stellte es für diese Gruppe nachweisbar ein Problem dar, zu einer männlichen Erbfolge zu gelangen. Nur in knapp der Hälfte aller ausgezählten Besitzübertragungen trat ein Sohn irgendwann das Erbe des Vaters an. Im achtzehnten Jahrhundert war dieser Anteil noch geringer[4]. Es ist durchaus denkbar, daß in anderen Gegenden unter anderen Voraussetzungen ebenfalls weibliche Übersterblichkeit nachgewiesen werden kann[5]. Wie Wall[6] schon vermutete, besteht der Schlüssel zu weiteren Erkenntnissen in einer Auswertung in Kombination der Merkmale Geschlecht, soziale Schicht, Geburtsrang und, so ist hinzuzufügen, Altersverteilung der Sterbefälle im ersten Lebensjahr.

---

1) S.u., S. 196.

2) Vgl. Wall 1981 und Marvick 1977. Die gründliche Studie Knodels und de Vos' über 7 deutsche Mikroregionen im 18. und 19. Jahrhundert mit 38.901 Geburten erbrachte keinen Nachweis einer weiblichen Säuglingsübersterblichkeit (Knodel/de Vos 1980).

3) Computerausdruck vom 24.7.1982.

4) S.o., S. 51.

5) Vgl. Reynolds 1979 und Wuelker 1940.

6) Wall 1981, S. 137.

6.11 Erklärungsversuch

6.11.1 Explananda

Die Entwicklung der ehelichen Säuglingssterblichkeit unter den in Leezen ansässigen Familien ließ sich in drei Perioden unterteilen, 1720-1769, 1770-1819 und 1820-1869. Die Unterschiede waren zwischen dem ersten und dem zweiten Zeitraum geringer als zwischen diesen beiden und dem dritten. Damit zeigte sich ein Bild, daß bei den anderen Altersgruppen nicht anzutreffen war[1]. Nimmt man die Struktur der Säuglingssterblichkeit 1720-1819 mangels Untersuchung über vorhergehende Zeiten als die "klassische" an, so bedeutet die Phase danach einen ziemlich abrupten Bruch damit. Dies ist nicht auf Registrierungsprobleme zurückzuführen, sondern auf einen strukturellen Wandel. Die Mortalitätsrate sank um etwa 1/3 gegenüber den Werten der "klassischen" Phase; gegenüber den Werten des unmittelbar vorangehenden Zeitraums war der Unterschied, bezogen auf Lebendgeborene, noch deutlicher. Dies war vor allem auf eine geringere exogene Sterblichkeit im ersten Lebenshalbjahr zurückzuführen, die besonders den Kindern von Müttern über 30 zugute kam. Ansonsten fand der Säuglingssterblichkeitsrückgang undifferenziert in Hinsicht auf den sozialen Status statt. Auch mit witterungsbedingten Krankheiten scheint der Gegensatz zwischen 1820-69 und 1770-1819 wenig zu tun zu haben. Dies gestaltet es schwierig, unmittelbar aus den Resultaten weitere Forschungshypothesen abzuleiten.

Auch in Hesel (Ostfriesland), Münsterdorf, Neuenbrook und Hohenfelde (Westholstein) lag die Säuglingssterblichkeit im neunzehnten Jahrhundert ähnlich tief. In den westholsteinischen Kirchspielen lassen sich sogar gleichgerichtete Änderungstendenzen beobachten, nämlich in Münsterdorf und Neuenbrook in den 1790er und in Hohenfelde in den 1830er Jahren. Gegenüber diesen Geest- bzw. Geestrand- und Flußmarschkirchspielen herrschten in den Seemarschen allerdings ganz andere Verhältnisse[2], möglicherweise auch aufgrund anderer Stillgewohnheiten[3]. Wenn also, wie dies

---

[1] S.o., S. 95.

[2] Vgl. Lorenzen-Schmidt 1982.

[3] Hedemann-Heespen (1926, S. 454) erwähnt, daß man in Dithmarschen "die Kleinen zu überfüttern pflegte" und Hanssen (1912a, S. 3) führt das schlechte Trinkwasser als Grund an.

in Hesel der Fall war, sehr niedrige Werte schon im achtzehnten Jahrhundert möglich waren, brauchen die Ursachen eines Rückgangs der Säuglingssterblichkeit auf ein ähnlich gelagertes Niveau in Leezen nicht in revolutionären Veränderungen gesucht zu werden. Es könnte vielleicht genügen, daß sich bisher wenig beachtete Rahmenbedingungen änderten. Auf diese soll im folgenden das Augenmerk gerichtet werden.

6.11.2 Stillgewohnheiten

Die Bedeutung der Stillgewohnheiten für die Lebenserwartung der Säuglinge ist spätestens seit den Abhandlungen Knodels offenkundig, die Beweisführung braucht hier nicht wiederholt zu werden[1]. Wichtig wäre nun, qualitative Quellen über die Verhältnisse in Leezen zu diesem Problem auszuwerten. Das stößt aber auf einige Schwierigkeiten, denn direkte Angaben über die Stillgewohnheiten in Holstein vor 1900 konnten nicht gefunden werden. Erst 1908 wurde eine Enquete durchgeführt, die sich allerdings nur auf die Neugeborenen bezog[2]. Demnach wurden in Neumünster und den Kreisen Tondern, Apenrade und Rendsburg 80-87% gestillt. Das sind schon die umfassendsten Angaben. Bluhm[3] zitiert daneben die Meinung eines Kieler Professors, daß "in manchen Bezirken, und zwar gerade ländlichen, eine Abneigung, die Kinder zu stillen", bestehe[4]. Möglicherweise war dies aber bereits das Resultat erheblicher Veränderungen, die Ende des neunzehnten Jahrhunderts in den landwirtschaftlichen Gebieten einsetzten[5].

Angaben, die sich auf das achtzehnte und neunzehnte Jahrhundert beziehen, können aus den medizinischen Topographien über Hamburg geschöpft werden; sie sind wegen eines häufig anzutreffenden Stadt-Land-Unterschiedes kaum weniger problematisch. Allerdings stillten selbst in dieser Großstadt um 1800 zumindest die ärmeren Frauen ihre Kinder, und zwar "nach ihrer gewöhnlichen Art sehr lange,

---

[1] Vgl. Knodel 1967, bes. S. 123, ders. 1968, bes. S. 318 und Knodel/Kintner 1977.

[2] S. Hanssen 1912a, S. 14.

[3] Bluhm 1912, S. 513.

[4] Ebenda.

[5] Vgl. Kaup 1910, S. 184.

zuweilen bis ins dritte Jahr"[1], während wohlhabendere, im Gegensatz zu früheren Zeiten, darauf verzichteten. Ob diese "gewöhnliche Art" durch das holsteinische Umland, bzw. die Herkunft von dort, die bei vielen anzunehmen war, geprägt war, ist leider nicht zu erfahren. Einen weiteren Hinweis auf das Stillen im Holsteinischen gibt derselbe Autor durch die Erwähnung, daß die Waisenkinder zum Aufziehen auf das Land geschickt wurden, wo sie 6-7 Jahre blieben[2]. Daß Kinder zu Ammen auf das Land geschickt wurden, galt nur für diese Ausnahmegruppe, denn ansonsten zogen es die Hamburger Eltern vor, eine Amme in das Haus zu holen, sofern die Mutter nicht selbst stillte[3].

Die Verschickung von Waisenkindern von Hamburg bis nach Leezen kam im ausgehenden achtzehnten Jahrhundert mit Sicherheit nicht vor. Diesen Schluß lassen die Volkszählungs- und Kirchenbucheintragungen zu. Dagegen wiesen in den 1860er Jahren die Dörfer Neversdorf und Neverstaven eine Reihe von Pflegekindern auf, von denen die überwiegende Mehrheit allerdings aus dem Kirchspiel oder aus der ländlichen Umgebung kam. Lediglich eines kam aus Altona und eines aus Kiel. Dem stehen in den 1720er Jahren zwei Fälle gegenüber, in denen Hamburger Kinder im Kirchenbuch erwähnt werden, einmal ein gestorbenes Mädchen 1728 und zum anderen Ehe und Tod eines um 1725 geborenen Mannes, der "als zartes Kind im Borsteler Gut (unmittelbar südwestlich an das Kirchspiel angrenzend - R.G.) auf die Brust ausgetan worden" war. Häufiger waren vermutlich die Fälle, in denen ledige Mütter in den Ammendienst nach Hamburg gingen[4]. Daß, wie in den an Hamburg angrenzenden Landgebieten, auch verheiratete Frauen sich verdingten, ist nicht bezeugt[5].

Damit sind die Quellen bereits versiegt. Der Arzt Hensler, der im benachbarten Segeberg wohnte, widmete dem Stillproblem keine Zeile. Dies spricht vielleicht dafür, daß er in dieser Beziehung keine Besonderheiten wahrnahm, sondern, wie in anderer Beziehung auch, "lediglich ein

---

1) Rambach 1801, S. 266.
2) Ebenda, S. 242, S. 265 und S. 269.
3) Vgl. Lindemann 1981, S. 385.
4) Hinweise darauf im sogenannten "Deprecantenregister" in den Leezener Kirchenbüchern, KAL.
5) Vgl. Schrader 1797 und Lawaetz 1795, S. 73.

Werk der ungestörten Natur"[1]). Die Schlüsse, die aus der biometrischen Analyse gezogen wurden, werden also insgesamt eher bekräftigt als erschüttert.

6.11.3 Säuglingspflege

Zur Frage der Behandlung der Säuglinge vor 1870 liefern wiederum nur einige Hamburger Topographien und andere verstreute Bemerkungen Material. Den medizinischen Topographien nach zu urteilen, begann an der Wende zum 19. Jahrhundert das Prinzip des "suivre la nature"[2]) sich in der Einstellung gegenüber den Säuglingen auch in Hamburg durchzusetzen. Menuret, der allerdings insgesamt ein wenig differenziertes Bild zeichnet[3]), bemerkte 1797 noch die "Volkssitte, die Kinder zu wickeln"[4]), während dieser Brauch 1801 bereits im Rückgang begriffen war[5]). Statt dessen zog man eine leichte Kleidung der Kinder vor, wobei nicht klar ist, wieweit dies auch für die Altersgruppe unter einem Jahr galt. Dies sind (vorerst) die einzigen Hinweise auf eine Verbesserung im Zuge der Aufklärung.

Das "Zurück zur Natur" hatte aber auch seine Kehrseiten. Um 1800 muß im Holsteinischen die Tendenz verbreitet gewesen sein, die Kinder jeder Witterung auszusetzen, um sie möglichst abzuhärten. Um 1830 war hierin aber bereits eine von Gudme begrüßte Wendung eingetreten[6]). Ähnliche Erscheinungen hatte Rambach auch in Hamburg kritisiert. Dort kam es sogar vor, daß die Kinder vom ersten Tage an kalt gebadet wurden. Leichte Kleidung tat ein Übriges, um bei den Säuglingen einen günstigen Nährboden für Erkäl-

---

[1]) Hensler 1767, S. 5.
[2]) Morel 1979, S. 305.
[3]) Die von ihm im selben Atemzuge bemerkte Gewohnheit, die Kinder mit dichtem und unverdaulichem Brei vollzustopfen, hat sicher nicht auf die Masse der Säuglinge zugetroffen; denn Rambach (1801, S. 348) erwähnt zwar auch den Mehlbrei, zugleich aber die Tatsache, daß Stillen durch die Mutter oder eine Amme die Regel war (ebenda, S. 266).
[4]) Ebenda, S. 102 f.
[5]) S. Rambach 1801, S. 209 und S. 270.
[6]) Gudme 1833, S. 87.

tungskrankheiten zu schaffen[1]), während sie die in Leezen daneben noch beobachtete Julisterblichkeit nicht erklärt. Insofern wäre ein Zusammenhang mit der 1770-1819 stark ausgeprägten Frühjahrssterblichkeit herzustellen. Der Gegensatz zwischen dem ersten und dem letzten Untersuchungszeitraum, der eher im Bereich der Herbststerblichkeit stattfand (vgl. Fig. 17), wird aber durch die angeführten Änderungen nicht verständlicher.

6.11.4 Medizinische Versorgung

Das Kirchspiel Leezen gehörte zum Segeberger Physikatsbezirk, der die Ämter Segeberg, Reinfeld und Traventhal sowie die Städte Segeberg und Oldesloe umfaßte, also 1828 27.000 Einwohner[2]). Diese Einteilung bestand bis 1854[3]), danach wurde ein Oldesloer Bezirk abgetrennt. 1875 erfolgte eine völlige Neuordnung.

Die medizinische Versorgung durch den Physikus dürfte sich geographisch zum Zeitpunkt der Rosen-Berichte weitgehend auf die Kirchspiele Leezen und Segeberg sowie möglicherweise Oldesloe beschränkt haben, da in Bramstedt und Bornhöved Chirurgen ansässig waren und in den beiden westlichen Kirchspielen im Notfalle Ärzte aus Barmstedt und Neumünster herangezogen wurden[4]). Für Leezen verlor der Physikus 1864 seine ohnehin nicht sehr hoch einzuschätzende Bedeutung. In diesem Jahr siedelte sich dort der erste praktische Arzt an, der Sohn des vormaligen Pastors. Er war 29 Jahre alt und seine Frau, 20 Jahre alt, stammte aus Hamburg, wo sich möglicherweise auch die Ausbildungsstätte des Mediziners befunden hatte.

Zur praktischen Seite des Physikats gehörte im neunzehnten Jahrhundert vor allem die Pockenvakzination[5]). Daneben nahm der Physikus Aufsichtsfunktionen wahr, zu denen besonders die Kontrolle der Hebammen zu zählen war. Über die Häufigkeit der Inanspruchnahme der ärztlichen Hilfe des Physikus werden keine Angaben gemacht, als Hypothese

---

1) Rambach 1801, S. 209.
2) Bericht v. Rosens, LAS, Abt. 400 I, Nr. 267, S. 217.
3) Jenner 1982, S. 112. Vgl. Medizinalwesen 1891, S. 92 f.
4) Bericht v. Rosens, LAS, Abt. 400 I, Nr. 267, S. 218.
5) S.o., S. 99 f.

kann aber die Angabe Rosens übernommen werden, daß der "Landmann ... den Arzt scheute"[1]). Die relative räumliche und soziale Ferne zum Physikus dürfte diese Ärztescheu gefördert haben. Man kann davon ausgehen, daß deshalb die Kranken zu anderen Mitteln Zuflucht nahmen. So schreibt Hensler 1767: "Wir leben in dieser Gegend recht im Lande der Arznei und der Aerzte; und wer nicht glauben will, daß da am meisten medicinirt werde, wo die wenigsten wirklich Medici sind, der komme und sehe." Es vergleicht die Pfuscher mit den Zigeunern, gegen die gesetzliche Vorkehrungen getroffen werden müßten, denn es "wird aus dem Urin viel mehr Geld prophezeit, als aus der Hand, und ein Schock Zigeuner haben so viel Menschen nicht geplündert, so viel Gesundheiten nicht zu Grunde gerichtet, so viel rüstige Bürger nicht getödtet, als eine Frau in --- und warum soll ich nicht schreiben, was alle Leute hier wissen - als eine Frau in Lübeck, und zween Collegen zu Tangstedt und Wesenberg gethan"[2]). Schon aus geographischen Gründen dürfte der Zulauf zu den hier genannten Leuten vor allem in den östlichen und südlichen Randgebieten seines Physikats stärker gewesen sein. Nicht nachzuweisen ist außerdem, daß auch in Leezen, wie 1799 für Schleswig-Holstein berichtet, eine "sogenannte Kindertinktur, ein vom Opium verfertigter Schlaftrunk, von Tablettenkrämern auf dem Lande verbreitet, den unruhigen Kindern eingegeben" wurde[3]).

Während bei dem bisher aufgeführten Heilpersonal völlig unklar ist, welchen Einfluß sie auf die Säuglingssterblichkeit hatten oder hätten haben können, ist dieser Zusammenhang bei den Hebammen schon enger. Ursprünglich wurden ihre Aufgaben von bestimmten erfahrenen Frauen wahrgenommen. So erwähnt das Kirchenbuch 1750 den Tod einer "berühmten Wehmutter" aus Neverstaven, Frau eines Schneiders, die auf dem Eise bei Hoherdamm eingebrochen war. Das Berufsbild wandelte sich mit der Hebammenordnung vom 18.2.1765. Die Herzogtümer wurden in Hebammendistrikte eingeteilt und die zur Ausübung ihres Berufes befugten Frauen mußten eine Prüfung ablegen, nachdem sie meistens die Schule in Altona besucht hatten[4]). Erst 1858 wurde

---

[1]) Bericht v. Rosens, LAS, Abt. 400 I, Nr. 267, S. 218.

[2]) Hensler 1767, S. 35 f.

[3]) Schleswig-Holsteinische Blätter für Polizei und Kultur 1799, S. 84.

[4]) Vgl. Gudme 1833, S. 383.

aber in Krems auf Kosten des Distrikts Leezen eine besondere Hebammenkate eingerichtet.

Die in Leezen vom ausgehenden achtzehnten Jahrhundert an nachweisbaren angestellten Hebammen kamen alle von außerhalb und waren mit Handwerkern verheiratet. Über die Qualität ihrer Tätigkeit ist aus direkten Zeugnissen wenig bekannt. Zumindest in der Anfangszeit dürfte ihr Beitrag zur Senkung der Säuglingssterblichkeit zweifelhaft gewesen sein. So bemerkte Hensler, der ansonsten der Einrichtung als solcher positiv gegenüberstand, über das Hebammenwesen im Physikat Segeberg: "... bekenne gar wider mich, daß ich noch in einigen Jahren keinen sehr merklichen Nutzen davon hoffe: aber in der Folge wird er sich offenbaren. Vorher verunglückten viel Frauen und Mütter, weil die unwissenden Landwehmütter sich bei den gemeinsten Geburten von schwerer oder widernatürlicher Art nicht zu helfen wußten; dagegen sie bei natürlichen und leichten Geburten durch eine mechanische Fertigkeit und durch ein glückliches Aufschieben von Stunde zu Stunde, das sich in ihrer Verlegenheit, was anderes vorzukehren, gründete, oft besser und bequemer verfuhren, als die unterwiesenen Hebammen. Diese kommen aus den Schulen, wo sie mehr von schweren, als leichten, von widernatürlichen, als natürlichen Geburten hören. ... Darüber erwählen sie oft den Weg der Kunst, wo die Natur es würde alles ausgerichtet haben; sie wählen den Weg der Härte und Eil, wo bei weisem Zaudern und einem bequemen Betragen alles besser ablaufen würde."[1] In dieser Unerfahrenheit sah er einen Grund für die gegenüber Süßmilchschen Zahlen hohe Totgeburtenrate im Kirchspiel Segeberg[2].

Insgesamt muß gesagt werden, daß kein zeitlicher Zusammenhang zwischen Änderungen in der Gesundheitsversorgung und denen der Säuglingssterblichkeit erkennbar ist. Es war schließlich nicht die endogene und damit möglicherweise durch Hebammenfehler bedingte Säuglingssterblichkeit, die nach 1770 anstieg, während die Kindbettsterblichkeit sogar zurückging[3]. Für den darauffolgenden Zeitraum, auf den sich auch die Rosen-Berichte beziehen, ist dagegen nicht

---

[1] Hensler 1767, S. 33 f. Dem Autor ist hierin zu trauen, da er nicht, wie es bei anderen Aufsichtsbehörden gelegentlich zu beobachten war (vgl. Bideau 1981, S. 65), ein Interesse daran hatte, den Hebammenstand herabzusetzen.

[2] Ebenda.

[3] S. Tab. 12 und Tab. 28.

festzustellen, wieso sich die medizinische Betreuung der Bevölkerung nun so verbessert haben sollte, daß die Überlebenschancen der Kleinkinder schlagartig zunahmen. Daher müssen die Argumente zur medizinischen Versorgung an Schlüssigkeit noch hinter die bereits als unbefriedigend qualifizierten Argumente zur Säuglingspflege zurücktreten.

6.11.5 Ökonomischer Wandel

Eine denkbare Vermittlung zwischen dem ökonomischen Wandel und der Säuglingssterblichkeit besteht in der Arbeitsbelastung der Frau[1]. Eine starke Eingespanntheit in das Erwerbsleben könnte unter den ländlichen Verhältnissen des achtzehnten und neunzehnten Jahrhunderts durchaus zu einer größeren Vernachlässigung der Säuglinge geführt haben, vielleicht sogar zum früheren Abstillen und zur Ernährung durch ältere Geschwister oder andere Personen. Für geruhsamere Zeiten wäre hingegen ein Rückgang der Säuglingssterblichkeit zu erwarten. In der Tat weist die längerfristige Entwicklung der Getreidepreise Parallelen zur Säuglingssterblichkeit auf[2]. In den Jahrzehnten intensiven und profitablen Ackerbaus nach 1770, in denen Klagen über den Arbeitskräftemangel in Schleswig-Holstein laut wurden[3], hatten die Kleinkinder die schlechtesten Überlebenschancen. Damit einher ging möglicherweise eine Verkürzung der Stillzeit. Ein besonders überzeugendes Argument für einen Einfluß der Arbeitsbelastung ist aber die abrupte Abnahme der Säuglingssterblichkeit in der Wirtschaftsflaute der 1820er Jahre, die mit einem Arbeitskräfteüberschuß verbunden war[4]. Im Gegensatz zu den Getreidepreisen veränderte sich die Mortalität danach aber kaum noch. Dies läßt sich daraus erklären, daß die Bevölkerung weiter zunahm, wodurch weiterhin ein starkes Angebot an Arbeitskräften vorhanden war, so daß den Bauersfrauen nun eine zunehmende Zahl von Mägden zur Seite stand. Das läßt sich aus den Volkszählungslisten ablesen. Die Instinnen traten dagegen bei der Verteilung der Arbeit

---

[1] Vgl. Heller/Imhof 1981.

[2] S. Fig. 01.

[3] Vgl. Otte 1798 und Schleswig-Holsteinische Blätter für Polizei und Kultur 1, 1800, S. 13.

[4] Vgl. Lengerke 1826, S. 26.

hinter den Männern zurück[1]). Dabei braucht es sich nicht um alle Frauen gehandelt zu haben. Bereits wenn nur die Mütter über dreißig Jahren sich in den ersten sechs Monaten nach der Entbindung besser um ihre Kinder kümmern konnten, wäre der Säuglingssterblichkeitsrückgang erklärt.

Eine andere Form des Zusammenhangs zwischen ökonomischem Wandel und Mortalität besteht in der Milchwirtschaft[2]). Von dieser Seite könnte der Beitrag dazu gekommen sein, daß die Säuglingssterblichkeit nach 1820 eben nicht nur wieder auf den Stand der ersten Hälfte des achtzehnten Jahrhunderts zurückfiel, sondern noch darunter sank. Wie oben angeführt[3]), setzten die Leezener von den 1810er Jahren an immer stärker auf die Viehhaltung mit dem Ziel, Butter für den Hamburger Markt zu produzieren. Diese erwerbsmäßige Milchwirtschaft erforderte peinlichste Sauberkeit, ohne die entweder die Herstellung der Butter nicht gelang oder der Absatz gegenüber der Konkurrenz der Holländereien nicht gesichert werden konnte. Niemann stellte in den 1820er Jahren fest, daß sich die hygienischen Vorstellungen und Praktiken in Schleswig-Holstein infolgedessen wandelten[4]). Er rühmt, mit Thaer, die Reinlichkeit der Milchkammer werde "auch an Fenster und Vorhängen, an Tischen, Bänken und Zinnezeug, im Wohn- wie im Besuchszimmer, überall im Hause und selbst auf dem Fußboden gefunden"[5]). Zu diesem Bild, das er uns von der

---

1) Weber-Kellermann (1965, S. 203) berichtet, offenbar in Anlehnung an Hanssen (1861, S. 114) mit Bezug auf die Güter: "Da sich die schleswig-holsteinischen Insten in einer ungleich besseren materiellen Lage befanden als die des benachbarten Mecklenburg, entzogen sich die Instfrauen auf vielen Gütern gerne der Hofarbeit und widmeten sich lieber ihren familiären Verpflichtungen." Allerdings drängte auch niemand darauf, daß sie für die Gutsarbeit Ersatzleute stellten, wozu sie eigentlich verpflichtet gewesen wären, so daß es mir erlaubt erscheint, die These aufrecht zu erhalten, daß ihre Arbeit auch nicht sonderlich gebraucht wurde. Übrigens betrug der Schwangerschafts- bzw. Mutterschaftsurlaub für Instinnen auf den Gütern um 1860 13 Wochen (Hanssen 1861, S. 114).
2) Vgl. Graßl 1910, S. 390 ff.
3) S.o., S. 44.
4) S. Niemann 1823, S. 99 f.
5) Ebenda, S. 146.

Reduzierung der Infektionsquellen zeichnet, paßt in Leezen
sehr gut die Tatsache, daß der entscheidende Unterschied
zwischen den Perioden 1720-1769 und 1820-1869 darin
bestand, daß die Sterblichkeit der Säuglinge im Herbst
verschwand, also zur Jahreszeit, in der ruhrartige
Erkrankungen am häufigsten und in der am ehesten Infektionen, u.a. hervorgerufen durch mangelnde Hygiene,
auszumachen waren[1]. Dadurch hob sich der Rückgang der
Säuglingssterblichkeit deutlich von dem der Kindersterblichkeit ab, deren saisonales Muster auf einen Zusammenhang mit der Ernährungssituation hatte schließen lassen[2].

Für die historisch-demographische Forschung erscheint es
mir in hohem Maße lohnend, diesen Zusammenhängen im
Vergleich größerer Räume nachzugehen. Zumindest für Leezen
konnte die am besten belegte Begründung für die niedrige
Säuglingssterblichkeit im neunzehnten Jahrhundert in der
Rolle der Milchwirtschaft gefunden werden, während in der
Frage der Arbeitsbelastung noch zahlreiche Unwägbarkeiten
bestehen bleiben.

---
[1] S. Fig. 17.
[2] S.o., S. 119.

7. Ehen

Die unter diesem Titel zu untersuchenden Fragen unterliegen einer Einschränkung, die sich aus der Zielsetzung der Arbeit ergibt. Es soll nicht die Vielzahl der Aspekte der Familie als multifunktionalem Gebilde[1]) aufgearbeitet werden, sondern nur das Verhältnis der Ehepartner zueinander, wobei der ehelichen Fruchtbarkeit das darauffolgende Kapitel gewidmet wird. Hier ist also zunächst nur nach den demographischen Merkmalen der Ehen und den sich daraus ableitenden Einflüssen und Folgen, ökonomischer wie mentalitätsgeschichtlicher Natur, zu fragen. Unter dem Aspekt möglicher Auswirkungen der vorhandenen Formen der Koresidenz auf das Eheleben soll dabei auch ein Blick auf die Haushaltsstruktur geworfen werden.

7.1 Forschungsmeinungen

Die im folgenden zu überprüfenden Thesen gehen aus verschiedenen Einzeluntersuchungen hervor. So sind die nichtzustandegekommenen Ehen sowie sexuelle Verbindungen ohne Heiratsabsichten, die sich in unehelichen Geburten manifestieren, ein klassisches Thema mentalitätsgeschichtlicher Abhandlungen. Denn wie kann die gegen Ende des 18. Jahrhunderts in Deutschland und in den anderen europäischen Staaten steigende Rate illegitimer Geburten verstanden werden, wenn nicht als Abbild eines Normenwandels? Während aber Shorter[2]) die Veränderung als den Ausdruck einer als revolutionär empfundenen Intensivierung und Romantisierung des Verhältnisses zwischen den Geschlechtern betrachtet, betont Flandrin[3]) die Kontinuität zu traditionellen Werbungsbräuchen, die als Reaktion auf die zeitweise erfolgreiche Reglementierung durch die Kirche wieder auflebten, aber nun ihren Sinn und ihre Konsequenzen verändert hatten. Er führt damit ein kulturgeschichtliches Element von langer Dauer ein. Laslett schließlich verweist am ausschließlichsten auf den ökonomischen Hintergrund und stellt damit die verbesserten Erwerbsmöglichkeiten als Ursache dafür hin, daß in England

---

[1]) Vgl. Mitterauer/Sieder 1977, S. 94 ff.

[2]) Shorter 1977, S. 99 ff.

[3]) Flandrin 1975, S. 237 ff.

gleichzeitig das Heiratsalter sank und die Unehelichkeit stieg[1].

Ebenfalls unter mentalitäts- bzw. kulturgeschichtlichen Gesichtspunkten erfahren die Bräuche bei der Werbung und der Wahl des Heiratszeitpunkts eine Auswertung[2]. An ihnen läßt sich die Bindung der Bevölkerung an Traditionen, vor allem an konfessionell begründete Gepflogenheiten, ablesen.

Die Veränderungen der Heiratshäufigkeit und des Heiratsalters werden naturgemäß enger am demographischen Material interpretiert[3]. Die wichtigste daraus zu entnehmende Regel ist, daß solange das althergebrachte, "autoregulierte" demographische System in Europa funktionierte, in wirtschaftlich günstigeren Zeiten und in privilegierteren Schichten jünger geheiratet wurde, während die Ledigenquote in diesen Fällen sank. Beide demographischen Elemente zusammengenommen bildeten das einzige wirksame Regulativ, das die Menschen in den westlichen Gesellschaften zur Verhütung unerwünschten Nachwuchses zur Verfügung hatten, solange die Geburtenplanung nicht innerhalb der Ehe praktiziert wurde. Das zeitigte die vielfältigsten Folgen, besonders natürlich für das Gefühlsleben, so daß Chaunu nicht ohne Grund behauptet, daß Heiratsalter wäre das "Herzstück einer allgemeinen Theorie der traditionellen Gesellschaft"[4]. Mit der Industrialisierung griff der beschriebene Mechanismus nicht mehr, wobei der Wandel bereits mit der Protoindustrialisierung einsetzte[5].

Neben der demographischen Komponente der Ehedauer, deren Wandel möglicherweise die Einstellung zur Ehe überhaupt verändern konnte, waren es auch wirtschaftliche Gründe, die außer den persönlichen Eigenschaften der Eheleute deren Verhalten zueinander bestimmten. Wie Sabean[6] anhand einer Auswertung von Protokollen der kirchlichen Gerichtsbarkeit in württembergischen Dörfern zeigte, konnte die

---

[1] Laslett 1980, S. 57.
[2] Vgl. Simon 1981 und Imhof 1982.
[3] Vgl. Hajnal 1965 und Wrigley/Schofield 1981, bes. S. 435.
[4] Chaunu 1982, S. 92.
[5] Kriedte 1977, S. 161.
[6] Sabean 1978.

durch die Agrarrevolution veränderte Arbeitsteilung zwischen Mann und Frau zu erheblichen innerehelichen Spannungen führen.

Schließlich ist wohl, der Forschung nach zu urteilen[1], in den Umständen, die über die Dauer der Verwitwung und die Häufigkeit von Wiederverheiratungen entschieden, die größte Vielfalt von demographischen, ökonomischen, sozialen und kulturellen Einflüssen anzutreffen. Diesem Punkte ist also besondere Aufmerksamkeit zu widmen, da sich hier eine Möglichkeit zur Bewertung der auch in anderen Zusammenhängen immer wiederkehrenden Mechanismen ergibt. Aufgrund der guten Quellenlage in Leezen ist dabei besonders zu dem weitreichenden Erklärungsansatz Dyrviks[2] Stellung zu nehmen, der in der Mobilität und der zunehmenden Betonung von Gefühlen, nicht aber im unmittelbaren wirtschaftlichen Bereich die Gründe für den Rückgang der Wiederverheiratungen im 19. Jahrhundert in Norwegen sieht.

7.2 Die Einleitung der Ehe

Aus den Eheprotokollen des Propstes, die sich zum überwiegenden Teil mit nichterfüllten Heiratsversprechen befassen[3], ist zu entnehmen, wie in den einzelnen Fällen die Ehe angebahnt wurde. Das entscheidende Moment war dabei das Versprechen der Partner untereinander. Dies war im achtzehnten Jahrhundert noch explizit mit der Handtreue und einer Pfandübergabe verbunden[4], später wurde dergleichen immer seltener erwähnt. Als Pfand schenkte der Mann der Frau meist ein Geldstück (29.5.1769, 12.10.1787), mit den Worten "auf Echt und Treu" (3.4.1776, 12.10.1787), gelegentlich ist auch von anderen oder nicht spezifizierten Geschenken die Rede. Beim verbalen Versprechen herrschte offenbar eine gewisse Formenunsicherheit. Nur so sind die Wendungen zu erklären, die von den Klägern als Synonym eines Eheversprechens dargelegt wurden. Sind Ausdrucksweisen wie "er wollte sie haben und nehmen" (23.7.1787) noch relativ eindeutig, so klingen die Bemerkungen "ob sie nicht Lust zu ihm habe" (29.8.1806)

---

1) Vgl. den Sammelband zu einer Tagung 1979 (im folgenden nach den Einzelbeiträgen, z.B. Dyrvik 1981, zitiert).

2) Dyrvik 1981.

3) PAS, Fasc. 187-195 (unter dem Protokolldatum zitiert).

4) Vgl. Dunker 1930, S. 46 ff.

und - "als sie erkläret, sie wäre ihm wohl nicht gros und schwer genug" - "er wolle sie grösser und schwerer machen" (19.8.1806) doch schon sehr vage. Die Kläger müssen sich aber von der Vorbringung solcher Argumente Wirkung versprochen haben.

Nicht selten waren die Eheversprechen an Bedingungen geknüpft. So wurde oft die Zustimmung der Eltern vorausgesetzt (z.B. 31.7.1790), die besonders in der Drohung, die Bauernstelle einem anderen Sohn zu geben, eine reale Macht über den Anerben ausüben konnten (vgl. 4.2.1807). Eine sehr viel geringere Wirkung hatte die Knabenschaft[1], denn nur einmal (8.3.1776) lautet die Einschränkung, daß "seine Freunde einverstanden wären". Im Vorfeld des Ehekontrakts lag schließlich schon ein Fall, in dem die Schwiegereltern mit ins Haus aufzunehmen waren (2.5.1780). Vom letzten Jahrzehnt des achtzehnten Jahrhunderts an wurde immer unumwundener davon gesprochen, daß die Heirat nur dann erfolgen sollte, wenn das Mädchen schwanger würde (z.B. 30.3.1798, 7.3.1809, 18.3.1850). In einem Fall setzte das Mädchen ihrerseits hinzu, "er solle aber nicht in die weite Welt gehen, damit, wenn sie schwanger wäre, sie die Ehe beschleunigen könnten" (24.4.1798). Es bleibt zu entscheiden, ob es sich nur um einen Ausdruck zunehmender Offenheit gegenüber dem Propst handelte oder tatsächlich um veränderte Moralbegriffe. Man ist geneigt, angesichts der auch vorher schon recht ungenierten Aussagen letzterem zuzustimmen.

Auch nach den unbedingten Eheversprechen kam es vom Einsetzen der Protokolle 1751 an schon in der Hälfte der Fälle zu vorehelichem Verkehr. Die Quote steigerte sich aber noch weiter, so daß für das neunzehnte Jahrhundert bis 1870 aufgrund der Protokolle davon ausgegangen werden kann, daß es sich um die Regel handelte, daß Heiratsversprechen und Beischlaf eng miteinander verbunden waren. Die Quelle gibt keine Auskunft darüber, ob hierbei etwa kontrazeptive Maßnahmen ergriffen wurden. Die Möglichkeit einer späteren Abtreibung war aber bekannt, denn es fallen einmal von Seiten des Mannes "die bösen Worte ..., warum sie nicht was dagegen gebraucht hätte, daß es nicht soweit (zur Geburt - R.G.) gekommen wäre" (22.11.1768).

Es ist nicht gerade wahrscheinlich, daß im Dorfe die nächtlichen Besuche unbemerkt blieben. Das Wissen der Eltern wird allerdings nur gelegentlich bekundet, zum Beispiel, wie der Bräutigam zwei Jahre lang regelmäßig bei seiner Versprochenen nächtigte, und "wenn er 8 oder 14

---
[1] Vgl. Simon 1981, S. 236.

Tage nicht gekommen sey, habe der Vater gefragt: ob die Heirath aus sey?" (23.5.1805). Es muß allerdings hinzugefügt werden, daß der Freier ein Hufenerbe erwartete und der Termin der Hofübernahme und der Heirat meist identisch waren[1].

Diese Ausführungen mögen illustrieren, wie sich die Praxis der Eheeinleitung wandelte. Erst anhand der statistischen

Tab. 36 Uneheliche Geburten (incl. Totg. und Kindern nicht im Kirchspiel Wohnhafter)

	(1) nicht legitimierte Geburten (2) voreheliche Geburten (3) Summe illegitimer Geburten (absolut und in Prozent aller Geborenen)			
	(1)	(2)	(3) n	%
1660-	41			(2.8)
1720	2	0	2	0.8
1730	1	1	2	0.7
1740	2	2	4	1.5
1750	2	0	2	0.7
1760	3	1	4	1.3
1770	4	1	5	1.4
1780	15	0	15	4.0
1790	7	2	9	2.7
1800	15	3	18	4.6
1810	19	2	21	4.6
1820	22	4	26	5.5
1830	15	7	22	4.4
1840	33	9	42	7.4
1850	36	8	44	7.9
1860	33	10	43	8.1
1870-99	91			(6.1)
1720-	10	4	14	1.0
1770-	60	8	68	3.6
1820-	139	38	177	6.7
1720-1869	209	50	259	4.4

---

[1] Vgl. Holtz 1969.

Auswertung der vorehelichen Geburten und Konzeptionen wird sich zeigen, wieweit es sich hier um gerichtsnotorische Ausnahmefälle oder um ein getreues Spiegelbild des Verhaltens der Bevölkerung handelte.

7.3 Quantitative Auswirkungen des nichtehelichen Sexuallebens

Die Trennung der vorehelichen Konzeptionen und Geburten von denen, die einer instabilen Form der Verbindung entstammten, die nicht zu einem weiteren Zusammenleben

Tab. 37 Ehelichkeit der ersten Geburten und Konzeptionen in Erstehen (Heiratsjahrzehnte)

1 voreheliche Geburt (illegitim, aber Vater des Kindes späterer Ehemann)
2 voreheliche Konzeption (Geburt bis Ende des achten Monats nach der Heirat)
3 eheliche Konzeption (Geburt vom neunten Monat der Ehe an)

	1		2		3		
	n	%	n	%	n	%	n
1720	0		1	5.0	19	95.0	20
1730	1	4.8	3	14.3	17	81.0	21
1740	1	5.3	6	31.6	12	63.2	19
1750	0		2	9.5	19	90.5	21
1760	1	3.3	1	3.3	28	93.3	30
1770	0		9	25.7	26	74.3	35
1780	0		7	31.8	15	68.2	22
1790	1	2.8	10	27.8	25	69.4	36
1800	2	7.4	12	44.4	13	48.1	27
1810	3	9.7	12	38.7	16	51.6	31
1820	1	2.9	18	52.9	15	44.1	34
1830	4	8.7	22	47.8	20	43.5	46
1840	1	2.6	18	46.2	20	51.3	39
1850	2	6.3	8	25.0	22	68.8	32
1860	6	17.6	12	35.3	16	47.1	34
1720-	3	2.7	13	11.7	95	85.6	111
1770-	6	4.0	50	33.1	95	62.9	151
1820-	14	7.6	78	42.2	93	50.3	185
alle	23	5.1	141	31.5	283	63.3	447

führten, das nur in der Ehe realisierbar war[1]), ist wegen des unterschiedlichen Aussagewerts über die sittlichen Vorstellungen der Leezener sinnvoll und aufgrund der Familienrekonstitution möglich (Tab. 36).

Die vorehelichen Konzeptionen und Geburten stellten, wie die Auswertung der beidseitigen Erstehen des Typs 1 zeigt (Tab. 37), durchaus keine Alternative zueinander in dem Sinne dar, daß eine wechselnde Priorität für eine kürzere oder längere Hinauszögerung der Heirat bestand, wobei in der Summe die Veränderungen sich kompensiert hätten. Vielmehr wirkten beide Kräfte parallel. Das trifft besonders auf die letzten drei Jahrzehnte des achtzehnten Jahrhunderts zu, die aufgrund der Zahlen als eine Epoche der Umwälzung in den vorehelichen Umgangsformen gekennzeichnet werden müssen. War vor 1770 nur eins von sechs ersten Kindern nicht in der Ehe gezeugt, so war es nach 1820 die Hälfte der Erstgeborenen. Dieser Wandel ist in etwa der gleichen Größenordnung an den Vergleichsobjekten Hesel und Schwalm zu beobachten, während sich in Gabelbach im genannten Zeitraum nur eine schwache Tendenz in diese Richtung abzeichnete[2]). Anhand der Berufsangaben läßt sich leicht feststellen, wo in sozialer Hinsicht die Quelle dieser zunehmenden "Unmoral" in Leezen lag (Tab. 38): bei

Tab. 38 Voreheliche Konzeptionen nach sozialem Status
1720 - 1869 (beidseitige Erstehen)

	1 voreheliche Geburt 2 voreheliche Konzeption 3 eheliche Konzeption (Definitionen s. Tab. 37)					
	1		2		3	
	n	%	n	%	n	%	n
Hufner	3	2.2	23	16.8	111	81.0	137
Kleinbauern	4	4.7	19	22.1	63	73.3	86
Landarbeiter	10	7.5	67	50.4	56	42.1	133
Gewerbetr.	6	8.2	25	34.2	42	57.5	73
o.A.	0	0	7	38.9	11	61.1	18
alle	23	5.1	141	31.5	283	63.3	447

---

[1]) In der Volkszählungsliste 1803 (LAS, Abt. 412, Nr. 291) tritt mit einem zugewanderten Ziegler und seiner Braut der einzige Fall nichtehelichen Zusammenlebens auf.

[2]) Vgl. Imhof 1978.

den Insten. Hier war es die Minderheit, die mit der Aufnahme folgenreicher Beziehungen bis nach der Heirat wartete, während demgegenüber die angehenden Hufner mit über vier Fünftel ehelicher Konzeptionen gewissermaßen die Fahne der Sittlichkeit hochhielten.

War es aber wirklich eine Frage der Moral? Zu bedenken ist, daß das Heiratsalter bei den von den Bauern gewählten Frauen niedriger lag als bei den Instinnen[1]. Diese mußten relativ lange auf die Heirat warten, mit ihr rechnen konnten sie offenbar erst dann, wenn ein Kind unterwegs war. Der Zusammenhang mit der ökonomischen Lage ist offensichtlich. Veranlaßte dieser nun andererseits die angehenden Hufner, länger als die im gleichen Alter heiratenden Insten abstinent zu bleiben, um der Gefahr einer Mesalliance aus dem Wege zu gehen? Mit Sicherheit war die elterliche Kontrolle bei auf dem Hofe bleibenden Erben stärker als bei dem bei fremden Leuten wohnenden Dienstknecht und Insten. Daraus können durchaus unterschiedliche Verhaltensweisen resultiert haben. Das erwähnte Beispiel des zweijährigen Freiens ohne Folgen läßt aber auch für die Vermutung Raum, daß Kontrazeption zur Vermeidung nachteiliger Verbindungen bekannt war. Zu vieles entzieht sich hier aber der Kenntnisnahme.

Der soziale Hintergrund der nichtehelichen Verbindungen, die auch nicht nachträglich legitimiert wurden, läßt sich in Leezen unerwartet eindeutig charakterisieren[2]. Die Umstände veränderten sich in dieser Hinsicht zwischen 1720 und 1870 nicht. In der Hälfte der Fälle war der Vater ein Dienstknecht, der meist nicht aus dem Kirchspiel stammte. Gegen die Bedeutung dieser markanten Gruppe fällt die der Angehörigen anderer Berufe wie Gesellen, Soldaten, Hirten und Tagelöhner bzw. Insten deutlich ab. Nur einmal tauchen schließlich ein Bauer und ein Hufenanwärter auf[3]. Unter den ledigen Müttern scheinen dagegen die Kinder aus Bauernfamilien nicht seltener vertreten zu sein als die von Landarbeitern, wenngleich hier aufgrund der häufig fehlenden Angaben keine gesicherten Aussagen möglich sind.

---

[1] S. Tab. 48.

[2] Vor 1720 sind hierzu nur in den seltensten Fällen Erkenntnisse möglich. Für 1720-1869 wurden sechzig Fälle näher betrachtet, darunter alle vor 1780 auftretenden und von den späteren eine Stichprobe von 25%.

[3] In zwei weiteren Fällen, OSB Nr. 4693 und Nr. 4897, handelt es sich um Bauernsöhne von außerhalb mit nicht ermitteltem Erbanspruch.

Dessenungeachtet ist aber eindeutig, daß Verhältnisse zwischen Dienstherren und Mägden in Leezen nicht zu beobachten sind. In der Regel stammte der Vater aus der Unterschicht und war, worauf die Bezeichnung Dienstknecht hindeutet, relativ jung, beides zusammen ernstzunehmende Hindernisse für eine Heirat. Hinzu kam, daß es sich, der ausgeprägten Saisonalität der Konzeptionen nach zu urteilen[1]), wohl meist um kurzfristig eingegangene und nicht um länger andauernde Verbindungen handelte. Im Durchschnitt hatte eine von fünf illegitimen Geburten doch noch eine spätere Ehe zur Folge, 1770-1819 war dies mit 11,8% deutlich seltener.

Vergleicht man nun die Entwicklung der beiden angeführten Arten außerehelicher Geburten zusammengenommen mit der der vorehelichen Konzeptionen, so fällt ein enger Zusammenhang auf (Fig. 18). Bis in die 1830er Jahre kann von einer

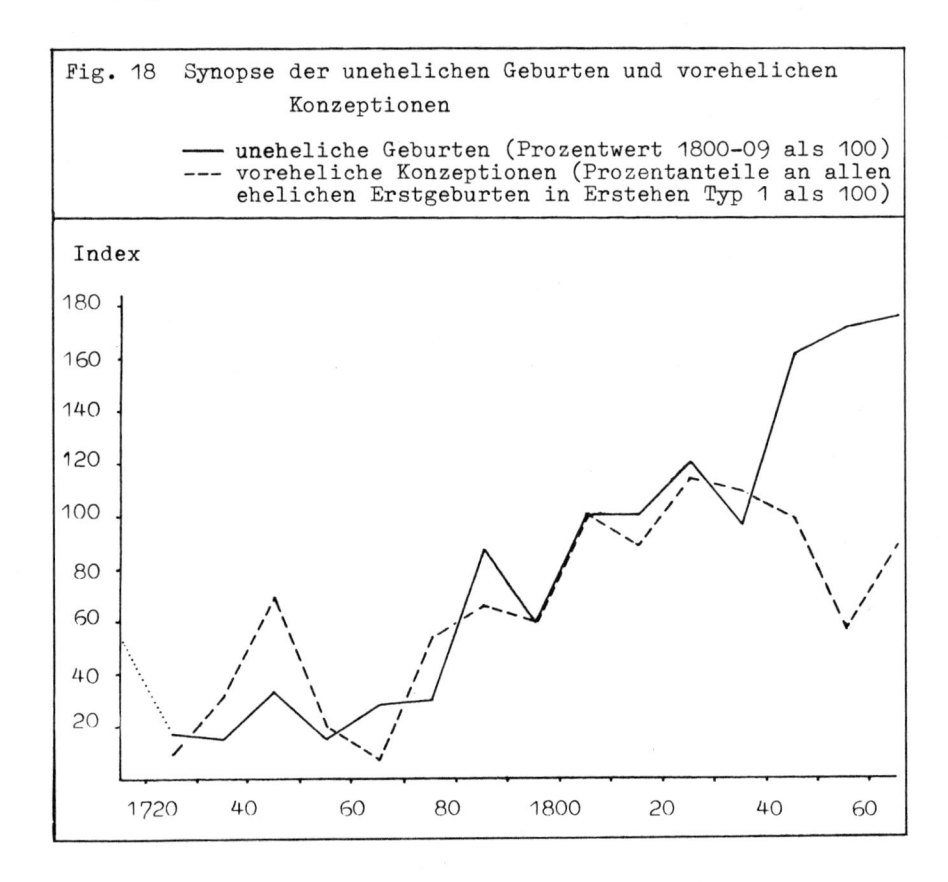

Fig. 18 Synopse der unehelichen Geburten und vorehelichen Konzeptionen

—— uneheliche Geburten (Prozentwert 1800-09 als 100)
--- voreheliche Konzeptionen (Prozentanteile an allen ehelichen Erstgeburten in Erstehen Typ 1 als 100)

---

[1]) S. Fig. 28.

ausgeprägten Parallelbewegung gesprochen werden, wobei der Zeitraum 1720-1769, mit Ausnahme der 1740er Jahre, auch in weiterer historischer Perspektive einen exzeptionellen Tiefpunkt darstellte. Danach stiegen die Werte bis etwa 1830. In den 1840er Jahren fand ein erneuter Sprung in der Quote der illegitimen Geburten statt, die schließlich auf über 8% stieg. Damit bewegte sich Leezen, wie schon um 1810, im Rahmen des schleswig-holsteinischen Durchschnitts[1]. Der Anteil der vorehelich konzipierten unter den ersten Kindern ging dagegen nun zurück. Dieses Auseinanderklaffen der Bewegung deutet auf einen Wandel hin, der unter dem Aspekt der Einstellung zur Ehe als bedeutender einzuschätzen ist als der in den 1780er Jahren. In Zweifelsfällen mit unsicheren materiellen und gefühlsmäßigen Grundlagen, die es wohl immer gegeben hatte, wurde nun darauf verzichtet zu heiraten, während vorher daraus Ehen mit protogenetischen Intervallen von weniger als acht Monaten entstanden waren. Auffallend ist, daß in den 1840er Jahren gleichzeitig die Mobilität zunahm und die Abwanderung nach Hamburg einsetzte[2].

Die Verlaufskurve der illegitimen und vorehelichen Geburten und Konzeptionen scheint eigenen Gesetzmäßigkeiten zu folgen, die nicht ohne weiteres aus dem ökonomischen Entwicklungsstand abgeleitet werden können. Darin stellt Leezen alles andere als eine Besonderheit dar[3]. Lediglich mit dem allgemeinen Trend der Geburtenziffern besteht ein Zusammenhang; die Bevölkerungszunahme nach 1770 bedeutete auch eine Steigerung des Anteils illegitimer Geburten. Wenig erfolgversprechend ist es dagegen, einen Impuls in etwa verminderten Möglichkeiten zur Eheschließung zu suchen, denn gerade im Jahrzehnt mit dem niedrigsten Heiratsalter, 1780, begann der dramatische Aufschwung der Unehelichkeit. Diese Konstellationen weisen eine starke Ähnlichkeit mit den englischen Verhältnissen auf[4]. Zweifellos bestanden hier überregionale Zusammenhänge, die nicht allein auf der Basis der Leezener Untersuchung geklärt werden können.

Die Gefahr, aufgrund einer zu großen Rücksicht auf lokale Besonderheiten zu einseitigen Interpretationen zu gelangen, illustriert ein Bericht eines holsteinischen Beamten

---

[1] Vgl. Köllmann 1980, S. 124 und Gudme 1819, Tab. 5.
[2] S.u., S. 291. Vgl. Smith 1980, S. 88 ff.
[3] Vgl. Laslett 1980, S. 22.
[4] Vgl. ebenda, S. 20 ff.

vom Ende des achtzehnten Jahrhunderts. Er sah die Begründung für die hohe Rate illegitimer Geburten in dem Anreiz, der für ledige Mütter darin bestand, sich als Amme nach Hamburg zu verdingen[1]. Dies kam auch in Leezen vor[2]. Ein weiterer solcher Gesichtspunkt wäre die Zunahme der Risikogruppe der Dienstknechte im Zuge der landwirtschaftlichen Verbesserungen.

Am besten lassen sich die beobachteten Erscheinungen wahrscheinlich mit dem Begriff der gesellschaftlichen Strenge[3] erklären, deren Veränderungen darauf wirkten, daß das Heiratsalter und die Rate der vorehelichen Konzeptionen und illegitimen Geburten gleichgerichtete und nicht gegenläufige Elemente darstellten. Beispielsweise wäre hier mit Frederiksen[4] an den Einfluß des nordischen Pietismus für den Zeitraum 1720-1769 zu denken. Aber auch schon das Interesse der dörflichen Gesellschaft, angesichts schlechter Existenzbedingungen den Nachwuchs in dem Maße zu begrenzen, wie es mit den traditionellen Mitteln wie der Durchsetzung eines hohen Heiratsalters realisierbar war, könnten solch eine Strenge gefördert haben. Dagegen ist die Wirksamkeit obrigkeitlichen Einsatzes, wie er in Brüchegeldern oder Kirchenbußen bestand, wohl eher gering einzuschätzen, solange er alleinstand.

7.4 Der Zeitpunkt der Heirat

Der Bezug des Heiratstermins zur Verlobung blieb ab 1771, dem Jahr, in dem die Verlobungsregister einsetzten, konstant. Der Abstand betrug im Schnitt vier Wochen, Zeitspannen unter drei oder über sechs Wochen traten in der untersuchten Stichprobe fast nie auf. Ebenso eindeutig war, daß am Herkunftsort der Frau die Verlobung und am Herkunftsort des Mannes die Hochzeit gefeiert wurde, die ermittelten Abstände beziehen sich also nur auf endogame Heiraten im Rahmen des Kirchspiels.

Relativ konform verhielten sich die Menschen nicht nur in Hinsicht auf die Verlobungsdauer, sondern auch auf den

---

[1] Schrader 1787. Vgl. Lindemann 1981.
[2] Vgl. "Deprecantenregister" in den Kirchenbüchern (KAL).
[3] Vgl. Wrigley/Schofield 1981, S. 266.
[4] Frederiksen 1976, S. 14.

Zeitpunkt innerhalb eines Jahres und einer Woche, an dem
die Ehe geschlossen wurde. Die Bevorzugung des Wochenendes, charakteristisch für das protestantische Norddeutschland[1], änderte sich 1660 bis 1870 und darüber
hinaus nicht. Zwei Drittel der Heiraten fanden 1720-1869
freitags und sonnabends statt. Dagegen waren der Montag
und der Donnerstag durchgängig unbeliebt, während der
Sonntag leicht an Bedeutung zunahm und Dienstag und
Mittwoch verloren. Das paßt gut zu den Ergebnissen
volkskundlicher Erhebungen, nach denen Dienstag und
Donnerstag in dieser Gegend als Unglückstage galten[2]. Ein
gewisser Einschnitt ist das Jahrzehnt 1750, in dem der
Sonnabend, der vorher an Bedeutung hinter dem Dienstag und
dem Mittwoch zurückgestanden hatte, anstelle des Freitags
zum vorherrschenden Wochentag wurde. Eine Darstellung in
zwei Perioden bietet sich also an (Tab. 39 und Fig. 19).
Aus diesem Schema fielen nur die Jahrzehnte 1660 mit
Mittwoch als häufigstem Tag, 1700 mit Sonntag, 1780 mit
Dienstag bei Erstehen und 1860 mit Sonntag heraus.
Zwischen Erst- und Wiederverheiratungen war in der Wahl der
Wochentage kein Unterschied zu erkennen, auf eine gesonderte Untersuchung kann daher verzichtet werden. Bei allen
Schichten lautete 1720-1869 die Reihenfolge der bevorzugten Wochentage Sonnabend, Freitag, Dienstag. Lediglich bei
den Landarbeitern, die im Datenmaterial Typ 1 schwerpunktmäßig im neunzehnten Jahrhundert vertreten sind, stand der
Sonntag gleichberechtigt mit dem Dienstag.

Dem Trend zu eher zunehmender Konformität bei den Wochentagen steht eine Tendenz zur Individualisierung bei den
Jahreszeiten entgegen (Tab. 40 und Fig. 20). Das starre
Festhalten am Oktober und November als Heiratsmonaten,
wobei beide sowohl 1657-1719 als auch 1720-1769 mit
zusammen über 50% der Fälle gleich bevorzugt waren, machte
einer zunehmenden Verteilung über das ganze Jahr Platz.
Der Monat Mai wurde zum Maximum des Frühjahrs, der
November zu dem des Herbstes, so daß sich in der Graphik
eine harmonische Wellenbewegung ergibt, wobei das Tief im
Erntemonat August bleibt. Diese Verteilung war im neunzehnten Jahrhundert in Schleswig-Holstein als Ganzem
anzutreffen[3]. Ein Blick auf Dänemark in der zweiten

---

[1] In Hesel und der Schwalm mit einer Dominanz des
Sonntags (vgl. Imhof 1978).
[2] S. Atlas 1937, Karte 1 ff.
[3] Vgl. Beiträge 1967, Tab. 23.

Tab. 39 Wochentage der Heiraten

	1657–1749		1750–1869		1720–1869	
	n	%	n	%	n	%
Montag	47	8.1	31	2.5	50	3.4
Dienstag	67	11.6	120	9.7	161	10.8
Mittwoch	69	11.9	61	4.9	81	5.4
Donnerstag	44	7.6	31	2.5	50	3.4
Freitag	245	42.2	291	23.4	401	26.9
Sonnabend	57	9.8	560	45.1	558	39.5
Sonntag	51	8.8	149	12.0	158	10.6
alle	580		1243		1489	

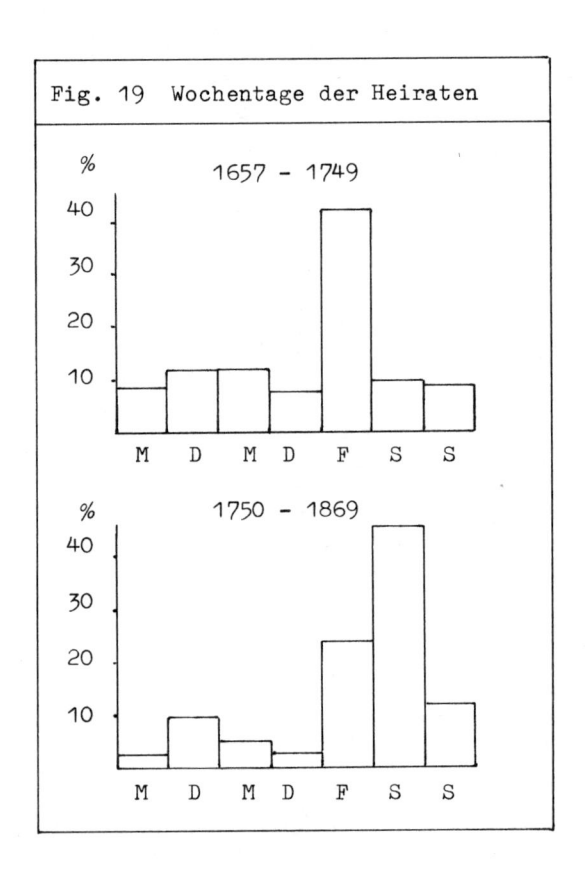

Fig. 19 Wochentage der Heiraten

Hälfte des achtzehnten Jahrhunderts zeigt zudem[1], daß wenn in der immer ausgeprägteren Wellenform der Verteilung der Hochzeitsmonate ein Zug zum individuellen Verhalten vermutet werden kann, dieses sich doch weiterhin nach den Möglichkeiten richtete, die der ländliche Arbeitsrhythmus - in Dänemark leicht verschoben - bot. Hingewiesen sei in diesem Zusammenhang darauf, daß diese saisonale Schwingung auch einen ganz anderen Schwerpunkt annehmen konnte. So war in Frankreich zwar auch der November ein wichtiger Heiratsmonat, er wurde aber noch vom Februar übertroffen[2].

Die Erklärung für die bevorzugten Zeitpunkte der Heirat wird vor allem über das Axiom zu erfolgen haben, daß die Wahl vorwiegend nach praktischen Erwägungen getroffen wurde. Eine Feier am Wochenende hatte den Vorteil, den darauffolgenden Sonntag als Festtag einbeziehen zu können. Das neuvermählte Paar konnte dann in zahlreicher Begleitung noch einmal vor der Gemeinde "seine" Abkündigung entgegennehmen[3]. Dem stand auch nicht, wie in katholischen Gegenden, die Tabuisierung des Freitags entgegen. Vielmehr sah es so aus, als habe bis zur zweiten Hälfte des 18. Jahrhunderts der Protestantismus, im Sinne der Abgrenzung gegen die andere Konfession, den Freitagstermin noch begünstigt. Der Herbst bot sich als die Jahreszeit an, die nach abgeschlossener und glücklicher Ernte im Dorfleben relativ sorgenfrei war. Um diese Zeit wurde im allgemeinen geschlachtet, was die Gelegenheit für ein Festmahl günstig gestaltete. Das Moment der geringeren Arbeitsbelastung spielte dabei eine zusätzliche Rolle, offenbar aber nicht die entscheidende. Anderenfalls wären schon im siebzehnten und achtzehnten Jahrhundert die Heiraten im Winter und Frühjahr häufiger gewesen. Aus der Entwicklung der Heiratsgewohnheiten läßt sich aber schließen, daß die Abhängigkeit vom Ernteausgang später geringer wurde. Zu bedenken ist dabei auch, daß im letzten Zeitraum 30% der Frauen im vierten bis neunten Monat schwanger waren, als sie die Ehe eingingen. In diesen Fällen dürfte die Ehelichkeit der Kinder eine Priorität vor allen anderen Erwägungen besessen haben.

---

[1] S. Johansen 1975, S. 82.

[2] S. Dupâquier 1979b, S. 298. Vgl. Wrigley/Schofield 1981, S. 304.

[3] Von Pastor Meifort im Leezener Gemeindeblatt vom Februar 1936 (KAL) als eine alte Sitte beschrieben.

Tab. 40 Heiratsmonate (bereinigte Prozentwerte)

	1720–1769		1770–1819		1820–1869		1720–1869	
	n	%	n	%	n	%	n	%
Jan.	17	4.1	20	4.5	41	6.3	78	5.1
Feb.	10	2.6	18	4.4	23	3.9	51	3.7
März	13	3.1	20	4.5	39	6.0	72	4.8
Apr.	35	8.7	39	9.0	56	8.9	130	8.9
Mai	40	9.6	36	8.0	88	13.5	164	10.8
Juni	25	6.2	23	5.3	52	8.2	100	6.8
Juli	25	6.0	25	5.6	35	5.4	85	5.6
Aug.	10	2.4	13	2.9	28	4.3	51	3.4
Sept.	8	2.0	13	3.0	36	5.7	57	3.9
Okt.	106	25.6	72	16.1	74	11.3	252	16.6
Nov.	107	26.7	124	28.6	105	16.6	336	22.9
Dez.	11	2.7	37	8.3	65	9.9	113	7.5
alle	407		440		642		1489	

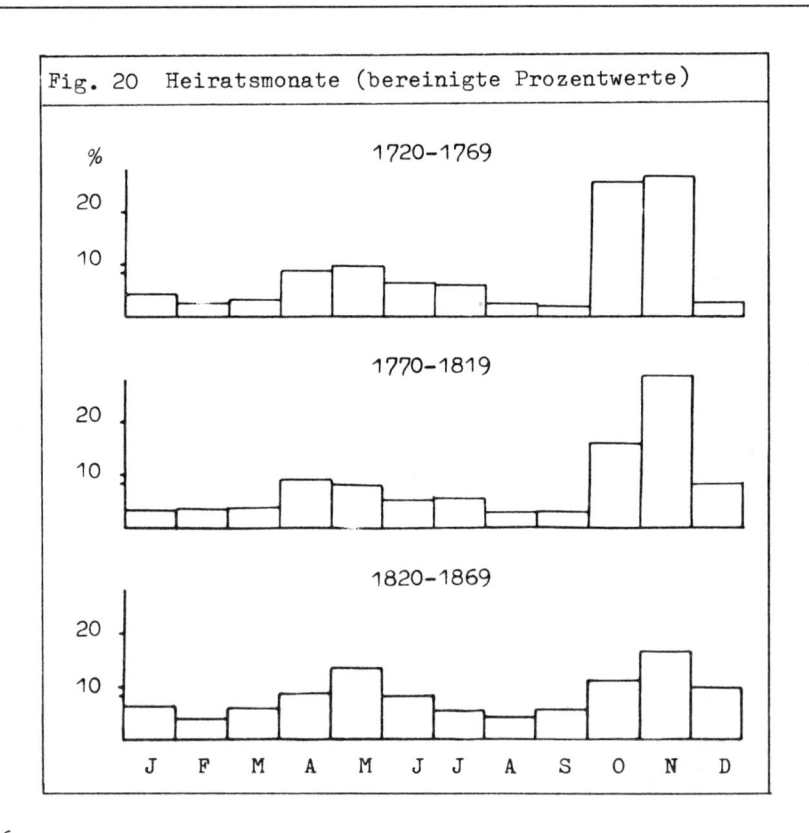

Fig. 20 Heiratsmonate (bereinigte Prozentwerte)

Wie die Wahl des Heiratstages und -monats war die Verteilung über die Jahre nicht zufällig. So führten die Krisen 1712/13, 1741, 1762 und 1814 zu einer Reaktion auf der Seite der Heiraten, die unschwer mit der Notwendigkeit, verwaiste Bauernstellen zu besetzen, zu erklären ist. Allein wirtschaftliche Gründe hatten dagegen die hohen Heiratsziffern der Jahre 1797 bis 1801, nämlich im dänischen und schleswig-holsteinischen Neutralitätsboom. Abgesehen von diesen Einschnitten stand aber die langfristige Entwicklung der Anzahl der Heiraten pro Jahr in Beziehung zur Einwohnerzahl. Die Phasen 1660-1709 mit durchschnittlich vierzig bis fünfzig Heiraten pro Jahrzehnt, 1710-1809 mit siebzig bis neunzig, 1810-1859 mit hundertzehn bis hundertdreißig und 1860-1909 mit einer Stagnation bei hundertzwanzig bis hundertfünfzig Heiraten unterscheiden sich allerdings durch relativ deutliche Sprünge, was darauf hinweist, daß die Anbindung an die Bevölkerungsgröße recht locker war. Für den Zeitraum 1710-1809 bedeutet das, daß die Nuptialität, gemessen an der Anzahl der bereits bestehenden Haushalte, tendenziell abnahm. Das läßt sich durch eine veränderte Erwachsenenmortalität nicht erklären, die weniger Ehen zerstörte und damit weniger Anlässe zu neuen Verbindungen gab, denn sonst wären in den krisenhaften 1740er Jahren weitaus mehr Heiraten zu erwarten gewesen als in den 1730ern. Entscheidend waren vielmehr die Altersstruktur der Bevölkerung, das heißt die Größe der heranwachsenden Generation als demographischer Faktor, und die Migrationen als Einflußgröße mit ökonomischem Hintergrund[1].

7.5 Ehe- und Haushaltsformen

An erster Stelle muß hier der für den Wert der Familienrekonstitution essentielle Unterschied zwischen Ehen, die im Kirchspiel geschlossen wurden und dort endeten und den anderen möglichen Kombinationen zwischen bekanntem Heiratsdatum und Ende der Verbindung genannt werden[2]. Die

---

[1] S. Fig. 33.

[2] Vgl. Definitionen der Familientypen am Schluß des Bandes. Da es bei alleiniger Auswertung eines Ortssippenbuchs nicht möglich ist, in Fällen, in denen nur das Todesdatum eines Ehepartners und kein Verweis auf Wiederverheiratung beim anderen bekannt ist, zu entscheiden, ob dieser überlebte, wurden diese Fälle hier den F-Blättern zugerechnet. Sie sind aber nicht in die eigentlichen demographischen Auswertungen eingegangen, die auf einer "pessimistischen" Variante der Zurechnung zu den Ehen Typ 1-3 beruhen. Die "optimisti-

Tab. 41 Heiraten im Kirchspiel Leezen 1658 - 1907

	n Anzahl incl. Ehen mit Glashüttenarbeitern und Soldaten, die in Klammern zusätzlich kenntlich gemacht						
Jahr	n	Jahr	n	Jahr	n	Jahr	n
1658	2						
59	3						
1660	1	1690	4	1720	4	1750	7
61	5	91	3	21	7	51	8
62	7	92	2	22	5	52	9
63	5	93	7	23	2	53	7
64	6	94	9	24	8	54	7
65	9 (1)	95	5	25	13	55	15
66	3	96	5	26	11	56	5
67	3	97	4	27	2	57	4
68	7	98	8	28	16	58	8
69	2 (1)	99	4	29	6	59	3
1670	9 (1)	1700	1	1730	16 (3)	1760	8 (1)
71	4 (1)	01	5	31	8 (2)	61	8 (1)
72	5	02	6	32	10 (1)	62	9 (1)
73	11 (1)	03	3	33	8 (2)	63	18 (1)
74	12	04	2	34	13 (1)	64	6
75	6 (5)	05	8	35	7	65	9
76	4	06	13 (2)	36	6	66	4
77	6 (1)	07	2 (1)	37	15	67	12
78	4 (3)	08	0	38	7 (1)	68	8
79	2 (2)	09	5 (1)	39	10 (1)	69	7
1680	6 (1)	1710	7 (2)	1740	6	1770	4
81	7	11	9 (4)	41	8 (1)	71	6
82	1	12	16 (3)	42	12	72	12
83	0	13	7 (1)	43	8	73	7
84	2	14	9 (1)	44	7	74	5
85	5	15	12	45	3	75	11
86	3	16	6	46	3	76	10
87	8	17	3 (1)	47	7	77	12
88	1	18	5	48	10	78	7
89	8	19	7	49	7	79	8

----

sche" Variante mit einer Behandlung der genannten Zweifelsfälle als F-Ehen ist, soweit dies in Leezen aus Zusatzerhebungen ersichtlich wird, aber durchaus die realistischere. Nicht als Verbindung gewertet wurden kinderlose EF-Ehen, bei denen nur ein Partner am Ort starb, ebensowenig wie kinderlose EO-Ehen.

Jahr	n	Jahr	n	Jahr	n	Jahr	n
1780	11	1810	10	1840	15	1870*	12
81	1	11	10	41	9	71	12
82	5	12	8 (1)	42	10	72	17
83	8	13	10	43	17	73	16
84	9	14	14	44	9	74	15
85	7	15	9	45	15	75	19
86	5	16	20	46	13	76	16
87	7	17	9	47	18	77	18
88	6	18	11	48	6	78	11
89	6	19	11	49	13	79	13
1790	13	1820	13 (1)	1850	15	1880	11
91	5	21	13	51	14	81	11
92	5	22	15	52	11	82	7
93	11	23	13	53	13	83	10
94	6	24	10	54	12	84	14
95	9	25	12	55	14	85	9
96	5	26	10	56	17	86	6
97	15	27	14	57	6	87	14
98	10	28	8	58	10	88	18
99	11	29	9	59	16	89	13
1800	10	1830	10	1860	14	1890	11
01	14	31	13	61	10	91	9
02	5	32	8	62	15	92	14
03	7	33	13	63	13	93	14
04	7	34	4	64	15	94	13
05	10	35	17	65	11	95	13
06	5	36	13	66	21	96	13
07	12 (3)	37	11	67	15	97	15
08	14	38	19	68	16	98	17
09	7	39	14	69	20	99	13
						1900	12
						01	14
						02	18
						03	14
						04	12
						05	15
						06	17
						07	18

* ab 1870 nur noch summarisch ausgezählt

Übersicht nach Jahrzehnten

Jahrz.	n	Jahrz.	n	Jahrz.	n	Jahrz.	n
1660	48 (2)	1720	74	1780	65	1840	125
1670	63(13)	1730	100(11)	1790	90	1850	128
1680	41 (1)	1740	71 (1)	1800	91 (3)	1860	150
1690	51	1750	73	1810	112 (1)	1870	149
1700	45 (4)	1760	89 (4)	1820	117 (1)	1880	116
1710	81(12)	1770	82	1830	122	1890	132

Fig. 21   Die jährliche Anzahl der Heiraten 1658 - 1869
         (incl. Soldaten und Glashüttenarbeiter)

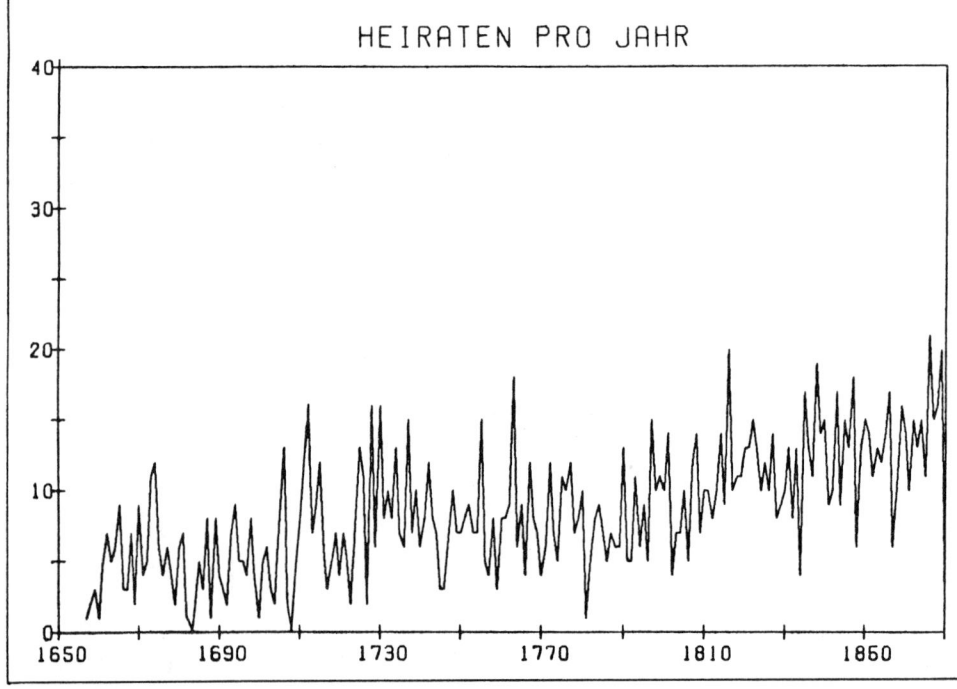

HEIRATEN PRO JAHR

* SPSS-Plot

Differenz zwischen den zuwandernden Familien (EF) und den abwandernden (MO) ist zugleich ein Anhaltspunkt für die Häufigkeit von Migrationen (Tab. 42). Die in der Übersicht angegebene prozentuale Verteilung der vier möglichen Kombinationen weicht nur geringfügig von der bei Henry für

Tab. 42 Ehen nach Vollständigkeit der Familienblätter
(optimistische Annahme für F-Blätter)

	MF	MO	EF	EO	Summe	EF-MO *	%**
1720	52	22	6	22	102	-16	-21.6
1730-	59	41	7	38	145	-34 (-23)	-25.8
1740-	56	15	7	18	96	-8 (-7)	-10.0
1750-	51	22	9	25	107	-13	-17.8
1760-	62	27	15	19	123	-12 (-8)	-9.4
1770-	68	14	12	26	120	-2	-2.4
1780-	50	15	16	24	105	1	1.5
1790-	78	12	15	16	121	3	3.3
1800-	66	25	18	28	137	-7 (-4)	-4.3
1810-	73	39	17	19	148	-22 (-21)	-18.8
1820-	82	35	15	36	168	-20 (-19)	-16.4
1830-	76	46	14	37	173	-32	-26.2
1840-	78	47	24	39	188	-23	-18.4
1850-	68	60	22	39	189	-38	-29.7
1860-	68	82	22	58	230	-60	-40.0
1720-	280	127	44	122	573	-83 (-67)	-17.1
1770-	335	105	78	113	631	-27 (-19)	-4.3
1820-	372	270	97	209	947	-172 (-171)	-26.8

Übersicht 1720 - 1869

	F		O		Summe	
	n	%	n	%	n	%
M	987	45.9	502	23.3	1489	69.2
E	219	10.2	444	20.6	663	30.8
alle	1206	56.0	946	44.0	2152	100.0

* in Klammern excl. Soldaten
** Verhältnis EF-MO (ohne Soldaten) zu MF+MO

nordfranzösische Dörfer angegebenen ab[1]). Die Anteile der Gruppen F und O sind völlig gleich, wobei in Leezen aber der MF-Anteil höher ist. Dies kann in den unterschiedlichen Gebräuchen bei der Wahl des Heiratsorts begründet sein. Die Ergiebigkeit der Rekonstitution, gemessen durch den Quotienten MF/M, ist mit 66,3% ebenfalls vergleichbar. Für die stabile Periode gegen Ende des achtzehnten Jahrhunderts ist sie verständlicherweise höher als ab 1810.

Die Verbindungen mit bekanntem Heiratsdatum (MF und MO) lassen sich nach der Genauigkeit der Altersangabe der Frau in drei Gruppen untergliedern. Die Verteilung, wie sie in Tab. 43 aufgeführt ist, ist nicht weiter interpretierbar, da im Ortssippenbuch Leezen im neunzehnten Jahrhundert ein genaues Geburtsdatum oft auch dann angegeben wurde, wenn die Frau von außerhalb stammte. Typ 2 und 3 sowie 5 und 6 wurden aus praktischen Gründen von vornherein zusammengefaßt[2]).

Tab. 43 Typen der in Leezen geschlossenen Ehen nach Datengenauigkeit

	1		2/3		4		5/6		alle
	n	%	n	%	n	%	n	%	n
1720-	173	42.5	107	25.3	32	7.9	95	23.3	407
1770-	262	59.5	73	16.6	56	12.7	49	11.1	440
1820-	304	47.4	68	10.6	179	27.9	91	14.2	642
alle	739	49.6	248	16.7	267	17.9	235	15.8	1489

Während die bisher genannten Unterscheidungen von Ehetypen vorwiegend durch den Anspruch der Studie, eine exemplarische Auswertung einer Familienrekonstitution vorzunehmen, begründet waren, eröffnet sich mit einer Charakterisierung nach dem Zivilstand der Bereich des sozialgeschichtlich Interessanten. Im Untersuchungszeitraum konnte eine Person

---

[1]) Vgl. Henry 1980, S. 69. In Leezen wurden die EF- und EO-Ehen nach der Geburt des ersten Kindes im Kirchspiel datiert.

[2]) Es wurde hier erneut die "optimistische" Variante angenommen (vgl. S. 187f., Fn. 2).

nur entweder ledig oder verwitwet sein, wenn sie heiraten wollte, denn Scheidungen kamen praktisch nicht vor[1]. Der Anteil der Wiederverheiratungen kann dabei sowohl als Spiegelbild der Erwachsenenmortalität als auch des Spielraums für Existenzgründungen interpretiert werden. Die periodenweise Betrachtung der Anteile der einzelnen Ehetypen in Tab. 44 verdeutlicht, wie auch in Hinsicht auf andere demographische Indikatoren schon festgestellt, eine Art von Wellenbewegung. Die Wiederverheiratungsquote stieg

Tab. 44   Heiraten nach dem Zivilstand vor der Ehe

	a Mann ledig - Frau ledig
	b Mann verwitwet - Frau ledig
	c Mann verwitwet - Frau verwitwet
	d Mann ledig - Frau verwitwet

	a		b		c		d		
	n	%	n	%	n	%	n	%	n
1720-	55	74.3	12	16.2	1	1.4	6	8.1	74
1730-	83	83.0	13	13.0	1	1.0	3	3.0	100
1740-	42	59.2	14	19.7	2	2.8	13	18.3	71
1750-	46	63.0	11	15.1	4	5.5	12	16.4	73
1760-	61	68.5	12	13.5	6	6.7	10	11.2	89
1770-	54	65.9	10	12.2	5	6.1	13	15.9	82
1780-	46	70.8	11	16.9	2	3.1	6	9.2	65
1790-	54	60.0	24	26.7	4	4.4	8	8.9	90
1800-	60	65.9	20	22.0	0	0	11	12.1	91
1810-	84	75.0	19	17.0	2	1.8	7	6.3	112
1820-	82	70.9	23	19.7	3	2.6	8	6.8	117
1830-	98	80.3	13	10.7	2	1.6	9	7.4	122
1840-	95	76.0	18	14.4	2	1.6	10	8.0	125
1850-	102	79.7	13	10.2	3	2.3	10	7.8	128
1860-	126	84.0	13	8.7	4	2.7	7	4.7	150
1720-	287	70.5	62	15.2	14	3.4	44	10.8	407
1770-	298	67.7	84	19.1	13	3.0	45	10.2	440
1820-	504	78.5	80	12.5	14	2.2	44	6.9	642
alle	1089	73.1	226	15.2	41	2.8	133	8.9	1489

von einem bereits nicht unbeträchtlichen Niveau 1720-1769 auf ein Drittel aller Ehen 1770-1819, um dann im letzten

---

[1] Die beiden Fälle von Wiederverheiratungen nach Scheidungen wurden wie Verwitwungen behandelt.

Zeitraum auf den mit gut 20% tiefsten Stand zu fallen. Höhepunkte stellten die Jahrzehnte 1740 und 1790 dar, in dem nur 60% der Heiraten beidseitige Erstehen waren. Eine Erklärung mit einer Kompensation erhöhter Mortalität ist nur im ersteren Falle möglich. Im zweiten dürften sich dieselben konjunkturellen Gründe ausgewirkt haben, die auch zu einem gleichzeitig auffallend niedrigen Heiratsalter der Männer bei den Erstehen führten.

Für die Zeit zwischen 1803 und 1864 ist es möglich, die Formen ehelicher Gemeinschaft im Kontext der Wohnverhältnisse und des Zusammenlebens mit anderen zum Haushalt gehörenden Personen zu betrachten. Dabei fällt als erstes die Vergrößerung der Haushalte mit einer signifikanten Steigerung des Mittelwerts von 4,5 auf 5,2 Personen auf. Sie war auf eine relative Abnahme der Häufigkeit von 1-, 2-, 4- und 5-Personenhaushalten 1864 zurückzuführen, die von einer Zunahme der Haushalte mit acht Personen und mehr begleitet wurde.

Dies bedeutete aber keinen grundlegenden Wandel in der Verteilung der Haushaltsklassen, wie sie von Laslett[1] definiert wurden (Tab. 45). Die Kernfamilien stellten mit vier Fünftel nach wie vor die beherrschende Form der verwandtschaftlichen Koresidenz dar. Eine Verschiebung fand nur zwischen den Einpersonenhaushalten und den erweiterten Familien statt. 1864 wohnten Großeltern häufiger bei den Kindern als 1803. Trotzdem nahm die Anzahl der Altenteilerhaushalte und der verwitweten Personen mit Kindern unter den Kernfamilien relativ zu. Die beiden Phänomenen zugrundeliegende Ursache ist nicht eine generell ungünstigere Altersstruktur, sondern der Rückgang des Anteils, den die Verheirateten gegenüber den Ledigen bildeten. Sie stellten 1864 nur noch das Sechsfache der Verwitweten, während das Verhältnis 1803 8 zu 1 betragen hatte. Die Chance, daß Haushalte mit Beteiligung der Großelterngeneration entstanden, war also einfach größer. Die Tatsache, daß später gegenüber der im Anschluß an den Neutralitätsboom günstigen Situation 1803 Möglichkeiten zur Haushaltsgründung zunehmend nur dann bestanden, wenn die Großeltern einbezogen wurden, dürfte nicht spurlos am Eheleben vorübergegangen sein[2].

Diese Verschiebungen können aber nicht die Veränderung der durchschnittlichen Haushaltsgröße erklären. Sie wurde durch eine größere Anzahl von Dienstboten und Kindern

---

[1] Laslett 1972.

[2] S.u., S. 252.

Tab. 45 Haushaltstypen

	1803		1864	
	n	%	n	%
verwitwete Person	8	3.6	11	3.4
andere Einzelperson	4	1.8	2	0.6
Einzelperson	12	5.5	13	4.0
Geschwister	3	1.4	4	1.2
Nichtverwandte	1	0.5	0	0
Nichtfamilienhaushalt	4	1.8	4	1.2
Ehepaar	21	9.5	27	8.3
Ehepaar mit Kindern	137	62.3	191	58.6
Witwe,-r mit Kindern	18	8.2	43	13.2
Kernfamilienhaushalt	176	80.0	261	80.1
aszendente Erweiterung	10	4.5	20	6.1
deszendente Erweiterung	6	2.7	9	2.8
kollaterale Erweiterung	8	3.6	10	3.1
asz.-koll. Erweiterung	2	0.9	3	0.9
erweiterter Fam.haushalt	26	11.8	42	12.9
sekundäre asz. Erweiterung	2	0.9	2	0.6
sekundäre desz. Erweiterung			4	1.2
komplexer Haushalt	2	0.9	6	1.8
alle	220		326	

bewirkt. Betrug der Mittelwert für Kinder und Stiefkinder 1803 noch 2,0, so lag er 1864 bei 2,4. Auf einen Haushalt entfielen 1803 0,5 und 1864 0,7 Knechte und Mägde. Die restlichen Gruppen trugen nur mit 0,1 zu der festgestellten Steigerung um 0,7 bei. Es ist nicht auszumachen, daß 1864 das Alter, bei dem die Kinder aus dem Haus geschickt wurden, höher gewesen wäre als 1803. Die zu beobachtende Tendenz, die Anzahl der Kinder über 15 Jahren pro Haushalt konstant zu halten, wirkte dem ohnehin entgegen. Eine wichtige Rolle spielte dagegen die Altersstruktur der Eheleute, unter denen 1803 16,5% unter dreißig Jahre alt waren, gegenüber 9,5% 1864. Entscheidend war aber der im 19. Jahrhundert zu beobachtende Mortalitätsrückgang bei den Kindern, während in der Anzahl der Dienstboten ökonomische Veränderungen zum Ausdruck kommen. Der Bedarf an weiblicher Arbeitskraft stieg dabei im Gefolge einer intensivierten Viehhaltung überproportional.

Ein kurzer Blick soll abschließend noch auf die Wohndichte geworfen werden, wie sie sich aus der Volkszählung 1864 im

Vergleich zu 1835 ergibt. Die Anzahl der Wohngebäude stieg parallel zur Anzahl der Haushalte, so daß 1835 durchschnittlich 1,54 Haushalte ein Gebäude bewohnten und 1864 1,53. Die Hufnerfamilien wohnten praktisch immer allein. Die Anzahl von Personen pro Gebäude erhöhte sich in Hufengebäuden und Katen gleichermaßen, so daß sich in ersteren 1864 durchschnittlich 8,5 und in letzteren 7,4 Personen befanden (alle 8,0). Die Bevölkerungszunahme führte demnach im allgemeinen nur insofern zu einer Verschlechterung der Wohnsituation, als die Haushalte selbst größer wurden.

7.6 Konnubiale Mobilität

Aufgrund der Angaben im OSB läßt sich die Frage nach der sozialen Mobilität durch Heirat nur mit einer gewissen Unsicherheitsmarge beantworten[1]. Zeigen die Statusbezeichnungen bei den Männern ihre tatsächliche oder die unmittelbar nach der Heirat erreichte Situation an, so ist bei den Frauen in der Regel der Beruf des Vaters angegeben, bei Wiederverheiratungen wurde der des vorherigen Mannes in den Datensatz aufgenommen. Im konkreten Falle war aber gerade bei der Braut die Frage, ob sie das eigene Kind des Hausvaters oder ein Stiefkind war, ob sie erbte, nur eine gute Mitgift erhielt oder gar nur eine geringe, weil das Elternhaus verschuldet war, entscheidender als nur der Status. Mit diesem Vorbehalt sind die folgenden Ergebnisse zu betrachten.

Danach wählten 60% der Hufner, die eine beidseitige Erstehe eingingen, auch eine Frau, die aus einem Hufnerhause stammte[2]. Einer von drei Hufnerstöchtern gelang es dadurch, einen ebenbürtigen Ehepartner zu finden. Wenn nicht, mußte sie sich mit einem Kleinbauern begnügen, so daß die Männer dieser Gruppe eher an eine Hufnerstochter als an eine ebenbürtige kamen. Eine von sechs Hufnerstöchtern nahm schließlich mit einem Landarbeiter Vorlieb, wobei dieser aber in einem strengen Anerbengebiet wie Leezen durchaus auch von einem Hofe stammen konnte. Gelegentlich kann bei einer Erbfolge der Tochter dann damit auch ein sozialer (Wieder-)Aufstieg des Mannes

---

1) Zu den vielfältigen Auswertungsmöglichkeiten im Rahmen des hier nur gestreiften Themenkreises vgl. z.B. Kocka 1980. Zur räumlichen Mobilität s.u., S. 284 ff.

2) Die entsprechenden Tabellen sind hier wegen der erwähnten Unsicherheiten nicht abgedruckt.

verbunden gewesen sein. Bei den Wiederverheiratungen war
das Bild ähnlich wie bei den beidseitigen Erstehen, so daß
insgesamt behauptet werden kann, daß eine strikte soziale
Endogamie nicht stattfand[1]. Dies wäre bei der durch das
Erbrecht programmierten Abstiegsmobilität auch erstaunlich
gewesen. Präferenzen und Abneigungen zwischen einzelnen
Sippen spielten in der dörflichen Gesellschaft vielleicht
genausosehr eine Rolle wie die Statuszuordnung.

7.7 Das Heiratsalter

Das Alter bei der Heirat unterschied sich in Leezen im
neunzehnten Jahrhundert nicht von dem im achtzehnten[2].
Die erste Ehe wurde vom Mann mit durchschnittlich neunundzwanzig bis dreißig Jahren eingegangen, von der Frau
mit vierundzwanzig bis sechsundzwanzig (Tab. 46). Das
Heiratsalter weist in allen drei norddeutschen Untersuchungsgebieten, Leezen, Hesel und der Schwalm, derart
starke Ähnlichkeiten auf, daß hier von einem identischen
Muster gesprochen werden kann[3]. In Gabelbach dagegen
lagen die Werte um etwa zwei Jahre höher, aber auch in
Dänemark 1787-1801 mit einunddreißig Jahren (m) und
neunundzwanzig Jahren (w)[4]. Der Altersunterschied betrug
in Leezen in beidseitigen Erstehen etwa dreieinhalb Jahre
(Tab. 47). Eine wichtige Ausnahme bildeten aber die
letzten Jahrzehnte des achtzehnten Jahrhunderts. In ihnen
war das Heiratsalter der Frauen mit dreiundzwanzig Jahren
außergewöhnlich niedrig, 1790 auch das der Männer. Es
kommt hinzu, daß diese Ehen besonders seßhaft waren,
während die Quantität der Heiraten durchaus im Rahmen
dessen lag, was durch die Stärke der heranwachsenden
Jahrgänge vorgegeben war[5]. Diese waren in den 1780er
Jahren besonders schwach, so daß sich für jüngere Frauen
bereits die Möglichkeit zur Heirat bot. Somit wurde

---

[1] Vgl. dagegen Beyer 1957, S. 58.
[2] Ein Einfluß gesetzlicher Restriktionen ist nicht zu
erkennen. Schleswig-Holstein gehörte ohnehin in dieser
Hinsicht zu den Gegenden Deutschlands, die als liberal
galten (s. Knodel 1967, S. 281).
[3] Eine stark abstrahierende Übersicht hierzu bei Gaskin
1978.
[4] Johansen 1975, S. 86.
[5] S. Tab. 42 und Fig. 33.

Tab. 46 Heiratsalter bei der ersten Ehe

	M			F		
	Mw.	Md.	n	Mw.	Md.	n
1720-	29.8	28.7	25	26.2	24.3	29
1730-	29.7	28.8	28	25.6	25.1	41
1740-	29.4	27.8	24	26.0	24.8	30
1750-	30.1	28.8	25	27.5	26.3	37
1760-	30.4	29.0	47	25.1	24.0	46
1770-	29.2	27.4	37	25.5	23.9	43
1780-	28.4	28.6	29	24.5	22.8	37
1790-	26.5	25.1	54	24.8	23.1	68
1800-	28.8	28.0	51	25.3	24.3	64
1810-	28.9	27.8	45	26.3	25.0	63
1820-	29.1	27.4	52	25.9	24.4	66
1830-	29.3	28.2	72	25.5	24.9	82
1840-	29.2	28.3	89	26.2	25.5	90
1850-	29.3	28.0	65	27.4	25.4	79
1860-	29.4	27.8	116	25.9	25.0	126
1720-	30.0	28.7	149	26.0	24.9	183
1770-	28.3	27.2	216	25.3	24.1	275
1820-	29.3	27.8	394	26.1	25.0	443
alle	29.1	27.8	759	25.9	24.7	901

Tab. 47 Altersunterschiede zwischen den Ehepartnern 1720 - 1869
(in Jahren, auf den Mann bezogen)

Mann	Frau									
	ledig					Witwe				
	Mw	Md	Min	Max	n	Mw	Md	Min	Max	n
ledig	3.5	3.1	-17.7	30.3	555	-4.9	-5.6	-23.6	16.1	51
Witwer	13.5	13.2	-11.7	49.8	96	2.6	6.5	-33.1	21.1	15

gewissermaßen das demographische Reservoir intensiver als sonst für neue Ehen ausgeschöpft. Verstärkend wirkte hier zweifellos die günstige Agrarkonjunktur des ausgehenden achtzehnten Jahrhunderts. Bemerkenswert ist aber, daß das Heiratsalter bald darauf schon trotz wirtschaftlicher Wechsellagen wieder höchst unflexibel wurde. Den jungen Heiratskohorten folgte eine größere Anzahl Heranwachsender, denen die Möglichkeit zu früherer Heirat nicht mehr offenstand, die aber auch nicht über ein bestimmtes Alter hinaus mit der Eheschließung warteten.

Diese Schwankungen wurden von allen Schichten mitgetragen, so daß nicht davon gesprochen werden kann, daß die Landarbeiter durch die Regulierung des Heiratsalters flexibler als die Bauern auf ökonomische Faktoren reagierten. Der von Derouet[1] in diesem Zusammenhang am Beispiel einer französischen Landbevölkerung dargestellte malthusianische Bremsmechanismus funktionierte in Leezen auf andere Weise. Überraschend deutlich sind nämlich gegenüber den konjunkturellen die strukturellen Unterschiede im Heiratsalter zwischen den sozialen Schichten. Dies betraf aber nur die Frauen. Man gewinnt aus Tab. 48 den Eindruck,

Tab. 48 Alter bei der Erstheirat 1720 - 1869 nach Sozialstatus des Mannes (alle beidseitigen Erstehen)

	1 Hufner 2 Kleinbauer 3 Landarbeiter 4 Gewerbetreibender							
	M				F			
	Mw	Md	95%CI	n	Mw	Md	95%CI	n
1	28.6	28.1	27.7-29.5	130	23.0	22.5	22.3-23.7	124
2	29.9	28.1	28.3-31.5	94	25.3	24.6	24.4-26.3	102
3	28.7	27.9	27.9-29.5	158	26.6	26.2	26.0-27.2	201
4	29.5	28.8	28.6-30.4	127	26.1	25.3	25.3-26.8	136

daß die Hufner sich junge Frauen aussuchten, während die Altersunterschiede in Landarbeiterehen geringer waren. Für die Instinnen brachte dies, verbunden mit der Unabhängig-

---

[1] Derouet 1980.

keit der Heirat von Erbüberlegungen und ähnlichem, ein
Plus an Gleichberechtigung gegenüber den eher einem
Autoritätsgefälle unterworfenen Hufnerinnen, das aber mit
der armseligen Lage teuer erkauft war[1].

Das Heiratsalter hing nicht nur vom Zivilstand der
betreffenden Person vor der Ehe, sondern auch von dem des
Partners ab (Tab. 49). Besonders deutlich wird dies beim

Tab. 49 Durchschnittliches Heiratsalter nach dem Zivilstand
1720 - 1869 (Mittelwerte *)

Mann	Frau					
	ledig			Witwe		
	m	w	n	m	w	n
ledig	29.0	25.5	687/771	30.1	35.9	72/ 83
Witwer	41.3	28.0	138/128	48.9	46.7	23/ 23

* Die Abweichungen zwischen Mittelwert und Median sind, außer
  bei Erstehen der Frau mit Witwern (Mw. 28.0, Md. 26.5), un-
  bedeutend.

Vergleich der beidseitigen Wiederverheiratungen mit den
einseitigen. Insgesamt waren sowohl die Männer als auch
die Frauen älter, wenn sie Ehen mit Verwitweten eingingen,
als wenn sie Ledige heirateten. Der Altersunterschied
schlug dabei nur im Falle der Erstheirat eines Mannes mit
einer Witwe zuungunsten des ersteren um. Er war mit knapp
fünf Jahren aber verhältnismäßig gering im Vergleich mit
den über dreizehn Jahren, die im umgekehrten Falle zu
erwarten waren. Diese deutliche Differenz bewirkte unter
anderem wohl die niedrige Fruchtbarkeit der Wiederverheiratungen des Mannes[2]. Den Männern war es offenbar
vergönnt, bis ins hohe Alter (höchster Wert 69,7 Jahre[3])

---

[1] Das Heiratsalter der Hufnerinnen lag deutlich unter dem
    von Chaunu (1982, S. 89) als Indiz für Gleichberech-
    tigung angesehenen Niveau von 25 Jahren.

[2] S. Tab. 73 und Fig. 29.

[3] Der Betreffende, der Kätner Hinrich L., heiratete 1793
    eine neunzehnjährige Stieftochter eines Hufners. Die
    kinderlose Ehe (OSB Nr. 3015) dauerte nur drei Jahre
    und hatte eine Wiederverheiratung der Witwe zur Folge.

relativ junge Frauen (höchstes Alter 48,3 Jahre) zu heiraten, während im umgekehrten Falle nach dem 55. Lebensjahr keine Wiederverheiratung mehr stattfand, wobei der Mann bis zu 53,1 Jahren alt sein konnte. Eine nur selten genutzte Möglichkeit, auch das Alter im Stand der Ehe zu verbringen, waren die gegenseitigen Wiederverheiratungen, bei denen der Mann bis zu 70,5 und die Frau bis 67,0 Jahre alt sein konnte.

7.8 Ehedauer und Kinderzahl

Die Ehedauer ist generell abhängig vom Anteil der verschiedenen Ehetypen, vom Heiratsalter und von der Lebenserwartung. In allen Bereichen fanden in Leezen keine anhaltenden Umwälzungen statt. Daher ist es nicht überraschend, daß die Entwicklungstendenzen der Durchschnittswerte in Tab. 50 sehr schwach sind[1]). Im Verhältnis zum

Tab. 50 Durchschnittliche Ehedauer (in Jahren, alle Ehen MF)

	Mw	Md	n
1720-	22.3	20.8	280
1770-	22.4	20.6	335
1820-	23.5	22.5	372
alle	22.8	21.3	987

vorangegangenen Zeitraum wurde bei den 1820-1869 geschlossenen Ehen statistisch ein Jahr hinzugewonnen, wobei nicht auszuschließen ist, daß dies allein eine Wirkung der gesunkenen Wiederverheiratungsquote war. Dabei wurde aber nicht der Stand erreicht, der für die 1670-1719 geschlossenen einhundertfünfundfünfzig Ehen zu errechnen ist, nämlich 26,1 Jahre[2]). Die Abweichungen zwischen den einzelnen Jahrzehnten des Beobachtungszeitraums waren minimal, lediglich 1750 fiel der Mittelwert unter 20

---

[1]) Es wurde die "optimistische" Variante der MF-Ehen angenommen.

[2]) Es handelte sich fast ausschließlich um Erstehen.

Jahre. Hier ist ein negativer Einfluß der Krise 1762 zu vermuten.

Zwischen 1720 und 1870 blieben also die Rahmenbedingungen der Leezener Ehen mit den Eckdaten Heiratsalter und Ehedauer im wesentlichen unverändert. Wie sich innerhalb dieser Durchschnittsgrenzen die Fertilität gestaltete, wird eine ausführliche Untersuchung wert sein. Es soll an dieser Stelle nur kurz eine aus einer einfachen Kirchenbuchauszählung zu gewinnende Relation erwähnt werden, die gelegentlich in historisch-demographischen Arbeiten verwandt wird, obwohl sie wenig über die Reproduktion der einzelnen Ehe aussagt. Dieser Quotient Geburten/Ehen wurde für Leezen aus 1468 Heiraten (ohne Soldaten) und 5564 Geburten (ohne Illegitime) für 1720-1869 mit 3,8 errechnet. Dieser Wert ist, durch die Abwanderung von Ehepaaren bedingt, niedriger als der bei allen Familien Typ 1 beobachtete, bei denen die Ehefrau aus dem Kirchspiel stammte (4,2).

7.9 Ehekrisen und Eheende

Die Möglichkeit, eine Verbindung durch Scheidung zu lösen, wurde im beobachteten Zeitraum nur selten wahrgenommen. In den Quellen tauchen auf: - ein geschiedener Maurer, der 1810 erneut heiratete, - eine Drittehe einer in zweiter Ehe von einem Schulmeister geschiedenen Frau 1826, - eine Hufnersfrau, die in der Volkszählung 1864 als geschieden erwähnt wird[1].

Nur wenig häufiger war der Gang zum Propsten mit dem Ziel, eine Trennung zu erreichen[2]. Fünfmal zwischen 1751 und 1826 und zwischen 1846 und 1866 wurde dies von der Frau angestrebt, einmal vom Mann. In den vier Fällen vor 1826 kam es schon in dieser Instanz zum Vergleich, in den beiden letzten nicht mehr. Im achtzehnten Jahrhundert hatte die Anrufung der kirchlichen Behörde also in erster Linie die Funktion, dem Herzen Luft zu machen und zugleich das schlechte Betragen des Ehepartners aktenkundig werden zu lassen, um damit die eigene Position zu stärken. Selten werden die sozialen Hintergründe dabei so deutlich wie im Protokoll vom 1.3.1778, als die Schwester des Hufners, auf dessen Besitzung die Familie offensichtlich wohnte, bei

---

[1] OSB Nr. 244, Nr. 3947 und Nr. 4145.
[2] PAS, Fasc. 187-195, im folgenden unter dem Verhandlungsdatum zitiert.

Gelegenheit einer Beschwerde wegen Untreue den Ehemann darauf verpflichten ließ, "sich gegen seine Frau, seinen Schwager und sein Kind ordentlich zu verhalten, ihnen in allen billigen Diensten zu willen zu seyn" und ein etwaiges Erbe für das Kind aufzubewahren. Der Mann zeigte sich reuig, er mußte es in seiner schwachen Position als Inste gegenüber einer Hufnerfamilie schon als Erfolg verbuchen, daß "wenn er in Zukunft ausser den gewöhnlichen Dienstleistungen bey seinem Schwager Hinrich Rickers ganze Tage arbeiten und sich darüber versäumen sollte, ihm dafür der Tagelohn werde". Dies war übrigens der einzige Fall, daß allein das Faktum der Untreue von Seiten der Frau als Klagegrund angeführt wurde. Dies wurde sonst nur vom Mann vorgebracht, aber beispielsweise dann doch verziehen, da die Ehepartnerin eine "unverbesserliche Hausfrau sey, indem sie ihren Haushalt besser als hundert andere in Acht nehme" (11.7.1803).

Zank war dagegen der vorwiegende Anlaß zu Beschwerden durch die Frau, wobei nur einmal, als die Frau ihren Mann einen "Galgenvogel" nannte (6.12.1850), die Heftigkeit des Wortgefechts zu erahnen ist. Der Mann spielte daraufhin unter düsteren Andeutungen mit dem Messer. Offen tätlich wurde der Leezener Schuster, dem vorgeworfen wurde, daß er seine Angetraute "bey den Haaren auf der Diele herumziehe und das sogar jetzt, da sie hochschwanger sey, wie sie denn, wegen einer solchen Begegnung ein todgeborenes Kind zur Welt gebracht" (13.2.1803). In diesem und einem weiteren Fall kam erschwerend hinzu, daß der Mann "saufe"; - "aus Verdruß über seine Frau", wie der zweite sich verteidigte (8.6.1820) - und müßiggehe. 1848 war es dann die Arbeitslosigkeit des Mannes, die, zumal sich die Eheleute nach dessen Angaben noch nie so recht vertragen hatten, zu dauerndem Streit führte, da er seine Familie nicht ernähren konnte (3.3.1848).

Die Hinweise auf ein gehäuftes Auftreten von ehelichen Schwierigkeiten bei einer schlechten wirtschaftlichen Situation überraschen nicht. Die Gesamtzahl von nur fünf aktenkundigen Problemfällen zwischen 1752 und 1857, gegenüber 94 Klagen auf Einhaltung von Heiratsversprechen und in ähnlichen vorehelichen Fragen, läßt aber keine weitergehenden Aussagen, etwa im Sinne einer Verifizierung der These Sabeans[1], daß ein Zusammenhang zwischen Arbeitsintensivierung in der Landwirtschaft und Häufung von Ehekrisen bestünde, zu. Ebensowenig läßt sich aus diesen Gründen ein Einfluß von Koresidenz mit der Groß-

---
[1] Sabean 1978.

elterngeneration ausmachen, wenngleich gelegentlich davon die Rede ist, daß die Heirat an deren Aufnahme geknüpft ist, also einen Zwang darstellte, und sich einmal das Zusammenleben mit der Stiefmutter des Mannes derart eng gestaltete, daß die Gemeinde daran Anstoß nahm und es durchsetzte, daß die Eheleute binnen vierzehn Tagen auszuziehen hatten (29.11.1816).

Das Ende der Ehe bestand in der Regel in der Verwitwung eines der beiden Partner. Die geschlechtsspezifisch unterschiedlichen Faktoren Heiratsalter und Lebenserwartung[1] führten zu einer unterschiedlichen Altersstruktur unter den Verwitweten. Von den 309 beidseitigen Erstehen Typ 1, bei denen die Frau im Kirchspiel geboren war und die im Zeitraum 1720-1869 endeten, fanden 147 (47,6%) durch den Tod der Frau und 162 (52,4%) durch den Tod des Mannes ihren Abschluß. Demnach wurde der durch den Altersabstand zwischen den Eheleuten vorgegebene Chancenvorsprung der Frau letztendlich nicht durch größere Risiken in der prokreativen Phase und andere negative Einflüsse kompensiert. Allerdings verstarb eine vergleichsweise große Zahl von Frauen relativ jung, so daß trotz der genannten ungleichen Ausgangsbasis das Durchschnittsalter der Männer bei der Verwitwung etwa gleich war.

7.10 Wiederverheiratung und definitive Verwitwung

Die Gegenüberstellung des Anteils der Wiederverheiratungen unter den Eheschließungen in Leezen[2] mit dem in anderen Untersuchungsgebieten ergibt neue Aspekte in Hinblick auf eine Typisierung der demographischen Struktur des Kirchspiels. Es sind nämlich, im Gegensatz zu den meisten demographischen Erscheinungen, keine größeren Gemeinsamkeiten mit Hesel und der Schwalm als mit Gabelbach festzustellen. Leezen rangierte 1820-1869 in der Mitte zwischen dem für 1780-1899 als Extremen auftretenden ostfriesischen Dorf mit 17% und dem bayrischen mit 27%[3]. Nun können aber diese Zahlen durch eine unterschiedliche Erwachsenenmortalität so sehr geprägt sein, daß damit über die Wiederverheiratungswahrscheinlichkeit noch nichts ausgesagt ist. Diese wurde deshalb für Leezen gesondert

---

[1] S. Tab. 07.
[2] S. Tab. 44.
[3] S. Imhof 1981b, S. 207.

anhand der Erstehen Typ 1[1]) ausgewertet, davon zur besseren Vergleichbarkeit zwischen den Geschlechtern und zu den erwähnten Untersuchungsgebieten detaillierter nur für Ehen, deren Ende vor Vollendung des 55. Lebensjahres des überlebenden Partners eintrat. Der zeitlichen Gliederung wurde das Datum der Verwitwung zugrunde gelegt.

Das Phänomen der Wiederverheiratungschancen war so stark geschlechtsspezifisch, daß eine davon abstrahierende Betrachtung übergreifender Tendenzen kaum möglich ist. Sowohl für die Männer als auch für die Frauen bestätigt sich aber der Unterschied im Verhalten zwischen Leezen auf der einen und Hesel und der Schwalm auf der anderen Seite. Bei den Witwern lag die Wiederverheiratungswahrscheinlichkeit auf mittlerer Höhe zwischen den Werten der norddeutschen Dörfer und Gabelbach, bei den Witwen übertraf sie die der letzteren Gemeinde um ein Drittel. In Leezen gingen zwei von drei Männern, die 1720-1869 bei der Verwitwung weniger als 55 Jahre alt waren, eine neue Ehe ein, bei den Frauen war es immerhin noch die Hälfte (Tab. 51). Im Unterschied zu den Männern waren deren Wiederverheiratungschancen aber starken Schwankungen unterworfen, die durch die Art der Auswertung unabhängig von Mortalitätsänderungen sind[2]). So lagen Tief- und Höhepunkt der

---

[1]) Die Verwendung von beidseitigen Erstehen und nicht von denen des überlebenden Partners allein ist in den Tabellen besonders angegeben. Sie war wegen der bei Feinanalysen sonst zu gering werdenden Fallzahl nicht immer möglich. Die Werte für die Wiederverheiratungen sind nicht, wie es bei einer anderen Schließung der MF-Blätter wegen der Migrationsverluste der Fall wäre, lediglich als Minimalwerte zu betrachten, da aufgrund der Struktur des OSB mit einigen Ausnahmen (6,7%, d.h. 25 Männer und 18 Frauen für alle Ehen Typ 1) nur Familien in den Datensatz aufgenommen wurden, bei denen entweder das Todesdatum des das Eheende überlebenden Partners oder ein Hinweis auf eine Wiederverheiratung angegeben war.

[2]) Vgl. dagegen Knodel 1981, S. 594.

Tab. 51 Wiederverheiratungen nach beidseitigen Erstehen
1720 - 1869 (Typ 1, Verwitwungsalter unter 55 Jahre)

	1 wieder heiratend 2 verwitwet bleibend									
	M					F				
	1		2			1		2		
	n	%	n	%	n	n	%	n	%	n
1720-	9	69.2	4	30.8	13	12	52.2	11	47.8	23
1770-	28	80.0	7	20.0	35	22	50.0	22	50.0	44
1820-	31	63.3	18	36.7	49	23	44.2	29	55.8	52
alle	68	70.1	29	29.9	97	57	47.9	62	52.1	119

Wiederverehelichung 1760 und 1770 kurz hintereinander[1]). Daneben zeichneten sich die Jahrzehnte 1750, 1830 und 1840 durch relativ hohe Quoten aus. Diese sind unter Umständen ein guter Indikator für konjunkturelle Erscheinungen . So paßt der Wiederverheiratungsboom 1770 durchaus in den Kontext eines "vollen Ausschöpfens der demographischen Reserven" in diesem Jahrzehnt. Das Nachlassen der Wiederverheiratungen ab 1850 wiederum fällt zusammen mit der zunehmenden Perspektive einer Existenzgründung durch Auswanderung. So gedeutet, scheint tatsächlich ein Zusammenhang zwischen Mobilität und Wiederverheiratungshäufigkeit bestanden zu haben, wie er auch von Dyrvik[2]) beobachtet wurde. Abgesehen davon, daß ihre Wiederverheiratungschancen generell geringer waren als die der Männer, stellten die Frauen außerdem in sehr viel höherem Maße als diese die "Manövriermasse" im Sinne einer malthusianischen Regelung der Bevölkerungsreproduktion dar.

Deutlich wird die unterschiedlich starke Position von Witwern und Witwen auch aus dem Auftreten bei Verhandlun-

---

[1]) Diese Werte sind durch die unterschiedlichen Chancen, überhaupt die ersten zwei Jahre nach dem Tode des Partners zu überleben, relativ wenig beeinflußt. Insgesamt überlebten 1720-1869 17 Männer und 26 Frauen (18,5% und 22,4% der betrachteten Fälle) mit einem Alter von unter 55 Jahren beim Ende der Ehe diese Phase nicht. 50,0% dieser Frauen und 76,5% dieser Männer konnten trotzdem noch eine Wiederverheiratung eingehen.

[2]) Dyrvik 1981, S. 205.

gen vor dem Propsten[1]). Selten wird der materielle Grund für die Heirat so offen genannt wie von dem Mann, der sein Heiratsversprechen gegenüber einer Witwe nur dann halten wollte, wenn sie 600 Reichstaler in die Ehe einbrächte, da er von Dritten gehört hätte, sie verfüge über eine solche Summe. Diese konnte darauf nicht eingehen. Sie habe sich mit dem Freier eingelassen, weil sie gehofft habe, sie könne "ihre Kinder auf diese Weise großkriegen" (26.4.1786). So bekam sie keinen Mann, aber die Folge der Verbindung war ein weiteres Kind. Sie starb im folgenden Jahr, "ohne einen Schein beygebracht zu haben", der ihre wegen verbotenen Beischlafs abgeleistete Strafe dokumentiert hätte, wie es lakonisch das Deprecantenregister vermerkt[2]). Nicht anständiger als der erwähnte benahm sich ein anderer Ehekandidat, der die Mutter heiraten wollte, aber die Tochter schwängerte und desenungeachtet auf Einhaltung des Heiratsversprechens klagte (1.7.1818). Er war übrigens nicht hinausgeworfen worden. Das ökonomische Kräfteverhältnis - hier grundbesitzende Witwe, dort Tagelöhner - reichte demnach nicht immer aus, die schlechten Karten, die Witwen auf dem Heiratsmarkt hatten, so aufzubessern, daß ihnen viele Möglichkeiten zur Wahl blieben. Anders bei den Witwern. Da konnte es sich ein Mann leisten, ein Mädchen aufgrund eines Heiratsversprechens über ein Jahr in seinem Hause zu halten, dann aber mit der Begründung, sie habe "seinen Haushalt nicht gut geführt und sich seiner Kinder nicht angenommen", vor allem aber "ihm vorgelogen, daß sie noch etwas erben könne, sich aber jetzt zeige, daß sie kein Stück auf dem Leibe habe" (2.2.1796), sie nach Hause schicken.

Anhand der Berufsangaben läßt sich feststellen, wieweit die Möglichkeit, überhaupt ein zweites Mal zu heiraten, vom Besitz abhing. Hensler[3]) und Gudme[4]) stellten hier einen engen Zusammenhang her, indem sie die relativ hohe Wiederverheiratungsquote des Kirchspiels Segeberg bzw. Schleswig-Holsteins überhaupt auf die Institution des Setzwirts auf den bäuerlichen Höfen zurückführten[5]), die ihnen zufolge den Anreiz, Witwen mit unmündigen Kindern zu

---

1) Eheprotokolle, PAS, Fasc. 187-195.
2) "Deprecantenregister" in den Kirchenbüchern (KAL).
3) Hensler 1767, S. 21.
4) Gudme 1819, S. 54.
5) S.o., S. 51.

Tab. 52 Wiederverheiratungschancen nach Alter und Kinderzahl *

	1 wieder heiratend 2 verwitwet bleibend					
	M			F		
	1	2	alle	1	2	alle
Alter(Mw)	38.1	45.9	40.4	35.0	46.2	40.9
Kinderzahl(Mw)	2.3	2.5	2.4	2.3	1.6	1.9
n	68	29	97	57	62	119

* zur Datenauswahl vgl. Tab. 53

heiraten, wesentlich erhöhte. So gab es in den 1760er Jahren im Kirchspiel Segeberg auf dem Lande nur 10 Witwer und 40 Witwen auf 1000 Einwohner und 1803 in Schleswig-Holstein 17 Witwer und 40 Witwen[1]. Waren nun die Schleswig-Holsteiner, wie die Hamburger, ganz allgemein "eifrige Freunde des ehelichen Lebens"[2], und stellten nur die Instinnen, die als Witwen bitterster Armut entgegensahen, eine demographische Manövriermasse -um obige Formulierung wieder aufzugreifen - dar?

Tatsächlich weisen die Leezener Ergebnisse eindeutig in diese Richtung (Tab. 53). Während bei den Männern der soziale Status keine Abstufung der Wiederverheiratungschancen hervorrief und die Hufner sich offenbar sogar eher zurückhielten, zeigt sich bei den Frauen ein enger Zusammenhang mit dem Besitz. Die Bauernwitwen gingen sehr viel öfter erneut eine Ehe ein als die Landarbeiterswitwen. Die Aussagen Henslers und Gudmes weisen also auf ein charakteristisches Merkmal der demographischen Struktur des Kirchspiels Leezen hin. Ausgehend von dem Setzwirtsystem war zudem die allgemeine Grundeinstellung gegenüber Wiederverheiratungen positiver als in anderen Regionen Deutschlands. So erklärt sich, daß auch bei den besitzlosen Instinnen die Chancen für eine neue Ehe noch größer waren, als in den zum Vergleich herangezogenen Gebieten[3].

---
1) Hensler 1767, S. 21. Zum Vergleich: In Leezen waren es 1803 zusammen 45 Promille und 1864 53 Promille und damit noch weniger.
2) Rambach 1801, S. 258.
3) Vgl. Imhof 1981b, S. 210.

Tab. 53 Wiederverheiratungen nach sozialem Status *

	1 wieder heiratend 2 verwitwet bleibend									
	M					F				
	1		2			1		2		
	n	%	n	%	n	n	%	n	%	n
Hufner	23	67.6	11	32.4	34	23	56.1	18	43.9	41
Kleinbauern	16	88.9	2	11.1	18	11	55.0	9	45.0	20
Landarbeiter	18	81.8	4	18.2	22	14	37.8	23	62.2	37
Gewerbetr.	11	55.0	9	45.0	20	8	47.1	9	52.9	17

* Beidseitige Erstehen Typ 1, Eheende 1720-1769, Verwitwungsalter unter 55 Jahren, nur Männer mit bekanntem Geburtsdatum, bei Tab. 52 nur lebende Kinder unter 15 Jahren.

Wie stand es mit den nichtbesitzgebundenen Einflüssen auf die Wiederverheiratungschancen? Unter diesen Faktoren war das Alter zweifellos von nicht zu unterschätzender Bedeutung. Es zeigt sich, daß die Männer ein größeres Altersspektrum bei der Wiederverheiratung aufwiesen. Das Verwitwungsalter bei beidseitigen Erstehen konnte in diesen Fällen 23,6-67,7 Jahre betragen, während es bei den Frauen mit 22,6-45,6 Jahren begrenzt war, also auf das Ende der prokreativen Periode. In der hohen Wiederverheiratungsquote liegt die Erklärung für den scheinbaren Widerspruch zwischen dem im Vergleich zu den Frauen gleichen Alter aller Witwer zu dem höheren derer, die erneut eine Ehe eingingen. Daraus folgt aber auch, daß die genannten Werte nicht verantwortlich für die größere Wahrscheinlichkeit einer weiteren Heirat der Männer waren. Es sind also nur geschlechtsspezifisch differenzierte Aussagen über das Alter als Selektionskriterium zu treffen. War es hoch, so setzte es den Frauen deutliche Schranken, war es niedrig, so war es für sie keine hinreichende Voraussetzung für eine zweite Ehe. Beim Mann waren die Altersgrenzen flexibler, wenngleich in jungen Jahren die Wahrscheinlichkeit sehr viel größer war, daß er nicht Witwer blieb.

Die Bedeutung der Anzahl der noch im Hause lebenden Kinder für die Wiederverheiratungschancen oder -notwendigkeiten läßt sich für sich genommen relativ schwer bestimmen, da sie unmittelbar mit dem Alter verbunden ist. Entsprechend der Vermutung, daß die Männer eher mit einer großen Kinderschar belastet waren, da das Todesrisiko der Frau durch das Kindbett proportional zur Geburtenzahl war, war der Durchschnittswert bei ihnen in der Altersgruppe bis zu 55 Jahren größer als bei den Frauen. Unter den Witwen waren es die mit einer eindeutig größeren Kinderzahl, die nochmals heirateten (Irrtumswahrscheinlichkeit < 5%). Dies war offenbar keine reine Funktion des Alters, denn dieses war im Durchschnitt bei den Männern gleich. Dort war aber bei denen, die erneut erfolgreich auf Brautschau gingen, die Kinderzahl im Schnitt genauso hoch wie bei denen, die dies unterließen. Demnach waren Kinder nicht nur kein Hinderungsgrund für eine Wiederverheiratung der Frau, sondern sie begünstigten sie sogar. Dies kann so verstanden werden, daß sich, teilweise vermittelt über das Erbrecht, eine Art von gemeinschaftlichem Versorgungsmechanismus entwickelte, der dazu führte, daß Waisenkinder in einem Haushalt mit einer männlichen Erwerbsperson aufwuchsen, während bei der Entscheidung der Witwer die Kinderzahl offenbar überhaupt keine Rolle spielte. Dies galt, wie festgestellt, natürlich in stärkerem Umfang für die Bäuerinnen als für die Instinnen.

Da in diesen Verhältnissen eine Leezener Besonderheit gesehen werden muß, die bisherigen Forschungsergebnissen zuwiderläuft[1]), wäre es interessant zu untersuchen, warum Frauen mit einer geringen oder gar keiner Kinderlast seltener als andere eine neue Ehe eingingen. Hätte für sie eine zweite Ehe nur den Sinn gehabt, die vorhandenen Kinder aufzuziehen oder wurden sie von gewissen Sitten in der definitiven Witwenschaft gehalten, um Platz zu machen für die nächste Ehegeneration, da der einzige gesellschaftlich erwünschte Wiederverheiratungsgrund, die Verhinderung von unversorgten Waisenkindern, auf sie nicht zutraf? Die herangezogenen Quellen geben darüber leider ebensowenig Auskunft wie zur Frage, ob von den Männern das höhere Alter einer Witwe gegenüber einer geringeren Kinderzahl als der größere Nachteil empfunden wurde.

7.11 Verwitwungsdauer

Der Zeitraum zwischen Verwitwung und Wiederverheiratung war ein weiterer Wert mit einer stark geschlechtsspezifischen Prägung. Die Unterschiede zwischen Witwen und Witwern werden schon aus den Durchschnittswerten der Tab. 54 deutlich. Charakteristischer als diese sind aber die

---

[1]) Vgl. z.B. Bideau/Perrenoud 1981 und Schofield/Wrigley 1981.

Tab. 54 Abstand zwischen erster und zweiter Ehe (in Monaten, Zeitraum der Wiederverheiratung)

	Mann			Frau		
	Mw	Md	n	Mw	Md	n
1720-	15.7	9.0	47	16.0	12.6	22
1770-	10.1	6.2	57	25.8	13.2	41
1820-	20.3	10.4	51	28.7	18.5	32
alle	15.1	8.4	155	24.5	14.8	95

Tab. 55 Abstand zwischen zweiter und dritter Ehe 1720 - 1869

	Mann			Frau		
	Mw	Md	n	Mw	Md	n
Monate	10.6	7.8	16	19.8	16.2	3

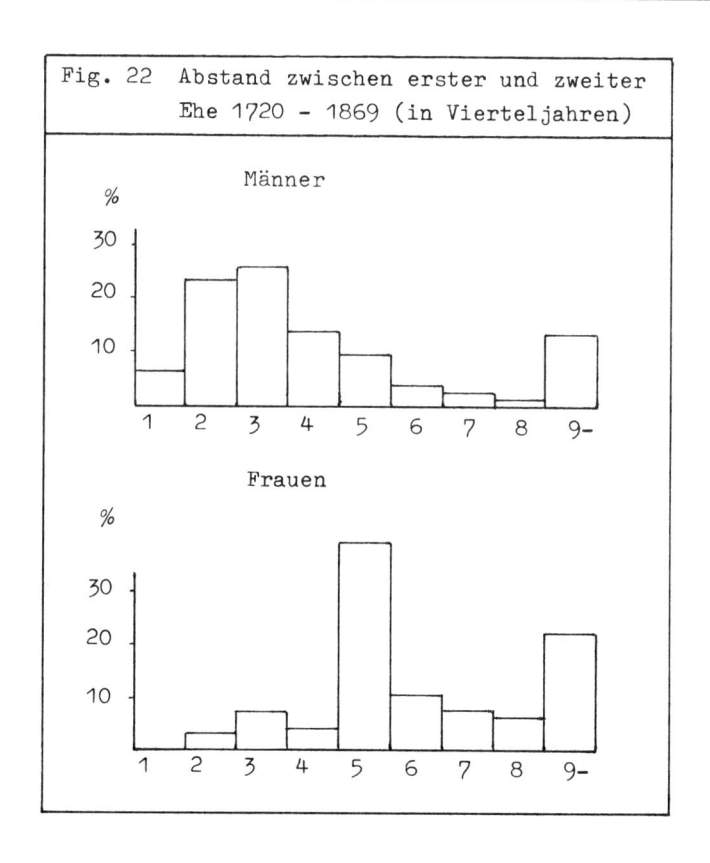

Fig. 22 Abstand zwischen erster und zweiter Ehe 1720 - 1869 (in Vierteljahren)

Verteilungen der Abstände zwischen Verwitwung und zweiter Heirat (Fig. 22). Die Männer schritten teilweise schon zwei bis drei Monate nach dem Tod ihrer ersten Frau erneut zum Traualtar, wogegen die Wiederverheiratungen bei den Frauen im ersten Halbjahr Ausnahmen blieben (3 von 95 Fällen), aber auch im ersten Jahr sehr selten waren. Während bei den Männern eine relativ gleichförmige Verteilung der Abstände mit einem Maximum im dritten Viertel des ersten Jahres zu beobachten ist, trat bei den Frauen ein wahrer Heiratsschub nach dessen Ablauf ein. Diese Erscheinung kann nur damit erklärt werden, daß ein starker Druck durch Gesetze oder Normen bestand, der darauf hinwirkte, daß die Frauen das Trauerjahr einhielten[1]. Dieser Druck war 1770-1819 scheinbar am größten, während im letzten Zeitraum die Frauen gewissermaßen von selbst zu längeren Intervallen neigten (Fig. 23). Die Unterschreitung der Grenze von sechs Monaten als der in Schleswig-Holstein vorgeschriebenen Frist war bei den Männern relativ häufiger[2], sie reduzierte sich aber 1820-1869 im Zuge der Verlängerung der durchschnittlichen Witwerschaftsdauer. Auch die Verteilung änderte sich wesentlich. 1820-1869 stiegen die Intervalle von über zwei Jahren anteilsmäßig auf das Doppelte von 8,8% auf 19,6% bei den Männern und von 17,1% auf 34,4% bei den Frauen.

Wodurch kam diese Verlängerung des Abstandes zwischen Verwitwung und erneuter Ehe zustande? Für einen allgemeinen Normenwandel waren die Veränderungen zu gering. Außerdem war es sicherlich kein Zufall, daß gleichzeitig mit der Verlängerung der Verwitwungsdauer auch die Wiederverheiratungsquote geringer wurde[3]. Daraus ist zu schließen, daß die Suche nach einem neuen Partner generell länger dauerte und für eine größere Zahl letztendlich erfolglos blieb. Im Hintergrund stand dabei nicht die freie Entscheidung der Verwitweten, sondern der veränderte wirtschaftliche Rahmen, der dazu führte, daß diese Gruppe als Heiratspartner weniger begehrt wurde.

---

[1] Vgl. Trauerordnung vom 21.4.1752 (Chronologische Sammlung 1825, S. 17 ff.).

[2] Ebenda. Für Männer "auf dem Lande, so geringen Vermögens sind, eine schwere Haushaltung und unerzogene Kinder haben", war ein Dispens zur Unterschreitung der sechsmonatigen Frist nicht nötig.

[3] S. Tab. 51 und Tab. 54.

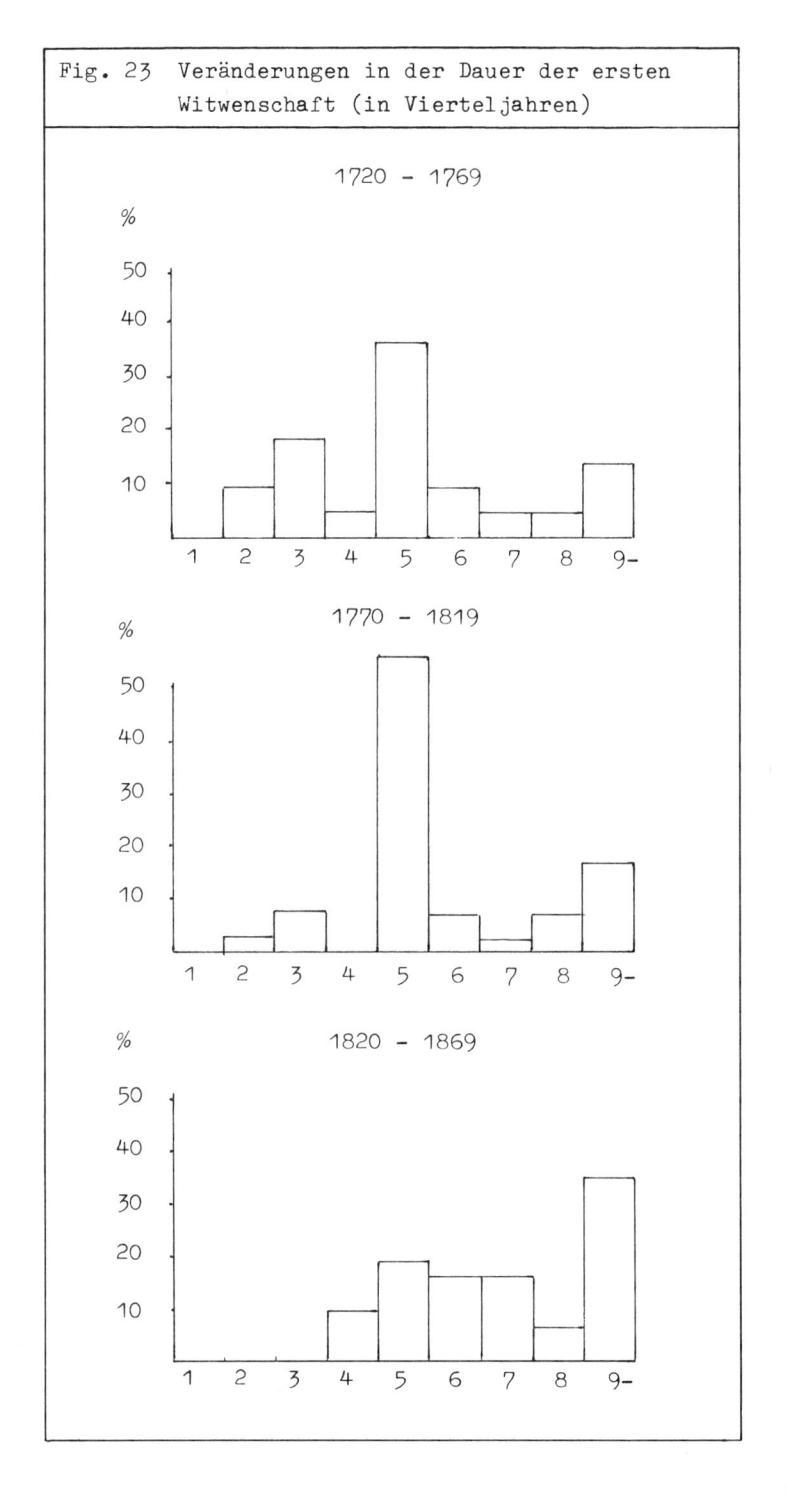

Fig. 23 Veränderungen in der Dauer der ersten Witwenschaft (in Vierteljahren)

Einen weiteren Einflußfaktor auf die Schnelligkeit der Wiederverheiratung erwähnt Imhof[1] mit dem Vorhandensein von Säuglingen. In Leezen waren Kinder unter einem Jahr in 42 Ehen Typ 1 vorhanden, die zwischen 1720 und 1869 endeten, wobei in 26 Fällen die Männer und in 16 Fällen die Frauen überlebten. Die Überrepräsentation der ersteren ist aus den Folgen der Kindbettsterblichkeit zu erklären. Auch in anderer Hinsicht bestanden Unterschiede zu den Verwitwungen, in die keine Kinder involviert waren. So war die Wiederverheiratungsquote mit 88,5% bei den Männern und 81,3% bei den Frauen besonders im letzten Falle ungewöhnlich hoch. Die Länge der Verwitwungsdauer entsprach im Durchschnitt mit 9,5 und 20,9 Monaten zwar etwa den Werten aller Ehen, aber es zeigte sich bei den Männern eine weitaus größere Häufigkeit der Wiederverheiratungen im dritten Vierteljahr. Dabei wurden allein 40% aller Ehen, also dreimal soviele als aus der allgemeinen Auswertung zu erwarten, unmittelbar nach Ablauf von sechs Monaten geschlossen. Aus der Tab. 56 sind die Verteilungen im einzelnen zu ersehen, wobei die Gesamtzahl dadurch reduziert ist, daß in sieben Fällen die Verwitwungsdauer wegen auswärtiger Eheschließungen unbekannt ist und bei

Tab. 56 Verwitwungsdauer bei vorhandenen Säuglingen 1720 - 1869

Vierteljahre	1	2	3	4	5	6	7	8	9-	alle
M	1	1	10	0	1	1	0	0	1	15
F	0	0	1	0	4	2	1	0	3	11

den Männern drei nicht berücksichtigt wurden, da der Säugling im ersten Monat nach dem Ende der Ehe verstarb und von ihm daher kein Einfluß auf die neue Heirat ausgehen konnte.

Die These, daß Männer, die Kleinkinder zu versorgen hatten, überdurchschnittlich schnell heirateten[2], kann demnach für Leezen nicht verifiziert werden. Es scheint Sitte gewesen zu sein, bis zum Ablauf eines halben Jahres zu warten, bis der Säugling also "aus dem Gröbsten 'raus" war und auch ohne eine stillende Mutter, die die neue Ehefrau ohnehin nicht hätte sein können, gute Überlebens-

---
[1] Imhof 1981b.
[2] Ebenda, S. 217.

chancen hatte[1]). Ein intensives Bestreben zur Wiederverheiratung ist aus dem Boom nach dem sechsten Monat zu interpretieren, der ähnlich stark bei allen Frauen 1770-1819 nach Ablauf des Trauerjahres beobachtet worden war[2]). Für die Frauen findet trotz der schmalen Zahlenbasis die Hypothese, daß das Vorhandensein von Kindern nach Ablauf der überall vorgefundenen Jahresfrist die Wiederverheiratungschancen eher begünstigte als behinderte, auch in Hinblick auf Babies eine Stützung.

Die Dauer der definitiven Verwitwung, also das Schicksal der Personen, die nach dem Ende einer Ehe nicht noch einmal heirateten, findet in der Historischen Demographie im allgemeinen nur wenig Beachtung. Dabei bildeten sie eine nicht unbedeutende Gruppe der Bevölkerung, die zum Teil in ihrer ökonomischen Absicherung gefährdet war. In Leezen beispielsweise waren es zwar 1803 nur 3,6% der Haushalte, die zum Zeitpunkt der Volkszählung durch verwitwete Personen ohne verwandte Mitbewohner gebildet wurden und 1864 3,4%, aber die Verwitweten verhielten sich zu den Verheirateten wie eins zu acht beziehungsweise eins zu sechs. Ein Eindruck von der Bedeutung der Phase der dauernden Verwitwung im Leben der einzelne Menschen läßt sich aus Tab. 57 gewinnen[3]). Die Verteilung ist bei beiden Geschlechtern etwa gleich. Nur in den seltensten Fällen wurde eine Verwitwung dadurch definitiv, daß ein früher Tod des überlebenden Partners eine Wiederverheiratung verhinderte. Bei einigen zwanzig- bis dreißigjährigen Frauen kam dies innerhalb der durchschnittlich üblichen Wartezeit auf eine erneute Ehe vor. Ansonsten war die Ehelosigkeit auch in der Mehrzahl der Fälle unter zehn Jahren bereits als endgültig anzusehen. Verständlicherweise sind diese kurzen Zeiträume nach dem fünfzigsten Lebensjahr mit der Annäherung an die durchschnittliche Lebenserwartung immer häufiger anzutreffen.

---

[1] Darauf, daß ein Säugling in solchen Fällen an eine stillende Amme gegeben wurde, weist ein Nachlaßprotokoll vom 31.10.1724 (zit. bei Holtz 1969, S. 13) hin, in dem dem Vater 15 Taler gutgerechnet werden "vor dem letzten Kind, so er auf die Milch nach der Mutter Tode gibt".

[2] S. Fig. 22.

[3] Um die Grundgesamtheiten zu erhöhen, wurden hier alle Ehen, unabhängig vom Geburtsort der Frau, verwendet.

Tab. 57 Definitive Verwitwung 1720 - 1869 nach dem Alter beim
         Ende der Ehe (in Jahren)

Alter	Verwitwungsdauer M							Verwitwungsdauer F						
	0-	10-	20-	30-	40-	50-	alle	0-	10-	20-	30-	40-	50-	alle
20-	2	6	1	0	1	2	12	7	5	3	2	4	2	23
30-	6	12	11	3	4	0	36	9	10	5	5	3	1	33
40-	11	21	15	6	0	0	53	10	13	12	6	6	0	47
50-	15	10	8	2	0	0	35	26	22	7	3	0	0	58
60-	24	12	4	0	0	0	40	43	10	5	0	0	0	58
70-	20	2	0	0	0	0	22	12	3	0	0	0	0	15
80-	5	0	0	0	0	0	5	1	0	0	0	0	0	1
	83	63	39	11	5	2	203	108	63	32	16	13	3	235

Die definitive Verwitwungsdauer nahm nicht linear mit dem Ausgangsalter zu oder ab. Sie war vielmehr bei beiden Geschlechtern in den mittleren Jahren (35-45) am größten. Es gab nicht selten Frauen und Männer, die über dreißig Jahre ohne neuen Ehepartner lebten, nämlich 29 von 103 Frauen (22,2%) und 16 von 101 Männern (15,8%), die beim Ende der Ehe unter fünfzig Jahre alt waren und einer definitiven Verwitwung entgegensahen. Da aus diesen Zahlen ein freier Entschluß oder einen Zwang von der Seite des Heiratsmarktes nicht abgelesen werden kann, muß eine Interpretation in Hinblick auf die Einstellung zur Ehe unterbleiben.

Es kann aber gefragt werden, wieso bei dem so zahlreichen Vorhandensein von Witwern und Witwen beidseitige Wiederverheiratungen so selten waren und das Alter bei den Frauen zur Eheschließung deutlich begrenzt war. War die Ehe demnach also nur als Institut der Prokreation oder der Versorgung von Waisenkindern gesellschaftlich erwünscht?

7.12 Zusammenfassung

Welches waren die konstanten und welches die wandelbaren Elemente, die die Leezener Ehen 1720-1870 prägten? Man kann sagen, daß alle Vorgänge, die wichtige Entscheidungen für die Menschen darstellten, sich veränderten, während nur unbeeinflußbare Gegebenheiten oder unwichtige Punkte gleichblieben. Zur letzteren Art von Erscheinungen gehören die Wahl des Heiratstages, der sich zwar auch etwas verschob, aber immer auf das Wochenende fiel und die

Ehedauer, die nur leicht länger wurde, so daß sich daraus keine Konsequenzen für die Menschen ergaben.

Für die sich wandelnden Verhaltensweisen können zwei Etappen festgestellt werden, von denen die erste in die wirtschaftliche Aufschwungphase des letzten Drittels des achtzehnten Jahrhunderts fiel, so daß hier gewisse Einflüsse angenommen werden können. Diese wirkten aber nicht direkt, sondern vermittelnd über die Zahl der Insten, die die Trägergruppe der Veränderungen darstellten. Teilweise entwickelten die neuen Tendenzen eine gewisse Eigengesetzlichkeit, die zu ihrer Beibehaltung trotz einer sich wieder verschlechternden Situation führte. Dies gilt in erster Linie für die Illegitimitätsquote. Sie wies in den 1780er Jahren einen deutlichen Sprung nach oben auf. Ebenfalls in der Aufschwungsphase erhöhte sich die Anzahl der vorehelichen Konzeptionen und Geburten, während das Heiratsalter vorübergehend sank. Dadurch wird deutlich, daß die folgenreichen vorehelichen Beziehungen angesichts besserer Chancen zur Ehegründung generell häufiger wurden. So konnte ein gleichbleibender Prozentsatz nichtzustandegekommener Ehen allein bereits eine spürbare Erhöhung der Anzahl illegitimer Geburten hervorbringen. Das bedeutet, daß uneheliche Kinder vorher wie nachher in tendenziell gleichbleibendem Maß ein Nebenprodukt vorehelicher Beziehungen waren, ein Mentalitätswandel also nur in Hinsicht auf die Toleranz, die angesichts der guten Heiratsaussichten sich gegenüber solchen durchzusetzen begann, bestand. Als weiteres Aufschwungsphänomen war im letzten Drittel des achtzehnten Jahrhunderts bzw. im zweiten Unterschungsabschnitt eine Erhöhung der Wiederverheiratungsquote festzustellen.

Während das Heiratsalter sich schnell wieder auf dem althergebrachten Niveau einpendelte, so daß davon keine dauerhaften mentalitätsgeschichtlichen Änderungen ausgehen konnten, deutet der zweite Sprung in der Illegitimität in den 1840er Jahren auf einen tiefgreifenden Wandel hin. Die Anzahl der vorehelichen Konzeptionen ging tendenziell zurück; nun erst wurde tatsächlich häufiger auf eine Heirat verzichtet. Gleichzeitig sanken die Wiederverheiratungschancen. Dies betraf im besonderen Maße die Frauen, deren Eigenschaft als "Manövriermasse" im malthusianischen Sinn sich nun noch deutlicher zeigte, denn die geschlechtsspezifische Chancenungleichheit vergrößerte sich auf ein Maß, wie es auch von Imhof beobachtet wurde[1].

---
[1] Imhof 1981b, S. 210. Die interne Gewichtung der dortigen Daten schließt nicht aus, daß die Unterschiede zwischen Witwern und Witwen auch in Gabelbach vor-

Diese betraf wiederum mit den Instenwitwen in erster Linie die sozial Schwächsten. Sowohl in Hinsicht auf die Illegitimität als auch auf die Wiederverheiratungen sind Parallelen zu der sich um die Mitte des neunzehnten Jahrhunderts verstärkenden Abwanderung deutlich. Diese ermöglichte es besonders den Unterschichten, anders als durch eine unter Umständen nur widerwillig eingegangene Heirat eine Existenz zu gründen, indem man sich dem moralischen Druck der dörflichen Gesellschaft überhaupt entzog. Daß dieser eine wichtige Versorgungsfunktion hatte, konnte anhand der Witwen mit Kindern gezeigt werden.

Die Situation im fortschreitenden neunzehnten Jahrhundert kann also von zwei Seiten betrachtet werden. Die neue Freiheit, seinen Gefühlen mehr Platz einzuräumen, war die eine, die sich verschlechternde Lage für Witwen und Mütter illegitimer Kinder die andere. Mit dieser Feststellung ist auch eine Kritik an einem isolierten Gebrauch des Begriffs der "Sentimentalisierung", wie er beispielsweise aus den Thesen Shorters[2]) abgeleitet werden kann, verbunden. An Gefühlen hatte es noch nie gemangelt, das zeigen unter anderem die Eheprotokolle. Neu war aber, daß ihnen im neunzehnten Jahrhundert nicht mehr in dem Maße materielle und moralische Zwänge entgegenstanden, die auch in Zweifelsfällen Ehen herbeiführten. Ein weiterer, hier nicht weiter zu verfolgender dialektischer Schritt war es dann, daß nun die Möglichkeit zur Liebesheirat, oder besser gesagt, die Unmöglichkeit der Nichtliebesheirat, zu einer neuen moralischen Norm erhoben wurde.

---

wiegend ein Phänomen des neunzehnten Jahrhunderts waren.

[2]) Shorter 1977.

8. Eheliche Fruchtbarkeit

8.1 Vorbemerkung

Im Rahmen der Historischen Demographie beanspruchten Fertilitätsuntersuchungen in den beiden letzten Jahrzehnten ein anhaltendes Interesse. Zweifellos trug die Phase des verstärkten Geburtenrückgangs im Europa der 1970er Jahre dazu bei, daß dieses nicht erlosch. Auf diesem Hintergrund stellen die Anfänge einer allgemeinen Geburtenbeschränkung, die in Deutschland gegen Ende des neunzehnten Jahrhunderts und in Frankreich schon einhundert Jahre früher zu beobachten waren, ein bevorzugtes Studienobjekt dar[1]. Arbeiten auf der Grundlage aggregierter Zahlen aus den offiziellen Statistiken erlauben aber nur in begrenztem Maße einen Zugang zu den Ursachen dieser Umwälzungen[2]. Zum Verständnis ihrer Mechanismen auf der Ebene der Familie und ihrer Beziehung zu den davor herrschenden Verhältnissen, die mit dem Begriff des demographischen "Ancien Régime" zu kennzeichnen sind, erweisen sich Familienrekonstitutionsstudien als unumgänglich.

Die bisher unternommenen Lokalstudien führten dazu, daß in vielen Punkten gängige Vorstellungen über die eheliche Fruchtbarkeit im "Ancien Régime" revidiert werden mußten[3]. Auch früher bekamen die Frauen nicht alle Jahre ein Kind, wie es dem oberflächlichen Betrachter als Regel erschienen sein mochte. Aufgrund ihrer geringen Dichte, aber auch unterschiedlicher Beurteilungskriterien, ergeben die Forschungen aber noch kein einheitliches Bild zu der Frage, wieweit Praktiken innerehelicher Geburtenbeschränkung in Europa verbreitet waren. In einigen Populationen gibt es auf deren, manchmal vorübergehendes, Vorhandensein gewisse Hinweise[4]. Demgegenüber steht die Annahme, daß vor dem großen Wandel im Rahmen der demogrpahischen Transition von einer natürlichen, also durch keine

---

[1] Vgl. Knodel 1974.
[2] Vgl. Gehrmann 1979.
[3] Vgl. Forschungsübersicht bei Imhof 1977.
[4] Vgl. Gaunt 1973, S. 47 f., Imhof 1975, S. 484 ff., Wrigley 1978, S. 435.

willentlichen Eingriffe beeinflußten Fruchtbarkeit auszugehen ist[1]).

Auf dem Hintergrund dieser Diskussion werden die Leezener Daten zu durchleuchten sein. Die Frage nach dem Vorhandensein von Geburtenbeschränkung wird dabei mit Hilfe der in der Forschung hierfür als Indikatoren verwendeten Maße der Höhe und der Altersverteilung der Fruchtbarkeitsraten, des Alters der Frau bei der letzten Geburt und den von Dupâquier und Lachiver entwickelten Intervalltypen[2]) zu beantworten sein[3]). Soweit es nicht anders angemerkt ist, erfolgte die Durchführung der Berechnungen nach dem bewährten Vorbild der Arbeiten Henrys[4]).

8.2 Der Erwartungsrahmen für die Leezener Ergebnisse

Allgemeine Maße der Fruchtbarkeit, die auf den Volkszählungsergebnissen und der Bevölkerungsbewegung beruhen, liegen für Schleswig-Holstein schon in der ersten Hälfte des 19. Jahrhunderts vor. Am aussagekräftigsten ist der Index der ehelichen Fruchtbarkeit (Ig), wie er von Knodel zusammengestellt wurde[5]). Der Wert für Ig bewegte sich demnach zwischen 1840 und 1860 in den Grenzen 0,656 und 0,667, um 1866-68 auf 0,686 zu steigen. Der definitive Fruchtbarkeitsrückgang mit einem Sinken des Ig um über 10% begann nach Knodel[6]) in der Provinz Schleswig um 1898. Nahe beim schleswig-holsteinischen Durchschnitt lag der für das Kirchspiel Leezen für 1864 errechnete Index mit 0,679. Demnach war dort die eheliche Fruchtbarkeit überraschenderweise gegenüber 1803 (Ig 0,702) bereits etwas zurückgegangen. Auf dieser Zahlenbasis läßt sich bereits eine erste Schätzung auf die Rate der gesamten ehelichen Fertilität (TMFR) vornehmen, die exakt nur durch die Auswertung der Familienrekonstitution zu erhalten ist.

---

1) Vgl. Henry 1961 und Pressat 1979.

2) Dupâquier/Lachiver 1973.

3) Auf das Coale-Trussellsche Geburtenplanungsmaß "m" wurde hier verzichtet, da es bei einer umständlichen Berechnung keine zusätzlichen Erkenntnisse verspricht (vgl. Coale/Trussell 1974).

4) Gautier/Henry 1958 und Henry 1980.

5) Knodel 1974, S. 41 und Appendix 2.1.

6) Ebenda, S. 62.

Sie dürfte sich für Leezen um 7,74 (1864) bis 8,00 (1803) bewegen[1].

Nur ungefähre Hinweise auf die Fertilität lassen sich dagegen aus der allgemeinen Geburtenrate gewinnen, da diese von der Altersstruktur der Bevölkerung mitbeeinflußt wird. Sie war zwischen 1820 und 1870 mit 32‰ bis 35‰ stabil[2]. Weiter zurückreichende Berechnungen, die sich auf die Zensusangaben von 1769 und 1803 stützen können, führen zu keinen höheren Ziffern[3]. Nach diesen Indizien wäre es überraschend, wenn in Leezen im Untersuchungszeitraum etwas anderes als eine gleichbleibende, im Verhältnis zu anderen Regionen Deutschlands relativ niedrige Fertilität vorgefunden würde.

8.3 Datenauswahl und -qualität

Den Fruchtbarkeitsberechnungen werden die Familien Typ 1 zugrunde gelegt[4]. Zwar stellen sie 80% der Familien, von denen Heiratsdatum und Ende der Verbindung bekannt sind, aber ihre Repräsentativität für die gesamte, zu einem beliebigen Zeitpunkt im Kirchspiel anwesende Bevölkerung, ist geringer. 1803 waren 53% der Bevölkerung ohne Dienstboten, bei denen die Zuordnung nicht möglich war, in irgendeiner Weise Angehörige dieser Gruppe. Insgesamt wurden in ihr 1720-1869 knapp 60% aller Leezener Kinder geboren.

Diese 50-60% der Einwohnerschaft stellten aber, zusammen mit den Ehen Typ 2 und 3, den eigentlich seßhaften Teil dar, denn die Heiraten fanden am Wohnort des Mannes und damit meist dem zukünftigen Aufenthaltsort der Familie statt. Den Ehen, die die Zeit zwischen der Heirat und dem Ende der Verbindung im Kirchspiel verbrachten, kann eher als den weniger seßhaften ein für den Ort typisches, von der ökonomischen, sozialen und mentalen Umwelt geprägtes

---

[1] Zur Berechnungsart vgl. Gehrmann 1979, S. 471 und S. 482. Die TMFR-Werte hier incl. einer Totgeburtenrate von 4%, Ig excl. Totgeburten (s. Knodel 1974, S. 38).

[2] S. Köllmann 1980, S. 124.

[3] S. Gudme 1819, Tab. IV. Ders. setzt für 1735-1754 27‰ - 29‰ an, wobei in seiner Extrapolation der Gesamtbevölkerung aber möglicherweise Fehler verborgen sind.

[4] Vgl. Definitionen am Schluß des Bandes. Zu der Auswahl aus diesen Familien s.o., S. 187 f., Fn.2.

generatives Verhalten zugesprochen werden[1]. Ganz abgesehen davon ist die Fertilität der anderen Bevölkerungsgruppen ohnehin durch Familienrekonstitutionsstudien mit einem begrenzten geographischen Bezug nicht zu errechnen.

Die Ehen Typ 1 wurden für den Zeitraum 1680-1869 vollständig erhoben, dann bis 1899 nur noch die Ehen, soweit sie das Kriterium für eine Durchführung von Fruchtbarkeitsberechnungen, eine Ehedauer von über fünf Jahren, erfüllten. Um eine genügend große Zahl von vollständigen Erstehen Typ 1 zu erhalten, die für die Berechnung wichtiger Fertilitätsindikatoren von Bedeutung sind, wurden zusätzlich zu den Angaben im Ortssippenbuch noch etwa hundert Geburtsdaten von Frauen in Nachbarkirchspielen herangezogen. dagegen mußten zweiundzwanzig Ehen mit mangelhaften Daten (3,0%) von Fertilitätsberechnungen ausgeschlossen werden[2], so daß letztendlich 639 Familien des Typs 1, die im Untersuchungszeitraum 1720-1869 gegründet wurden, verblieben. Diese sind, anders als in vielen Ortssippenbüchern, einigermaßen gleichgewichtig über die einhundertfünfzig Jahre verteilt (1720-1769 150 Ehen, 1770-1819 233, 1820-1869 256). Deshalb stellt das Leezener Material nach dem Schwälmer das dichteste dar, das bisher in Deutschland für das 18. Jahrhundert ausgewertet wurde. Dadurch ist eine Sicherheit gegeben, daß nicht zufällige Schwankungen von Fertilitätsraten zu voreiligen Interpretationen, etwa über temporäre Geburtenbeschränkung, Anlaß geben[3].

8.4 Die verschiedenen Aspekte der Fertilität in ihrer Entwicklung

8.4.1 Altersspezifische Fertilitätsraten

Das universale Maß der ehelichen Fruchtbarkeit stellen in der Historischen Demographie die altersspezifischen Raten dar. Sie bezeichnen die Anzahl der Geburten, die sich bei 1 000 verheirateten Frauen in einem Jahr ergeben würden. Die Summe für alle Frauen zwischen zwanzig und neunund-

---

[1] Zum Problem der Repräsentativität s. Leti 1979, S. 98. Als Grundgesamtheit gilt für Leezen die Gesamtheit der seßhaften Familien.

[2] S.o., S. 63.

[3] Vgl. Hollingsworth 1972, S. 21.

vierzig Jahren wird hier als TMFR (Total Marital Fertility Rate) bezeichnet. Sie gibt an, wieviele Kinder aus einer Ehe entsprängen, wenn diese Zeitspanne voll ausgenutzt würde, das heißt, nicht durch späte Heirat oder frühen Tod verkürzt. Auf die Einbeziehung der Altersgruppe der 15- bis 19jährigen Frauen, wie sie in der Berechnung der "Descendance Finale" vorgenommen wird, wurde hier wegen ihrer geringen Besetzung verzichtet.

Einen ersten Überblick über die Entwicklung der altersspezifischen Fruchtbarkeitsraten und der TMFR aller Ehen Typ 1 von über fünf Jahren Dauer[1] und für alle Heiratsalter verschaffen die Tabellen 58 und 59. Die Werte sind durchgängig jahrzehnteweise angegeben, obwohl dabei in einigen Fällen die Zahlenbasis schmal ist[2]. Die Einteilung der Jahrzehnte in Tab. 58 beruht, wie in der Historischen Demographie üblich, auf dem Zeitpunkt der Heirat, während ihr in Tab. 59 die tatsächlich dort anzutreffenden Geburten und Frauenjahre zugrunde liegen. Dies erfordert zwar eine etwas kompliziertere Kalkulation, hat aber den Vorteil, daß etwaige Fertilitätsveränderungen einem konkreten historischen Moment zugeordnet werden und mit anderen Erscheinungen in Verbindung gebracht werden können.

Für die Leezener Verhältnisse 1720-1869 ergaben sich über die longitudinale und die transversale Berechnungsart Werte, die innerhalb einer Bandbreite von weniger als $\pm$ 6% um die Rate der gesamten ehelichen Fertilität von 8,1

---

[1] Die Auslassung der Ehen unter fünf Jahren Dauer (in Leezen 11,1% der Ehen Typ 1) entspricht der in der Historischen Demographie üblichen Praxis. Eine Einbeziehung dieser Fälle hätte für 1720-1869 folgende Fruchtbarkeitsraten ergeben: Für die Altersgruppen 15-19 431, 20-24 505, 25-29 418, 30-34 335, 35-39 249, 40-44 109, 45-49 10 mit einer Gesamtfertilität (TMFR) von 8,13.

[2] Die Unterschiede zwischen den einzelnen Quotienten können auf ihre Signifikanz untersucht werden, indem man fragt, welche Anzahl von Geburten bei der gegebenen Anzahl an Frauenjahren zu erwarten wäre, wenn keine Unterschiede zwischen den betrachteten Gruppen bestünden. Die Abweichung kann dann als Chi-Quadrat-Wert errechnet werden. Ebenfalls möglich ist ein Test mit mehreren Freiheitsgraden, indem die Anzahl der Familien mit 0,1,2,3 usw. Geburten in den fünf Jahren einer Altersgruppe verglichen werden (die Anregung hierzu verdanke ich M. Jean-Pierre Bardet von der E.H.E.S.S., Paris).

Tab. 58 Altersspezifische Fruchtbarkeitsraten nach Heiratsjahrzehnten

	15-19	20-24	25-29	30-34	35-39	40-44	45-49	TMFR
(1680-)	(635)	(470)	(408)	(347)	(312)	(165)	(25)	(8.64)
1720	481	491	335	335	259	102	0	7.61
1730	794	424	404	349	229	116	38	7.80
1740	0	487	504	339	256	117	9	8.56
1750	0	527	411	303	304	129	23	8.49
1760	163	471	393	302	191	106	12	7.34
1770	286	590	458	362	264	111	13	9.00
1780	542	431	401	302	276	144	0	7.77
1790	364	480	398	324	267	102	19	7.95
1800	399	416	390	389	286	139	8	8.14
1810	440	517	405	367	269	131	15	8.52
1820	560	605	404	328	258	84	13	8.46
1830	392	532	382	298	228	99	0	7.70
1840	620	547	452	321	233	108	7	8.34
1850	879	450	445	319	206	114	0	7.67
1860	283	574	449	345	180	44	0	7.96
1870	3190	568	376	228	221	102	0	7.48
1880	803	536	318	276	165	63	0	6.79
1890	1523	397	294	154	78	19	11	4.77
1720-	346	480	407	322	243	114	16	7.91
1770-	442	482	409	352	272	123	13	8.26
1820-	526	550	423	322	223	91	4	8.07
1720-1869	450	505	414	333	245	108	10	8.08

schwanken. Die etwas größeren Abweichungen innerhalb der Altersgruppen fanden also immer schon auf der Ebene eines Heirats- oder eines Fertilitätsjahrzehnts ihren Ausgleich. Dabei sollte beachtet werden, daß dieser TMFR-Wert für die vollständigen Ehen nicht nur eine rein rechnerische Größe bedeutete, sondern in Leezen auch gut mit der Verteilung der tatsächlichen Geburten pro Familie korrespondierte. TMFR stellte das Maximum dar, das normalerweise in einer Familie erreicht werden konnte, wenn die Frau das fünfundvierzigste Lebensjahr in der Ehe verbrachte. Höhere Zahlen waren selten, Familien mit zehn, elf oder zwölf Geburten kamen weniger oft vor als sterile. Der Schnitt von 5,5

Tab. 59 Altersspezifische Fruchtbarkeitsraten in transversaler Darstellung

	15-19	20-24	25-29	30-34	35-39	40-44	45-49	TMFR
1680-	625	460	378	329	300	162	28	8.29
1720	476	518	431	408	334	228	54	9.87
1730	800	391	344	330	330	132	0	7.64
1740	0	485	491	319	186	137	31	8.25
1750	0	553	472	325	267	76	10	8.52
1760	250	486	353	367	315	122	10	8.27
1770	196	581	439	286	195	93	21	8.08
1780	522	424	430	329	223	137	23	7.83
1790	366	506	401	325	277	106	9	8.12
1800	400	415	402	331	325	129	0	8.01
1810	435	466	382	386	259	132	26	8.26
1820	556	615	414	363	251	125	23	8.96
1830	385	493	414	322	277	126	0	8.16
1840	615	557	409	324	233	88	14	8.13
1850	909	438	404	325	228	94	0	7.45
1860	0	590	480	301	199	107	6	8.42
1870	741	576	452	334	175	102	0	8.20
1880	833	529	322	240	265	38	0	6.97
1890	(1250)	411	283	255	164	86	0	6.00
1720-	421	487	416	347	276	125	17	8.34
1770-	413	480	409	334	258	121	16	8.09
1820-	536	549	419	329	237	108	8	8.25
1720-1869	450	505	414	335	253	116	13	8.18

Geburten entspricht wiederum in etwa den Werten der "Descendance Finale" der im Alter der Frau von fünfundzwanzig Jahren geschlossenen Ehen (Tab. 60, Fig. 25), wie es aus dem durchschnittlichen Heiratsalter der Frau in Leezen zu erwarten war[1].

---
[1] S. Anhang A.13 und Tab. 46.

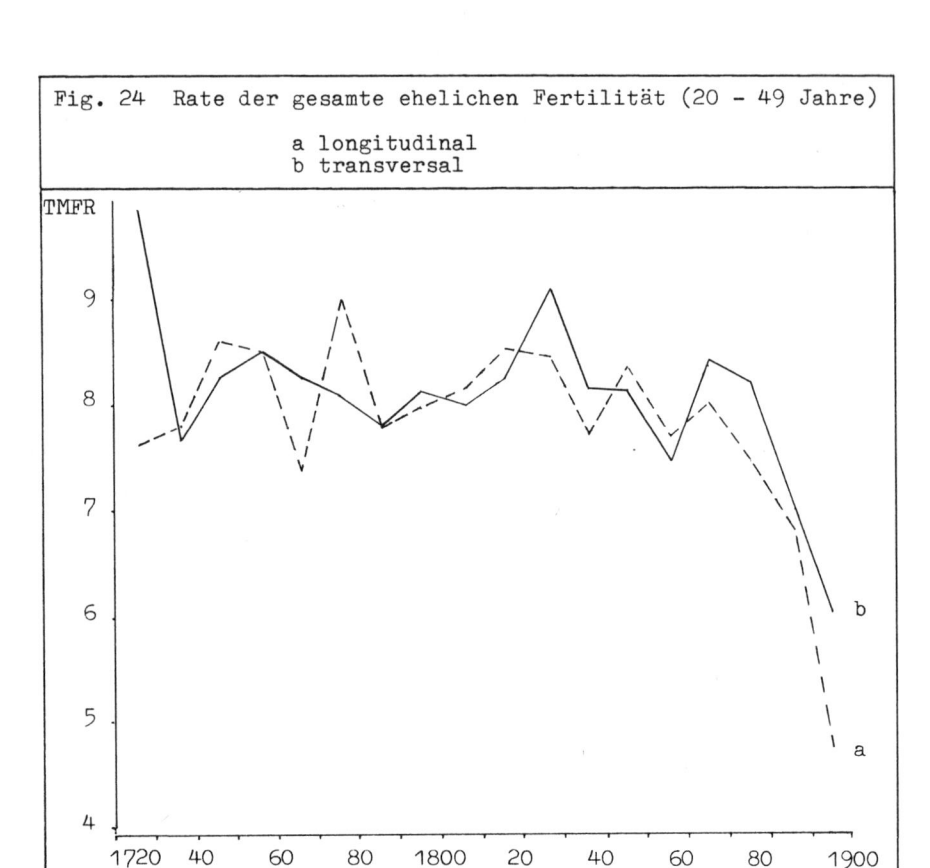

Fig. 24 Rate der gesamte ehelichen Fertilität (20 - 49 Jahre)
a longitudinal
b transversal

Tab. 60 Eheliche Geburten in vollständigen Ehen

	Typ 11*				Typ 13*			
	Mw	Md	Mo	n	Mw	Md	Mo	n
1720-	5.4	5.5	5	78	2.7	2.3	2	7
1770-	6.0	6.5	8	104	3.8	3.3	0	13
1820-	5.1	5.3	7	114	3.2	3.3	5	19
alle	5.5	5.7	7	296	3.3	3.1	2	39

* Typ 11 beidseitige vollständige Erstehen Typ 1

Typ 13 vollständige Erstehe nur der Frau,
Wiederverheiratung des Mannes

Einer Betrachtung der Fertilitätsraten in den einzelnen Altersklassen muß die Bemerkung vorausgeschickt werden, daß die vorehelichen Konzeptionen im Laufe der Zeit

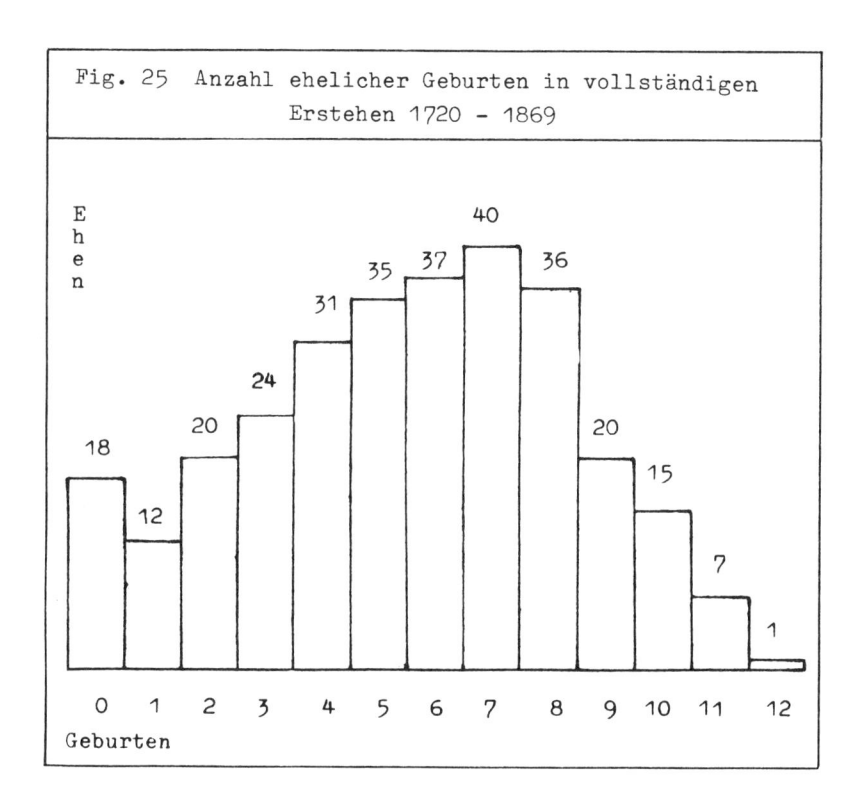

Fig. 25 Anzahl ehelicher Geburten in vollständigen Erstehen 1720 - 1869

Ehen

Geburten	0	1	2	3	4	5	6	7	8	9	10	11	12
	18	12	20	24	31	35	37	40	36	20	15	7	1

erheblich zunahmen, woraus verzerrt hohe Fruchtbarkeitsraten bei den jüngeren Gruppen erklärbar sind. Dieser Effekt war allerdings in Leezen gering, denn aus einem Vergleich der Tab. 58 und der Tab. 37 geht hervor, daß sie sich unter dreißig Jahren zwischen den ersten beiden Zeiträumen kaum unterschieden, im Gegensatz zur Quote der vorehelichen Konzeptionen. Von größerer Bedeutung für die Verjüngung der Altersstruktur der Fertilität, die 1820- 69 gegenüber 1770 - 1819 eintrat, war die Gruppe der Fünfunddreißig- bis Neununddreißigjährigen, in der die einzige statistisch signifikante Verschiebung von Fertilitätsraten vor 1870 festzustellen ist. Ein physiologischer Zusammenhang mit dem Sinken der Säuglingssterblichkeit besteht nicht[1], denn die für diese besonders günstigen Altersgruppen der Mütter waren nicht identisch. Ohnehin war der Einfluß der Differenz in der Höhe der Säuglingssterblich-

---
[1] S. Tab. 24.

keit auf die Intervalle und damit auf die Fertilität gering[1].

Die gesamte Fruchtbarkeit wurde von diesen Vorgängen kaum tangiert, da nach 1820 die Zunahme bei den Altersgruppen unter dreißig und die Abnahme über dreißig gegenläufig wirkten. In dem Zusammenspiel der beiden Bewegungen veränderte sich aber die Struktur der Fertilität. Folgt man dem Vorschlag Knodels[2] und stellt die Fruchtbarkeit über dreißig als Prozentsatz der TMFR 20 - 49 dar, so ergeben sich für Leezen in den drei Zeiträumen die Werte 44,1% (1720-1769), 46,0% (1770-1819) und 39,7% (1820-1869), bzw. transversal entsprechend 45,9%, 45,1% und 41,3%. Der Übergang zwischen den Jahrzehnten 1810 und 1820 ist dabei recht deutlich. Nach den Coale/Trusselschen Model Fertility Schedules wären ein Prozentsatz von 46 -51% als Anzeichen für natürliche Fruchtbarkeit und folglich die für Leezen im letzten Zeitraum aufgefundenen Werte nach Knodel als Hinweis auf "some praxis of family limitation"[3] zu sehen. Die Zahlen für die beiden ersten Zeiträume ließen sich, um in diesem Erklärungsnexus zu bleiben, gerade noch als Ausdruck natürlicher Fertilität verstehen, während im letzten dann bereits ein Übergang zur Geburtenbeschränkung begonnen hätte. Dagegen spricht allerdings der Augenschein einer insgesamt unverändert hohen Gesamtfertilität. Um eine Annahme im Sinne Knodels zu stützen, muß also untersucht werden, auf welche Einflüsse die Veränderung der Altersstruktur der Fertilität zurückzuführen war.

Die Werte der Gesamtfruchtbarkeit (TMFR) in Leezen entsprechen den Erwartungen. Sie liegen damit auf einer Höhe mit denen Crulais, Hesels und der Schwalm (Tab. 61, Fig. 26). Diese Ähnlichkeit zwischen sehr entfernt voneinander liegenden Gebieten ist zunächst erstaunlich. Sie kann aber als Ausdruck eines auf einem gleichen Stillverhalten beruhenden Musters "natürlicher" Fruchtbarkeit verstanden werden, in dem sich die Unterschiede in den altersspezifischen Raten in toto kaum auswirken. Dagegen sind die Unterschiede zu Dänemark schon deutlicher - wenngleich dort die Einengung des Zeitraums einen Vergleich erschwert -, während der Kurvenverlauf bis zum Alter von dreißig Jahren ungefähr gleich ist. In Hesel ist er bei gleichem Heiratsalter und Anteil vorehelicher

---

[1] S. Tab. 67.
[2] Knodel 1979, S. 502.
[3] Ebenda, S. 504.

Tab. 61 Fruchtbarkeitsziffern ausgewählter europäischer Regionen

	15-	20-	25-	30-	35-	40-	45-	TMFR	I*
Leezen 1750-1869	433	509	414	331	245	107	9	8.08	100
Hesel 1750-1869	444	441	365	333	274	147	18	7.89	98
Schwalm 1750-1869	449	478	411	322	246	121	13	7.96	99
Gabelbach 1750-1869	417	517	492	475	386	134	14	10.09	125
Crulai 1710-1742	348	435	426	363	328	92	0	8.22	102
Ländl. Dk 1760-1801	364	495	415	358	326	181	36	9.06	112

* TMFR Leezen als 100 gesetzt

Konzeptionen bis dahin unerwartet nach unten abweichend, während ab dreißig eine starke Annäherung des Kurvenverlaufs zwischen Hesel und Leezen besteht. Identisch zu nennen ist, von Schwankungen in den beiden jüngsten Gruppen abgesehen, die altersmäßige Struktur der Fertilität in Leezen und der Schwalm, den beiden statistisch repräsentativsten Gebieten.

Bei allen Unterschieden ist letztlich die Fertilitätshöhe und großenteils auch deren Struktur zwischen den zum Vergleich herangezogenen Orten Leezen, Hesel, der Schwalm und Crulai bemerkenswert ähnlich. Auf dem Hintergrund dieser Studien sind die Verhältnisse in Gabelbach nur als abnorm zu bezeichnen; sie stehen im Gegensatz zu den in der überwiegenden Mehrheit der bisher durchgeführten Untersuchungen in Europa gefundenen Resultaten. Im Vergleich läßt sich demnach die generative Struktur in Leezen als eine für das demographische Ancien Régime nicht untypische, durch hohe, aber nicht maximale Fertilität charakterisierte, ansehen.

8.4.2 Das Alter der Frau bei der letzten Geburt

Neben den Fruchtbarkeitsraten ist das Alter der Frau bei der letzten Geburt der wichtigste Indikator für generatives Verhalten. Zu dessen Berechnung können nur die Ehen verwendet werden, bei denen die Frau mindestens vom dreißigsten bis zum fünfundvierzigsten Lebensjahr in erster Ehe verheiratet war. Dies entspricht den hier als Typ 11 (vollständige beidseitige Erstehen) und Typ 13 (vollständige Erstehe der Frau, Wiederverheiratung des Mannes) bezeichneten Familien. Die Auswertung des Typs 13 ist im allgemeinen nicht üblich, auf sie wird im folgenden

Fig. 26 Die Leezener Fertilitätsraten im europäischen Vergleich 1750 - 1869

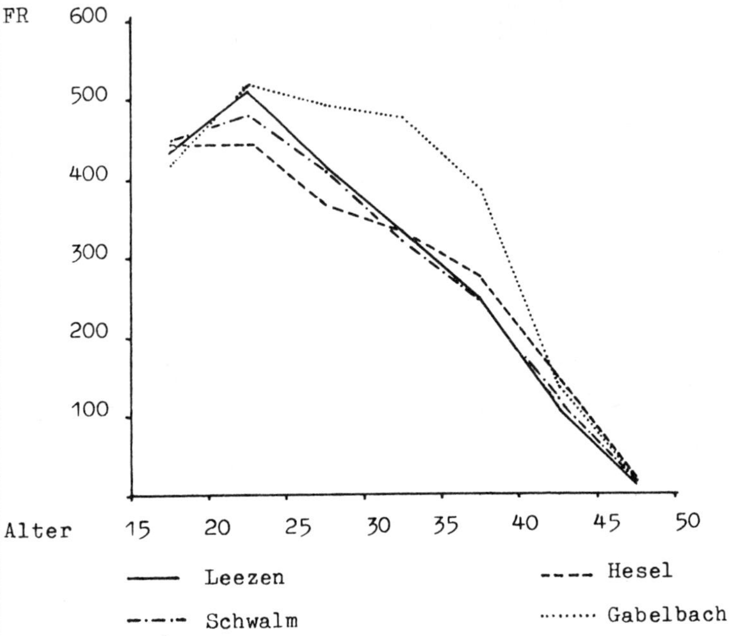

—— Leezen   ---- Hesel
—·—·— Schwalm   ········ Gabelbach

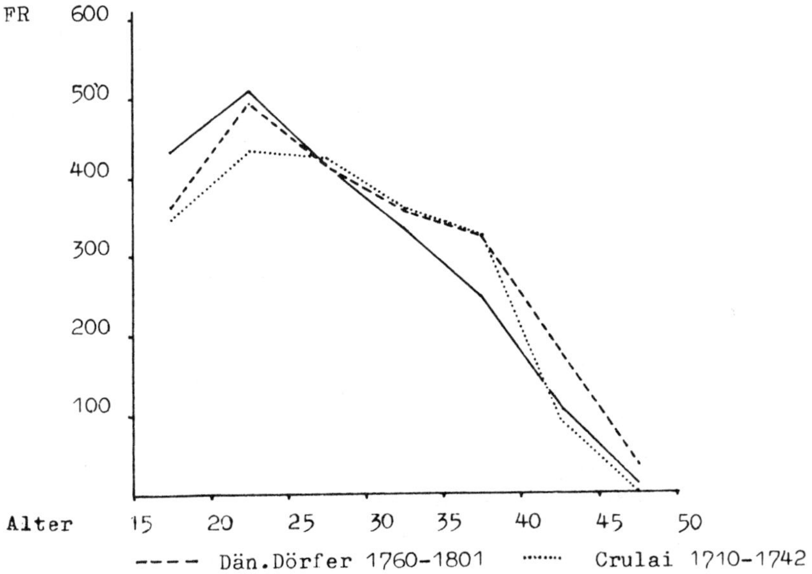

---- Dän.Dörfer 1760-1801   ········ Crulai 1710-1742

Abschnitt zurückzukommen sein. Vorerst interessieren hier nur die in vergleichbaren Untersuchungen vorkommenden beidseitigen Erstehen.

Das Alter der Frau bei der letzten Geburt (Tab. 62)

Tab. 62 Alter bei der letzten Geburt zum ersten Male verheirateter Frauen

	Typ 11			Typ 13		
	Mw	Md	n	Mw	Md	n
1720-	38.8	39.6	60	(35.3)	(34.3)	5
1770-	39.4	40.6	87	(38.0)	(39.2)	7
1820-	37.9	38.7	96	(33.9)	(33.7)	11
alle	38.7	39.7	243	35.5	34.7	23

steigt, wie die Fertilität, beim Übergang von der ersten zur zweiten Fünfzigjahresperiode an, um dann aber in der dritten unter den anfänglichen Stand zu fallen. Mittelwert und Median liegen zwar ab 1820 unter dem, was als physiologische Grenze anzunehmen wäre, aber gleichzeitig nicht signifikant unter den Werten des ersten Zeitraums. Der Anteil der Fälle, bei denen eine letzte Geburt unter fünfunddreißig Jahren stattfand, nahm zwischen den beiden

Tab. 63 Alter bei der letzten Geburt in Altersklassen der Frau

	-29		30-34		35-39		40-	
	n	%	n	%	n	%	n	%
Typ 11, 1720-	4	6.7	14	23.3	20	33.3	22	36.7
" 1770-	4	4.6	12	13.8	33	37.9	38	43.7
" 1820-	9	9.4	19	19.8	38	39.6	30	31.3
Typ 11, 1720-1869	17	7.0	45	18.5	91	37.4	90	37.0
Typ 13, 1720-1869	3	13.0	10	43.5	7	30.4	3	13.0

genannten Perioden nicht zu (Tab. 63). Das leichte Sinken des durchschnittlichen Alters ist allein darauf zurückzuführen, daß der Anteil über vierzigjähriger Frauen zugunsten der nächstniedrigen Altersklasse abnahm.

Der Vergleich mit Crulai, Hesel, Gabelbach und der Schwalm zeigt, daß das Durchschnittsalter der Leezener Frauen bei der letzten Geburt mit 38,7 Jahren in beidseitigen Erstehen zu den niedrigen zählte. 1720 - 1869 lag es in Hesel bei 39,6, in Gabelbach bei 40,2 und in der Schwalm bei 38,3 Jahren. Der Abstand zu Hesel und der Schwalm kann bei 95%-Konfidenzgrenzen von 38,1 - 39,3 für Leezen, genauso breiten in der Schwalm (37,7 - 38,9) und wohl kaum ausgedehnteren in Hesel[1] noch als zufällig angesehen werden. Der Unterschied zu Crulai (95% Konfidenzbereich 39,0 - 41,0) und Gabelbach (Datenmenge 57 gegenüber 38 in Crulai) ist schon deutlicher, aber nicht dergestalt, daß daran eingehende Interpretationen geknüpft werden könnten[2]. In Gabelbach könnte das höhere Heiratsalter, verbunden mit einer durch Nichtstillen größeren Wahrscheinlichkeit einer Konzeption nach einer unter anderen Umständen schon letzten Geburt, dazu beigetragen haben, im Unterschied zu Leezen die Phase weiblicher Fruchtbarkeit bis an maximale Grenzen zu verlängern. Während die Unterschiede zwischen dem Leezener Durchschnittsalter und denen aus anderen Studien also noch nicht außergewöhnlich erscheinen, hebt sich doch das am unteren Rande der Skala befindliche der Schwalm schon in signifikanter Weise von Crulai ab. Es fällt schwer, dies noch im Rahmen der natürlichen Fruchtbarkeit zu erklären. Denkbar wäre hier eine Geburtenplanung, die vom Alter der Frauen abhing und derer Motive beispielsweise die Rücksicht auf ihre Gesundheit gewesen sein könnten. Doch wie kann dies nachgewiesen werden?

Eine Verlängerung des letzten Geburtenintervalls würde darauf hindeuten. Sie würde auftreten, falls die Verhütungsmethode des coitus interruptus, die für das 19. Jahrhundert als die dominierende anzusehen ist[3], nicht vollständig beherrscht worden wäre und damit noch ungewollte letzte Geburten mit großem zeitlichen Abstand zu vorangegangenen auftraten. Für Leezen ist dies nicht nachzuweisen (Tab. 64). Der Abstand zwischen der vorletzten und der letzten Geburt blieb in allen Untersuchungsabschnitten vor 1870 konstant. Entweder war also die Verhütung nach 1820 recht effektiv, oder aber sie fand

---

1) Anzahl der Fälle in Hesel 240, in Leezen 243.

2) S. Gautier/Henry 1958, S. 135.

3) Vgl. Flandrin 1976, S. 212 ff.

überhaupt nicht statt[1]). Dann bestünden nur noch in physiologischen Faktoren mögliche Gründe für das frühe Ende der prokreativen Phase der Frau. Die gesunkene Sterblichkeit der letzten Kinder hatte einen statistisch völlig vernachlässigbaren Einfluß auf die Konzeptionsbereitschaft und die Fertilität in den ersten Jahren der Ehe war nach 1820 nicht oder nur wenig erhöht, so daß von dieser kein größeres Risiko organischer Schäden ausging[2]). Da physiologische Gründe noch weniger plausibel erscheinen, läßt sich der Verdacht, daß bewußt die Zeugung von Nachwuchs früher eingestellt wurde, also für den letztgenannten Zeitraum nicht abweisen.

Tab. 64 Alter bei der vorletzten Geburt

	Typ 11			Typ 13		
	Mw	Md	n	Mw	Md	n
1720-	35.7	35.7	58	(30.3)	(30.4)	5
1770-	36.3	37.6	85	(35.8)	(37.0)	7
1820-	34.8	35.3	92	(29.8)	(30.6)	11
alle	35.6	36.6	235	31.7	31.2	23

8.4.3 Das Einsetzen des definitiven Geburtenrückgangs

Im Gegensatz zu dem soeben angesprochenen Problem ist das der Datierung des Einsetzens des definitiven Fertilitätsrückgangs in Leezen mit Hilfe der beiden untersuchten Variablen leicht lösbar. Sowohl die longitudinalen als auch die transversalen TMFR-Werte weisen auf die 1880er Jahre hin (Irrtumswahrscheinlichkeit <5%). Das Alter bei der letzten Geburt sank auf einen Durchschnittswert von 33,0 Jahren (1880 - 99 33,4 mit 95% CI von 30,8 - 36,0). Für das folgende Jahrzehnt sind schon aufgrund der Fertilitätsraten kaum noch Zweifel an einer Geburtenplanung möglich. Es lassen sich auch andere Hinweise darauf finden, daß der Wandel in den Verhaltensweisen auf breiter Basis bereits im Jahrzehnt 1880 einsetzte. Als Beispiel kann der individuelle Fall einer Hökerfamilie genommen

---
[1]) Vgl. Knodel 1979, S. 508.
[2]) S. Tab. 12.

werden[1]), die in rascher Folge zwei Kinder bekam und ein weiteres erst nach dem Tod des zweiten im jugendlichen Alter. Ebenfalls in diesem Sinne zu deuten ist der allgemein zu beobachtende Geburtenanstieg nach der Diphterie um 1890[2]).

Wahrscheinlich begann der "Fertility Decline" in Leezen demnach früher als nach den Angaben Knodels erwartet, nämlich etwa zur gleichen Zeit wie in Hamburg[3]). Mit Sicherheit ebenfalls im letzten Viertel des 19. Jahrhunderts fand er in Hesel und der Schwalm statt. Der Zeitpunkt ist dort, wie in Gabelbach, wo er wohl um einiges später lag, weniger genau datierbar. Setzte dieser Wandel unvermittelt im letzten Viertel des neunzehnten Jahrhunderts ein oder zeichnete er sich bereits vorher ab? Denn schließlich lag doch auch der Anteil der Fertilität über dreißig Jahren an der Gesamtfertilität schon von den 1860er Jahren an definitiv unter 40%[4]). Diese Frage ist Anlaß, weitere Aspekte der Fertilität in Leezen vor 1870 genau zu untersuchen.

8.4.4 Geburtenabstände

8.4.4.1 Intervallkategorien nach Dupâquier/Lachiver

Eine Methode, eine zunehmende Geburtenschränkung zu messen, besteht in der Einteilung der Familien nach Intervallkategorien, wie sie von Dupâquier und Lachiver[5]) entwickelt wurden. Für Familien mit einer Ehedauer von mindestens fünf Jahren bis zum vierzigsten Lebensjahr der Frau wird die Ehedauer durch die Anzahl der Geburten geteilt, so daß Durchschnittswerte für Intervalle entstehen, die losgelöst von den tatsächlichen Geburtenabständen sind. Die Familien mit einem Wert unter neunzehn Monaten

---

[1]) OSB Nr. 3846.
[2]) S. Fig.06.
[3]) Vgl. Knodel 1974, Table 2.1. Zeitgenossen stellten erst für 1893 in Hamburg eine effektive Geburtenplanung fest (Gesundheitsverhältnisse 1901, S. 81).
[4]) S. Tab. 58 und Tab. 59.
[5]) Dupâquier/Lachiver 1969, S. 1399.

werden als Familien mit kurzen Intervallen bezeichnet, die mit neunzehn bis dreißig Monaten als solche mit mittleren Intervallen, die mit einunddreißig bis achtundvierzig als Familien mit langen Intervallen und die mit über neunundvierzig als sterile und kontrazeptive Familien[1]).

Das Ergebnis dieser Analyse (Tab. 65) kann in der Fest-

Tab. 65 Verteilung der Intervallkategorien nach Dupâquier/ Lachiver

	-18		19-30		31-48		49-		Summe
	n	%	n	%	n	%	n	%	n
1720-	-	-	35	28.0	51	40.8	39	31.2	125
1770-	1	0.6	66	37.3	61	34.5	49	27.7	177
1820-	2	1.0	63	31.5	68	34.0	67	33.5	200
alle	3	0.6	164	32.7	180	35.9	155	30.9	502

stellung, daß sich im Grunde nichts änderte, kurz zusammengefaßt werden. Dafür werden noch einmal die gemeinsamen Grundmuster deutlich, nämlich fast keine großen Kinderzahlen in kurzer Zeit und relativ viele Familien mit wenigen Kindern bei relativ langer Ehedauer bis zum vierzigsten Lebensjahr der Frau. Beide Elemente unterscheiden Leezen vom vorrevolutionären Meulan, für welches das Verfahren zuerst angewandt wurde[2])

8.4.4.2 Intergenetische Intevalle

Da die Terminologie Dupâquier/Lachivers leicht den Eindruck erwecken kann, es handele sich bei den von ihnen eingeführten Kategorien um Geburtenabstände, sind in Tab. 66 dieselben Familien nach der Länge der in ihnen beobachteten intergenetischen Intervalle (Abstände zwischen den Geburten in Monaten) eingeteilt. Es ergibt sich erwar-

---

[1] Diese Termini, die sich wieder auf Intervalle beziehen, waren die Quelle zahlreicher Mißverständnisse (vgl. Knodel 1981a). Dupâquier/Lachiver schlagen darum neuerdings die Bezeichnungen "Familien mit hoher, mittlerer und niedriger Fruchtbarkeit sowie sterile Familien" (in Übersetzung) vor (1981, S. 490).

[2] Vgl. Dupâquier/Lachiver 1969, S. 1400.

tungsgemäß ein anderes Bild. Die überwiegende Mehrheit der Familien hatte im Durchschnitt mittlere und lange Intervalle zu verzeichnen; kurze und überlange Geburtenabstände kamen nur bei einer Minderheit von weniger als 10% vor. Daran änderte sich 1720 - 1869 nichts.

Tab. 66 Durchschnittliche intergenetische Intervalle pro Familie (vor dem 40. Lebensjahr der Frau)

	-18		19-30		31-48		49-		0-1 Kind		Summe
	n	%	n	%	n	%	n	%	n	%	n
1720-	3	2.4	61	48.8	41	32.8	13	10.4	7	5.6	125
1770-	1	0.6	93	52.5	55	31.1	12	6.8	16	9.0	177
1820-	5	2.5	94	47.0	71	35.5	12	6.0	18	9.0	200
alle	9	1.8	248	49.4	167	33.3	37	7.3	41	8.2	502

Eine Auszählung sämtlicher im Leezener Material beobachteten intergenetischen Intervalle bringt ein ähnliches Ergebnis[1]. Der Durchschnittswert von 30,5 Monaten liegt an der Grenze zwischen den mittleren und langen Intervallen. Er ist aber erheblich niedriger, wenn das vorher geborene Kind im Säuglingsalter verstarb (Tab. 67). Hierbei handelt es sich um ein in der historisch-demographischen Forschung immer wieder beobachtetes Phänomen. Es ist in Leezen vor allem darauf zurückzuführen, daß das Stillen mit dem Tod des Säuglings aufhörte und damit der Schutz, den die Laktationsamenorrhöe vor neuen Konzeptionen bot, entfiel. Auch hierin fanden zwischen den einzelnen Perioden praktisch keine Veränderungen statt.

Die durchschnittlichen intergenetischen Intervalle vermitteln keine Vorstellung von den tatsächlichen Abständen zwischen den einzelnen Geburten, weil sie durch überlange Zeiträume vor der letzten Geburt beeinflußt sind. Sie können nur als Basis des Vergleichs mit anderen Regionen dienen. Dabei zeigen sich erneut deutliche Unterschiede zwischen Leezen, Hesel und der Schwalm (30,5

---

[1] Entsprechend der Vorgehensweise Gautier/Henrys wurden für die Auszählung aller intergenetischen Intervalle nur die Familien mit mindestens sieben Jahren Ehedauer herangezogen. Der Gegenüberstellung von Intervall nach Überleben und Intervall nach Tod des vorherigen Kindes im Säuglingsalter liegen alle Familien zugrunde, in denen beides vorkam.

Tab. 67 Durchschnittliche intergenetische Intervalle

a Familien mit mindestens einem überlebenden und einem gestorbenen Säugling
b alle Familien mit mindestens sieben Jahren Ehedauer
1 Intervall nach Überleben
2 Intervall nach Tod
3 alle Intervalle
4 Anzahl der Familien

	a				b	
	1	2	3	4	3	n
1720-	33.1	18.0	28.7	47	31.2	491
1770-	32.6	19.4	28.8	67	30.1	827
1820-	32.0	17.7	27.9	13	30.4	766
alle	32.5	18.5	28.5	127	30.5	2084

- 32,3 Monate) einerseits sowie Gabelbach (21,9 Monate) andererseits, die mit einer im letzteren Falle extrem hohen Säuglingssterblichkeit einhergehen.

Ein plastischeres Bild über die Kinderfolge in den einzelnen Ehen ergibt sich aus einer Aufschlüsselung nach erstem, zweitem, drittem, viertem, vorletztem und letztem Intervall für Familien mit sechs und mehr Kindern (Tab. 68). Diese Intervalle entsprechen beinahe exakt denen, die Henry für Crulai fand[1]). Der letzte Intervall ist in Leezen etwas länger, weil der Anteil der vollständigen Erstehen, die dort einen mittleren letzten Intervall von 39,4 Monaten haben, relativ groß ist. Eine Entwicklung ist auch in Tab. 68 nicht zu erkennen. Da auch bei kinderreichen Familien mit über sechs Geburten nur der erste intergenetische Intervall unter zwei Jahren lag, kann als Regel festgehalten werden, daß eine neue Konzeption erst ein bis eineinhalb Jahre nach der Geburt eines Kindes stattfand. Das spricht nicht für eine willentliche Verlängerung der Intervalle, denn es bedeutet eine Laktationsamenorrhöe von höchstens einem Jahr, was nach dem Wrigleyschen Modell[2]) als natürlich anzusehen ist.

---

[1]) Vgl. Gautier/Henry 1958, S. 141.
[2]) S. Wrigley 1969, S. 92.

Tab. 68 Intergenetische Intervalle bei Familien mit sechs
Kindern und mehr

a	Mittelwerte						
	1.	2.	3.	4.	V.L.	L.	n*
1720-	23.5	26.8	28.6	27.6	32.5	36.9	49
1770-	22.6	26.2	25.4	29.6	30.8	38.1	94
1820-	22.6	26.4	27.4	29.4	29.5	36.8	77
alle	22.8	26.4	26.8	29.1	30.8	37.4	220

b	Mediane					
	1.	2.	3.	4.	V.L.	L.
1720-	21.6	26.6	29.2	27.9	31.3	34.1
1770-	21.4	24.1	24.7	29.1	29.9	33.7
1820-	20.8	24.4	26.3	26.9	27.9	32.3
alle	21.4	24.7	26.3	28.0	29.9	33.4

* Die Anzahl der Familien ist beim ersten Intervall
wegen des Ausschlusses der vorehelichen Geburten
und beim vorletzten, der nur für Familien mit
mehr als sechs Kindern zu errechnen ist, geringer.

8.4.4.3 Protogenetische Intervalle

Die Feststellung der Immobilität trifft im wesentlichen auch für die protogenetischen Intervalle zu. Sie bezeichnen die Abstände zwischen den Heiraten und den ersten ehelich konzipierten Geburten, also solche, die nicht geringer als acht Monate waren. Der Mittelwert bewegte sich zwischen 15,5 (1770 - 1819) und 16,8 Monaten (1720 - 1769 und 1820 - 1869). Insgesamt wurde die Hälfte der Kinder in den letzten vier Monaten des ersten Ehejahres geboren (Tab. 69), wobei der Anteil der kurzen Intervalle etwas zunahm. Der Unterschied zwischen 1820 -1869 und 1770 - 1819 ist hierbei allein auf den zehnten Monat zurückzuführen, auf mit Sicherheit nach der Heirat gezeugte Kinder also. Das kontinuierliche Abnehmen langer Intervalle deutet auf eine zunehmende Fekundabilität hin[1]. Die Ursache dafür dürfte in einer Verbesserung des Ernährungs-

---
[1] Vgl. Knodel/Wilson 1981, S. 67.

Tab. 69 Verteilung der protogenetische Intervalle (in Monaten)

	8-9		10-11		12-17		18-		
	n	%	n	%	n	%	n	%	n
1720-	22	19.6	29	25.9	34	30.4	27	24.1	112
1770-	33	24.6	30	22.4	44	32.8	27	20.1	134
1820-	34	28.1	30	24.8	29	24.0	28	23.1	121
alle	89	24.3	89	24.3	107	29.2	82	22.3	367

standes zu suchen sein. Wichtig ist in diesem Zusammenhang, daß eine solche erhöhte Fekundabilität gegen die Annahme physiologischer Gründe für den Rückgang des Alters der Frau bei der letzten Geburt spricht.

Das unterschiedliche Heiratsalter spielte für die Länge des protogenetischen Intervalls eine untergeordnete Rolle (Tab. 70). Nach niedrigen Werten zwischen zwanzig und fünfundzwanzig Jahren blieb sie von fünfundzwanzig bis fünfundvierzig konstant, wobei allerdings bei dreißig- bis vierunddreißigjährigen Frauen unerklärlich hohe Durchschnittswerte anzutreffen sind. Eine "adoleszente Sterilität"[1] machte sich bei den Fünfzehn- bis Neunzehnjährigen nur geringfügig bemerkbar.

Tab. 70 Protogenetische Intervalle nach Heiratsaltern
1720 - 1869

	15-19	20-24	25-29	30-34	35-39	40-44	45-49	alle
n	40	143	121	41	17	5	0	367
Mw.	17.3	14.8	16.1	21.3	16.5	16.4	-	16.3
Md.	13.6	11.3	11.9	13.4	14.2	16.3	-	12.2

---
[1] S. Gautier/Henry 1958, S. 137.

8.4.5 Die saisonale Verteilung der Konzeptionen

Die Frage stellt sich, ob ähnlich wie die Mortalität auch die Fertilität von den Jahreszeiten abhängig war. Zu ihrer Beantwortung wurden sämtliche Lebendgeborenen der in Leezen wohnhaften Bevölkerung 1720 - 1869 nach Geburtsmonaten ausgezählt. Da unter den Totgeburten häufig Frühgeborene sind, konnten diese nicht berücksichtigt werden.

Es ergibt sich für die Geburts- und Konzeptionsmonate eine Verteilung, die insgesamt nicht zufällig ist (Irrtumswahrscheinlichkeit < 0,1%). Ausgeprägt viele Konzeptionen sind in keinem Monat zu verzeichnen, dagegen fallen der September und Oktober (Juni- und Juligeborene) durch niedrige Ziffern auf (Tab. 71 und Fig. 27). Signifikant (Irrtumswahrscheinlichkeit < 1%) ist dies allerdings nur im ersten Zeitraum spürbar, ab 1770 flachen die saisonalen Besonderheiten ab, so daß die Kurve ab 1820 schon einer Geraden sehr ähnlich ist. Die Anzahl der unehelichen Geburten, deren Verteilung eine andere ist als die der ehelichen[1], hat darauf keinen Einfluß. Ein ähnliches Verblassen saisonaler Muster wie bei den ehelichen Geburten war bei den Heiraten festgestellt worden[2]. Ein direkter Zusammenhang besteht hier nicht, denn beispielsweise der Oktober war vor 1770 ein bevorzugter Heiratsmonat, aber nur ein schwacher Konzeptionsmonat, der September trotz der vorehelichen Konzeptionen ein noch schwächerer.

Die Erklärung der Saisonalität der illegitimen Konzeptionen ist zweifellos einfacher als die der legitimen, obwohl sie keine statistische Signifikanz beanspruchen kann (Tab. 72 und Fig. 28). Es scheint sich aber der Eindruck aus den Ehegerichtsprotokollen[3] zu bestätigen, daß der Markt am Montag vor Jakobi (25. 7.), der mehr als Festivität vor der Ernte als für den Handel von Bedeutung

---

[1] Erstaunliche Parallelen finden sich, mit der Verschiebung um einen Monat, zwischen den Leezener illegitimen Geburten und einer westfälischen Propstei im 19. Jahrhundert (Hoffmann/Kawiani 1976, S. 782).

[2] S. Tab. 40.

[3] PAS, Fasc. 187-195.

Tab. 71 Saisonale Verteilung der Konzeptions- und Geburtsmonate
(alle Geborenen)

| Monat | | 1720- | | 1770- | | 1820- | | alle | |
K.	G.	n	I	n	I	n	I	n	I
JAN	OKT	104	97	164	106	196	93	464	98
FEB	NOV	117	112	153	102	207	101	477	104
MRZ	DEZ	120	112	146	95	211	100	477	101
APR	JAN	103	96	153	99	217	103	473	100
MAI	FEB	94	96	145	103	202	105	441	103
JUN	MRZ	116	108	163	106	195	93	474	100
JUL	APR	119	114	168	113	224	110	511	112
AUG	MAI	110	102	159	103	204	97	473	100
SEP	JUN	68	65	113	76	200	98	381	83
OKT	JUL	83	77	141	92	193	92	417	88
NOV	AUG	106	99	151	98	220	104	477	101
DEZ	SEP	126	121	160	107	213	104	499	109
alle		1266	1199	1816	1200	2482	1200	5564	1199

war[1]), in Leezen sehr das Entstehen relativ unüberlegter Verbindungen erleichterte. Das Aprilhoch wäre vielleicht mit dem Ostertermin, an dem das Gesinde eingestellt wurde, in Verbindung zu bringen [2]).

Die Beurteilung der Verteilung der ehelichen Geburten ist wesentlich schwieriger, da die in Leezen beobachtete Erscheinung eines Herbsttiefs bei den Konzeptionen eine über ganz Europa verbreitete war[3]). Da sie nicht nur auf dem Lande, sondern auch in einer Großstadt wie London

---

[1] Zu den Jakobifesten vgl. Sartori 1910, S. 239. Selbst im ausführlichen Marktkalender für 1837 findet sich Leezen nicht (s. Verzeichnis 1837).

[2] Vgl. Göttsch 1978, S. 37. Der zweite Wechseltermin war nach ihren Angaben Michaelis (29.9.), nach anderen Quellen (Schleswig-Holsteinische Provinzialberichte 8. 1794, 2, S.209) Altmichaelis (9.10.). An diesem zweiten Termin wurden allerdings weitaus mehr Bedienstete entlassen als eingestellt.

[3] Vgl. Dupâquier 1979b und Lebrun 1978.

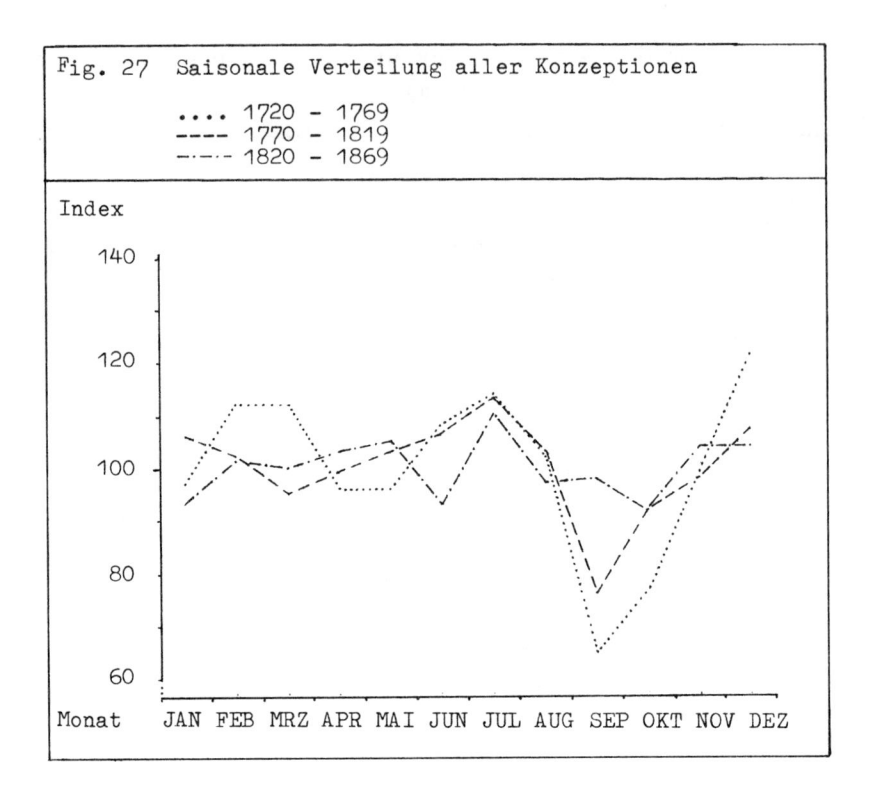

Fig. 27 Saisonale Verteilung aller Konzeptionen
  .... 1720 - 1769
  ---- 1770 - 1819
  -·-·- 1820 - 1869

beobachtet wurde[1]), ist man fast geneigt, einen naturgesetzlichen Zustand anzunehmen. Trotzdem soll versucht werden, am Beispiel Leezen einen Zusammenhang zwischen der Saisonalität der Fertilität und anderen bisher beobachteten Gegebenheiten herzustellen.

Eine Unterteilung nach Berufszweigen bringt hier keinen Erkenntnisgewinn. In allen Gruppen zeigte sich ein Septembertief, welches bei den Hufnern am stärksten und bei den Landarbeitern am schwächsten ausgeprägt war. Da alle Dorfbewohner irgendwie in die Landwirtschaft eingebunden waren, überrascht dies nicht sonderlich. In der Übergangszeit vom Spätsommer zum Herbst kam nach der Roggen- die Buchweizenernte zum Abschluß.[2]) Darauf wurde vermutlich bereits eine gewisse Menge Korn ausgedroschen, und die Feldarbeit der Bestellung des Winterroggens

---

[1]) S. Wrigley/Schofield 1981, S. 292.

[2]) Es galt als zeitig, wenn sie Mitte September abgeschlossen war.

Tab. 72 Saisonale Verteilung legitimer und illegitimer Geburten 1720 - 1869

Monat		Typ 1-3		Ill.	
K.	G.	n	I	n	I
JAN	OKT	270	98	16	90
FEB	NOV	273	102	16	93
MRZ	DEZ	286	104	15	85
APR	JAN	267	97	26	147
MAI	FEB	259	103	17	105
JUN	MRZ	269	97	20	113
JUL	APR	301	113	27	153
AUG	MAI	284	103	18	101
SEP	JUN	200	75	17	99
OKT	JUL	243	88	14	79
NOV	AUG	299	108	13	73
DEZ	SEP	301	113	10	53
alle		3252	1201	209	1200

begann[1]). Diese Arbeiten können im 18. Jahrhundert zu einer kumulierten Erschöpfung geführt haben, die sich negativ auf das Sexualleben oder die Fekundabilität auswirkte. Eine Änderung dieses Zustandes war von der geringeren Arbeitsbelastung im 19. Jahrhundert zu erwarten[2]). Der fast gleichzeitig stattfindende Übergang zu verstärkter Viehzucht könnte in die gleiche Richtung gewirkt haben. Das legt zumindest ein Vergleich mit der schleswig-holsteinischen Marsch, in der es kein Septembertief gab[3]), nahe.

Die Hypothese eines dominierenden Einflusses des Arbeitsrhythmus auf die Fertilität in Leezen erscheint also plausibel. Die Forschungsdiskussion ist aber, mitbedingt durch die relativ weite Verbreitung ähnlicher saisonaler Muster der Fertilität, noch zu wenig abgeklärt, um eine bestimmte Interpretation im Falle Leezens zu stützen.

---
[1]) Vgl. Krieg 1931, S. 43 f und Schleswig-Holsteinische Provinzialberichte 1799, 5, S. 21.
[2]) S.o, S. 169 f.
[3]) Vgl. Lorenzen-Schmidt 1982.

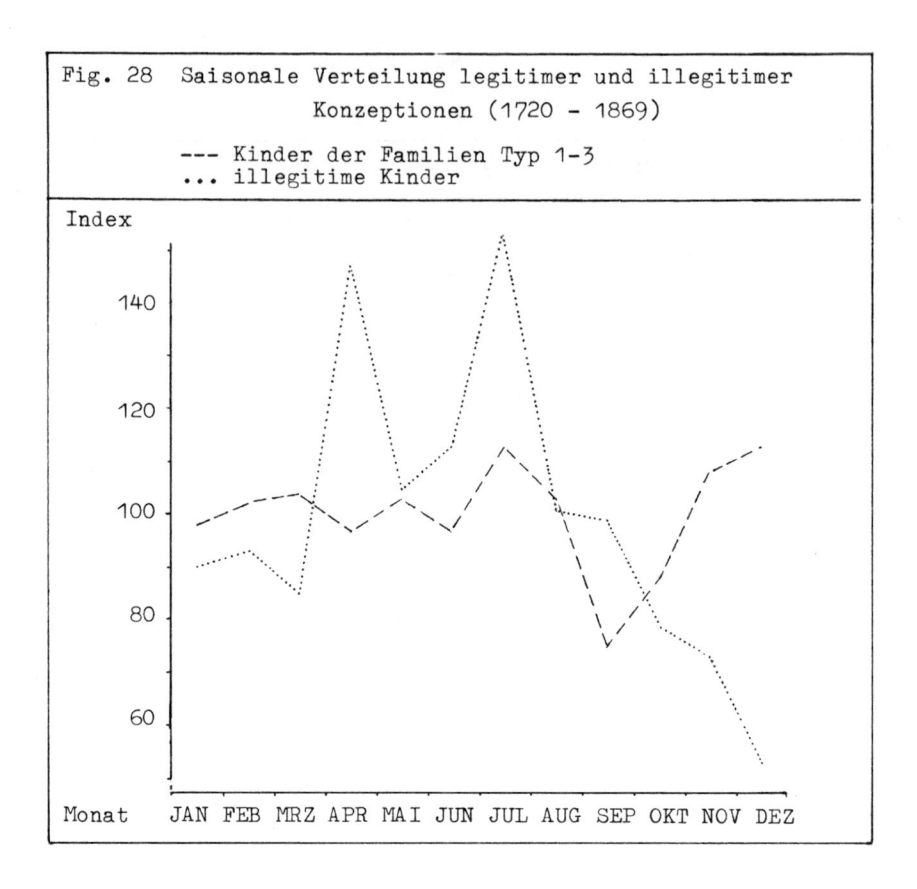

Fig. 28 Saisonale Verteilung legitimer und illegitimer Konzeptionen (1720 - 1869)

--- Kinder der Familien Typ 1-3
... illegitime Kinder

8.5 Fertilitätsunterschiede zwischen Erst- und Wiederverheiratungen

Nachdem die einzelnen Variablen, deren Werte meist für die Gesamtbevölkerung errechnet wurden, vorgestellt sind, gilt es zu untersuchen, ob nicht durch die Unterscheidung in Teilpopulationen Erkenntnisse über ein unterschiedliches generatives Verhalten gewonnen werden können. Damit sind vielleicht einige der beobachteten Besonderheiten nach 1820 zu erklären, die als Anzeichen einer einsetzenden Geburtenbeschränkung interpretierbar sind.

Nur scheinbar war die gesamte Fruchtbarkeit der Ehen, in denen die Frau Witwe war und der Mann eine erste Ehe einging, deutlich niedriger als bei den beidseitigen Erstehen (Tab. 73), denn dies liegt nur daran, daß die

Altersklasse zwanzig bis vierundzwanzig Jahre mit nur einer Geburt und wenigen Frauenjahren vertreten ist. Die folgenden Alter weisen dagegen eine insgesamt höhere Fertilität auf (Descendance Finale 25 - 49 Jahre 6,22 gegenüber 5,73 bei allen Erstehen Typ 1). Demgegenüber sind die Werte der Erstehen der Frau, bei denen der Mann sich zum zweiten oder dritten Male verheiratete, in ihrer Aussagekraft mit denen der Erstehen vergleichbar. Die Altersstruktur der ehelichen Fruchtbarkeit stellt sich bei ihnen unterschiedlich dar (Fig. 29). Vom fünfundzwanzigsten Lebensjahr an war die Fruchtbarkeit in der Gruppe B niedriger, am weitesten klaffte die Lücke in der zweiten Hälfte des vierten Lebensjahrzehnts. Damit einher ging ein signifikant niedrigeres Alter bei der letzten Geburt von Frauen in vollständigen Erstehen, die einen Witwer heirateten, gegenüber denen, die einen Ledigen ehelichten[1]. Leider läßt sich wegen der geringen Zahlendichte hierbei keine zeitliche Entwicklung erkennen.

Zweifellos ist aber das Verhältnis zwischen Erstehen und Wiederverheiratungen in Leezen ungewöhnlich. Nicht nur, daß der Anteil der letzteren im Verhältnis zu anderen Untersuchungsgebieten erstaunlich hoch war[2], auch die Fertilität entspricht nicht den Erwartungen[3]. Während sie sonst überall gleich oder höher war, bewirkten die männlichen Wiederverheiratungen, daß sie in Leezen 1720-1869 außerordentlich niedrig war. Welche Gründe gibt es für diese den Erkenntnissen Knodels[4] diametral entgegengesetzte Tendenz?

Die einfachste Erklärung wäre dadurch gegeben, daß man eine "Altersschwäche" des Mannes annimmt, der in diesen Ehen im Durchschnitt über dreizehn Jahre älter als die Frau war[5]. Ebenso wahrscheinlich erscheint auch die Möglichkeit, daß eine bewußte Einschränkung der Fruchtbarkeit in diesen Ehen stattfand, vor allem dann, wenn der Mann schon Kinder mit in die Ehe brachte. Eine eindeutige Bestimmung der Ursachen ist aber nicht möglich, da nur bei vierundzwanzig vollständigen Wiederverheiratungen des Mannes mit einem Heiratsalter der Frau unter dreißig

---

[1] S. Tab. 62.
[2] S. Tab. 44.
[3] Vgl. Imhof 1981b, S. 210 und Knodel 1981.
[4] Knodel 1981, S. 599 ff.
[5] Vgl. Houdaille 1976.

Tab. 73 Fruchtbarkeitsraten der Untergruppen des Typ 1

73.1. Beidseitige vollständige Erstehen

	15-19	20-24	25-29	30-24	35-39	40-44	45-49	TMFR
1720-	324	499	443	328	272	126	20	8.44
1770-	450	515	428	347	275	127	15	8.54
1820-	618	547	427	319	242	86	6	8.14
alle	466	521	431	331	261	111	12	8.34

73.2. Beidseitige unvollständige Erstehen

	15-19	20-24	25-29	30-34	35-39	40-44	45-49	TMFR
1720-	0	474	353	314	175	134	0	7.25
1770-	483	431	381	392	345	128	0	8.39
1820-	428	538	420	334	234	124	0	8.25
alle	449	479	390	347	255	128	0	8.00

73.3. Alle Wiederverheiratungen

	15-19	20-24	25-29	30-34	35-39	40-44	45-49	TMFR
1720-	733	420	349	309	178	32	0	6.44
1770-	251	495	392	326	212	107	7	7.70
1820-	433	596	414	317	150	95	0	7.86
alle	392	518	394	319	180	90	3	7.52

73.4. Untergruppen der Wiederverheiratungen 1720-1869
a Erstehe der Frau - Wiederverheiratung des Mannes
b Erstehe des Mannes - Wiederverheiratung der Frau

	15-19	20-24	25-29	30-34	35-39	40-44	45-49	TMFR
a	392	529	386	273	147	68	0	7.02
b	0	284	437	437	248	117	5	7.64

Jahren dessen Alter und die Zahl der von ihm in die Ehe mitgebrachten Kinder bekannt sind. Auf dieser Grundlage ergeben sich zwischen keinem der letztgenannten Faktoren und dem Alter der Frau bei der letzten Geburt signifikante Korrelationen.

Fig. 29 Fruchtbarkeitsraten von Untergruppen Typ 1
1720 - 1869

A beidseitige Erstehen
B Erstehen der Frau, Wiederverheiratungen des Mannes

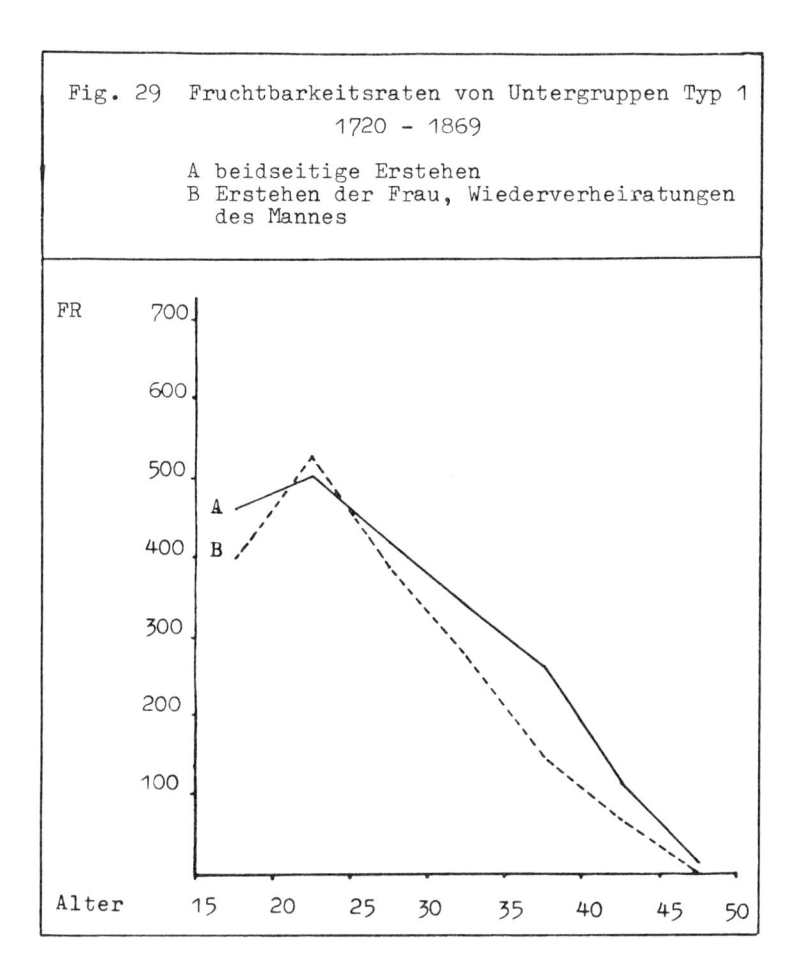

8.6 Fertilitätsveränderungen durch Heiratsalter und Ehedauer - gab es eine kinderzahlabhängige Geburtenbeschränkung?

Bei einer Untergliederung der altersspezifischen Fruchtbarkeitsraten nach dem Alter der Frau bei der Heirat erweist es sich, daß die "Descendance Finale" ab fünfundzwanzig Jahren immer höher ist als nach der Auswertung aller Heiratsalter zu erwarten[1]. Dies findet durch die

---
[1] S. Tab. 58.

höhere Fruchtbarkeit in der Altersklasse, in der die
Heirat stattfand, eine einfache Erklärung (Tab. 74). Die

Tab. 74 Fruchtbarkeitsraten nach Heiratsalter 1720 - 1869

	15-	20-	25-	30-	35-	40-	45-	D.F.*	D.F.E.*
15-19	450	448	372	298	220	85	0	9.37	10.33
20-24		529	389	326	247	105	7	8.02	8.08
25-29			479	338	237	97	11	5.81	5.55
30-34				381	261	123	34	4.00	3.48
35-39					306	151	0	2.29	1.22
40-44						155	0	0.78	0.59
45-49							0	0	0.05
alle	450	505	414	333	245	108	10		

* D.F.   Nachkommenschaft unter Zugrundelegung der Fruchtbarkeitsraten
  D.F.E. Erwartete D.F.-Werte nach den Fruchtbarkeitsraten für alle Heiratsalter (vgl. Tab. 58)

später als im dreißigsten Lebensjahr der Frau geschlossenen Ehen wiesen zudem noch relativ hohe Raten nach dem vierzigsten auf, während umgekehrt bei den frühesten Ehen schon eine Abnahme ab fünfunddreißig festzustellen ist. Dieses Gesamtbild für 1720 - 1869 hat keineswegs etwas Außergewöhnliches.

Anders sieht es bei einer Darstellung der Fertilitätsraten nach Ehedauer in Einzelzeiträumen aus. Gegenüber einer Berechnung nach Altersklassen hat diese den Vorteil, Verzerrungen, die durch erste Geburten verursacht werden, die kurz nach der Heirat gerade noch in derselben Altersklasse stattfanden, zu vermeiden. Interessant sind schon von der quantitativen Bedeutung her nur die Heiratsalter zwanzig bis vierundzwanzig und fünfundzwanzig bis neunundzwanzig Jahre (Tab. 75 und Fig. 30). Es zeigt sich dabei, daß hier die "Verursacher" der im vierten Lebensjahrzehnt nach 1820 sinkenden Fertilität zu suchen sind, denn die einzige signifikante Veränderung (Irrtumswahrscheinlichkeit < 5%) gegenüber 1770 - 1819 fand bei den im Alter der Frau von zwanzig bis fünfundzwanzig Jahren geschlossenen Ehen im dritten Ehejahrfünft statt. Aber auch hier ist, wie im Falle des Alters bei der letzten Geburt, der Unterschied zu 1720 - 1769 nicht sehr ausgeprägt.

Tab. 75 Fruchtbarkeitsraten nach Ehedauer

Heiratsalter 20-24 Jahre						
	0-5	5-9	10-14	15-19	20-24	DF
1720	464	331	271	199	57	6.61
1770	447	360	317	214	56	6.95
1820	476	351	232	147	25	6.16
alle	461	350	275	185	44	6.58

Heiratsalter 25-29 Jahre						
	0-5	5-9	10-14	15-19	20-24	DF
1720	400	301	178	62	(14)	4.78
1770	460	295	212	76	(6)	5.25
1820	423	279	161	30	(4)	4.49
alle	429	289	181	52	(7)	4.79

Mit der Frage, welchen Einfluß die Ehedauer auf einen Entschluß, die Prokreation einzustellen, hatte, ist zugleich die Frage nach dem Einfluß der Kinderzahl gestellt. Da nämlich eine direkte Korrelierung zwischen Kinderzahl und Alter der Frau bei der letzten Geburt nicht möglich ist, da das Heiratsalter als Störgröße nicht zu eliminieren ist, ohne zu kleine Untersuchungsgruppen zu bekommen, und weil die Geburtenabstände sich kaum veränderten, können Ehedauer und Kinderzahl als Variablen mit gleichem Aussagewert behandelt werden. Mit Knodel[1] soll hier angenommen werden, daß eine Geburtenbeschränkung als altersabhängig zu bezeichnen ist, wenn das Sinken der Fertilitätsraten in den dafür in Frage kommenden Klassen nach dem dreißigsten Lebensjahr der Frau für alle Heiratsalter gleich intensiv stattfand. Als kinderzahlabhängig ist sie zu bezeichnen, wenn die Veränderung bei den jungen Heiratsaltern am deutlichsten eintrat.

Für Leezen ist die Entscheidung zwischen diesen Alternativen schon dadurch zugunsten der zweiten gefallen, daß bei den zwischen dem zwanzigsten und fünfundzwanzigsten Lebensjahr Heiratenden die Ehedauer 1820 - 69 einen deutlich negativeren Einfluß auf die Fertilität ausübte als in den vorangegangenen Zeiträumen. Zur Überprüfung dieser Entscheidung kann aber die Tab. 76 dienen, die - unter Beibehaltung der Periodisierung - mit den Berechnun-

---
[1] Knodel 1979, S. 515.

Tab. 76 Synopse ausgewählter Fertilitätsmaße für 1703 - 1852 geborene Frauen nach Heiratsalter

	\multicolumn{9}{l}{a Veränderung 1803-52 gegenüber 1703-52}

	TMFR 30-49			Geburten (Mw)			Alter bei der letzten Geburt (Mw)		
H.alter	18-22	23-27	28-32	18-22	23-27	28-32	18-22	23-27	28-32
1703-	3.72	3.57	3.13	8.0	6.0	3.1	39.7	39.8	39.8
1753-	3.93	3.70	3.99	7.8	5.6	4.1	38.9	39.2	40.3
1803-	2.91	3.11	3.33	6.9	5.3	3.4	36.5	37.5	39.5
a	-0.81	-0.46	+0.20	-1.1	-0.7	+0.1	-3.2	-2.3	-0.3
b	-0.92	-0.59	-0.66	-0.9	-0.3	-0.7	-2.4	-1.7	-0.8
n 1703-				20	37	17			
n 1753-				35	49	18			
n 1803-				22	55	25			

a Veränderung 1803-52 gegenüber 1703-52
b Veränderung 1803-52 gegenüber 1753-1802
n Anzahl Ehen Typ 11 (für die TMFR-Berechnung wurden alle Ehen Typ 1 herangezogen)

gen Knodels[1]) vergleichbar ist. Eine Entwicklung, wie sie bei einsetzender Geburtenbeschränkung zu erwarten wäre, ist unverkennbar. Sie führte dazu, daß im letzten Untersuchungszeitraum die jung heiratenden Frauen ein Kind weniger zur Welt brachten als im ersten und sich bei der letzten Geburt erst im siebenunddreißigsten Lebensjahr befanden. Dagegen änderte sich das Fertilitätsmuster der spät heiratenden Frauen praktisch nicht. Diese Wandlungen sind eindeutiger als in vielen der von Knodel untersuchten Dörfer[2]). Es muß also angenommen werden, daß bei einer Reihe von jung heiratenden Eheleuten bereits noch vor der Mitte des neunzehnten Jahrhunderts sich in begrenztem Maße geburtenplanerisches Verhalten einstellte. Darauf, daß dieses tatsächlich kinderzahlabhängig war, weist hin, daß die Anzahl der Kinder dieser Gruppe, die das fünfzehnte Lebensjahr erreichten, auf diese Weise konstant bei 5,1 -5,3 gehalten wurde.

---

[1]) Ebenda, S. 516.

[2]) Vgl. ebenda. Der Mittelwert des Alters bei der letzten Geburt hatte für die jung Heiratenden 1803-1852 einen 95%-Konfidenzintervall von 34,1 - 39,0 Jahren.

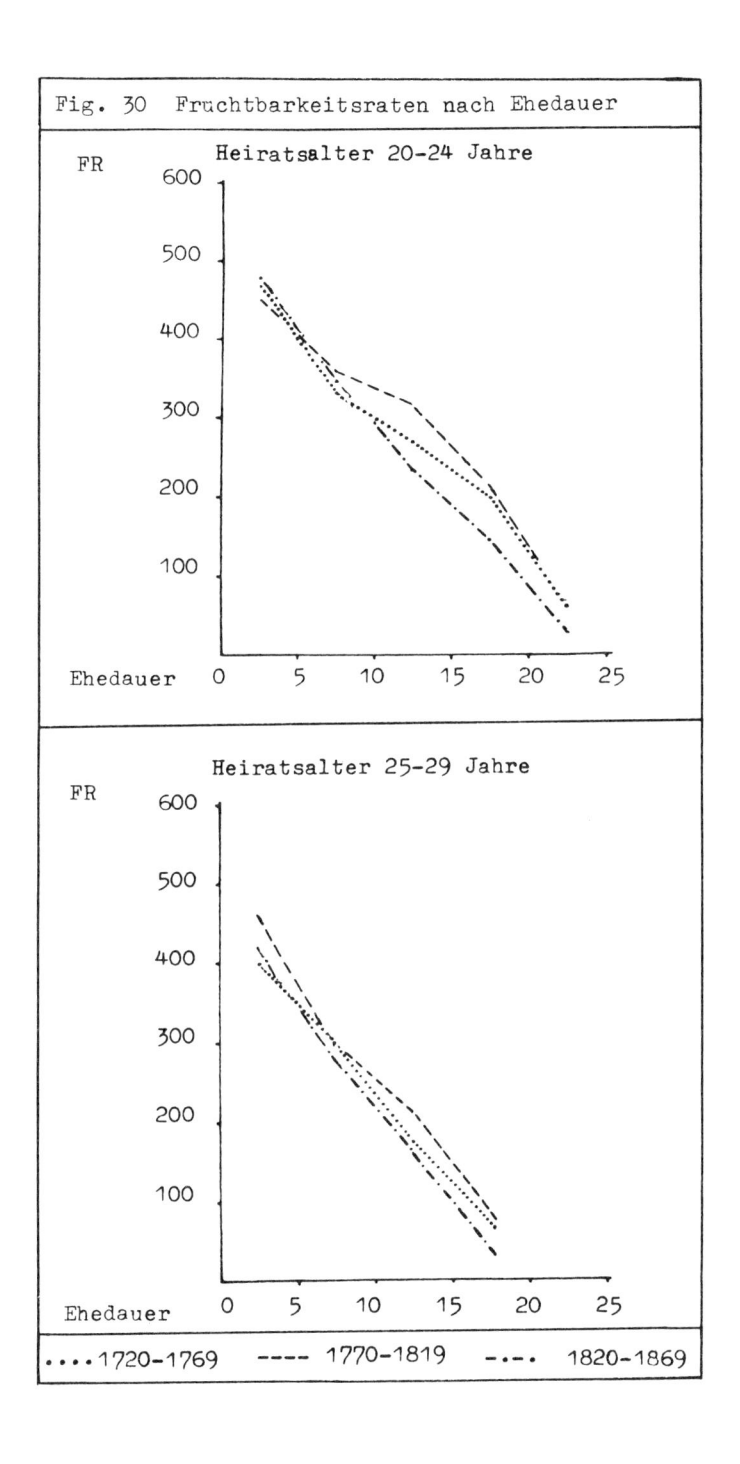

Fig. 30 Fruchtbarkeitsraten nach Ehedauer

Heiratsalter 20-24 Jahre

Heiratsalter 25-29 Jahre

•••• 1720-1769   ---- 1770-1819   -•-• 1820-1869

8.7 Lokale Besonderheiten[1]

Der Vergleich der TMFR für vollständige beidseitige Erstehen und der Fertilitätsraten in einzelnen Altersgruppen ergibt bei zwischen den Kirchspieldörfern gleichem Heiratsalter überraschende Divergenzen (Tab. 77). Diese

Tab. 77 Fruchtbarkeitsraten nach Orten 1720 - 1869

	15-	20-	25-	30-	35-	40-	45-	TMFR
Leezen	370	541	435	342	251	105	8	8.41
Heiderfeld	489	492	421	373	281	130	14	8.56
Krems	514	581	473	319	270	116	0	8.80
Niendorf	517	471	373	295	231	98	14	7.41
Neversdorf	639	519	393	300	194	94	4	7.52
Tönningstedt	374	427	418	373	255	115	5	7.97
Neverstaven-T.	0	607	418	330	274	127	29	8.93
alle	527	507	415	332	246	109	10	8.10

Verteilung der TMFR-Werte kann nicht mehr als zufällig angesehen werden (Irrtumswahrscheinlichkeit < 5%), was allein auf die Abweichungen in Neversdorf zurückzuführen ist. Eine feinere Untergliederung ist kaum sinnvoll, es scheint aber doch, daß dort die Fertilität nur im zweiten und dritten Zeitraum niedriger war als in Leezen und dies besonders in der Altersgruppe der fünfunddreißig- bis neununddreißigjährigen Frauen. Zumindest ist dieser Unterschied für alle Ehen statistisch signifikant (Irrtumswahrscheinlichkeit <1%). Dies braucht aber nicht zu heißen, daß in Neversdorf generell ein abweichendes generatives Verhalten herrschte. Dazu war der Unterschied im Alter bei der letzten Geburt zu gering. Trotzdem kann im Einzelfalle Geburtenplanung nicht ausgeschlossen werden. So ist zum Beispiel auffällig, daß zwei der 1820 - 1869 geschlossenen drei vollständigen Erstehen mit nur einem oder gar keinem Kind solche waren, in denen das verheiratete Paar bei den Eltern des Mannes lebte, ohne den Haushaltsvorstand zu stellen. Diese individuellen Formen der Kontrazeption fallen in Neversdorf wegen der geringen Datendichte in besonderem Maße auf. Sie bezeich-

---
[1] Die Ehe wurde dem Ort zugeordnet, an dem das Ende der Verbindung stattfand.

nen deshalb noch nicht das typische generative Verhalten des Dorfes.

Während in Niendorf und Neversdorf die Fertilität im neunzehnten Jahrhundert niedriger war als im achtzehnten, ging die Tendenz in Leezen in die entgegengesetzte Richtung. Es ist anzunehmen, daß dies auf die Handwerker als die charakteristische soziale Gruppe des Kirchdorfs zurückzuführen ist.

8.8 Differentielle Fertilität nach sozialem Status

Das signifikant jüngere Heiratsalter der Frau[1] läßt bei der Gruppe der Vollbauern eine tendenziell niedrigere Fruchtbarkeit in höherem Alter erwarten. Das Gegenteil ist aber der Fall. Zwischen dem fünfundzwanzigsten und dem vierzigsten Lebensjahr zeigt sie vielmehr durchgängig die höchsten Raten (Tab. 78). Die Kombination zwischen früher

Tab. 78 Fruchtbarkeitsraten nach sozialem Status 1720 - 1869

1 Hufner
2 Kleinbauern
3 Landarbeiter
4 Gewerbetreibende

	15-	20-	25-	30-	35-	40-	45-	TMFR
1	471	495	445	369	254	114	10	8.44
2	360	474	391	312	236	85	13	7.56
3	776	549	366	290	242	114	13	7.87
4	187	514	445	355	252	120	0	8.43

Heirat und hoher Fertilität bewirkte, daß die Anzahl der Geburten in der Gruppe 1 signifikant höher war. So hatte sie in vollständigen Erstehen, die vor dem dreißigsten Lebensjahr der Frau geschlossen wurden, durchschnittlich 7,3 Geburten (n 63, 95% CI 6,8 - 7,9), die zweite Gruppe 6,0 (n 48, 95% CI 5,1 - 6,8), die dritte 5,2 (n 53, 95% CI

---
[1] s. Tab. 48.

4,5 - 6,0), die vierte 5,9 (n 41, 95% CI 5,2 - 6,5). Das bedeutete, daß in den Hufnerfamilien ein Kind mehr das Erwachsenenalter erreichte als in anderen[1]. Mit zunehmendem Alter verringerten sich die Fertilitätsdifferenzen, das Alter bei der letzten Geburt war schließlich bei allen sozialen Gruppen beinahe identisch. Dies spricht dagegen, daß eine stärker als die andere Geburtenplanung in dem Sinne betrieb, daß sie nach dem Erreichen einer bestimmten Anzahl von Kindern auf weiteren Nachwuchs verzichtete. Allein aufgrund der Altersgruppen zwischen fünfundzwanzig und fünfunddreißig Jahren sind die TMFR-Unterschiede bedeutend[2]. Die im Dorf am stärksten vertretenen Elemente, die Hufner und die Landarbeiter, weisen hier einen hochsignifikanten Gegensatz auf (Irrtumswahrscheinlichkeit <0,5%), der nach einer Erklärung verlangt (Fig. 31).

Die Fertilitätsunterschiede können nach diesem Sachverhalt nur in den Geburtenintervallen begründet liegen. Ein Blick auf die Intervallkategorien (Tab. 79) bestätigt dies. Mehr noch in den familiären Durchschnittsintervallen als in den Kategorien Dupâquier/Lachivers werden die Differenzen deutlich (Tab. 80 und Fig. 32). Es gibt vier mögliche Erklärungen für diese Gegensätze, nämlich kurzfristige Wanderungen, unterschiedlicher Ernährungsstandard, schichtenspezifische Stillgewohnheiten und bewußte oder unbewußte Steuerung, wobei es natürlich am einfachsten wäre, die Intervallunterschiede als in einer größeren Mobilität der Landarbeiter begründet anzusehen[3]. Da eine Unterregistrierung auswärtiger Geburten im Leezener Material minimiert werden konnte bzw. Migrantenfamilien nicht in die Berechnung einbezogen wurden[4], wäre es in diesem Zusammenhang also die saisonale Abwesenheit, von der fertilitätsbeschränkende Einflüsse ausgegangen wären. Eine solche ist aber in der jahreszeitlichen Verteilung der Konzeptionen keineswegs zu erkennen, denn die Vertei-

---

[1] Die subjektive Einschätzung der Zeitgenossen tendierte dagegen mehr dahin, daß die Insten "die meisten Kinder haben" (Schleswig-Holsteinische Provinzialberichte 6. 1792, 2, S. 168).

[2] Vgl. auch die Fertilität der Leezener Landarbeiter (Tab. 78) mit der der Gesamtpopulation des insgesamt relativ armen Dorfes Hesel (Tab. 61 und Fig. 26).

[3] Vgl. Johansen 1981.

[4] S.o., S. 63 f.

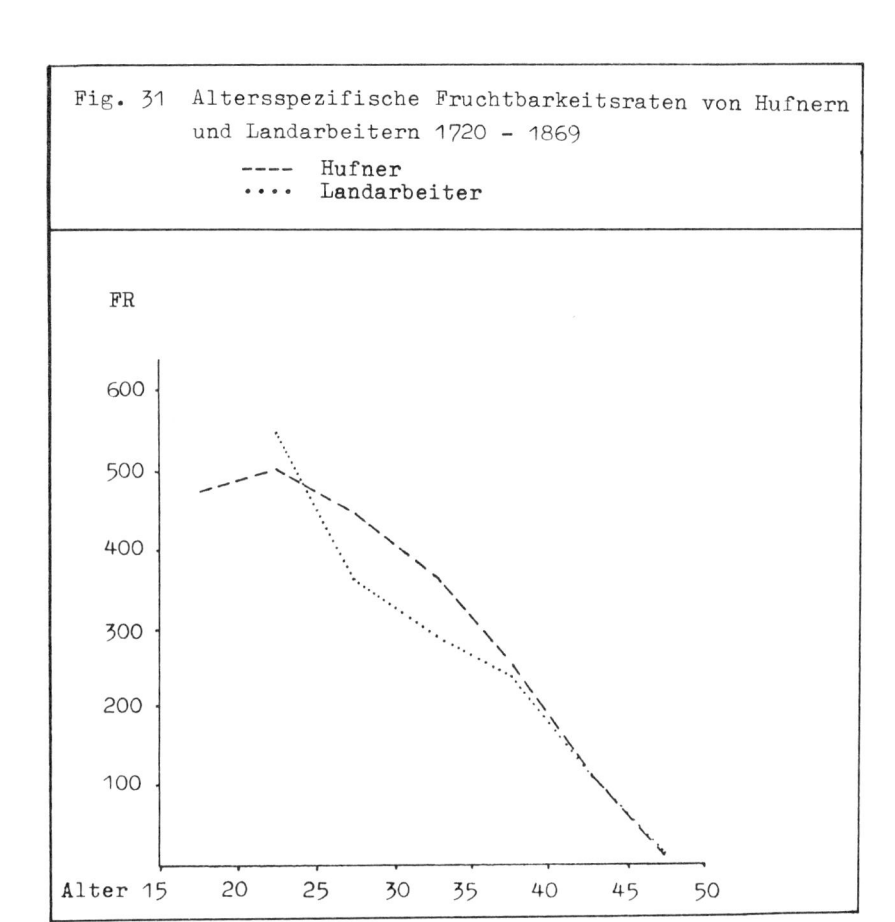

Fig. 31 Altersspezifische Fruchtbarkeitsraten von Hufnern
und Landarbeitern 1720 - 1869
---- Hufner
.... Landarbeiter

Tab. 79 Intervallkategorien nach sozialem Status 1720 - 1869

	-18		19-30		31-48		49-		
	n	%	n	%	n	%	n	%	n
Hufner	0	0	67	39.4	61	35.9	42	24.7	170
Kleinbauern	1	0.9	33	30.8	34	31.8	39	36.4	107
Landarbeiter	1	0.8	28	22.4	47	37.6	49	39.2	125
Gewerbetreibende	0	0	31	39.7	28	35.9	19	24.3	78

lung der Geburten über das Jahr unterscheidet sich kaum von der der Hufner. Folglich kann nicht ein anderer jahreszeitlicher Arbeitsrhythmus für die Fertilitätsunterschiede verantwortlich gemacht werden. Eine Abwesenheit

Tab. 80 Durchschnittliche intergenetische Intervalle nach
sozialem Status 1720 - 1869

	-18		19-30		31-48		49-		0-1 Kd		
	n	%	n	%	n	%	n	%	n	%	n
Hufner	3	1.8	114	67.1	37	21.8	10	5.9	6	3.5	170
Kleinbauern	3	2.8	49	45.8	36	33.6	6	5.6	13	12.1	107
Landarbeiter	1	0.8	37	29.6	57	45.6	14	11.2	16	12.8	125
Gewerbetreibende	1	1.3	38	48.7	28	35.9	5	6.4	6	7.7	78

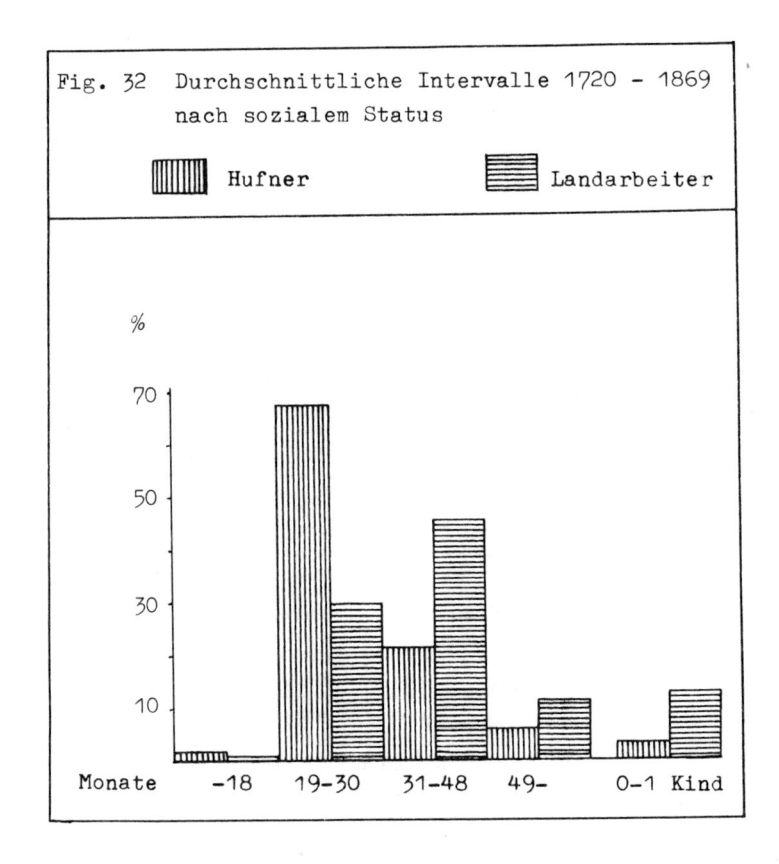

Fig. 32 Durchschnittliche Intervalle 1720 - 1869
nach sozialem Status

von einigen Männern über das ganze Jahr wäre mit diesen Methoden zwar nicht auszuschließen, dafür gibt es aber keine Hinweise. Dagegen spricht, daß die Fertilität der Kleinbauern ähnliche Strukturmuster aufweist wie die der Landarbeiter.

Ein Einfluß physiologischer Faktoren ist nicht ohne weiteres von der Hand zu weisen, da ein genereller

Zusammenhang zwischen Ernährung und Fruchtbarkeit, vermittelt über die Dauer der Amenorrhöe nach einer Geburt, durchaus anzunehmen ist[1]. Dieses Theorem hilft aber beim Leezener Problem nicht weiter, weil die Nahrungsmittelversorgung sich zwischen 1720 und 1870 verbesserte oder zumindest, wie der Wegfall von Krisen zeigt, stabilisierte. Die Differenz zwischen Hufnern und Landarbeitern blieb aber weiterhin konstant, wobei die Fruchtbarkeit in beiden Gruppen im letzten Zeitraum sogar noch leicht sank. Die Stillgewohnheiten in Leezen können schließlich nicht pauschal als von sozialen Kriterien bestimmt bezeichnet werden, soweit dies die biometrische Analyse erkennen läßt. Allerdings weist die geschlechtsspezifische Behandlung von Hufnerkindern auf einen möglichen Spezialfall frühzeitigen Abstillens hin, nämlich nach Mädchengeburten[2]. Eine Verkürzung der Intervalle und eine Erhöhung der Fruchtbarkeit waren die Folgen.

Verallgemeinert man diese letzte Erkenntnis, so gewinnt die These an Wahrscheinlichkeit, daß die Eltern eine gewisse Geburtensteuerung betrieben, wobei hier dahingestellt sei, wieweit diese bewußt oder unbewußt war. Deutlich sind aber die dahinterstehenden Interessen. Ziel der Hufner war es, möglichst schnell potentielle Erbfolgen und Arbeitskräfte zu bekommen, und tatsächlich erreichten sie eine höhere Fruchtbarkeit. Daß dadurch bei den Leezener Bauern nicht unbedingt Jungen, sondern tendenziell eher weitere Mädchen zur Welt kamen, steht auf einem anderen Blatt. Nicht belastet von solchen Sorgen, zogen die Kleinbauern und Insten eine langsamere Geburtenfolge vor. Gerade bei letzteren wogen die Lasten der Familie schwer, weshalb sie auch oft erst dann heirateten, wenn es sich nicht mehr vermeiden ließ[3]

Die Leezener Beobachtungen decken sich im wesentlichen mit der Erkenntnis Derouets, daß die Landarbeiter unter den Bedingungen des Ancien Régime am ehesten zur Geburtenbeschränkung neigten[4]. Sie waren der Hauptträger gesell-

---

[1] Vgl. Delgado 1978.

[2] S.o., S. 159.

[3] S. Tab. 38.

[4] Vgl. Derouet 1980, S. 13. Wuelker (1940, S. 14 u. S. 16) stellte dagegen bei hannöverschen Bauersfrauen für 1740 - 1890 ein niedrigeres Alter bei der letzten Geburt (36,9 Jahre) fest als bei Frauen aus niedrigeren sozialen Schichten.

schaftlicher Regulierung des Nachwuchses. Eine höhere Fertilität bei den Ober- als bei den Unterschichten läßt sich auch sonst in Deutschland wiederfinden, hier allerdings in der Studie Lees[1] eher als in den Untersuchungen Knodels[2]. Gaunt[3] wies für eine Gesamtpopulation die Verringerung der Fruchtbarkeit durch Streckung der Geburtenintervalle in jungen Jahren nach, so daß eine solche diffuse und letztlich nicht sehr effektive Form der Geburtenregelung nicht zu befremden braucht.

Ähnliche Erscheinungen, allerdings mit Gründen, die den von Gaunt angeführten zuwiderlaufen, traten auch im oldenburgischen Butjadingen auf[4]. In Hinsicht auf die soziale Differenzierung muß also auch für Leezen das Vorhandensein von Geburtenbeschränkung teilweise anerkannt werden. Sie fand unabhängig von den nach 1820 einsetzenden Veränderungen bereits in der klassischen Phase des demographischen Ancien Régime in Leezen statt und unterscheidet sich von diesen dadurch, daß sie nicht kinderzahlabhängig war und somit nicht zu einem Geburtenstopp mit einem unterschiedlichen Alter der Frau bei der letzten Geburt, sondern zu einer Streckung der Geburtenintervalle bei den Insten führte.

8.9 Zusammenfassung

Das zuerst ins Auge fallende Charakteristikum der ehelichen Fruchtbarkeit in Leezen 1720 - 1869 ist ihre Unveränderlichkeit. Ihr Muster ist durch einige wenige Grunddaten zu charakterisieren, nämlich eine gesamte eheliche Fruchtbarkeit zwischen zwanzig und neunundvierzig Jahren von 8,1, ein Alter bei der letzten Geburt von durchschnittlich knapp neununddreißig Jahren, protogenetische Intervalle mit einem Mittel von sechzehn und intergenetische mit einem von einunddreißig Monaten. Gut die Hälfte der vollständigen Erstehen hatte eine Nachkommenschaft von fünf bis acht Kindern. Die Wiederverheiratungen der Frauen

---

[1] Lee 1977, S. 45.
[2] Knodel 1979, S. 512.
[3] Gaunt 1973.
[4] S. Norden 1982.

wiesen eine tendenziell höhere Fruchtbarkeit, die der
Männer eine niedrigere auf als die Erstehen.
Es zeigte sich aber, daß die summarischen Zahlen strukturelle Unterschiede verbergen, die von einer großen
Beständigkeit waren. Dies gilt besonders für die Fertilitätsunterschiede zwischen Hufnern und Landarbeitern. Sie
weisen darauf hin, daß "versteckte" Formen der Geburtenplanung, die auf einer Streckung von Geburtenintervallen
beruhten, den ganzen Beobachtungszeitraum hindurch
existierten. Damit erweist sich die Fruchtbarkeit als
Bestandteil einer traditionellen demographischen Struktur,
die als "autoreguliert" gekennzeichnet werden kann, wobei
- wie bereits beim Heiratsalter - die Beschränkung des
gesellschaftlichen Nachwuchses allein durch die Unterschichten geleistet wurde. Die Landhandwerker unterwarfen
sich diesen Zwängen bezeichnenderweise immer weniger - sie
waren nach 1820 die fertilste Gruppe -, während die fester
in dem vom Agrarischen her geprägten traditionellen Gefüge
des Dorfes stehenden Kleinbauern sich in ihrer Prokreation
ähnlich wie die Landarbeiter einrichteten[1]. Ein anderes
Beispiel für festetablierte Fertilitätsdifferenzen könnte
der Unterschied zwischen Erst- und Wiederverheiratungen
des Mannes sein. Es war hier aber wegen der schmalen
Zahlenbasis nicht zu bestimmen, ob sich im Laufe des
Untersuchungszeitraums Veränderungen ergaben. Der Geburtenbeschränkung, die allerdings wie bei den sozialen
Unterschieden nicht zweifelsfrei nachgewiesen werden
konnte, hätte in diesem Falle mit dem frühen Beenden der
prokreativen Lebensphase eine andere Verhaltensweise
zugrunde gelegen.
Eine Geburtenplanung, die in einem sinkenden Alter der
Frau bei der letzten Geburt ihren Ausdruck findet, läßt
sich eindeutig erst in der ersten Hälfte des neunzehnten
Jahrhunderts belegen. An ihr waren nur die jünger heiratenden Ehepaare beteiligt. Möglicherweise wurde dieser
Umschwung von der sich wieder verschlechternden wirtschaftlichen Lage mitbestimmt; auf der Ebene der Familie
dürfte der Hauptgrund aber im Rückgang der Säuglings- und
Kindersterblichkeit gelegen haben, der diese Gruppe
veranlaßte, dafür zu sorgen, daß sie nicht mehr überlebende Kinder pro Familie zur Welt brachte als frühere
Generationen. Ein umgekehrtes Verhältnis zwischen Ursache
und Wirkung, also ein Sinken der Säuglingssterblichkeit
aufgrund dessen, daß die Eltern plötzlich weniger Kinder
bekamen und sich darum besser um diese kümmern konnten,

---

[1] Vgl. Kriedte 1977, S. 162 ff.

ist auszuschließen, denn die Geburtenbeschränkung betraf eben nur den besagten Teil der Eltern, während eine geringere Säuglingssterblichkeit kein Privileg der jung Heiratenden war[1]. Dieser Zusammenhang verdient es, besonders hervorgehoben zu werden, da er auf einen Anpassungsprozeß hinweist, der noch im Rahmen des Ancien Régime mit einer insgesamt hohen Fertilität stattfand. Solche Vorgänge wurden bisher in Deutschland schon im Zusammenhang mit wirtschaftlichen Konjunkturen vermutet[2], während ein Einfluß der Mortalität nicht nachgewiesen und beispielsweise von Knodel[3] negiert wurde.

Die erwähnten strukturellen Fertilitätsunterschiede und die Anpassung an veränderte Umstände lassen sich aus den Interessen der einzelnen Gruppen erklären. Diese handelten demnach rational, wobei es müßig ist zu definieren, auf welcher Stufe der Reflexion die Entscheidungen über die Regulierung des Nachwuchses fielen. Dies und die Tatsache, daß alles unter dem Mantel einer Fertilität geschah, die in einer Untersuchung, die nicht nach den erwähnten Kriterien differenziert, als unverändert hohe in Erscheinung tritt, sollte als Hinweis darauf dienen, daß die Annahme von "natürlicher Fruchtbarkeit" manchmal voreilig sein kann. Für Leezen mußte am Ende sogar eher angenommen werden, daß sie für die gesamte Bevölkerung nie existierte.

Von diesen Verhaltensmustern sind die der Phase des Einsetzens der definitiven Geburtenbeschränkung nach 1880 zu unterscheiden. Die Veränderungen waren dort abrupt und hatten nicht den Charakter eines Anpassungsprozesses an ein etwaiges Sinken der Mortalität. Deshalb ist Knodel nicht zuzustimmen, wenn er einen engen Bezug zu dem partiellen Fertilitätsrückgang nach 1800 herstellt[4]. Sicherlich bestanden in der Bekanntheit einiger Praktiken

---

[1] Bei den zwischen achtzehn und dreiundzwanzig Jahren Heiratenden sank sie um 1% (incl. Totg.), bei den mit achtundzwanzig bis zweiunddreißig Jahren Heiratenden um 2,2%, während sie bei den mittleren Heiratsaltern mit 5,5% am stärksten abnahm. Die der letztgenannten Gruppe zuzurechnenden Frauen bekamen in der ersten Hälfte des dritten Lebensjahrzehnts relativ viele Kinder, so daß sich hier die in Tab. 24 (s.o.) deutlich werdenden Verbesserungen stark niederschlagen.

[2] Vgl. Lee 1977.

[3] Knodel 1979, S. 517.

[4] Ebenda, S. 518.

der Kontrazeption und der dadurch begünstigten Einstellung, diese nicht als verwerflich zu empfinden, positive Voraussetzungen für einen schnellen "Fertility Decline". Nichts deutet aber darauf hin, daß die Irreversibilität dieses Prozesses schon vor den 1880er Jahren angelegt war. Weitaus naheliegender ist daher für Leezen eine Interpretation als eine Anpassung, die sich nach traditionellen Maßstäben richtete und potentiell vorübergehend war. Der darauf erfolgende Umschwung ist nicht als eine langsam fortschreitende Ausbreitung der Kontrazeption zu erklären, sondern nur durch neue Anstöße. Sie scheinen von derselben Seite gekommen zu sein, die gleichzeitig die starke Auswanderung provozierte[1].

---
[1] S.u., S. 266 ff.

9. Migrationen

9.1 Fragestellung

Bereits an mehreren Stellen der vorliegenden Arbeit zeigte es sich, daß ohne eine Einschätzung der Migrationen wichtige Fragen der demographischen Entwicklung des Kirchspiels Leezen im unklaren bleiben. Dies gilt in quantitativer Hinsicht besonders für die Retrospektive der Bevölkerungszahl, die an der Basis vieler herkömmlicher Indizes steht. Darüber hinaus kann ein Vorherrschen von Einwanderung, Immobilität oder Auswanderung aber auch tiefgreifende Einwirkungen auf die Einstellung (die "mentalité" der französischen Historiographie) und das Verhalten der Einwohnerschaft haben. So wäre es denkbar, daß eine relativ isolierte Bevölkerung Innovationen weitaus schwerer zugänglich ist als eine fluktuierende. Einflüsse auf das generative Verhalten liegen nach Friedlander[1] ebenfalls im Bereich der Möglichkeiten. Weniger vielfältig als die Auswirkungen der Migration dürften im Untersuchungsgebiet im achtzehnten und neunzehnten Jahrhundert wohl deren Ursachen gewesen sein. Sie können sinnvollerweise, wirkten sie nun als sogenannte Push-oder als Pullfaktoren, nur im wirtschaftlichen Bereich gesucht werden.

Im folgenden Kapitel sollen die Migrationen im Zusammenhang mit den Variablen Natalität, Nuptialität und Mortalität untersucht werden, um darauf aufbauend eine abschließende Betrachtung des demographischen Systems des Kirchspiels Leezen 1720 - 1869 zu ermöglichen. Methodische Vorbilder dafür gibt es kaum, denn in der bisherigen historisch-demographischen Forschung ist das Gebiet der Detailanalyse der Migrationen stark vernachlässigt worden[2]. Die klassischen Familienrekonstitutionsstudien, deren Methode auf der Grundlage der französischen Quellenstruktur entwickelt worden ist, erlauben praktisch nur eine Skizzierung der Heiratskreise[3]. Was dagegen in Frankreich völlig fehlt, sind - wie Poussou bemerkte[4] -

---

[1] Friedlander 1969.
[2] Vgl. Poussou 1970.
[3] Vgl. Gautier/Henry 1958, S. 75 ff.
[4] Poussou 1970, S. 41.

Arbeiten zur Auswanderung, bezogen auf ein begrenztes Ausgangsgebiet. Der schwedischen Forschung stehen für solche Fragestellungen mit den "husförhörslängder" hervorragende Quellen zur Verfügung[1]. Meines Wissens sind sie aber bisher noch nicht in einer Parochialstudie mit einer lokalen Familienrekonstitution verbunden worden[2]. Von Johansen[3] sind dagegen wesentliche Fragen der Migration behandelt worden, allerdings nicht ausgehend von einer umfassenden Familienrekonstitution, sondern von einem Vergleich zwischen Volkszählungslisten und Kirchenbüchern.

9.2 Quellenlage und Auswertungsmethoden

Als Quellenmaterial für eine das achtzehnte und neunzehnte Jahrhundert umfassende Betrachtung sollen in Leezen nur die Kirchenbücher (incl. Konfirmationen) und das daraus gewonnene OSB-Material ausgewertet werden. Direkte Erhebungen über Auswanderungen liegen im Untersuchungszeitraum ohnehin nur für die vier Jahre 1749 bis 1752 vor[4]. Sie sind damit für unsere Zwecke wertlos. Die Fragen, die in Hinsicht auf die Migrationen beantwortet werden können, beziehen sich also immer nur auf Teilpopulationen, die dadurch definiert sind, daß sie mindestens in einer der drei Eintragungsarten Taufen, Heiraten und Beerdigungen auftauchen. Nur für die Zeit 1835 - 1845 und 1860 - 1864 wären die Abstände zwischen den erhaltenen Volkszählungen dicht genug, um mit Hilfe der Kirchenbücher die Bewegung der Gesamtbevölkerung zu verfolgen. Ab 1845 sind auch die Geburtsorte angegeben. Da die daraus gewonnenen Resultate nur von zeitlich begrenzter Aussagekraft sind und keine Entsprechungen im achtzehnten Jahrhundert finden können, soll das Volkszählungsmaterial nur nichtnominativ ausgewertet und zur Ergänzung und Überprüfung der auf andere Weise gewonnenen Erkenntnisse benutzt werden.

---

[1] S. Kälvemark 1979.

[2] Eriksson/Rogers (1978, S. 106) und Gaunt (1973, S. 32 ff.) ziehen sie für andere demographische Auswertungen heran.

[3] Johansen 1975, S. 128 ff und ders. 1976.

[4] LAS, Abt. 110.3, Nr.5.

Die herangezogenen Leezener Quellen sind zwar nicht so dicht wie die schwedischen, aber sie erlauben doch eine Vielzahl von Untersuchungen. Während bei den Eheleuten vor allem die aus dem Heiratseintrag zu entnehmenden Herkunftsangaben interessant sind, kann für deren Kinder eine umfassende Analyse der Emigration vorgenommen werden. Dadurch, daß ab 1763 beim Tode eines Elternteils das Schicksal der Nachkommen angegeben ist, läßt sich eine Longitudinaluntersuchung aller Geburtskohorten der MF-Blätter, also der Kinder seßhafter Familien, durchführen. Dies ist für alle Fälle geschehen, in denen zwischen der letzten Geburt und dem Nekrolog mindestens fünfundzwanzig Jahre vergangen waren, so daß auch der letzte Sproß einer Ehe bereits eine gute Chance hatte, einen Aufenthaltsort außerhalb des Kirchspiels zu erreichen. Der Anteil der definitiv Ausgewanderten läßt sich auch ohne dieses aus dem Fehlen eines Todeseintrags ablesen. Die Ein- und Auswanderung von Kindern anderer Bevölkerungsteile kann lediglich aus dem Verhältnis der MO- zu den EF-Blättern abgeschätzt werden.

Während für die in Familien eingebundenen Personen die Migrationen relativ gut eruierbar sind, fehlen im Kirchenbuchmaterial Hinweise auf die ledigen Erwachsenen. Sie wären höchstens aus einem Vergleich zwischen OSB und Kirchenrechnungen oder Konfitentenlisten (Abendmahlsgänger) ab 1742 zu gewinnen. Letzteres erfordert einen ungeheuren Arbeitsaufwand, denn es sind für jedes Jahr etwa eintausend Personen zu identifizieren, wobei der Erfolg nicht sicher ist, da nur Name und Ort der Konfitenten angegeben sind. Es braucht nicht besonders betont zu werden, daß davon Abstand genommen wurde. Eine große Gruppe wie die gesamte Dienstbotenschaft tritt demnach praktisch nur in den Volkszählungen in Erscheinung; ab 1845 kann sie in Einheimische und Zugewanderte untergliedert werden. Von den Einzelpersonen werden nur die in den Kirchenbüchern greifbar, die ledig oder verwitwet im Kirchspiel ankamen und dort starben. Dabei handelt es sich dann meist um ältere Personen, die nur eine kleine Minderheit der Ledigen ausmachten. Aufgrund der Quellenlage stellen also die durchwandernden Einzelpersonen, die dort im Dienstboten- oder Lohnarbeiterverhältnis verweilten, den größten Unsicherheitsfaktor in der Analyse der Migrationen dar. Weniger ins Gewicht fallen dürfte die Auslassung von nur kurz anwesenden Ehepaaren, die nicht durch Kinder nachweisbar sind.

9.3 Der Umfang der Migrationen

9.3.1 Gesamtziffern auf der Grundlage der Volkszählungen und der Bevölkerungsbewegung

Eine Bilanz der Migrationsbewegungen, in der allerdings die Anteile der Ein- und Auswanderung nicht deutlich werden, läßt sich im Vergleich zwischen Einwohnerzahl und natürlicher Bevölkerungsbewegung für das neunzehnte Jahrhundert aufstellen (Tab. 81). Sie läßt an Eindeutigkeit nichts zu wünschen übrig. Die Nettoauswanderung hielt sich bis zur Jahrhundertmitte noch in einem relativ gemäßigten Rahmen, wie er auch von Johansen in Dänemark 1787 - 1801 beobachtet wurde[1]; wobei sie in Leezen zwischen 1803 und 1835, nach den Angaben Rosens zu urteilen[2], offenbar stark schwankte. Im Zeitraum 1845 - 1864 war sie dann - bezogen auf die Bevölkerungszahl - doppelt so hoch. Diese Werte wurden aber in den folgenden zehn Jahren weit übertroffen. Von den Einwohnern Ende 1864 verließ im Durchschnitt in dieser kurzen Zeit jeder sechste das Kirchspiel, wobei der Anteil in einigen Altersklassen sehr viel stärker gewesen sein dürfte. Nach dieser Flut pendelten sich die Verluste durch Emigration 1876 - 1904 im Durchschnitt bei 1,1% pro Jahr ein.

Dies war die Größenordnung der Bevölkerungszunahme in der ersten Hälfte des neunzehnten Jahrhunderts[3]. Der Geburtenüberschuß war relativ zur Bevölkerung fast gleich geblieben (1,2 - 1,3%). Während aber 1803 - 1844 davon drei Viertel in die Bevölkerungszunahme und ein Viertel in die Auswanderung gingen, waren die Anteile 1876 - 1904 ein Zehntel und neun Zehntel. Der Kirchspielsort selbst blieb in der ersten Phase fast völlig von Nettoemigration verschont.

9.3.2 Die Eheleute

Die Migrationsbilanz für die Teilpopulation der Eheleute stützt sich auf die Angaben der M-Blätter des OSB über Herkunft und Verbleib. Erstere sind allerdings von unterschiedlicher Qualität. Liegt das Geburtsdatum vor,

---

[1] Johansen 1975, S. 129.
[2] S.o., S. 65 f.
[3] S. Tab. 03.

Tab. 81 Migrationsbilanz 1803 - 1864

1 Bevölkerungszunahme
2 Geburtenüberschuß
3 Nettomigration
4 Nettomigration pro Jahrzehnt
5 Nettomigration pro Jahrzehnt, in Prozent
   der Ausgangsbevölkerung (1803-1835 der mittleren)

Zeitraum*	1	2	3	4	5
1803-1835	385	478	- 93	- 29	- 2.4
1835-1845	133	223		- 90	- 6.5
1845-1855	118	215		- 97	- 6.4
1855-1864	69	183	-114	-116	- 7.1
1864-1875	-88	229	-317	-288	-16.9
1876-1885	23	209		-186	-11.5
1886-1895	16	193		-177	-10.8
1896-1905	19	208		-189	-11.4

* ab 1870 jahresweise Auszählung der Bevölkerungsbewegung

Tab. 82 Migrationsbilanz der einzelnen Orte 1803 - 1864

1 Bevölkerungsveränderung
2 Nettomigration
3 Nettomigration pro Jahrzehnt in Prozent
   der mittleren Bevölkerung

	1803-1845			1845-1864			alle
	1	2	3	1	2	3	3
Leezen	163	-13	-0.9	- 3	-89	-10.9	-5.0
Heiderfeld	57	-34	-6.6	2	-30	-10.0	-8.4
Krems	8	-29	-7.8	61	12	4.9	-2.3
Niendorf	58	-57	-6.1	101	9	1.5	-2.8
Neversdorf	91	- 8	-1.1	26	-30	- 6.7	-3.4
Tönningstedt	63	-22	-3.2	9	-31	- 7.9	-5.1
Neverstaven-T.	78	-20	-3.0	- 9	-52	-13.5	-7.5
alle	518	-183	-3.5	187	-211	- 6.6	-4.7

was außer bei den nachrekonstituierten vollständigen Erstehen und den Heiraten ab 1862 nur dann der Fall ist, wenn die Person im Kirchspiel geboren war, so handelt es sich um den Geburtsort. Fehlt das Datum, so ist der im Kirchenbuch angegebene Herkunftsort gemeint. Dieser ist bei den Frauen nur dann getrennt vom Wohnsitz der Eltern aufgeführt, wenn sie als Dienstmagd oder in anderer Funktion außerhalb ihres Heimatortes tätig waren. Die Bevorzugung des Herkunftsortes bewirkt, daß bei der kartographischen Darstellung der Heiratskreise einheitlich nur die Form der Einwanderung in Betracht gezogen wird, die unmittelbar zu einer Heirat führte[1]).

Der Zeitpunkt der Einwanderung ist durch die Eheschließung eindeutig datierbar. Nur die erste Ehe wird hier gewertet, dagegen für den Verbleib nur die letzte. Problematischer als der Immigrationszeitpunkt ist allerdings der der Emigration, weil die Bestimmung bei den MO-Familien nur über die Kinderzahl möglich ist[2]). Für sterile Familien oder solche von geringer Fertilität wird dadurch ein zu frühes Auswanderungsdatum unterstellt, für sehr fruchtbare ein zu spätes. Der Fehler ist aber bei 1,5 Geburten, also einem Abstand von durchschnittlich etwa drei Jahren zwischen Hochzeit und Emigration, vernachlässigbar[3]). Eine

---

[1]) Eine Verzerrung könnte also nur dadurch entstanden sein, daß die Identifizierung der Personen sicherer wurde, so daß am Anfang unter Umständen die Zahl der Fälle, in denen der Herkunftsort im Kirchspiel in Wirklichkeit auch der Geburtsort war, ohne daß das genaue Geburtsdatum zugeordnet wurde, größer war als später. Die Zusatzrekonstitution von vollständigen Ehen Typ 1 brachte kaum dergleichen Verschiebungen, da sie nur erfolgreich war, wenn der Geburtsort mit dem Wohnort der Eltern identisch war, was bei den Frauen meist zutraf.

[2]) Vgl. Bardet 1981. Im Datensatz ist bei den MO-Familien nur die Zahl der Geburten bekannt, nicht aber deren Geburtsdatum aufgenommen.

[3]) Die Bilanz der Populationsbewegung in Tab. 83, Sp. 8, wurde mit der Differenz zwischen den Zahlen der 1803 und 1864 im Kirchspiel anwesenden verheirateten oder verwitweten Personen, deren Eheschließung in Leezen stattfand, verglichen. Dabei ergab sich eine nicht unerhebliche Abweichung. Von den 399 Personen 1864 hätten nach der Fortschreibung von 1803 48 gefehlt. Zur Hälfte war die Ungenauigkeit darauf zurückzuführen, daß Personen, bei denen eine Auswanderung im Jahrfünft 1860-64 errechnet worden war, zum Zeitpunkt der Volkszählung noch anwesend waren. Die andere Hälfte umfaßte Fälle, die weiter zurücklagen. Praktisch bedeutet das, daß die Auswanderung bei gut einem Viertel der Eheleute möglicherweise erst im folgenden Jahrzehnt stattfand. Da es nicht sicher ist, daß die Verschiebung immer gleichmäßig war, können also im

zweite Gruppe von emigrierenden Eheleuten sind die Witwer und Witwen, die nach dem Ende einer MF-Ehe aus dem Kirchspiel verschwanden, ohne dort zu heiraten. Hier wurde das Jahr der Verwitwung als Zeitpunkt der Auswanderung genommen.

Die auf der Grundlage der genannten Kriterien erstellte Migrationsbilanz ist aus Tab. 83 ersichtlich. Alternativ zum Konzept des Herkunftsortes wurde das des Geburtsortes angewandt (Sp. 1). Naturgemäß ergibt sich dadurch eine höhere Veranschlagung der Einwanderung. Das Verhältnis der Zeiträume untereinander ändert sich aber nicht. Dies gilt in ähnlicher Weise für den Vergleich mit den Ergebnissen der Subtraktion EF-MO[4]. Die aus den Volkszählungen ermittelte Abwanderung im neunzehnten Jahrhundert wirkte sich auch auf die Eheleute aus. Diese stellten aber keinen gleichbleibenden Anteil daran. Relativ hoch war er in den 1830er Jahren, um dann schwächer zu werden. Für den Zeitraum 1803 - 1835 ergibt sich, daß der beobachteten Nettoemigration zumindest bei den Eheleuten keine gleichförmige Bewegung zugrunde lag. Vermutlich 1815 - 23 und nach 1830 ging sie in die erwartete Richtung, dazwischen kehrte sie sich aber noch einmal um. Das würde die Bevölkerungsangaben Rosens für 1828 bestätigen.

Die Gruppen von Menschen, die sich hinter den Berechnungen verbergen, können als Einwanderer, Seßhafte, Durchwanderer und Auswanderer bezeichnet werden. Sie unterscheiden sich dadurch, daß einmal nur ihr Verbleibeort, einmal nur ihr Geburtsort, beides oder keines von beiden im Kirchspiel lag. Ihr Anteil an den Ehen ist von der Summe der Migrationen, wie sie in Tab. 83 verwendet wurde, relativ unabhängig. In den drei Zeitabschnitten blieb die Quote der Einwanderer zuerst konstant bei etwa einem Viertel, um dann zu sinken (25%, 24%, 16%). Auf einer etwas höheren Ebene bewegte sich die der Seßhaften, wobei der Anteil 1770 - 1819 aber über 40% betrug (32%, 42%, 32%). Die größte Verschiebung wurde durch die Verdoppelung bzw. fast Verdreifachung der relativen Auswandererzahl nach 1820 verursacht (9%, 13%, 24%). Dagegen ging die Bedeutung der Durchwanderer auf unter 30% zurück (35%, 21%, 29%).

Extremfall Werte um $\pm 25\%$ schwanken. Tab. 83 stellt also nur ein Modell mit tendenziell, aber nicht in ihrer absoluten Höhe richtigen Zahlen dar. In diesem Sinne sind auch die zu ziehenden Schlüsse zu relativieren.

[4]) S. Tab. 43.

Erwachsene, die von der Wiege bis an die Bahre in ihrer

Tab. 83 Migrationsbilanz der in Leezen Verheirateten

	(1) Eingewanderte mit Geburtsort außerhalb
	(2) Eingewanderte mit Herkunftsort außerhalb
	(3) Im Kirchspiel geborene Ehepartner
	(4) Summe der Ehepartner in erster Ehe in Leezen
	(5) Ausgewanderte Verheiratete und Verwitwete
	(6) Im Kirchspiel Gestorbene
	(7) Nettomigrationsbilanz (1) - (5)
	(8) Veränderung der Population

	(1)	(2)	(3)	(4)	(5)	(6)	(7)	(8)
1720	82	44	51	133	51	62*	31	20
1730	130	77	56	186	89	51*	41	46
1740	69	39	46	115	46	87*	23	-18
1750	73	37	53	126	55	79*	18	- 8
1760	77	49	78	155	70	89	7	- 4
1770	67	43	71	138	38	79	29	21
1780	59	35	59	118	37	87	22	- 6
1790	68	45	84	152	40	96	28	16
1800	71	52	88	159	56	85	15	18
1810	108	62	93	201	85	80	23	36
1820	113	72	94	207	78	98	35	31
1830	83	51	141	224	100	105	-17	19
1840	98	69	127	225	106	126	- 8	- 7
1850	114	61	121	235	130	114	-16	- 9
1860	132	106	150	282	179	108	-47	- 5
1720-	431	246	284	715	311	368	120	36
1770-	373	237	395	768	256	427	117	85
1820-	540	359	633	1173	593	551	-53	29
alle	1344	842	1312	2656	1160	1346	184	150

* Korrigiert auf der Grundlage der Annahme, daß es sich, sobald der Anteil der Einzelpersonen an den Todesfällen vor 1760 über 6% stieg, um Eheleute handelte, die nach dem Verhältnis der MF- zu den EF- Blättern im entsprechenden Jahrzehnt auf M und E verteilt wurden (vgl. Tab.43). Die Zahlen aus dem OSB lauten 38 (1720), 41 (1730), 73 (1740) und 69 (1750).

Tab. 84 Herkunft der Ehepartner in Leezen

(1) Beide aus dem Kirchspiel
(2) Mann aus dem Kirchspiel, Frau von außerhalb
(3) Frau aus dem Kirchspiel, Mann von außerhalb
(4) Beide von außerhalb

	(1)		(2)		(3)		(4)		
	n	%	n	%	n	%	n	%	n
1720	30	40.5	20	27.0	19	25.7	5	6.8	74
1730	30	30.0	33	31.0	26	26.0	11	11.0	100
1740	32	45.1	18	25.4	17	23.9	4	5.6	71
1750	31	42.5	18	24.7	18	24.7	6	8.2	73
1760	34	38.2	30	33.7	20	22.5	5	5.6	89
1770	39	47.6	21	25.6	15	18.3	7	8.5	82
1780	26	40.0	17	26.2	17	26.2	5	7.7	65
1790	40	44.4	25	27.8	18	20.0	7	7.8	90
1800	38	41.8	29	31.9	17	18.7	7	7.7	91
1810	52	46.4	34	30.4	17	15.2	9	8.0	112
1820	49	41.9	33	28.2	21	17.9	14	12.0	117
1830	72	59.0	24	19.7	19	15.6	7	5.7	122
1840	58	46.4	30	24.0	28	22.4	9	7.2	125
1850	63	49.2	36	28.2	25	19.5	4	3.1	128
1860	50	33.4	44	29.3	40	26.7	16	10.7	150
1720-	157	38.6	119	29.2	100	24.6	31	7.6	407
1770-	195	44.3	126	28.6	84	19.1	35	8.0	440
1820-	292	45.5	167	26.0	133	20.7	50	7.8	642
alle	644	43.3	412	27.7	317	21.3	116	7.8	1489

Heimatgemeinde blieben, stellten immer eine Minderheit unter der selektierten Population der in Leezen Heiratenden dar. Der überwiegende Teil gehörte dagegen in irgendeiner Weise zu den Migrierenden.

Die unterschiedliche Immigration hatte kaum längerfristige Auswirkungen auf die Zusammensetzung der Ehen (Tab. 84). Lediglich einzelne Jahrzehnte weisen Abweichungen auf. So war der Anteil der Ehen, in denen als Herkunftsort beider Partner das Kirchspiel angegeben war, im Extremfalle der 1730er Jahre (incl. Soldaten) nur halb so hoch wie in den 1830ern. Während allerdings die niedrigeren Werte dort nur eine relative Erscheinung waren, fand hier eine absolute Zunahme statt, die offensichtlich im Zusammenhang mit der

Heiratsfähigkeit von sehr starken Geburtenjahrgängen ab etwa 1807 stand[1]). Diese kurzfristige Tendenz der Abschließung des Heiratsmarktes reichte schon in den 1830er Jahren nicht zur Absorption der zahlreicher werdenden Heiratskandidaten aus dem eigenen Kirchspiel aus. In keinem Falle bedeutete sie aber eine größere Seßhaftigkeit. Diese hatte ihren Höhepunkt bereits bald nach der Jahrhundertwende überschritten (Tab. 83). Vielmehr ergab sich daraus eine gewisse Erhöhung des Anteils der Verheirateten an den Auswanderern, der mit einem Sicheinspielen der endogamen Ehen auf das vorherige Niveau und einer immer stärker werdenden Auswanderung aber schnell wieder sank. Folglich müßte entweder die Zahl der E-Eheleute oder die der Ledigen gestiegen sein.

9.3.3 Kinder

Die quantitative Auswertung der Involvierung von Kindern in Migrationen kann in Abwesenheit anderer Quellen nur durch einen einfachen Vergleich der Anzahl der MO- mit der der EF-Blätter geschehen. Alle anderen Ansätze, wie zum Beispiel ein Versuch der Rückrechnung anhand der Heiraten von einheimischen, aber nicht im Kirchspiel geborenen Personen, führen über kurz oder lang in die Irre. Zugrunde gelegt werden soll der Berechnung deshalb die Anzahl der Geburten, die die MO-Familien bis zu ihrer Auswanderung aufzuweisen hatten, im Durchschnitt 1,5. Die Migration wäre demnach beim zweiten Geburtstag aller Kinder anzusetzen, die Anzahl der emigrierenden Kinder wäre also MO = 1,5 · $(1-{_2}q_0)$. Der Werdegang der EF-Familien war der gleiche, nur verlief er in die andere Richtung. Die Subtraktion der beiden Resultate ergäbe also die Migrationsbilanz.

In Tab. 85 wird von diesem Ansatz ausgegangen. Da aber hier nicht so sehr die Ergebnisse von Migrationen im Kleinkindesalter interessieren, sondern die Auswirkungen auf die heranwachsende Generation insgesamt, wurden die Ergebnisse durch die Zahl der nach Berücksichtigung der Familienmigrationen verbleibenden Fünfzehnjährigen verdeutlicht (Sp. 5). Diese kann mit den tatsächlich eingetretenen Konfirmationen verglichen werden, die mit

---

[1]) Vgl. auch das sprunghafte Ansteigen der Konfirmationsziffern in den 1820er Jahren (Fig. 33), das in dieser Größenordnung nicht auf eine sinkende Kindersterblichkeit zurückzuführen war (vgl. Tab. 85).

Tab. 85 Migrationen von Kindern

(1) Geborene, incl. Totg. und Soldatenkinder
(2) Geborene pro MO-Blatt (die Differenz EF-MO ist aus Tab. 41 zu entnehmen)
(3) Geborene nach Abzug der EF-MO-Migration
(4) Überlebensquote 0-15 Jahre, incl. Totg.
(5) Erwartete Überlebende mit 15 Jahren
(6) Konfirmationen im Kirchspiel
(7) Differenz der Kindermigrationen
(8) wie (7), in Prozent der erwarteten Konfirmationen

Geb.	(1)	(2)	(3)	(4)	(5)	(6)	(7)	(8)
1720	249	0.55	240	0.68	163	169	6	3.7
1730	262	1.12	224	0.63	141	158	17	12.1
1740	273	1.47	261	0.64	167	164	-3	1.8
1750	262	2.14	234	0.60	140	148	8	5.7
1760	299	1.41	282	0.66	186	176	-10	5.4
1770	340	1.86	336	0.62	208	198	-10	4.8
1780	376	1.67	378	0.60	227	187	-40	17.6
1790	336	0.67	338	0.64	216	217	1	0.5
1800	388	1.76	376	0.67	252	273	21	8.3
1810	453	1.15	428	0.64	274	281	7	2.6
1820	461	1.51	431	0.72	310	301	-9	2.9
1830	496	2.50	416	0.74	308	339	31	10.1
1840	560	1.72	520	0.76	395	328	-67	17.0
1850	553	1.65	490	0.75	368	368	0	0
1860	521	1.23	447	0.74	331	325	-6	1.8
1720-	1345	1.25	1241	0.64	797	815	18	2.3
1770-	1893	1.37	1856	0.63	1177	1156	-21	1.8
1820-	2591	1.67	2304	0.74	1712	1661	-51	3.0
alle	5829	1.52	5401	0.68	3686	3632	-54	1.5

vierzehn bis sechzehn Jahren stattfanden. Stark negative Abweichungen vom erwarteten Ergebnis können ihre Ursache in einer Unterschätzung der Mortalität oder in einer real stattgefundenen Eigenmigration von Kindern vor der Konfirmation haben. Eine Unterschätzung der Anzahl der MO-Blätter ist dagegen in der Regel nicht möglich, hier liegt vielmehr die Gefahr in der anderen Richtung. Stark positive Abweichungen verraten demnach eine ungenügende Rekonstitution des Endes der Verbindung oder eine reale Nettoimmigration von Kindern. Die eventuell unterschiedliche Kinderzahl von MO- und EF-Familien spielt als Störfaktor nach beiden Seiten eine Rolle. Hierdurch ist eine gewisse Unsicherheit gegeben, wobei allerdings eine etwaige Überzahl von mitgebrachten EF-Kindern nicht sehr groß gewesen sein kann. Nimmt man als Durchschnitt die an den MF-Familien beobachteten vier Geburten an und beobachtet die Anzahl der E-Geburten im Kirchspiel, können die EF-Familien nicht mehr als zwei Kinder außerhalb des Kirchspiels gehabt haben. Die Schwankungen, die von der Rate der illegitimen Geburten ausgehen können, sind mit etwa 2% der Konfirmationen insgesamt sehr gering, während eine Unterregistrierung der Mortalität als Fehlerquelle ausgeschlossen werden kann. Es bleibt nur noch die Möglichkeit von Rekonstitutionsmängeln, welche die Anzahl der MO-Familien hochtreiben, die solange nicht auszuschließen ist, wie nicht gute Argumente für eine Nettoimmigration von Kindern sprechen.

Berücksichtigt man nun die Abweichungen von über 5%, so sind es die Jahrzehnte 1730, 1750, 1760, 1780, 1800, 1830, 1840 und 1860, die einer Erklärung bedürfen. In den längeren Epochen heben sich dagegen die Abweichungen wieder auf, so daß eine Prognose von achtundneunzigprozentiger Sicherheit erreicht wird. Dies zeigt doch sehr deutlich, daß keine langfristigen Trends existierten, die im Einklang mit den sonstigen Unterschieden zwischen den drei Zeitabschnitten standen. Negative Abweichungen können eigentlich nur Abwanderung bedeutet haben. Denn der Vergleich der Konfirmationen um 1803 und 1864 mit den Volkszählungen zeigt, daß eine Unterregistrierung von Konfirmationen ausgeschlossen werden kann. Auch sonst gibt es keine Anhaltspunkte dafür, daß die entsprechenden Altersgruppen nicht konfirmiert und verzeichnet wurden. Über Emigration kann aus den Konfirmationslisten nichts abgelesen werden, und die Zahl der Kinder, die dort nicht aufgeführt wurden und größtenteils später wieder auftauchten, ist zu gering, um daraus Schlüsse auf eine sich verändernde Auswanderung ziehen zu können. Dagegen müßte die Einwanderung, wenn sie der Grund für die positiven Abweichungen sein sollte, dort Spuren hinterlassen haben. Die 1730er und 1800er Geburtenjahrgänge sollen deshalb hier exemplarisch betrachtet werden.

Die Differenz von siebzehn Fällen in den 1730er Jahren erklärt sich zu einem kleinen Teil (zwei Fälle) daraus, daß die Kinder der um diese Zeit häufigen Soldatenehen des Typs MO manchmal bis zum Erwachsenenalter im Kirchspiel blieben. Der größte Teil dürfte mit vier bis acht Konfirmationen aber auf Pflegekinder zurückzuführen sein[1]). An einer Person, Matthias Schwein, Tralau, ist durch einen späteren Heiratseintrag nachweisbar, daß er ein Hamburger Waisenkind war. Bei drei anderen ist es aufgrund der Tatsache sehr wahrscheinlich, daß der Name sonst nie im Kirchspiel auftaucht (Eckmeier, Hennings, Verdick). Möglich ist es aus denselben Gründen auch bei zwei weiteren Geschwisterpaaren (Copy und Lampe). Da zusätzlich zwei Kinder aus dem zwei Kirchspielen zugehörigen Dorfe Tralau konfirmiert wurden, die in Oldesloe getauft sein konnten, ohne daß deshalb notwendigerweise eine Migration der Eltern stattgefunden haben mußte und eine MO-Familie ausnahmsweise elf Kinder hatte, so daß davon vielleicht einige vor der Auswanderung konfirmiert wurden, sind die Abweichungen für die 1730er Jahre trotz der nicht sehr mitteilsamen Konfirmandenliste hinreichend zu erklären.

Der größte Teil der Überhangs an Konfirmationen der 1800 - 09 Geborenen, nämlich dreiundzwanzig von dreißig Fällen, besteht aus auswärtigen Kindern, die eine Dienststellung in Leezen hatten; vier von ihnen kamen übrigens aus dem relativ weit entfernten Neumünster. Der entscheidende Faktor der Differenz zwischen prognostizierten und eingetroffenen Konfirmationen scheint also in der wechselnden Gepflogenheit gelegen zu haben, die Kinder vor oder nach dieser außer Haus gehen zu lassen. In den 1810er Jahren deutet eine große Zahl von Dispensationen wegen jungen Alters darauf hin, daß die Leezener diesen Zeitpunkt respektierten, ihn aber vorzuverlegen suchten[2]). Vieles spricht also dafür, daß die beobachteten Abweichungen in Tab. 85, Sp. 8, tatsächlich die Ergebnisse von familienunabhängigen Kindermigrationen sind, sobald sie außerhalb einer gewissen Toleranzgrenze von etwa 5% liegen.

9.3.4 Unverheiratete Erwachsene

Wie schon angedeutet, sind die Angaben über die Immigration lediger Erwachsener nur spärlich und keineswegs repräsentativ. Deshalb führt es auch nicht weiter, die Fälle der von außerhalb gekommenen und im Kirchspiel gestorbenen Einzelpersonen nach Unverheirateten und Verwitweten zu unterscheiden. Zudem können die nicht im

---
[1]) S.o., S. 164.
[2]) Vgl. Wittenberg 1895, S. 194.

Kirchspiel wohnhaften Personen völlig aus der Betrachtung herausgenommen werden (Tab. 86, Sp. 2), da sie nicht zu den Einwanderern zählen. Die hier interessierende Gruppe umfaßt damit nur die nicht in Leezen geborenen oder verheirateten, aber dort bis an ihr Lebensende wohnhaften Personen (Tab. 86, Sp. 4). Ihr Umfang ist ab 1760 insgesamt gering, nur ein Zwanzigstel der Todesfälle entfallen darauf. Davor ist der Anteil allerdings höher. Da er ab 1720 regelmäßig sinkt, kann dies aber nur bedeuten, daß sich darunter ein großer Teil von zunehmend älteren Menschen befand, die in im Zeitraum der unzureichenden Kirchenbuchführung 1680 - 1710 gegründete Familien eingebunden waren. Insofern zeigen die Zahlen in Tab. 86 unter Umständen eher Zuordnungsschwierigkeiten als

Tab. 86 Im Kirchspiel gestorbene Einzelpersonen

(1) Alle Sterbefälle
(2) Davon nicht in Leezen wohnhaft
(3) Summe der Einzelpersonen im OSB
(4) Verbleibende Einzelpersonen nach dem OSB, absolut und in Prozent von (1)

	(1)	(2)	(3)	(4)	
	n	n	n	n	%
1720	203	2	47	45	22.2
1730	145	3	27	24	16.6
1740	248	2	36	34	13.7
1750	245	9	38	29	11.8
1760	257	8	24	16	6.2
1770	221	12	14	2	0.9
1780	272	1	13	12	4.4
1790	256	4	18	14	5.5
1800	253	1	19	18	7.1
1810	296	4	13	9	3.0
1820	271	8	18	10	3.7
1830	317	2	22	20	6.3
1840	323	5	13	8	2.5
1850	340	5	33	28	8.2
1860	289	1	18	17	5.9
1720-	1098	24	172	148	13.5
1770-	1298	22	77	55	4.2
1820-	1540	21	104	83	5.4
alle	3936	67	353	286	7.3

tatsächliche Migrationen auf. Da auch in späteren Zeiträumen der Zeitpunkt der Einwanderung um mehrere Jahrzehnte zurückliegen konnte, ist die Tab. 86 nicht als Immigrationsbilanz, sondern nur als Illustration zu anderen Ergebnissen zu betrachten.

Die Größe der immigrierenden Gruppe der jungen Ledigen könnte theoretisch vielleicht aus der Zahl der Heiratenden, die vom Herkunfts-, aber nicht vom Geburtsort her Einheimische waren, geschlossen werden. Dies würde aber voraussetzen, daß erstens die Heiratsquote der jungen Einwanderer genauso hoch wäre wie die der Einheimischen, daß zweitens der Anteil der vor dem fünfzehnten Lebensjahr Eingewanderten genau bestimmbar wäre und daß drittens die Angabe eines Herkunftsortes im Kirchspiel wirklich aussagt, daß die betreffende Person schon längere Zeit vor der Ehe dort wohnhaft war. Einige von diesen Prämissen sind durchaus vertretbar, die entscheidende, die aus einer anderen Bevölkerungsgruppe abgeleitete Heiratsquote, ist es aber nicht. Aufgrund dieses Umstandes bleibt also nur noch eine Skizze mit Hilfe der Angaben in den Volkszählungen 1845 und 1864 möglich.

Die überwiegende Mehrheit der nicht in der Familie bleibenden jungen Ledigen stellten die Knechte und Mägde dar, die 1803 9,7%, 1845 12,1% und 1864 12,5% der Bevölkerung des Kirchspiels Leezen ausmachten. Ledige Haushaltsvorstände waren verhältnismäßig selten (1803 1,0%, 1845 0,7%, 1864 0,5%). 1845 traten außerdem einige Kostgänger und Hausgenossen auf, davon die meisten Chausseearbeiter, die im Gegensatz zu den ledigen Haushaltsvorständen ausnahmslos von außerhalb kamen. Die Dienstbotenschaft gliederte sich 1845 in dreiundachtzig Knechte und einhundert Mägde. In beiden Gruppen kam der identische Prozentsatz von 57% von außerhalb. Nimmt man noch die Fluktuationen zwischen den Dörfern des Kirchspiels hinzu, so kann gesagt werden, daß es die Regel war, daß die Dienstboten nicht aus dem eigenen Dorf kamen. Zum Vergleich sei erwähnt, daß von den sonstigen Bewohnern mehr als drei Viertel im Kirchspiel geboren waren. 1864 lag der Anteil auswärtiger Dienstboten ebenfalls bei 60%, allerdings bei den Frauen, die nun fast zwei Drittel des Gesindes ausmachten, mit 67,9% höher als bei den Männern mit 45,7%. Eine ähnliche Proportion war auch bei den sonstigen Einwohnern (m 22,7% Auswärtige und w 34,6%) zu beobachten. 1845 und 1864 stellte das Gesinde also den mobilsten Teil der Bevölkerung dar, soweit dies die Immigration anbelangt. Über den Umfang der Bewegung in die andere Richtung gibt es keine Anhaltspunkte. Man kann lediglich aus dem Verbleib aller Kinder gewisse Rückschlüsse auf die Wahrscheinlichkeit treffen, daß unter den Auswandernden auch ein gewisser Teil war, der in das Dienstbotenverhältnis ging.

Die Nettoemigration von jungen Ledigen kann im Vergleich zwischen Konfirmationen und Heiraten in zehnjährigem Abstand ungefähr eingeschätzt werden (Fig. 33). In den

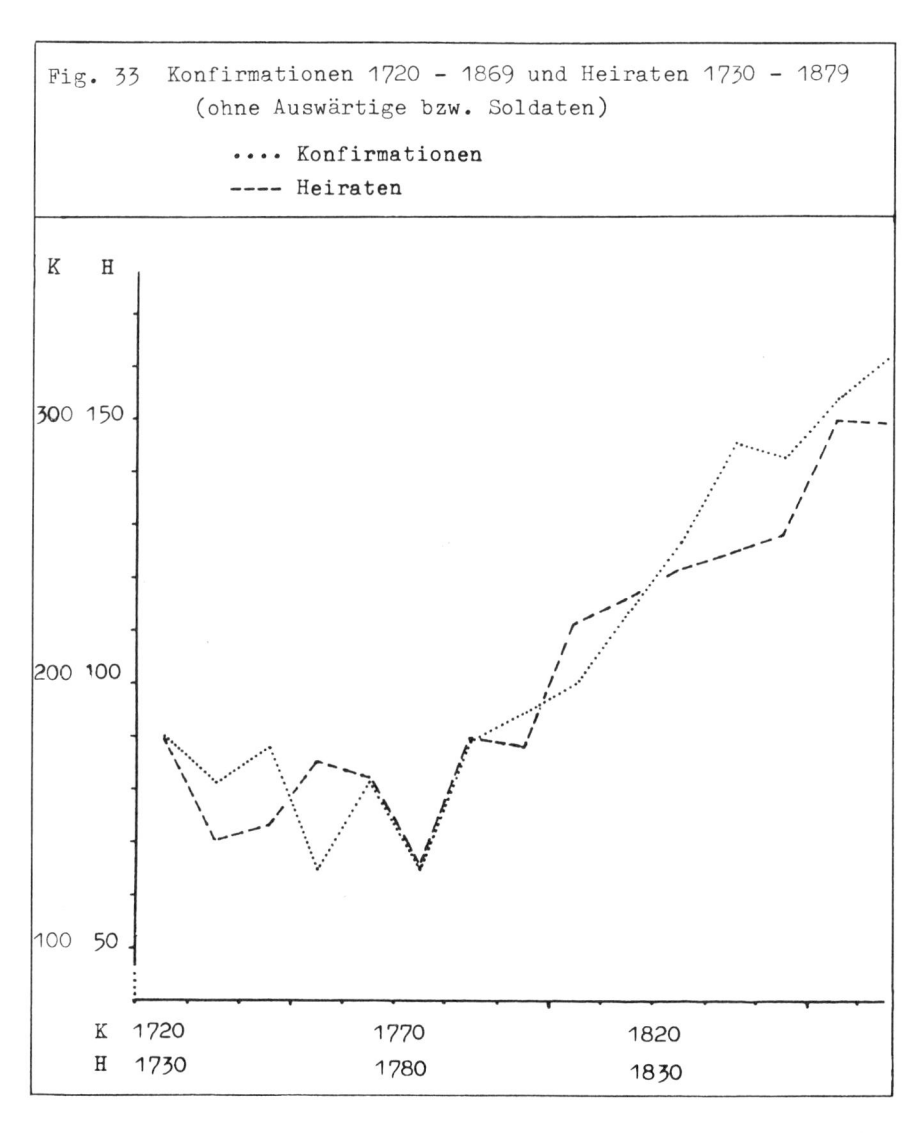

Fig. 33 Konfirmationen 1720 - 1869 und Heiraten 1730 - 1879
(ohne Auswärtige bzw. Soldaten)

•••• Konfirmationen
---- Heiraten

Grundzügen stimmen die Ergebnisse durchaus mit den Angaben über den Verbleib von Kindern aus MF-Ehen überein, die im folgenden als das tragende Element der Emigrationsuntersuchung betrachtet werden sollen. Das Faktum des Vorhandenseins oder des Fehlens von Nachrichten im Kirchenbuch nach dem fünfzehnten Lebensjahr gibt bereits einen sehr wichtigen Hinweis auf den Umfang der Migrationen[1]. Die Auswanderung machte nach Tab. 87 für zwischen 1720 und 1820 Geborene immer etwa ein Viertel der Fünfzehnjährigen aus. Auch die Emigration von Verheirateten war nicht zu unterschätzen. Sie stieg parallel zu der der Ledigen an, war aber nur dann größer als diese, wenn deren Quote ausnahmsweise sehr niedrig war, wie 1770. Über die Hälfte der nach 1820 und im Jahrzehnt 1790 geborenen Kinder in Leezen ansässiger Familien blieben nicht im Kirchspiel, von der Generation 1860 sogar drei Viertel. Die letzten Werte können allerdings bereits den Gültigkeitszeitraum der Familienkonstitution überschritten haben, was aber angesichts einer geringen Anzahl sehr alter Lediger nur für die Verheirateten das Bild etwas verzerren könnte. Es versteht sich fast von selbst, daß die Kinder von Insten weitaus häufiger ihren Heimatort verlassen mußten als die Kinder von Hufnern[2].

Die Ergebnisse stehen im Einklang mit den Volkszählungen, die eine Zunahme der Auswanderung in den 1840er Jahren und eine wahre Massenflucht von den 1860er Jahren an verzeichnen. Die hohe Emigrationsquote der 1790er Generation deutet zudem, nimmt man das mittlere Alter der ihre Gemeinden verlassenden Ledigen mit zwanzig Jahren an, auf eine starke Fluktuation in den 1810er Jahren hin, die in der Folge wieder abebbte. Demgegenüber scheinen Anteile von 40 - 50% der Fünfzehnjährigen das normale Emigrationsniveau dargestellt zu haben, ohne daß dies eine negative Wanderungsbilanz für das Kirchspiel nach sich gezogen haben muß. Die für die Kinder Typ 1 - 3 errechneten Quoten müßten nach der Logik der Dinge auf alle Nachkommen aus

---

1) Als im Kirchspiel anwesend wurden alle Personen betrachtet, für die ein späterer Eintrag im Kirchenbuch vorlag. Anderenfalls wurde der Konfirmationseintrag verifiziert.

2) 16,1% der 1720-1869 lebendgeborenen Hufnersöhne wanderten ledig und 9,6% verheiratet aus, dagegen 27,5% der Instensöhne ledig und 13,6% verheiratet. Bei den Hufnertöchtern betrugen die entsprechenden Anteile 11,5% und 20,4%, bei den Landarbeitertöchtern 26,5% und 17,5%.

Tab. 87 Verbleib der am 15. Geburtstag im Kirchspiel anwesenden
Kinder (Typ 1 - 3, Geburtsdekaden)

(1) Summe, 100%
(2) Ledig im Kirchspiel gestorben
(3) Verheiratet im Kirchspiel gestorben
(4) Verheiratet und ausgewandert
(5) Ledig ausgewandert
(6) Ledig Ausgewanderte nach (5), bezogen auf alle Konfirmationen

	(1)	(2) n	%	(3) n	%	(4) n	%	(5) n	%	(6)
1720	105	16	15.2	40	38.1	24	22.9	25	23.8	39
1730	93	19	20.4	44	47.3	11	11.8	19	20.4	29
1740	108	23	21.3	46	42.6	11	10.2	28	25.9	43
1750	97	15	15.5	42	43.3	15	15.5	25	25.8	36
1760	131	21	16.0	54	41.2	25	19.1	31	23.7	44
1770	134	16	11.9	65	48.5	29	21.6	24	17.9	37
1780	137	24	17.5	54	39.4	24	17.5	35	25.5	47
1790	141	12	8.5	55	39.0	24	17.0	50	35.5	79
1800	168	29	17.3	70	41.7	32	19.0	37	22.0	55
1810	179	24	13.4	72	40.2	39	21.8	44	24.6	68
1820	208	28	13.5	53	25.5	43	20.7	84	40.4	126
1830	207	24	11.6	50	24.2	48	23.2	85	41.1	123
1840	206	26	12.6	45	21.8	53	25.7	82	39.8	154
1850	189	20	10.6	31	16.4	58	30.7	80	42.3	156
1860	133	14	10.5	12	9.0	46	34.6	61	45.9	158
1720-	534	94	17.6	226	42.3	86	16.1	128	24.0	190
1770-	759	105	13.8	316	41.6	148	19.5	190	25.0	293
1820-	943	112	11.9	191	20.3	248	26.3	392	41.6	691
alle	2236	311	13.9	733	32.8	482	21.6	710	31.8	1174

MF- und EF-Familien anzuwenden sein, die das Erwachsenenalter erreichten (Tab. 87, Sp. 5). Bei letzteren dürfte die Emigrationsbereitschaft mindestens ebenso hoch eingeschätzt werden wie bei Typ 1 - 3. Tab. 87, Sp. 6 vermittelt einen Eindruck von der Größenordnung der durch die Abwanderung von ledigen Erwachsenen entstehenden Bevölkerungsverluste.

Vergleicht man die quantitativen Angaben über den Verbleib der Kinder in Leezen mit Ergebnissen, die aus einem anderen Untersuchungsgebiet, der Schwalm, bekannt sind, so zeigt sich, daß Werte von etwa 40% durchaus im Rahmen dessen liegen, was im achtzehnten und neunzehnten Jahrhundert an Auswanderung aus einem Landstrich von sieben Dörfern zu erwarten war. In der Schwalm lag bei den Familien Typ 1 die Auswanderung bei ziemlich genau einem Drittel der Generationen bis einschließlich der 1860er. Sie war 1720 - 1769 mit 38% sogar höher als 1820 - 1869 mit 33%. Damit ist angedeutet, daß eine starke Auswanderung, wie sie in Leezen schon vor 1870 herrschte, keine Selbstverständlichkeit war. Vielmehr muß sie als ein besonderes Charakteristikum des Untersuchungsgebietes betrachtet werden.

9.4 Die Entwicklung der Migrationen 1720 - 1869

Die Migrationen der angesprochenen Subpopulationen weisen gewisse Gemeinsamkeiten auf, die es erlauben, im Beobachtungszeitraum auf der Ebene von Jahrzehnten sechs verschiedene Phasen zu unterscheiden.

a) Die 1720er und 1730er Jahre waren von einer starken Fluktuation gekennzeichnet. Bei den Eheleuten wurden dabei Wanderungsgewinne erzielt, die zu einer vermuteten Bevölkerungszunahme beigetragen haben.

b) 1740 - 69 schwächte sich die Nettoimmigration bei den Eheleuten ab, und die Bilanz der Kindereigenmigrationen tendierte in eine eher negative Richtung. Die hohe Mortalität trug schließlich dazu bei, daß insgesamt die Population der Eheleute stagnierte oder abnahm.

c) Die Jahre 1770 - 1809 zeichneten sich durch einen stabilen Aufschwung aus, der lediglich in den 1780er Jahren einen gewissen Einbruch erfuhr. Die Quote der Seßhaften war hoch, die Auswanderung gering, aber auch die Einwanderung hielt sich auf einem relativ niedrigen Niveau.

d) Die Jahrzehnte 1810 und 1820 waren von starken Schwankungen betroffen, in denen vielleicht angestaute Probleme der vorangegangenen Phase zum Ausbruch kamen. Um 1815 - 24 fand vermutlich eine massive Auswanderung statt, die sich sowohl bei den Ledigen als auch bei den Verheirateten bemerkbar machte. Diese Bewegung kam in der zweiten Hälfte der 1820er Jahre offenbar wieder zum Stillstand.

e) Die Jahre 1830 - 49 können bereits als eine Vorstufe zur späteren Emigrationswelle verstanden werden. Die 1830er Jahre zeichneten sich durch eine auffallend

geringe Einwanderung aus, während die Auswanderung der
Eheleute zunahm. Insgesamt führte diese negative Bilanz
aber noch nicht zu einer Abnahme der Subpopulation.
Auch die Ledigenauswanderung hielt sich in dem seit
1740 praktisch unveränderten Rahmen. In den 1840er
Jahren stieg sie dagegen schlagartig auf das für den
Rest des Beobachtungszeitraums gültige Niveau. Die
Auswanderung der Eheleute veränderte sich nicht, so daß
noch nicht von einem generellen Durchbruch gesprochen
werden kann.

f) Die 1850er und 1860er Jahre waren von der Emigration
geprägt, die bei den Eheleuten kontinuierlich anstieg.
Auch die Einwanderung von Heiratspartnern nahm weiter
zu, aber die Bilanz dieser Fluktuation war bereits
eindeutig negativ.

Vergleicht man diese Einteilung mit der anhand der
Geburten vorgeschlagenen[1], so lassen sich zahlreiche
Übereinstimmungen feststellen. Dies ist nicht erstaunlich,
weil die Veränderungen in den Migrationen 1740 - 1840 im
wesentlichen Veränderungen der Migrationen von Eheleuten
waren, die sich in den Geburten niederschlugen. Es zeigt
aber auch, daß die bis in die 1760er Jahre andauernde
Stagnation nur zum Teil durch eine hohe Mortalität bedingt
war. Mindestens ebenso wichtig scheint zu sein, daß die
Rekuperationsmöglichkeiten nicht voll ausgenutzt wurden
und eine zunehmend größere Gruppe von Verheirateten und
Verwitweten auswanderte. Ein entgegengesetztes Bild bot
sich ab 1770, nämlich eine den Aufschwung unterstützende
geringe Emigration. Ein Zusammenhang zwischen dem Übergang
zu einer Phase des verlangsamten Aufschwungs um 1820 und
einer Zunahme der Emigrationen scheint ebenfalls zu
bestehen. Für die Stagnation gegen Ende des Beobachtungszeitraums ist dieser eindeutig.

Bei einer im wesentlichen unveränderten Fruchtbarkeit,
einem nur ausnahmsweise veränderten Heiratsalter und einem
Wandel der Wiederverheiratungshäufigkeit von naturgemäß
nur geringen Konsequenzen kann es nur das Zusammenspiel
von Mortalität und Migrationen gewesen sein, das die
demographische Struktur des Kirchspiels Leezen bestimmte.
Beispiele für sich negativ verstärkende Wirkungen wären
der Zeitraum 1740 - 1769, für positive dagegen 1720 - 1739
und die 1770er Jahre.

Für die Einschätzung des unterschiedlichen Stellenwerts
der beiden Faktoren sind aber die Perioden wichtig, in

---
[1] s.o., S. 79 ff.

denen die Wirkungsrichtungen entgegengesetzt waren. Dies war 1780 - 1809 mit relativ hoher Mortalität und geringer Emigration und umgekehrt ab 1830 der Fall. Nur in den beiden Anfangsjahrzehnten 1780 und 1830 reichten die Einflüsse, die von der Höhe der Eheleutemortalität ausgingen, dazu aus, die Veränderung der Population in die gleiche Richtung zu drängen. In der restlichen Zeit bestimmten hingegen eindeutig die starke Seßhaftigkeit und die Emigration die Bilanz. Daraus kann nur geschlossen werden, daß bei den in Leezen gegebenen Größenordnungen der anderen Einflüsse die Migrationen der entscheidende Faktor für die Veränderungen in der Anzahl der Eheleute waren.

Für die heranwachsende Generation stellte sich das Problem anders. Da hier die durch die Migrationen von Eltern und durch Kindereigenmigration zu erreichenden Verschiebungen immer nur einen Bruchteil der Population, hier also der Geburten, ausmachen konnten, wurde die Mortalität zum Faktor, der die relative Größe der entsprechenden Altersgruppen verursachte. Sobald sich die Überlebensquote signifikant änderte, war auch das Schicksal der Jugendlichen davon abhängig. Für die ab 1820 geborenen Generationen stieg der Anteil derer, die auswanderten, um zwei Drittel an (s. Tab. 87). Hier schien der Mortalitätsrückgang die Grenzen der Aufnahmemöglichkeiten des Kirchspiels deutlich zu machen und somit zu einem auslösenden Faktor der Migrationen von ledigen Erwachsenen zu werden.

9.5 Die Migrationen im geographischen Kontext

War bisher versucht worden, den Umfang der Migrationen im Laufe der Zeit zu beobachten, soll nun das Augenmerk auf die Herkunfts- und Verbleibeorte, auf Konstanz und Wandel von bevorzugten Einzugs- und Emigrationsgebieten gelegt werden. Die Quellen hierfür sind die Heiratseinträge und die Nekrologe, die Darstellung erfolgte teilweise über Plotter[1].

---

[1] Herrn Joachim Schwitalla sei für die Durchführung dieses Teils der Programmierarbeit hier gedankt.

Karte 02 Städte, Dörfer, Parzellistenkommunen und Gutshöfe bis zu 10 km Entfernung vom nächstgelegenen Ort im Ksp. Leezen (in Klammern Orte außerhalb dieses Umkreises)

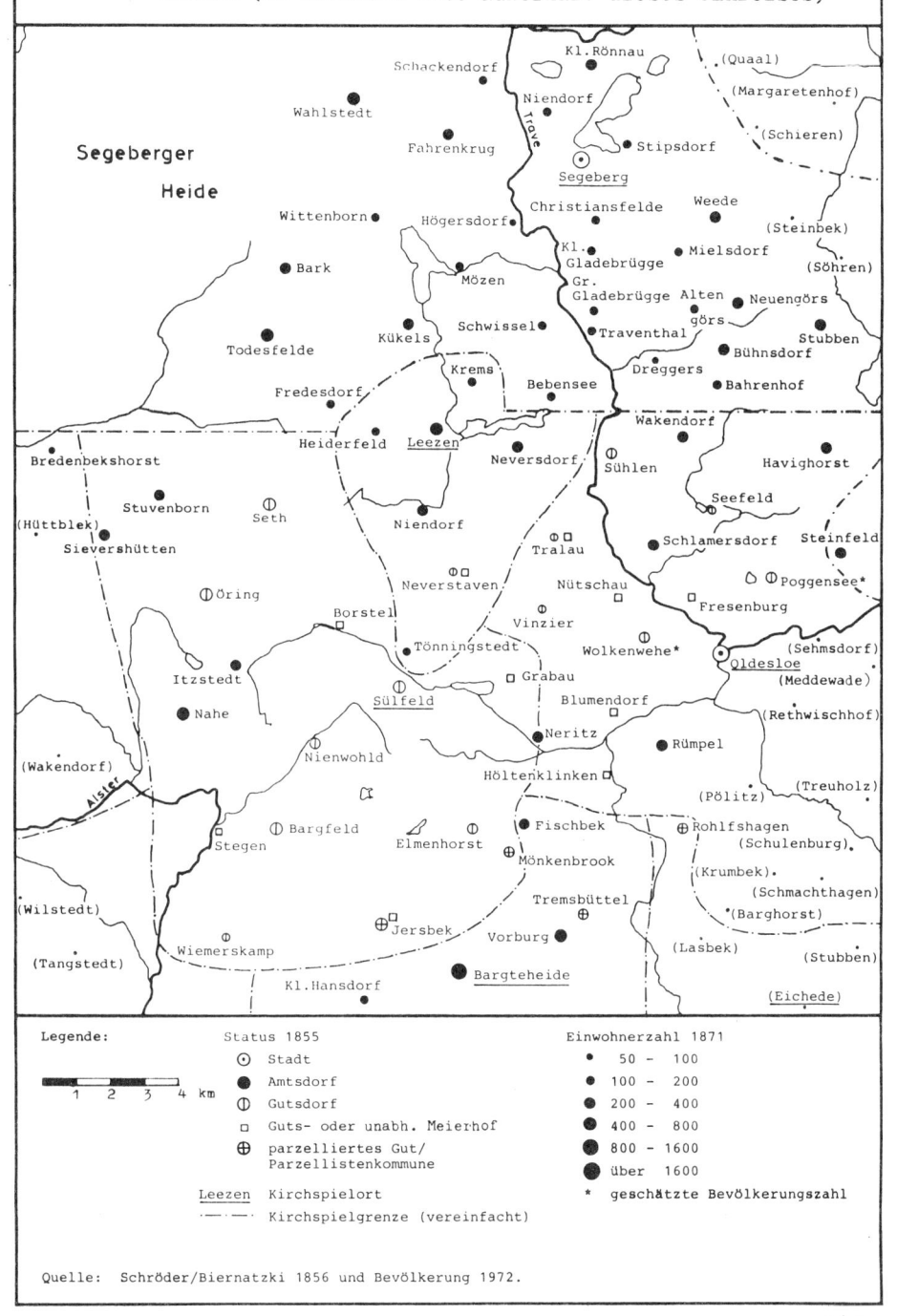

Segeberger Heide

Kl. Rönnau · (Quaal)
Schackendorf · (Margaretenhof)
Niendorf
Wahlstedt · Stipsdorf · (Schieren)
Fahrenkrug
Segeberg
Christiansfelde Weede
Wittenborn · Högersdorf · (Steinbek)
Kl. Gladebrügge · Mielsdorf
Bark Mözen (Söhren)
Gr. Gladebrügge Alten görs Neuengörs
Schwissel · Traventhal Stubben
Todesfelde Kükels Bühnsdorf
Krems Bebensee Dreggers Bahrenhof
Fredesdorf
Wakendorf
Heiderfeld Leezen Neversdorf Sühlen Havighorst
Bredenbekshorst Seefeld
Stuvenborn Seth Schlamersdorf Steinfeld
(Hüttblek) Niendorf
Sievershütten Tralau
Öring Neverstaven Nütschau Poggensee*
Borstel Vinzier Fresenburg
Tönningstedt Wolkenwehe* Oldesloe (Sehmsdorf)
Itzstedt Grabau (Meddewade)
Nahe Sülfeld Blumendorf
Neritz Rümpel Rethwischhof
(Wakendorf) Nienwohld
Höltenklinken (Pölitz) (Treuholz)
(Wilstedt) Bargfeld Fischbek Rohlfshagen
Stegen Elmenhorst (Schulenburg)
Mönkenbrook (Krumbek)
(Schmachthagen)
Tremsbüttel (Barghorst)
Wiemerskamp Jersbek Vorburg (Lasbek) (Stubben)
(Tangstedt) Kl. Hansdorf Bargteheide (Eichede)

Legende:

Status 1855
⊙ Stadt
● Amtsdorf
Ⓘ Gutsdorf
□ Guts- oder unabh. Meierhof
⊕ parzelliertes Gut/ Parzellistenkommune
Leezen Kirchspielort
—·—· Kirchspielgrenze (vereinfacht)

Einwohnerzahl 1871
· 50 – 100
• 100 – 200
● 200 – 400
● 400 – 800
● 800 – 1600
● über 1600
* geschätzte Bevölkerungszahl

Quelle: Schröder/Biernatzki 1856 und Bevölkerung 1972.

9.5.1 Die Herkunftsorte im Wandel der Zeit

In Anlehnung an die Studie Henrys[1] können die Herkunftsorte der Ehepartner nach der Entfernung voneinander kategorisiert werden (Tab. 88). Die Größenklassen sind trotz möglicherweise anderer Siedlungsdichte auch auf Leezen anwendbar[2]. Bei allen Entfernungsangaben ist aber zu beachten, daß die Orte außerhalb des Kirchspiels gegenüber diesen etwa im Verhältnis eins zu zwei benachteiligt sind, weil bei ihnen nur eine Bewegungsrichtung verzeichnet wird, während bei Heiraten zwischen den Kirchspieldörfern beide in die Quellen eingehen.

Zumindest die Zuwanderung fand nach Tab. 88 nur noch selten statt, wenn mehr als zwanzig Kilometer zu überwin-

Tab. 88 Entfernungen zwischen den Herkunftsorten der Ehepartner (in Kilometern)

	1720		1770		1820		alle	
	n	%	n	%	n	%	n	%
0- 4	189	52.3	249	57.9	338	55.0	776	55.2
5- 9	87	24.1	116	27.0	155	25.2	358	25.5
10-14	32	8.9	28	6.5	58	9.4	118	8.4
15-19	10	2.8	8	1.9	24	3.9	42	3.0
20-49	25	6.9	15	3.5	24	3.9	64	4.6
50 u.m.	18	5.0	14	3.3	16	2.6	48	3.4
alle	361	100	430	100	615	100	1406	100
nicht ident.	1		1		3		5	
o.Ang.*	45		9		24		78	

* Darunter 12 Soldaten

---

[1] Gautier/Henry 1958, S. 82.
[2] Vgl. Sabean 1970, S. 284.

den waren[1]). Es bestanden hierin kaum noch Unterschiede zu den Fernmigrationen von über fünfzig Kilometern. Bemerkenswert ist, daß die Mobilität, hier verstanden als Bevorzugung größerer Entfernungen, im neunzehnten Jahrhundert nicht stieg, sondern noch unter der des achtzehnten Jahrhunderts lag. Im Zeitraum der größten Seßhaftigkeit um 1800 wohnte sogar nur noch einer von sechs Bräutigamen weiter als zehn Kilometer von seiner Braut entfernt. Durchschnittlich waren es 6,1 Kilometer 1720 - 1869, mit nur geringen Veränderungen, nämlich 1720 - 69 7,1, 1770 - 1819 5,2, 1820 - 1869 6,1[2]).

Diese Angaben sagen aber nichts über das den Entfernungen zugrunde liegende geographische Muster aus. Die Frage nach Schwerpunkten des Einzugsgebiets des Kirchspiels Leezen lassen sich am besten durch die kartographische Darstellung beantworten. Dabei kann die verschiedene Größe der Herkunftsorte nicht berücksichtigt werden, die die Wahrscheinlichkeit eines Auftauchens in den Quellen mitbestimmt, weil dies eine Reihe von Quellenproblemen mit sich bringt. Die Karten 03-06 veranschaulichen das in Tab. 88 aufgezeigte Vorherrschen von Migrationen über sehr kurze Distanz. Aus der beiliegenden Karte 02[3]) sind die Namen der Orte in einem Umkreis von zehn Kilometern, ausgehend vom in die entsprechende Richtung exponiertesten Kirchspielort, zu entnehmen. Der Nahbereich bis zu zehn Kilometern läßt sich entlang der Grenzen zwischen dem Kirchspiel Segeberg und den Kirchspielen Oldesloe und Sülfeld in eine nördliche und eine südliche Zone unterteilen. Erstere war in rechtlicher Hinsicht homogen; es handelte sich nur um Dörfer der Ämter Segeberg und Traventhal sowie die Stadt Segeberg. Der südliche Bereich ist problematischer. Hier muß zwischen Gütern, Gutsdörfern und freien Kommunen einschließlich Oldesloes unterschieden werden, die oft keine zusammenhängenden Gebiete bildeten. Die über zehn Kilometer entfernt gelegenen Gebiete können

---

[1] Die Entfernungen unter 50 km wurden zwischen den Mittelpunkten der Planquadrate von 1 km Kantenlänge gemessen.

[2] Vgl. dagegen die von Chaunu (1982, S. 90) beobachtete Erweiterung des Heiratskreises in Frankreich nach 1750.

[3] In der Skizze tauchen, im Gegensatz zu den Karten 03-08, Einzelsiedlungen mit geringer Einwohnerzahl, die von Schröder/Biernatzki (1856) nicht als "Dorf" oder "Parzellistencommüne" charakterisiert wurden, nicht auf.

ausgehend von gedachten Verbindungslinien zwischen Kartenmitte und Kartenrand grob in Nord, West, Ost und Süd eingeteilt werden (Tab. 89, 90, 91).

Tab. 89 Näherer Einzugsbereich außerhalb des Kirchspiels

	1720	1770	1820	alle	pro Ort
Ksp.Segeberg	100	147	133	380	14
andere Amtsdörfer	47	38	52	137	8
Gutsdörfer	12	26	69	107	10
Güter	6	13	16	35	4
Norden	100	147	133	380	14
Süden	65	77	137	279	8
alle	165	224	270	659	10

Tab. 90 Fernerer Einzugsbereich (10 - 49 km)

	1720	1770	1820	alle
Norden	7	8	17	32
Westen	10	6	13	29
Osten	13	11	30	54
Süden	16	5	16	37
alle	46	30	76	152

Die Güter entfielen als Einzugsgebiet fast vollständig. In einhundertundfünfzig Jahren kamen nur vier Heiratspartner aus denen, die im Umkreis von zehn Kilometern lagen. Ähnlich sah es bei den gutsuntertänigen Dörfern im achtzehnten Jahrhundert, vor Aufhebung der Leibeigenschaft, aus. Während dieser Zeit war die Einwanderung aus dem Norden dominierend, begünstigt durch die kirchspielsnahe Lage einiger Kommunen. Die Amtsdörfer des Südens spielten dagegen während des ganzen Beobachtungszeitraums eine nachgeordnete Rolle, auffallend lediglich durch die langfristige Unveränderlichkeit der Zahlen. Im neunzehnten Jahrhundert machte sich eine relative Verschiebung in den Gewichten zwischen den Segeberger und den Gutsdörfern bemerkbar. Letztere stellten nun die meisten Eheleute pro Dorf. Diese Veränderung fällt besonders an Oering und Seth auf. Mit dem benachbart gelegenen Itzstedt, Amt Trems-

Tab. 91 Fernimmigrationen (50 km und mehr) 1720 - 1869

Mecklenburg	11
Schleswig	10
Hannover	6
Dänemark	5
westl. Holstein	4
östl. Holstein	3
Dithmarschen	2
Lauenburg	2
Lüneburg	2
Sachsen	2
Stift Bremen	2
Summe	49

büttel, verhielt es sich ähnlich, so daß diese drei südwestlichen Dörfer nun in Leezen stärker vertreten waren als die drei nordwestlichen Fredesdorf, Todesfelde und Kükels, die auf den Stand vor 1770 zurückfielen.

Die Dominanz der Segeberger Geestranddörfer 1770 - 1819 und die Verlagerung des Schwergewichts auf die Sülfelder ist der bemerkenswerteste Zug, der in der kartographischen Darstellung zum Ausdruck kommt. Die Bauernbefreiung hatte demnach eine nicht zu unterschätzende Bedeutung für das Heiratsverhalten. Sie ermöglichte eine Auswanderung zum Zwecke der Heirat, wie sie tendenziell allen westlich gelegenen Dörfern in Richtung Leezen eigen war.

Betrachtet man die Heiratskreise der einzelnen Kirchspieldörfer, so stellt man fest, daß zumindest innerhalb des Kirchspiels die Häufigkeiten der Beziehungen sich aus der Größe der Dörfer und der Entfernung zueinander ergaben. Folglich hatten die beiden kleinsten Dörfer Heiderfeld und Krems die niedrigste Quote endogamer Heiraten, und - weil sie zudem peripher lagen - die höchsten Anteile von Ehepartnern außerhalb des Kirchspiels. Dagegen wiesen die großen Gemeinden Leezen und Niendorf eine höhere Endogamie auf. Außerdem standen sie immer an erster Stelle unter den Partnern der anderen Dörfer (Tab. 92).

Allerdings wird die Regel von den beiden Dörfern durchbrochen, die nicht zum Amt Segeberg gehörten. Neverstaven hatte gewissermaßen privilegierte Beziehungen zu Tralau,

Tab. 92 Heiraten zwischen den Kirchspielsorten

I. absolute Zahlen

	L1	H1	K1	N1	N2	T1	N3	a	oA	Summe
Leezen	<u>70</u>	22	16	42	31	17	13	153	13	377
Heiderfeld	22	<u>28</u>	9	19	8	12	3	95	4	200
Krems	16	9	<u>19</u>	2	10	2	2	67	6	133
Niendorf	42	19	2	<u>69</u>	28	22	11	133	8	334
Neversdorf	31	8	10	28	<u>39</u>	1	6	86	8	217
Tönningstedt	17	12	2	22	1	<u>52</u>	2	84	4	196
Neverst.-Tralau*	13	3	2	11	6	2	<u>88</u>	62	7	194
außerhalb	153	95	67	133	86	84	62	<u>88</u>	22	790
ohne Angabe	13	4	6	8	8	4	7	22	<u>6</u>	78

II. anteilsmäßige Zusammensetzung
der einzelnen Heiratskreise in Prozent

	L1	H1	K1	N1	N2	T1	N3	a	oA
Leezen	<u>18.6</u>	5.8	4.2	11.1	8.2	4.5	3.4	40.6	3.4
Heiderfeld	11.0	<u>14.0</u>	4.5	9.5	4.0	6.0	1.5	47.5	2.0
Krems	12.0	6.8	<u>14.3</u>	1.5	7.5	1.5	1.5	50.4	4.5
Niendorf	12.6	5.7	0.6	<u>20.7</u>	8.4	6.6	3.3	39.8	2.4
Neversdorf	14.3	3.7	4.6	12.9	<u>18.0</u>	0.5	2.8	39.6	3.7
Tönningstedt	8.7	6.1	1.0	11.2	0.5	<u>26.5</u>	1.0	42.9	2.0
Neverst.-Tralau*	6.7	1.5	1.0	5.7	3.1	1.0	<u>45.4</u>	32.0	3.6

* Untergliederung zwischen Neverstaven und Tralau

	absolute Zahlen				Prozentwerte			
	N3	T2	Rest	Summe		N3	T2	Rest	Summe
N3	<u>37</u>	35	68	140	N3	<u>26.4</u>	25.0	48.6	100
T2	35	<u>16</u>	38	89	T2	39.3	<u>18.0</u>	42.7	100

das zum gleichen Gute gehörte, so daß bei einer ohnehin starken Endogamie gut die Hälfte der Heiraten, an denen Einwohner dieses Dorfes beteiligt waren, innerhalb des Gutes stattfanden. Tönningstedt war das andere Dorf mit auffallender Endogamie. Dies ist vermutlich dadurch zu erklären, daß es in nächster Nachbarschaft außer Niendorf nur Gutsdörfer gab, mit denen der Austausch lange Zeit fast blockiert war, denn der Anteil auswärtiger Ehepartner war bei der Randlage Tönningstedts zweifellos zu gering.

Folglich scheinen rechtliche Hindernisse der alleinige Grund gewesen zu sein, der eine Orientierung des Heiratsverhaltens der Dörfer nach Abstand und Größe der Siedlungen verhinderte. Die Kirchspielsgrenzen bewirkten keine Verschiebungen der Präferenzen, solange außerhalb weitere Amtsdörfer lagen.

Um das Bild des geographischen Einzugsbereichs zu komplettieren, sei noch ein kurzer Blick auf die Herkunftsorte aller Konfirmanden geworfen, deren Eltern nicht im Kirchspiel ansässig waren (Tab. 93). Es zeigt sich, daß

Tab. 93 Herkunftsorte auswärtiger Konfirmanden

	1720	1770	1820	alle
Ksp. Segeberg	3	18	35	56
andere Amtsdörfer		4	11	15
Gutsdörfer		6	8	14
Güter	2	2	7	11
Nahbereich	5	30	61	96
Nord		3	8	11
West		6	7	13
Ost		4	3	7
Süd	3	2	5	10
Fernerer Bereich	3	15	23	41
Schleswig			4	4
westl. Holstein			3	3
Mecklenburg			2	2
Ostholstein	2	2	1	5
Dithmarschen			1	1
Norddeutschland			1	1
Dänemark			1	1
Fernbereich	2	2	13	17
alle	10	47	97*	154

* Hinzu kommt ein nichtidentifizierter Herkunftsort

hier die Entfernungen größer waren. Manchmal handelte es sich um eine vorzeitige Verdingung in die Dienstbotenschaft. Andere waren zum Beispiel beim Pastor in Pension. Die Mehrheit stellten aber Kinder, oft Waisen, die bei Verwandten oder anderen Leuten in Pflege waren. Die Zunahme des Fernbereichs und des ferneren Bereichs ist dabei auf die im neunzehnten Jahrhundert nicht seltene Verschickung aus den Städten, vermutlich zum großen Teil durch die Armenkasse, zurückzuführen, von der schon die Rede war[1].

9.5.2 Auswanderungsziele

Die Auswanderungsziele wurden für die Kinder aller in Leezen seßhaften Familien erhoben, bei denen zwischen der letzten Geburt und einem Nekrolog mindestens fünfundzwanzig Jahre vergangen waren. Auf das Alter von fünfundzwanzig Jahren wurde deshalb auch der Emigrationszeitpunkt gesetzt. Da die Quellen erst 1763 einsetzen, finden sich Hinweise auf das Migrationsgeschehen in notwendiger Dichte erst danach. Die Zahlen sind damit für die bisher durchgehaltene Untergliederung in drei Hauptzeiträume nicht geeignet. In Anlehnung an die Periodisierung der Auswanderung wurden daher 1765 - 1844 (1740 - 1819 Geborene) und 1845 - 1894 (1820 - 1869 Geborene) gegenübergestellt. Die betrachteten Fälle repräsentieren 38,1% der Fünfzehnjährigen (Typ 1 - 3), die irgendwann einmal aus dem Kirchspiel verschwanden[2]. Allerdings ist bei einem Viertel der Verbleibeort nicht dokumentiert, meist, weil die Auswanderung erst später erfolgte.

Im Nahbereich zeigt sich parallel zur Immigration eine zunehmende Emigration in die südlich gelegenen Orte (Tab. 94). Es handelt sich demnach im neunzehnten Jahrhundert nicht um einen einseitigen Vorgang, sondern um einen Austausch, wobei die Veränderungen in beiden Richtungen relativ gleich waren. Allgemein kann bei den Wanderungen zwischen dem Kirchspiel und den Dörfern des Nahbereichs von einer Art Nullbilanz gesprochen werden, die einen Gleichgewichtszustand kennzeichnet.[3] Dies galt auch noch für die Stadt Oldesloe, die demnach keinen besonderen Attraktionspunkt darstellte. Lübeck spielte übrigens

---

[1] S.o., S. 164.

[2] S. Anhang A.20.

[3] Vgl. Chaunu 1982, S. 75.

Tab. 94 Verteilung der Verbleibeorte im Nahbereich

	1765-	1845-	alle
Ksp. Segeberg	64	40	104
südl. Amtsdörfer	25	15	40
Gutsdörfer	20	19	39
Güter	5	8	13
Norden	64	40	104
Süden	50	42	92
alle	114	82	196
%*	79.2	55.4	67.1

* Summe in Prozent aller Auswanderungsziele

erstaunlicherweise für die Leezener erst recht keine Rolle.

Es waren andere städtische Siedlungen, die die Auswanderer in der zweiten Hälfte des neunzehnten Jahrhunderts anzogen. So nahm schon die Kleinstadt Segeberg im Nahbe-

Tab. 95 Fernwanderungsrichtungen 10 - 49 km

	N	W	O	S	n	%
1765-	7	6	8	6	27	18.7
1845-	3	2	6	37	48	32.4
alle	10	8	14	43	75	25.7

reich weitaus mehr Menschen aus Leezen auf, als sie dorthin abgab. Die entscheidenden Veränderungen vollzogen sich aber im Hinblick auf den Hamburger Raum, also Hamburg, Altona und Wandsbek. Dieser wurde zum Ziel für über die Hälfte aller Personen, die nach der Mitte des neunzehnten Jahrhunderts den Nahbereich verließen (Tab. 95). Interessanterweise handelte es sich hierbei nicht um eine langsame Entwicklung, sondern um eine Welle, die in den 1850er Jahren einsetzte und in diesem und im folgenden Jahrzehnt ihre stärkste Ausprägung erfuhr. In den 1880er Jahren waren ihre sich im Datenmaterial niederschlagenden Wirkungen bereits vorbei. Die Fernmigration war eine Erscheinung desselben Zeitraums. Umfangsmäßig machte sie aber weniger als die Hälfte der Wanderung in den Hamburger Raum aus (Tab. 96). Nach Übersee gingen nur drei Personen,

Tab. 96 Auswanderungsziele über 50 km

	1765-	1845-	alle
Schleswig	1	4	5
Ostholstein	1	4	5
Dithmarschen		1	1
Norddeutschland	1	4	5
Süddeutschland		1	1
England		1	1
Übersee		3	3
alle	3	18	21
%*	2.1	12.2	7.2

* Summe in Prozent aller Auswanderungsziele

Tab. 97 Wanderungen in den Hamburger Raum 1765 - 1894

	n		n		n		n
1790	2	1840	1	1860	12	1880	3
1830	2	1850	15	1870	7	1890	1

davon zwei nach Nordamerika und eine nach Uruguay. Das entspräche hochgerechnet sechzehn Leezener Erwachsenen im ganzen neunzehnten Jahrhundert. Bei aller Unsicherheit einer solchen Einschätzung lag die Überseewanderung aus dem Kirchspiel demnach wohl um einiges unter dem Landesdurchschnitt[1]).

Zusammengenommen erklären die Fernwanderung und die Abwanderung nach Segeberg und in den Hamburger Raum zu über drei Vierteln die Zunahme der Geborenen mit unbekanntem Schicksal nach 1820. Besonders eklatant ist die Abfolge von Rückgang der Säuglingssterblichkeit, gestiegenen Überlebendzahlen und Einsetzen der Auswanderung nach Hamburg bei der 1820er Generation. Da die Aufnahmekapazität des Landes nicht genügend variabel war, hatte die gesunkene Mortalität also nicht nur Auswirkungen auf den Umfang der Migration, sondern auch auf deren Ziel. Das

---
[1]) Vgl. Beiträge 1967, Tab. 30.

Bestehen eines Ursache-Wirkung-Zusammenhanges ist somit sehr wahrscheinlich, zumindest auf der Seite der sogenannten Push-Faktoren. Die Gründe dafür, daß der Hamburger Raum zum Wanderungsziel wurde und nicht beispielsweise der Lübecker, sind dagegen auf der anderen Seite zu suchen, in diesem Fall in den Arbeitsmöglichkeiten, die die Industrie dort bot. Dies ist aber bereits nicht mehr Aufgabe der Untersuchung.

10. Schlußbetrachtung

Die Summe der vorangegangenen Kapitel, deren Ergebnisse hier nicht noch einmal im einzelnen wiederholt zu werden brauchen, ergibt ein abgerundetes Bild der demographischen Struktur des Kirchspiels Leezen zwischen 1820 und 1870 und wesentlicher auf sie einwirkender Faktoren. Abschließend sollen noch einmal die großen Züge der Entwicklung aufgezeigt sowie die Repräsentativität der Ergebnisse für Schleswig-Holstein eingeschätzt werden, um damit zusammenzufassen, in welchen Punkten die vorliegende Untersuchung neue Beiträge zur wissenschaftlichen Diskussion liefern kann.

10.1 Die Entwicklung der demographischen Struktur im Kirchspiel Leezen

Anhand der eingangs geschilderten Entwicklung der Einwohnerzahl und der Geburten und der Variable mit den am regelmäßigsten periodisierbaren und bedeutendsten Veränderungen, der Säuglingssterblichkeit, wurde der Untersuchungszeitraum 1720 - 1869 in drei gleich lange Abschnitte geteilt. 1720 - 1769 ist im Datenmaterial vorwiegend durch die "Stagnationsphase" repräsentiert, 1770 - 1819 kann als durch die "Geburtenexplosion" charakterisiert angesehen werden und 1820 - 1869 als "Endphase der demographischen Expansion". Natürlich änderten sich die anderen demographischen Größen nicht exakt zu demselben Zeitpunkt, die Kindersterblichkeit wies mit einem Sinken nach 1790 und nach 1830 andere Wendepunkte auf. Trotzdem ließ sich in den meisten Fällen eine charakteristische Ausprägung entsprechend den dargestellten Perioden aufzeigen.

In der Gesamtschau läßt sich bei den meisten Erscheinungen eine bogenförmige Entwicklung feststellen, das heißt, die Werte liegen 1820 - 1869 in derselben Richtung wie 1720 - 1769 und übertreffen sie, während dazwischen 1770 - 1819 eine Tendenz zur anderen Seite vorherrscht. Eine Entwicklung in nur eine Richtung läßt sich dagegen, wie erwähnt, bei der Kindersterblichkeit, den vorehelichen Konzeptionen und illegitimen Geburten sowie vermutlich auch der Ledigenquote feststellen[1]. Tab. 98 zeigt, daß der Bogen der Entwicklungen sehr unterschiedlich ausgeprägt war. Die

---

[1] S. Tab. 87, Sp. 2.

Tab. 98 Indizes wichtiger demographischer Eckdaten
(1720 - 1769 als 100)

	1720	1770	1820
Säuglingssterblichkeit (%)	100	121	76
Geburtenzahl vollständiger Erstehen (Mw)	100	111	94
TMFR vollständiger Erstehen, longitudinal	100	101	96
DF nach Ehedauer für Heiratsalter 20-24	100	105	93
Fruchtbarkeit über 30 / TMFR (%)	100	104	90
Alter bei der letzten Geburt (Mw)	100	102	98
Intergenetische Intervalle (Mw)	100	96	97
Heiratsalter bei der 1. Ehe, Mann (Mw)	100	94	98
Heiratsalter bei der 1. Ehe, Frau (Mw)	100	97	100
Wiederverheiratungen unter den Ehen (%)	100	109	73
Aus- und Durchwanderer unter den Eheleuten (%)	100	77	120

geringsten Änderungen traten - bezogen auf alle Ehepaare - zweifellos bei der Fertilität auf. Die Einbeziehung der Wiederverheiratungen verwischt hier bereits wieder die Unterschiede, die sich bei der Rate der gesamten ehelichen Fruchtbarkeit der Erstehen feststellen lassen. Im Heiratsalter ist die Bogenbewegung überhaupt nicht vollendet, die Werte von 1720 - 1769 werden nicht wieder erreicht. Trotzdem liegen den verschiedenen Abläufen Gemeinsamkeiten zugrunde.

Ein Zusammenhang zwischen Fertilität und Säuglingssterblichkeit war zu erwarten[1]. Überraschend ist, daß er in Leezen insgesamt so wenig ausgeprägt war. Die unterschiedliche Stärke der Wandlungen in beiden Bereichen und der nur geringe Unterschied bei den durchschnittlichen intergenetischen Intervallen zwischen den beiden letzten Zeiträumen zeigen, daß die rein biologische Abhängigkeit der Fruchtbarkeit von der Säuglingssterblichkeit minimal war[2]. Hingegen konnte nachgewiesen werden, daß mit dem Einsetzen des Säuglingssterblichkeitsrückgangs eine Verhaltensänderung bei den Ehepaaren begann, die aufgrund ihrer relativ frühen Heirat eine große Kinderschar zu erwarten hatten.

---
[1] Vgl. Preston 1978.
[2] S. Tab. 67.

Ein Zusammenhang zwischen Nuptialität, hier also Heiratsalter und Wiederverheiratungshäufigkeit, und Fertilität besteht insofern, als beide 1770 - 1819 vereint in Richtung auf eine verstärkte Reproduktion der Bevölkerung zielten. Dieses "Bestreben", das als solches bei den Einzelpersonen keineswegs vorhanden gewesen zu sein braucht, gelang nur in beschränktem Maße. Während die Geburtenzahlen in vollständigen Familien und die Bruttoreproduktionsrate sich deutlich veränderten, verhinderte die Säuglingssterblichkeit, daß die Anzahl der Kinder, die pro Frau das fünfzehnte Lebensjahr erreichten, allzusehr anstieg (Tab. 99). Nach 1820 konnte trotz einer geringeren

Tab. 99 Schätzung der Nettoreproduktionsziffer von Ehekohorten

(1) Geburten in Leezen geborener Frauen (Typ 1)
(2) davon Anzahl Mädchen (berechnet nach Tab.23)
(3) Anzahl verheirateter Frauen
(4) Ledigenquote erwachs. Mädchen (Typ 1-3, ausgew. ≙ verh.)
(5) Mädchengeburten pro Frau über 15 Jahren
(6) weibl. Überlebensquote 0-15 Jahre (incl. Totg.)
(7) Überlebende Mädchen pro Frau (≙ Nettoreproduktionsziffer)*

	(1)	(2)	(3)	(4)	(5)	(6)	(7)
1720	472	236	101	0.169	1.93	0.699	1.35
1770	780	399	146	0.120	2.40	0.649	1.56
1820	679	331	158	0.107	1.87	0.750	1.40
alle	1931	966	405	0,122	2.09	0.700	1.46

* Die Mortalität zwischen 15 Jahren und dem Heiratsalter ist insofern berücksichtigt, als sie in die Quote der ledig Gestorbenen eingegangen ist. Die eheliche Mortalität und die Verwitwetenquote wirken sich unmittelbar in einer niedrigeren Kinderzahl aus (Sp. 1).

Heiratsintensität und partieller Geburtenbeschränkung die Dynamik der Bevölkerungsentwicklung nicht wieder auf das Niveau der Zeit vor 1770 gedrosselt werden.

Der Vergleich der genannten Größen mit der Entwicklung der Abwanderung führt schließlich zu den ökonomischen Hintergründen des demographischen Geschehens. Diese waren für das Kirchspiel zumindest bis in die erste Hälfte des neunzehnten Jahrhunderts hinein entscheidend für das Migrationsverhalten, während danach externe Einflüsse und von der ökonomischen Entwicklung des Kirchspiels her zunehmend unabhängige, "rein demographische" Phänomene mit der durch den Mortalitätsrückgang verursachten relativen

Überbevölkerung auftraten. Davor galt aber die Regel, daß Abwanderung eine schlechte wirtschaftliche Lage anzeigte und Zuwanderung, bzw. in Leezen eher Seßhaftigkeit, eine günstige. Vereinfachend bedeutet dies, daß in Leezen ab 1770 eine günstige Konjunktur mit verstärkter Reproduktion der Bevölkerung einherging, aber auch mit erhöhter Säuglingssterblichkeit. Während ein Einfluß der wirtschaftlichen Lage auf das Heiratsverhalten eindeutig zu sein scheint, konnte die Art der negativen Wirkung auf die Säuglingssterblichkeit, die bei Erstehen und Wiederverheiratungen gleichermaßen auftrat, bisher nicht befriedigend erklärt werden. Vermutlich spielte aber die Arbeitsbelastung der Frau eine entscheidende Rolle. Zweifellos ging mit diesen Veränderungen ein Wandel in der Mentalität einher. Dieser manifestierte sich besonders im Bereich der Vor- und Unehelichkeit und im Einsetzen der Geburtenbeschränkung. Als auslösender Faktor für demographische Prozesse konnten neue Einstellungen der Bevölkerung aber nicht nachgewiesen werden, womit allerdings aufgrund der beschränkten Quellen noch kein endgültiges Urteil gesprochen sein kann.

Bei aller gebotenen Vorsicht ist die Entwicklung der demographischen Struktur in Leezen 1720-1869 doch als schlüssiges Ergebnis des Zusammenwirkens der angesprochenen Elemente zu bezeichnen. Dabei erlaubt die Natur des Materials zwar keine Exaktheit in der Form von Korrelationen, sehr wohl aber eine solide Fundierung von Aussagen über die Flexibilität der demographischen Struktur und deren unveränderliche Grundlagen.

Abgesehen von einer Differenzierung der Fruchtbarkeit nach dem sozialen Status erfolgte die Steuerung der biologischen Reproduktion der Gesellschaft in Leezen im 18. Jahrhundert ausschließlich durch das Heiratsalter und die Wiederverheiratungshäufigkeit; das ist eine typische Erscheinung des "Ancien Régime"[1]. Es konnte aber auch verdeutlicht werden, daß die Steuerung offenbar nur in eine Richtung funktionierte. Das Heiratsalter wurde gegen Ende des achtzehnten Jahrhunderts gesenkt, als sich günstige Erwerbsmöglichkeiten boten. Es konnte aber auch in relativ ungünstigen Zeiten nie über ein langfristig als normal anzusehendes Niveau erhöht werden. Lediglich die Wiederverheiratungshäufigkeit erwies sich als stärker anpaßbar.

Diese traditionelle Struktur, die in der vor 1770 herrschenden Reproduktionsrate ihren klarsten Ausdruck fand,

---
[1] Vgl. Hajnal 1965.

war zweifellos auf Expansion angelegt. Diese Expansion war über Jahrhunderte aber nichts anderes gewesen als die Rekuperation tiefgreifender Einbrüche wie der Pest oder dann der Kriege des siebzehnten Jahrhunderts[1]. Die zu hohen Überschüsse, die vielleicht gelegentlich erzielt wurden, fanden bereits durch Wanderungen im Nahbereich ihren Ausgleich. Der Wegfall der Krisen in den 1770er Jahren zeigte, wie schon in den 1730ern, wohin die Entwicklung ging, wenn die negativen Einflüsse verschwanden. In Leezen war die Vermehrung der Bevölkerung über das mit Blick auf die Vergangenheit als Maximum anzusehende Niveau aber durchaus nicht mit krisenträchtiger Verelendung oder Massenemigration verbunden, die zu Gegensteuerung gezwungen hätten. Im Gegenteil, die Reproduktionsziffer stieg noch. Dies war den verbesserten Erwerbsmöglichkeiten durch eine intensivierte Landwirtschaft zu verdanken. Damit ist eine zentrale Erkenntnis der Untersuchung angesprochen. Es war demnach nicht der ökonomische Wandel, hier in der Verkopplung versinnbildlicht, der das demographische System umgestaltete und für Bevölkerungszunahme sorgte, wenngleich er es über den alten Regulierungsmechanismus des Heiratsverhaltens modifizierte. Vielmehr war es durch die ökonomische Veränderung allein möglich, das alte generative Verhalten ein weiteres Jahrhundert lang in seinen Grundsätzen aufrechtzuerhalten, obwohl es seinen traditionellen Sinn durch eine vollständige Rekuperation und das Verschwinden der schweren Krisen schon verloren hatte[2]!

Für Leezen war so ein Stein ins Rollen gekommen, der im neunzehnten Jahrhundert mit den traditionellen Mitteln nicht mehr aufgehalten werden konnte. Steigendes Heiratsalter, sinkende Wiederverheiratungsquote und partielle Geburtenbeschränkung zeigen an, daß die Grenzen der Expansion durchaus gespürt wurden. Obwohl die Ergebnisse dieses Gegensteuerns mager waren, trat vorerst keine

---

[1] Es bleibt unbenommen, diese Ereignisse als Bestandteile des autoregulierten Systems, das dem demographischen Ancien Régime zugrunde lag, zu sehen (vgl. Dupâquier 1972).

[2] Für Leezen selbst wurden keine Anzeichen von Protoindustrialisierung festgestellt. Das bedeutet aber nicht, daß nicht durch den erhöhten Nahrungsmittelbedarf protoindustrialisierender Gebiete die Erwerbsmöglichkeiten in Leezen zunahmen und somit eine indirekte Beziehung zwischen dieser ökonomischen Wandlung und der Bevölkerungszunahme herzustellen ist (vgl. Hinrichs 1980, S. 28, und auch Wrigley/Schofield 1981, S. 478).

weitgehendere Verhaltensänderung ein, wohl deshalb, weil die Abwanderung nach den 1840er Jahren mit dem Zug in städtische Zentren einen Ausweg zu weisen schien[1]. Erst in den 1880er Jahren - übrigens parallel zur großen Welle der Amerikaauswanderung[2] - gingen größere Teile der Leezener Bevölkerung zu einer tendenziell auf die Zweikindfamilie ausgerichteten Geburtenbeschränkung über.

Nichts zeigt deutlicher als die Bevölkerungsexplosion, die spätestens ab 1820 in keinem Verhältnis mehr zu den ökonomischen Möglichkeiten des Dorfes stand, daß das generative Verhalten nicht ohne weiteres an diese angepaßt werden konnte. Das rückt erneut mentalitätsgeschichtliche Faktoren ins Blickfeld. Da aber ihre Bedeutung im Verhältnis zu den ökonomischen anhand der Leezener Studie nicht hinreichend genau belegt werden kann, ist es müßig, in dieser Hinsicht ein Erklärungsmodell zu entwerfen. Beim Verlassen der Ebene der demographischen Erscheinungen und der Darstellung der Beziehungen zwischen den im Hintergrund wirksamen Determinanten soll daher der These Chaunus[3] gefolgt werden, daß den in der generativen Struktur zum Ausdruck kommenden mentalen Verhältnissen ökonomische Bedingungen zugrunde liegen, daß aber keine direkte Ableitung möglich ist, da diese Beziehung nur eine vermittelte sein kann. Als eines dieser Zwischenglieder läßt sich am Leezener Beispiel die Sozialstruktur aufzeigen.

In Leezen bildete sich, angesichts der grundsätzlich begrenzten Landressourcen und unter den spezifischen rechtsgeschichtlichen Bedingungen der Region, eine besonders auffällige Zweiteilung der dörflichen Gesellschaft in Landbesitzer und Landlose heraus. Daraus resultierten sowohl Mechanismen, die im Rahmen des Dorfes als Machtsicherungsbestrebungen gekennzeichnet werden können, als auch Interessen an der Erhaltung der Stabilität der Gemeinschaft, die einen Versorgungsaspekt beinhalteten.

Die Machtposition der Hufner spiegelte sich unter anderem im Autoritätsgefälle innerhalb der Bauernhaushalte wieder, das von der Einbringung des Hoferbes ausging und in der Regel durch einen deutlichen Altersunterschied zwischen Mann und Frau zugunsten des ersteren gefestigt wurde. Das

---

[1] Vgl. Davis 1963, S. 354.
[2] Vgl. Köllmann 1975 und Sievers 1981.
[3] Chaunu 1973.

Bestreben nach Erhaltung der wirtschaftlichen Stärke der Familie führte zu einer Bevorzugung von männlichen gegenüber weiblichen Hufnerkindern, wobei ihre soziale Stellung den Hufnern den Vorteil einer im Verhältnis zu den Insten relativ großen Kinderzahl sicherte, die die Wahrscheinlichkeit einer männlichen Erbfolge erhöhte und gleichzeitig ein Reservoir an Arbeitskräften darstellte, ohne den erbrechtlich abgesicherten Bestand des Hofes zu gefährden.

Während von dem Interesse der Bauern an einer Erhaltung ihrer Position eine beharrende Mentalität und eine Konservierung der generativen Struktur ausgingen, war die Handhabung des auf die Stabilität der Dorfgemeinschaft ausgerichteten Versorgungsmechanismus flexibler. Er bestand im wirtschaftlichen Bereich darin, daß keine Wanderarbeiter gebraucht wurden, sondern daß den ansässigen Insten ein Lebensunterhalt über das ganze Jahr ermöglicht wurde. Ein Ausdruck desselben Prinzips findet sich in der relativ positiven Einstellung gegenüber Witwen als Heiratspartnern, auch wenn sie Kinder hatten. Dies galt nicht nur für die Bauern, sondern auch die Insten folgten deren Verhaltensmuster. Der Stabilität der Dorfgemeinschaft diente es auch, wenn auf die wirtschaftliche Absicherung des Nachwuchses geachtet wurde, indem junge Heiraten und Illegitimität verpönt wurden.

Das hier skizzierte System löste sich aber im Laufe des Untersuchungszeitraums immer mehr auf, wobei das Verblassen der Rolle der Dorfgemeinschaft, besonders nach der Beendigung der gemeinschaftlichen Feldbewirtschaftung durch die Verkoppelung, sich auch in hier nicht behandelten Bereichen nachweisen lassen dürfte[1]. In der zweiten Hälfte des 19. Jahrhunderts kam mit den Abwanderungsmöglichkeiten ein externer Faktor hinzu. Als Beginn des Auflösungsprozesses kann im nachhinein die im ausgehenden 18. Jahrhundert einsetzende Lockerung der "gesellschaftlichen Strenge" im Hinblick auf die nicht-und vorehelichen Verbindungen gewertet werden, wenngleich sie von den Zeitgenossen auch als ein Wiederaufleben früherer Zustände und nicht als grundsätzlicher Einstellungswandel verstanden worden sein mag. Im 19. Jahrhundert wurde dann der Versorgungsmechanismus in Hinsicht auf die Wiederverheiratungen zunehmend außer Kraft gesetzt, und die Liebesheirat konnte einen größeren Stellenwert gewinnen.

Mit dem massiven Einsetzen der Geburtenbeschränkung im ausgehenden 19. Jahrhundert wurde der Auflösungsprozeß der

---
[1] Vgl. Ast-Reimers 1965.

alten generativen Struktur zum Abschluß gebracht, wobei die Frage offenbleiben muß, ob dies schon eine Verhaltensänderung auch bei den Hufnern bedeutete. Sicher ist hingegen, daß den aufgezeigten Änderungen kein ebenso starker Wandel in der innerdörflichen Sozialstruktur entsprach. Diese konnte also nur soweit die Mentalität prägen, wie das Dorf sich noch als abgeschlossenes, autoreguliertes System präsentierte. Damit sind auch die engen Grenzen des Erklärungswerts dieses am Leezener Material konkretisierbaren Vermittlers zwischen ökonomischen und mentalitätsgeschichtlichen Determinanten demographischer Prozesse aufgezeigt.

10.2 Versuch einer Einschätzung der Repräsentativität der Ergebnisse

Die Einschätzung der Repräsentativität der Leezener Daten müßte von kleinen zu größeren geographischen Einheiten gehen. Da aber Vergleichsmöglichkeiten der ersten Art praktisch fehlen, ist es nur möglich, an einzelnen Indizes, die sich meist nur auf das neunzehnte Jahrhundert beziehen, ungefähr abzuschätzen, wieweit Leezen ein schleswig-holsteinisches Durchschnittskirchspiel war, um dann punktuell Zusammenhänge aufzuzeigen, die über die Ebene der Herzogtümer hinausgingen.

Die Entwicklung der Einwohnerzahl vollzog sich 1803 - 1864 in Schleswig-Holstein und in Leezen etwa in den gleichen Proportionen, wenngleich in Leezen nach den 1840er Jahren die Zuwachsraten bereits nachlassen. In den entscheidenden Charakteristika, wobei die Tendenzwende in der zweiten Hälfte der 1760er Jahre von besonderer Bedeutung ist, stimmen auch die Jahre ab 1740 überein. Schwankungen, wie die Depression um 1760, treten in Leezen deutlicher in Erscheinung, während als längerfristiger Zug ein ausgeprägt steiler Aufschwung im letzten Drittel des 18. Jahrhunderts auffällt. Als ungewöhnlich muß dagegen vermutlich im Kirchspiel die Bevölkerungszunahme 1720 -1740 gesehen werden. Danach scheint die Entwicklung für Schleswig-Holstein, vermutlich noch mehr für die ländlichen Gebiete, einem Regelfall zu entsprechen.

In Hinsicht auf die Natalität erscheint Leezen im 19. Jahrhundert ebenfalls als nicht untypisch. Allerdings macht sich hier - wie bei der Zunahme der Einwohnerzahl -nach den 1840er Jahren der Einfluß der Abwanderung in einer stärker sinkenden Rate bemerkbar. Die eheliche Fertilität, gemessen am Index Ig, entsprach aber auch danach, bis zum Ende des Untersuchungszeitraums, dem der Provinz Schleswig. Die Mortalität hielt sich mit 20 - 22 Promille 1835 - 1870 ebenfalls eng an den Landesdurchschnitt. Für das Heiratsalter und die Wiederverheiratungshäufigkeit, diese für Schleswig-Holstein allerdings nur zu entnehmen dem Anteil der Witwer und Witwen an der Bevölkerung und den von den Zeitgenossen damit verbundenen Aussagen, kann dies ebenfalls behauptet werden. Der Vollständigkeit halber sei auch erwähnt, daß in der Saisonalität der Heiraten und Konzeptionen in Leezen im neunzehnten Jahrhundert ebensowenig außergewöhnliche Züge festgestellt werden können[1].

Anders sah es mit der Säuglingssterblichkeit aus, die -wie der Blick auf die Gegensätze zum Marschkirchspiel Marne zeigt - auch innerhalb des Landes starke regionale Unterschiede aufwies. Es ist daher nicht verwunderlich, daß in Leezen im neunzehnten Jahrhundert zwar die gesamte Höhe der Säuglingssterblichkeit nur um 1% niedriger lag als der Landesdurchschnitt 1855, daß aber die Verteilung im ersten Lebensjahr anders war. In Leezen fällt besonders die relativ hohe Sterblichkeit im letzten Vierteljahr auf, die wahrscheinlich in den Stillgewohnheiten begründet war.

Als besonders auffällig gegenüber den bisher durchgeführten deutschen Untersuchungen erwies sich in der vorliegenden, daß eine ähnlich geringe Säuglingssterblichkeit nach 1820 zwar auch woanders, zum Beispiel im Dorf Hesel und einigen schleswig-holsteinischen Kirchspielen, vorkam, daß ein ähnlicher Prozeß des Wandels aber bisher nicht beobachtet wurde. Die größten überregionalen Gemeinsamkeiten konnten dagegen in der Fertilität vor dem Einsetzen der Geburtenbeschränkung festgestellt werden. Sie scheint in den Gebieten Europas, in denen Mütter ihre Kinder über längere Zeit stillten, insgesamt um einen TMFR-Wert von acht geschwankt zu haben. In der Altersverteilung der Fertilität können allerdings Unterschiede festgestellt werden, wobei Leezen im 19. Jahrhundert durch niedrige Raten nach dem dreißigsten Lebensjahr der Frau auffällt. Dies war auch in der hessischen Schwalm anzutreffen. Es fragt sich, ob dort - wie in Leezen und den von Knodel[2] untersuchten Dörfern - darin ebenfalls eine Form der Geburtenbeschränkung zum Ausdruck kam. Geradezu als spezifisches Phänomen Schleswig-Holsteins muß wohl

---

[1] Vgl. Beiträge 1967, Tab. 23 und Tab. 24.
[2] Knodel 1979.

schließlich die Wiederverheiratungshäufigkeit betrachtet werden, die nicht - wie im bayerischen Gabelbach - im Kontext einer maximalen ehelichen Fruchtbarkeit steht.
Zweifellos sind weitere Studien an Dörfern mit einer ähnlichen demographischen Struktur wie Leezen wünschenswert, um auch den Merkmalen, die bisher in anderen deutschen Untersuchungen kaum oder anders zur Sprache kommen, eine größere Aussagekraft zu verleihen. Zudem ermutigt die vielfache Übereinstimmung der Leezener Ergebnisse mit bekannten Tatsachen, zumindest in Norddeutschland mit relativ großräumigen Stichproben den Anfang zu machen. Die Feststellung Chaunus, daß demographische Strukturen manchmal auf ein einziges Dorf beschränkt sind, die Größenordnung von hundert aber kaum überschreiten[1], hat zwar für die Normandie sicher ihre Berechtigung, sie braucht aber nicht dazu zu führen, daß mit Aussagen über die demographischen Verhältnisse im ländlichen Schleswig-Holstein solange gewartet wird, bis dort die Mehrheit der Dörfer untersucht worden ist.
Notwendig ist es aber, zunächst in nichtnominativer Weise die regionalen Unterschiede zu sondieren, die mit der charakteristischen landwirtschaftlichen Gliederung der Herzogtümer verbunden zu sein scheinen. Für die Säuglingssterblichkeit verspricht eine solche Vorgehensweise durchaus Fündigkeit. Zudem sieht es so aus, als ob gerade die auf der Ebene der Familie nur durch Rekonstitution zu erarbeitenden Größen weitaus weniger variabel waren. Aufgrund der für das ganze Land ab 1803 erhaltenen Volkszählungsunterlagen böte das Fertilitätsmaß Ig bereits hinreichende Anhaltspunkte, ob eine Rekonstitution lohnend erscheint oder nicht. Ansonsten können die Leezener Ergebnisse bis zu weiteren Studien mit der begründeten Annahme, daß sie durchschnittliche schleswig-holsteinische Verhältnisse widerspiegeln, verwandt werden[2].
Unter dem Gesichtspunkt des Zusammenhangs zwischen ökonomischem Aufschwung und steigender Reproduktionsrate bestehen darüber hinaus Parallelen zwischen den Beobachtungen in der vorliegenden Studie und dem von Wrigley und Schofield beschriebenen englischen Modell[3], wie sie

---

[1] Chaunu 1973, S. 114.

[2] Mit Spagnoli (1977, S. 449) kann dies auch durch eine angenommene Normalverteilung um das regioanle Mittel untermauert werden, wobei Leezen in diesem Falle das Mittel weitgehend repräsentieren würde.

[3] Wrigley/Schofield 1981, S. 244, S. 255 und S. 335.

bisher in Deutschland kaum belegt wurden[1]). In England ging wie in Leezen die sinkende Mortalität in der zweiten Hälfte des achtzehnten Jahrhunderts mit einer verminderten Krisenhäufigkeit einher, ohne daß die Erhöhung der Lebenserwartung (e_o) zunächst den althergebrachten Rahmen gesprengt hätte[2]). Betrachtet man aber die Lebenserwartung in Verbindung mit der Reproduktionsrate, so ähnelten die Leezener Verhältnisse eher denen Schwedens als denen Englands und unterschieden sich deutlich von den französischen[3]). Untersuchungen, wieweit dieses "nordeuropäische Muster" in Deutschland verbreitet war und worin diese Gemeinsamkeiten begründet lagen, erweisen sich somit als vonnöten. Sie könnten vielleicht bisher wenig oder überhaupt nicht beachtete Grundlagen demographischer Strukturen und des generativen Verhaltens aufdecken.

---

[1]) Vgl. Lee 1977a.
[2]) Wrigley/Schofield, S. 236 und S. 335.
[3]) Ebenda, S. 246.

LEEZEN

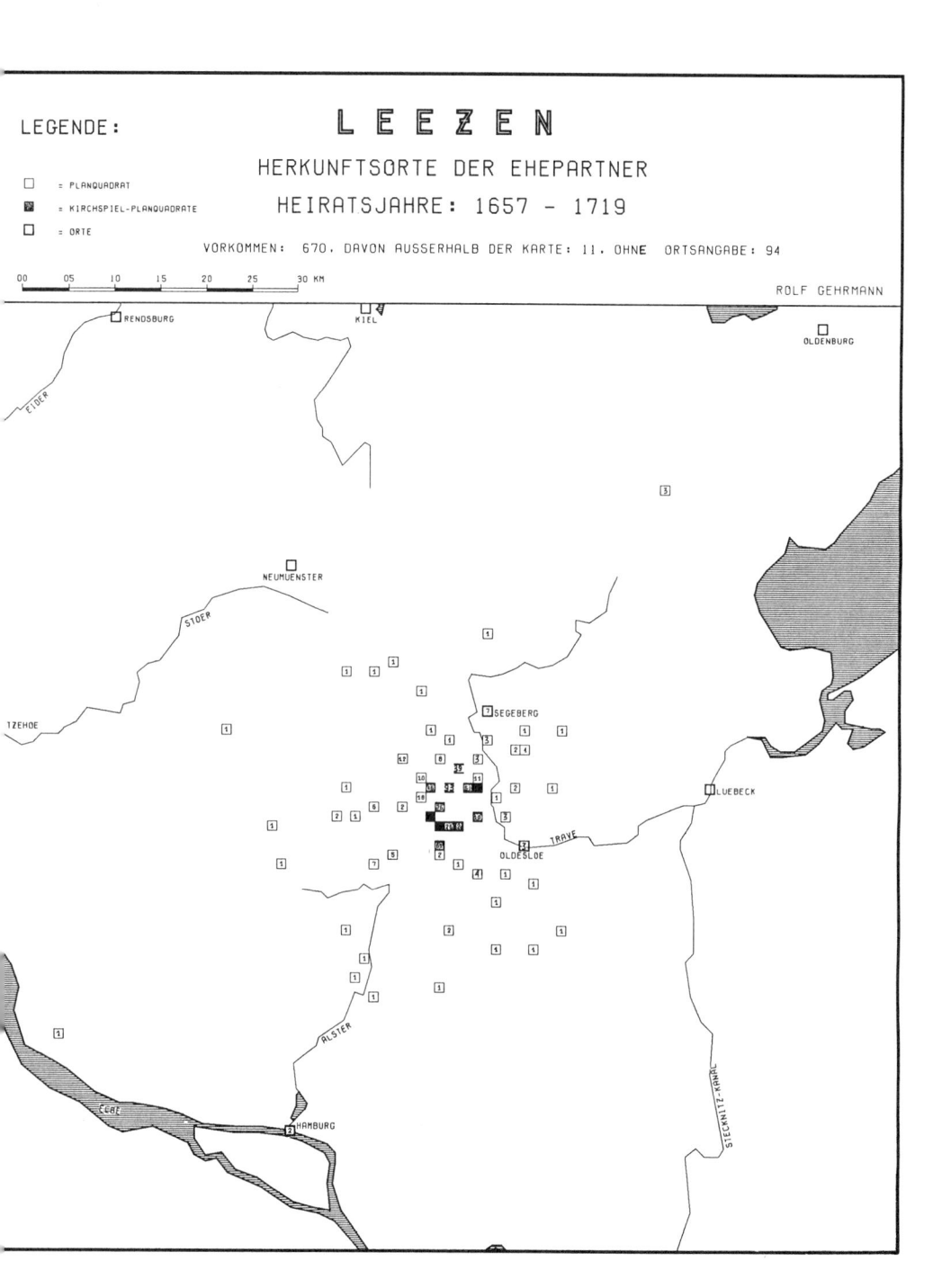

HERKUNFTSORTE DER EHEPARTNER
HEIRATSJAHRE: 1657 - 1719

LEGENDE:
- ☐ = PLANQUADRAT
- ■ = KIRCHSPIEL-PLANQUADRATE
- ☐ = ORTE

VORKOMMEN: 670, DAVON AUSSERHALB DER KARTE: 11, OHNE ORTSANGABE: 94

00 05 10 15 20 25 30 KM

ROLF GEHRMANN

LEEZEN

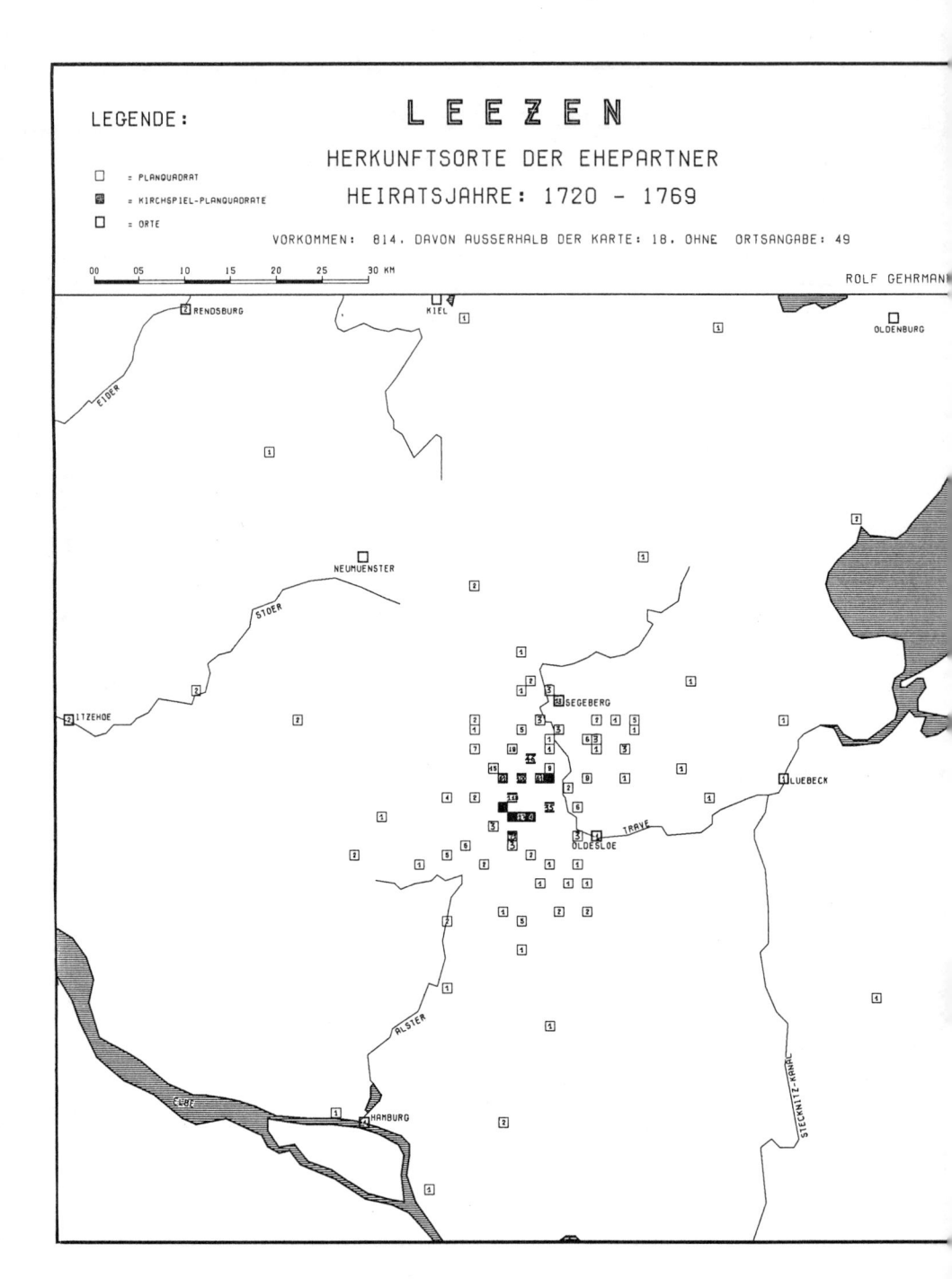

HERKUNFTSORTE DER EHEPARTNER
HEIRATSJAHRE: 1720 - 1769

LEGENDE:
- ☐ = PLANQUADRAT
- ▨ = KIRCHSPIEL-PLANQUADRATE
- ☐ = ORTE

VORKOMMEN: 814, DAVON AUSSERHALB DER KARTE: 18, OHNE ORTSANGABE: 49

ROLF GEHRMANN

LEEZEN

HERKUNFTSORTE DER EHEPARTNER
HEIRATSJAHRE: 1770 - 1819

LEGENDE:
- □ = PLANQUADRAT
- ▨ = KIRCHSPIEL-PLANQUADRATE
- □ = ORTE

VORKOMMEN: 880. DAVON AUSSERHALB DER KARTE: 16. OHNE ORTSANGABE: 9

ROLF GEHRMANN

LEEZEN

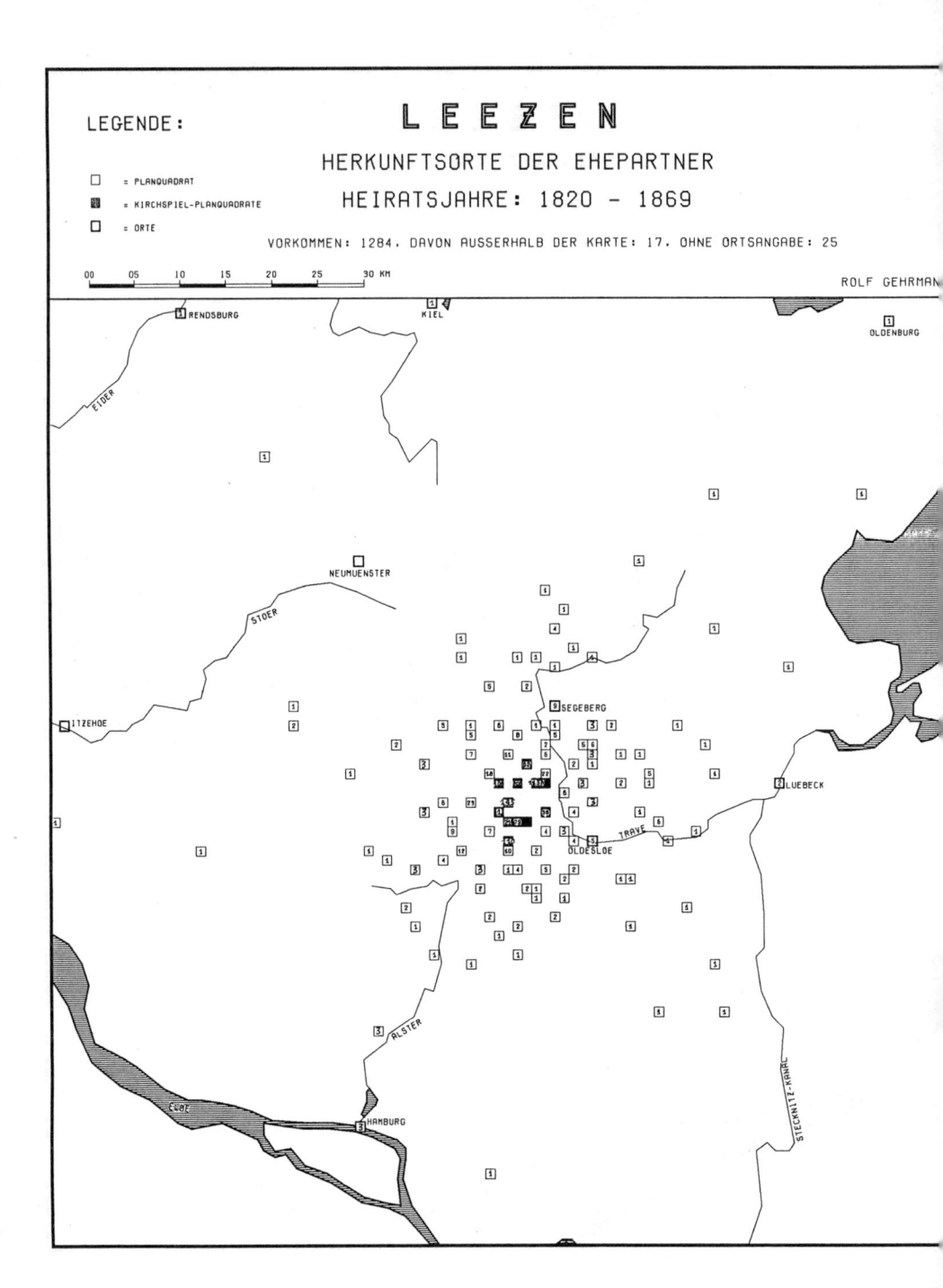

HERKUNFTSORTE DER EHEPARTNER
HEIRATSJAHRE: 1820 - 1869

LEGENDE:

☐ = PLANQUADRAT
▨ = KIRCHSPIEL-PLANQUADRATE
☐ = ORTE

VORKOMMEN: 1284. DAVON AUSSERHALB DER KARTE: 17. OHNE ORTSANGABE: 25

ROLF GEHRMAN

LEEZEN

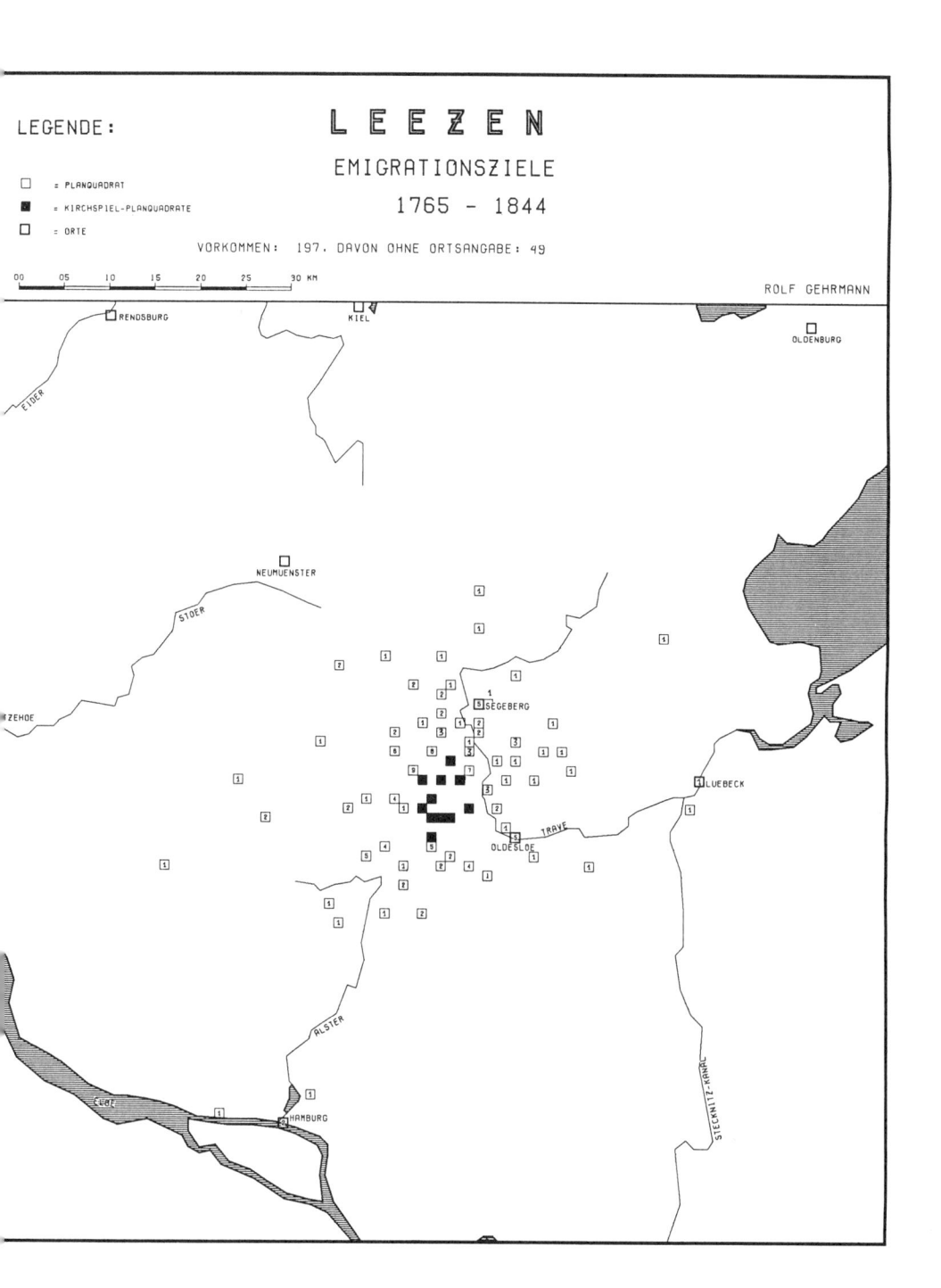

EMIGRATIONSZIELE
1765 - 1844

LEGENDE:

☐ = PLANQUADRAT
■ = KIRCHSPIEL-PLANQUADRATE
☐ = ORTE

VORKOMMEN: 197, DAVON OHNE ORTSANGABE: 49

ROLF GEHRMANN

LEEZEN
EMIGRATIONSZIELE
1845 - 1894

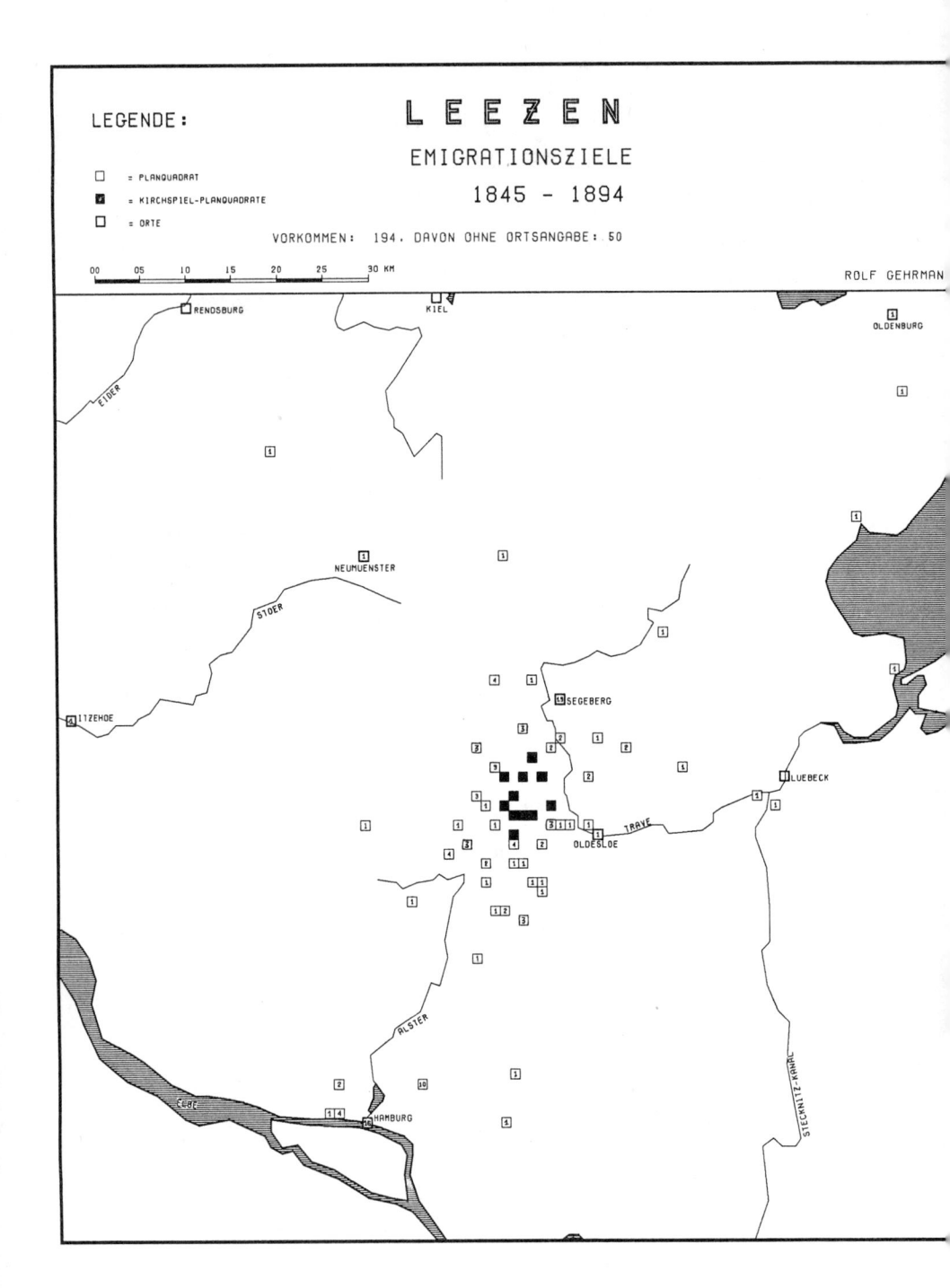

LEGENDE:

☐ = PLANQUADRAT
■ = KIRCHSPIEL-PLANQUADRATE
☐ = ORTE

VORKOMMEN: 194, DAVON OHNE ORTSANGABE: 50

ROLF GEHRMAN

Anhang

01 Anzahl der Haushalte in den Kirchspieldörfern (zu Fig. 03)
02 Fünfjahressummen für Geburten und Sterbefälle (zu Fig. 06)
03 Die Krisen 1712, 1762 und 1785 im Kontext (zu Fig. 11)
04 Saisonale Verteilung der Todesfälle außerhalb der Krisenjahre (zu Fig. 12)
05 Totgeburten nach Geburtsrang und Alter der Mutter 1720-1869
06 Phasen der Säuglingssterblichkeit illegitimer Kinder 1720-1869
07 Die Säuglingssterblichkeit in den einzelnen Kalendermonaten
08 Saisonale Verteilung aller Totgeburten 1720-1869
09 Abstand zwischen erster und zweiter Ehe 1720-1869 (zu Fig. 22)
10 Veränderungen in der Dauer der ersten Witwenschaft (zu Fig. 23)
11 Geburten und Frauenjahre zu FR nach Heiratsjahrzehnten (zu Tab. 58)
12 Geburten und Frauenjahre zu transversalen FR (zu Tab. 59)
13 Anzahl ehelicher Geburten in vollständigen Erstehen (zu Fig. 25)
14 Geburten und Frauenjahre zu FR der Untergruppen Typ 1 (zu Tab. 73)
15 Geburten und Frauenjahre zu FR nach Heiratsalter (zu Tab. 74)
16 Geburten und Frauenjahre zu FR nach Ehedauer (zu Tab. 75)
17 Geburten und Frauenjahre zu FR nach Orten (zu Tab. 77)
18 Geburten und Frauenjahre zu FR nach sozialem Status (zu Tab. 78)
19 Konfirmationen nach Jahrzehnten (zu Fig. 33)
20 Repräsentativität der Emigrationsorte 1765-1894

A.01	Anzahl der Haushalte in den Kirchspielsdörfern (incl. Kirchenjuraten, ohne Kirchenbedienstete)				
1720	124[1]	1770	174	1820	235
1725	129[2]	1775	183	1825	232
1730	135[3]	1780	197	1830	248
1736	154	1785	197	1835	264
1740	165	1790	192	1840	271
1745	168	1795	204	1845	283
1750	168	1800	208		
1755	173	1805	217		
1760	164	1810	215		
1765	158	1815	223		

Quelle: Kirchenrechnungen(KAL) und Amtsrechnungen(LAS)

[1] Mittlerer Wert für 1717-1721

[2] Segeberger Amtsrechnungen; Altenteiler, Tönningstedter und Neverstavener interpoliert

[3] Segeberger und Tremsbütteler Amtsrechnungen, Altenteiler und Neverstavener interpoliert

A.02 Fünfjahressumme für Geburten und Sterbefälle
(excl. Totgeb., nur wohnhafte Bevölkerung)

(1) Geburten
(2) Sterbefälle

	(1)	(2)		(1)	(2)
1658-	69	55	1803-	186	102
63-	88	47	08-	209	112
68-	115	82	13-	217	160
73-	113	82	18-	224	143
78-	80	52*	23-	215	121
83-	87	53*	28-	224	162
88-	114	31*	33-	233	156
93-	129	76*	38-	264	158
98-	117	57*	43-	282	169
1703-	115	69*	48-	268	169
08-	120	99*	53-	251	143
13-	120	108	58-	255	160
18-	120	90	63-	255	160
23-	111	101	68-	248	147
28-	128	102	73-	256	144
33-	110	64	78-	244	138
38-	131	106	83-	228	122
43-	127	120	88-	228	166
48-	128	116	93-	255	129
53-	125	109	98-	233	127
58-	133	164	1903-	232	125
63-	141	103	1658-1907	8707	5784
68-	143	103			
73-	165	110			
78-	193	103			
83-	183	146			
88-	162	140			
93-	156	129			
98-	177	154			

* Verdacht auf partielle Unterregistrierung

A.03 Die Krisen 1712, 1762 und 1785 im Kontext

1 Todesfälle
2 Konzeptionen
3 Heiraten

(nach Quartalen)

		1712					1762					1785		
		1	2	3			1	2	3			1	2	3
1711	1.	8	5	1	1761	1.	8	9	0	1784	1.	9	10	0
	2.	2	9	3		2.	5	6	3		2.	12	15	2
	3.	13	8	1		3.	4	8	1		3.	2	4	1
	4.	11	3	0		4.	7	6	3		4.	4	7	6
1712	1.	10	8	4	1762	1.	5	6	0	1785	1.	16	8	1
	2.	15	5	3		2.	9	2	2		2.	18	15	2
	3.	3	4	3		3.	13	6	0		3.	13	9	1
	4.	7	4	3		4.	24	8	6		4.	5	9	3
1713	1.	23	5	0	1763	1.	8	8	1	1786	1.	2	6	1
	2.	8	8	1		2.	3	4	6		2.	2	7	1
	3.	3	10	0		3.	1	18	2		3.	3	6	1
	4.	8	3	5		4.	4	8	8		4.	4	13	2
1714	1.	1	9	1	1764	1.	6	9	0	1787	1.	4	6	2
	2.	3	9	3		2.	4	6	0		2.	4	11	0
	3.	3	4	0		3.	2	1	1		3.	4	6	0
	4.	7	5	4		4.	6	9	5		4.	3	5	5

A.04	Saisonale Verteilung der Todesfälle außerhalb der Krisenjahre (ohne Totgeb. und Auswärtige)					
	1720-		1770-		1820-	
	n	I	n	I	n	I
JAN	96	144	96	113	134	118
FEB	88	145	107	138	118	114
MRZ	110	165	110	130	130	114
APR	91	141	110	134	138	125
MAI	74	111	108	127	132	116
JUN	54	84	66	80	131	119
JUL	37	56	69	81	108	95
AUG	34	51	51	60	93	82
SEP	36	56	54	66	73	66
OKT	49	74	64	75	102	90
NOV	51	79	77	94	89	81
DEZ	65	98	88	104	91	80
alle	785		1000		1339	

A.05 Totgeburten nach Geburtsrang und Alter der Mutter 1720 - 1869 (beidseitige Erstehen Typ 1, absolut und in Prozent der Geborenen)				
	20-29	30-39	40-49	alle
1.	9	4	0	13
	2.5	5.7		2.9
2.-4.	16	13	5	34
	2.7	3.0	14.3	3.2
5.-7.	1	10	5	16
	1.6	2.1	6.3	2.6
8.-12.	0	7	3	10
		6.6	3.3	5.1
	26	34	13	73
	2.6	3.1	6.3	3.1

A.06 Phasen der Säuglingssterblichkeit illegitimer Kinder 1720 - 1869 (absolut und in Prozent der Geborenen)		
	n	%
Totgeburt	5	2.4
Am Tag der Geburt	8	3.8
Am nächsten Tag	2	1.0
2.-6. Tag	4	1.9
7.-27. Tag	4	1.9
28.-180. Tag	8	3.8
181.-364. Tag	6	2.9
alle	37	17.7

* vgl. Tab.24

A.07	Die Säuglingssterblichkeit in den einzelnen Kalendermonaten (unbereinigt, incl. Totg.)							
	1720-		1770-		1820-		alle	
	n	%	n	%	n	%	n	%
JAN	14	10.4	20	8.6	25	14.1	59	10.9
FEB	8	6.0	21	9.1	18	10.2	47	8.7
MRZ	17	12.7	33	14.2	23	13.0	73	13.4
APR	11	8.2	22	9.5	16	9.0	49	9.0
MAI	13	9.7	18	7.8	10	5.6	41	7.6
JUN	4	3.0	14	6.0	18	10.2	36	6.6
JUL	6	4.5	29	12.5	10	5.6	45	8.3
AUG	8	6.0	17	7.3	11	6.2	36	6.6
SEP	9	6.7	14	6.0	14	7.9	37	6.8
OKT	17	12.7	13	5.6	8	4.5	38	7.0
NOV	11	8.2	14	6.0	16	9.0	41	7.6
DEZ	16	11.9	17	7.3	8	4.5	41	7.6
alle	134	100.0	232	99.9	177	99.8	543	100.1

A.08 Saisonale Verteilung aller Totgeburten 1720-1869		
	n	I*
JAN	30	152
FEB	20	111
MRZ	24	121
APR	18	94
MAI	12	61
JUN	15	78
JUL	19	96
AUG	21	106
SEP	15	78
OKT	17	86
NOV	24	125
DEZ	18	91
alle	233	1199

* um Monatslängen bereinigt

A.09	Abstand zwischen erster und zweiter Ehe 1720-1869 (in Vierteljahren)			
	M		F	
	n	%	n	%
1.	9	5.8	0	0
2.	36	23.2	3	3.2
3.	40	25.8	7	7.4
4.	22	14.2	4	4.2
5.	15	9.7	37	38.9
6.	6	3.9	10	10.5
7.	4	2.6	7	7.4
8.	2	1.3	6	6.2
9.-	21	13.5	21	22.1
alle	155	100.0	95	100.0

A.10	Veränderungen in der Dauer der ersten Witwenschaft (in Vierteljahren)					
	1720-		1770-		1820-	
	n	%	n	%	n	%
1.	0	0	0	0	0	0
2.	2	9.1	1	2.4	0	0
3.	4	18.2	3	7.3	0	0
4.	1	4.5	0	0	3	9.4
5.	8	36.4	23	56.1	6	18.8
6.	2	9.1	3	7.3	5	15.6
7.	1	4.5	1	2.4	5	15.6
8.	1	4.5	3	7.3	2	6.3
9.-	3	13.6	7	17.1	11	34.4
alle	22	100.0	41	100.0	32	100.0

A.11 Geburten und Frauenjahre zu FR nach Heiratsjahrzehnten
(Geburten/Frauenjahre)

	15-19	20-24	25-29	30-34	35-39	40-44	45-49
1680-	2/ 3.2	21/44.7	49/120.2	54/155.6	50/160.1	24/145.4	3/121.9
1720	1/ 2.1	17/34.7	22/ 65.6	26/ 77.7	21/ 80.9	8/ 78.6	0/ 70.2
1730	2/ 2.5	9/21.2	29/ 71.7	34/ 97.3	24/105.0	11/ 94.5	3/ 78.3
1740	0/ 0	9/18.5	33/ 65.5	32/ 94.3	30/117.2	13/110.7	1/105.7
1750	0/ 0.9	15/28.5	31/ 75.5	32/105.6	31/101.9	12/ 93.0	2/ 88.8
1760	1/ 6.1	30/63.7	54/137.4	50/165.8	28/146.8	12/113.3	1/ 83.4
1770	1/ 3.5	29/49.1	62/135.5	56/154.7	44/166.5	19/170.5	2/151.4
1780	7/12.9	25/58.0	32/ 79.8	27/ 89.4	25/ 90.4	12/ 83.3	0/ 60.6
1790	3/ 8.2	43/89.6	77/193.6	64/197.5	49/183.2	18/175.7	3/154.4
1800	1/ 2.5	25/60.1	60/154.0	65/167.1	49/171.5	22/158.8	1/122.5
1810	1/ 2.3	25/48.3	53/130.9	57/155.2	42/156.3	19/144.8	2/133.8
1820	3/ 5.4	35/57.9	66/163.5	66/201.4	51/197.7	15/178.2	2/150.5
1830	1/ 2.6	30/56.4	59/154.3	54/181.0	38/166.6	16/161.4	0/146.6
1840	4/ 6.5	36/65.9	71/157.2	63/196.0	45/193.3	19/176.7	1/147.0
1850	1/ 1.1	12/26.7	37/ 83.2	45/141.1	31/150.5	17/148.5	0/134.9
1860	1/ 3.5	20/34.9	51/113.6	59/170.8	30/166.5	6/137.3	0/127.4
1870	1/ 0.3	28/49.3	42/111.6	32/140.7	31/140.4	14/137.8	0/129.4
1880	2/ 2.5	27/50.4	35/110.0	37/134.2	22/133.6	8/127.8	0/114.1
1890	1/ 0.7	12/30.2	21/ 71.3	14/ 91.1	8/103.2	2/103.1	1/ 95.0
1720-	4/11.6	80/166.5	169/415.7	174/540.7	134/551.9	56/490.1	7/426.3
1770-	13/29.4	147/305.1	284/693.8	269/763.9	209/768.0	90/733.2	8/622.7
1820-	10/19.0	133/241.6	284/671.7	287/890.3	195/874.6	73/802.1	3/706.4

A.12	Geburten und Frauenjahre zu transversalen FR						
	(Geburten/Frauenjahre)						
	15-19	20-24	25-29	30-34	35-39	40-44	45-49
1680-	2/ 3.2	18/39.1	35/ 92.5	36/109.4	30/ 99.9	11/ 67.8	1/ 35.8
1720	1/ 2.1	16/30.9	25/ 58.1	27/ 66.2	17/ 50.9	9/ 39.4	2/ 36.8
1730	2/ 2.5	10/25.6	25/ 72.7	26/ 79.0	24/ 72.8	10/ 75.5	0/ 50.9
1740	0/ 0	10/20.6	40/ 81.4	32/100.4	21/113.1	11/ 80.2	2/ 64.9
1750	0/ 0.9	13/23.5	33/ 69.9	33/101.5	31/116.2	8/105.9	1/ 99.0
1760	1/ 4.0	26/53.5	32/ 90.6	41/111.7	37/117.4	13/106.3	1/ 98.0
1770	1/ 5.1	31/53.4	64/145.9	42/147.0	19/ 97.5	9/ 97.2	2/ 93.8
1780	7/13.4	21/49.5	42/ 97.6	50/151.8	37/166.0	19/138.3	2/ 86.6
1790	3/ 8.2	45/88.9	56/139.5	31/ 95.5	33/119.3	14/131.6	1/115.7
1800	1/ 2.5	25/60.3	74/184.3	63/190.3	46/141.7	12/ 93.1	0/ 88.9
1810	1/ 2.3	28/60.1	53/138.6	67/173.8	48/185.0	23/173.7	3/115.3
1820	3/ 5.4	39/63.4	63/152.3	67/184.5	45/179.2	21/167.4	3/131.8
1830	1/ 2.6	26/52.7	67/162.0	60/186.3	48/173.2	22/174.1	0/156.8
1840	4/ 6.5	36/64.6	59/144.1	61/188.2	41/175.8	14/160.0	2/139.5
1850	1/ 1.1	12/27.4	54/133.8	72/221.2	49/214.7	16/169.4	0/141.4
1860	0/ 1.2	19/32.2	40/ 83.3	34/112.9	35/175.7	22/206.0	1/178.1
1870	2/ 2.7	29/50.3	52/115.1	55/164.8	25/143.1	12/117.6	0/142.5
1880	2/ 2.4	27/51.0	36/111.9	31/129.0	34/128.0	5/131.0	0/105.8
1890	1/ 0.8	15/36.4	27/ 95.4	27/105.9	22/133.8	10/115.5	0/103.4
1720-	4/9.5	75/154.1	155/372.7	159/458.8	130/470.4	51/407.3	6/349.6
1770-	13/31.5	150/312.2	289/705.9	253/758.4	183/709.5	77/633.9	8/500.3
1820-	9/16.8	132/240.3	283/675.5	294/893.1	218/918.6	95/876.9	6/747.6

A.13	Anzahl ehelicher Geburten in vollständigen Erstehen							
	1720-		1770-		1820-		alle	
	n	%	n	%	n	%	n	%
0	3	3.8	7	6.7	8	7.0	18	6.1
1	4	5.1	3	2.9	5	4.4	12	4.1
2	7	9.0	6	5.8	7	6.1	20	6.8
3	9	11.5	4	3.8	11	9.6	24	8.1
4	5	6.4	11	10.6	15	13.2	31	10.5
5	11	14.1	11	10.6	13	11.4	35	11.8
6	11	14.1	10	9.6	16	14.0	37	12.5
7	8	10.3	13	12.5	19	16.7	40	13.5
8	9	11.5	16	15.4	11	9.6	36	12.2
9	3	3.8	11	10.6	6	5.3	20	6.8
10	3	3.8	10	9.6	2	1.8	15	5.1
11	5	6.4	2	1.9	0	0	7	2.4
12	0	0	0	0	1	0.9	1	0.3
alle	78	100.0	104	100.0	114	100.0	296	100.0

A.14 Geburten und Frauenjahre der Untergruppen Typ 1

14.1. Vollständige beidseitige Erstehen

	15-19	20-24	25-29	30-34	35-39	40-44	45-49
1720	3/ 9.3	43/ 86.3	110/ 248.0	110/ 335.6	104/ 381.9	49/ 390.0	7/ 355.9
1770	4/ 8.9	83/161.0	168/ 392.9	161/ 463.6	137/ 497.6	66/ 518.4	7/ 475.4
1820	6/ 9.7	61/111.4	157/ 368.1	169/ 529.4	135/ 558.4	49/ 568.1	3/ 534.5
alle	13/27.9	187/358.7	435/1009.0	440/1328.6	376/1437.9	164/1476.5	17/1365.8

14.2. Unvollständige beidseitige Erstehen

	15-19	20-24	25-29	30-34	35-39	40-44	45-49
1720	0/ 0.9	29/ 61.2	46/130.4	39/124.2	15/ 85.6	5/ 37.4	0/ 0
1770	8/16.6	49/113.8	67/176.1	60/153.0	38/110.3	6/ 46.9	0/ 0
1820	3/ 7.0	52/ 96.6	90/214.2	73/218.8	35/149.4	8/ 64.8	0/ 0
alle	11/24.5	130/271.6	203/520.7	172/496.0	88/345.2	19/149.1	0/ 0

14.3. Geburten und Frauenjahre aller Wiederverheiratungen

	15-19	20-24	25-29	30-34	35-39	40-44	45-49
1720	1/1.4	8/19.0	13/ 37.3	25/ 81.0	15/ 84.3	2/ 62.7	0/ 70.4
1770	1/4.0	15/30.3	49/124.9	48/147.4	34/160.1	18/167.9	1/147.3
1820	1/2.3	20/33.6	37/ 89.4	45/142.1	25/166.8	16/169.3	0/171.9
alle	3/7.7	43/82.9	99/251.6	118/370.5	74/411.2	36/399.9	1/389.6

14.4. Geburten und Frauenjahre der Untergruppen der Wiederverheiratungen 1720-1869

	15-19	20-24	25-29	30-34	35-39	40-44	45-49
a	3/7.7	42/79.4	80/207.4	73/267.0	39/265.0	15/220.5	0/169.6
b	0/ 0	1/ 3.5	19/ 43.5	43/ 98.5	35/141.3	20/170.9	1/197.4

A.15	Geburten und Frauenjahre zu FR nach Heiratsalter (Geburten/Frauenjahre)						
	15-19	20-24	25-29	30-34	35-39	40-44	45-49
15	27/60.0	94/210.0	76/204.5	56/187.7	34/154.6	11/129.9	0/106.4
20	0/ 0	266/503.2	405/1042.2	302/925.7	200/810.4	75/708.1	4/569.4
25	0/ 0	0/ 0	256/534.5	312/924.1	203/857.3	71/731.4	7/610.4
30	0/ 0	0/ 0	0/ 0	60/157.5	74/284.0	31/251.9	7/208.0
35	0/ 0	0/ 0	0/ 0	0/ 0	27/88.1	23/152.6	0/143.6
40	0/ 0	0/ 0	0/ 0	0/ 0	0/ 0	8/51.5	0/85.5
45	0/ 0	0/ 0	0/ 0	0/ 0	0/ 0	0/ 0	0/31.8
	27/60.0	360/713.2	737/1781.2	730/2195.0	538/2194.4	219/2025.4	18/1755.3

A.16 Geburten und Frauenjahre zu FR nach Ehedauer

16.1. Heiratsalter 20-24 Jahre

	0-4	5-9	10-14	15-19	20-24
1720-	116/250.0	79/238.8	57/210.2	34/171.2	8/139.6
1770-	192/430.0	141/391.4	108/340.8	63/299.5	14/250.3
1820-	188/395.0	129/367.3	73/315.0	42/285.6	6/241.5
alle	496/1075.0	349/997.5	238/866.0	139/756.3	28/631.4

16.2. Heiratsalter 25-29 Jahre

	0-4	5-9	10-14	15-19	20-24
1720-	88/220.0	65/215.9	34/190.8	10/160.5	2/139.4
1770-	131/285.0	82/278.1	54/255.3	16/209.4	1/171.4
1820-	182/430.0	115/412.2	59/366.0	9/300.1	1/266.2
alle	401/935.0	262/906.2	147/812.1	35/670.0	4/577.0

A.17	Geburten und Frauenjahre zu FR nach Orten 1720-1869 (Geburten/Frauenjahre)						
	15-19	20-24	25-29	30-34	35-39	40-44	45-49
LE	6/16.2	101/186.6	205/471.7	198/579.2	147/586.3	58/549.9	4/486.6
HE	4/ 8.2	43/ 87.4	86/204.2	93/249.5	69/245.3	20/230.9	3/210.7
KR	6/11.7	37/ 63.7	70/147.9	55/172.6	45/167.0	16/137.9	0/105.7
NI	6/11.6	64/135.9	137/367.8	136/461.0	107/464.1	41/420.1	5/360.0
NE	1/ 1.6	47/ 90.6	83/211.2	82/273.0	54/278.8	25/267.2	1/241.5
TÖ	4/10.7	47/110.1	95/227.3	104/278.5	70/275.0	29/251.6	1/207.6
NV	0/ 0	17/ 28.0	53/126.8	51/154.5	44/160.8	20/157.9	4/136.7

A.18 Geburten und Frauenjahre zu FR nach sozialem Status
  1 Hufner
  2 Kleinbauern
  3 Landarbeiter
  4 Gewerbetreibende
  0 ohne Angabe

	15-19	20-24	25-29	30-34	35-39	40-44	45-49
1	17/36.1	165/333.6	299/671.7	275/744.9	176/691.7	70/612.1	5/521.8
2	4/11.1	76/160.2	153/390.9	149/478.3	111/471.0	38/446.8	5/398.8
3	4/ 5.2	68/123.9	144/393.8	151/520.4	137/566.2	62/541.7	6/472.7
4	1/ 5.4	41/ 79.8	119/267.4	126/354.5	92/365.2	40/332.6	0/275.5
0	1/ 2.3	10/ 15.7	22/ 57.4	29/ 96.9	22/100.4	9/ 92.4	2/ 86.6

A.19	Konfirmationen nach Jahrzehnten				
	a alle Konfirmationen im Kirchspiel*				
	b Konfirmanden, deren Eltern im Kirchspiel wohnhaft				
	a	b		a	b
1720	180	180	1800	206	200
1730	164	162	1810	243	225
1740	177	175	1820	278	254
1750	131	130	1830	310	291
1760	167	162	1840	304	286
1770	138	129	1850	329	308
1780	186	178	1860	339	323
1790	195	189	alle	3347	3192

* Die sieben Fälle, in denen die Konfirmation stellvertretend für den Sülfelder Pastor vorgenommen wurde, nicht mitgezählt.

A.20	Repräsentativität der Emigrationsorte 1765-1894				
	(1) Verbleibeort erwähnt				
	(2) Verbleibeort nicht erwähnt oder identifizierbar				
	(3) Kind nicht erwähnt				
	(4) Summe der erhobenen Daten, n und % von (5)				
	(5) Erwachsene Kinder Typ 1-3 mit unbekanntem Schicksal				
	(1)	(2)	(3)	(4)	(5)
1765	154	43	7	204 43.1	473
1845	155	52	13	220 34.4	640
alle	309	95	20	424 38.1	1113

Quellen und Literaturverzeichnis

1. Ungedruckte Quellen

Archiv des Kirchenkreises Segeberg (Propsteiarchiv, PAS)

Fasc.23, Nr.37
Fasc.187-197

Gutsarchiv Neverstaven (Privatbesitz Herr v. Behm)

Gutsbeschreibungen bei Wechsel der Besitzer
Flurkarte Tralau und Neverstaven von 1802

Geodätisk Institut København

Blatt 51 des Varendorfschen Kartenwerks ("Topographisch Militaerische Charte des Herzogthums Holstein. Nebst dem Hochstifte Lübeck; dem Gebiethe der Reichstaedte Hamburg und Lübeck und einem Theil des Herzogthums Lauenburg. Aufgenommen in den Jahren 1789 bis 1796, unter Direction des Majors von Varendorff durch die Lieutenants von Justi, von Wimpffen und Kaup")

Kirchenarchiv Leezen (KAL)

Taufregister 1657-1907
Heiratsregister 1657-1907
Sterberegister 1657-1940
Konfirmationsregister 1712-1886
Verlobungsregister 1771-1869
Konfitentenregister 1742-1810
Deprecantenregister 1765, 1781-1788
Kirchenrechnungen 1619-1723, 1736-1869
Verzeichnis der an der Ruhr erkrankten und gestorbenen Personen

Landsarkivet for de sønderjyske landsdele, Åbenrå (LAA)

M2040, M2041, M2070, M2071, M2073, M2109, M2113, M2159, M2163 (Mikrofilme der Volkszählungslisten für das Kirchspiel Leezen 1835-1855)

Schleswig-Holsteinisches Landesarchiv, Schleswig (LAS)

Abt. 11 (Regierungskanzlei zu Glückstadt)
    XI, Nr.445

Abt. 19 (Archiv des Holsteinischen Generalsuperintendenten)
    Nr.80

Abt. 25 (Schleswig-Holsteinische Landkommission und Landkommissare)
    Nr.517 I, 5

Abt. 42 (Medizinalbehörden)
    Nr.35 I, Nr.37

Abt. 65 (Deutsche Kanzlei)
    .2, Nr.4478 I

Abt. 66 (Rentekammer)
    Nr.4939

Abt. 110 (Amt Segeberg)
- AR
- 110.2 (Hausvogtei Segeberg)
    Nr.38, Nr.39
- 110.3 (Segeberger Amtshausarchiv)
    Nr.5, Nr.38, Nr.131, Nr.137, Nr.147, Nr.216, Nr.228
    Nr.290, Nr.323, Nr.409, Nr.410, Nr.506-511, Nr.513-525

Abt. 125 (Preetzer Güterdistrikt)
    .23, Nr.3

Abt. 399.11 (Sammlung Christiansen)
    Nr.82-92

Abt. 400 I (Handschriften)
    Nr.267, Nr.273, Nr.279

Abt. 412 (Volkszählungen)
    Nr.291, Nr.292, Nr.295, Nr.373, Nr.555, Nr.576,
    Nr.680, Nr.956, Nr.976, Nr.1080

Nachlaß Schwettscher (Privatbesitz Herr Schwettscher, Kaltenkirchen)

Chronik von Negernbötel
Vortrag Pastor Meiforts, Leezen

2. Gedruckte Quellen und Literatur, in der Reihenfolge der Kurztitel

ABEL 1967

    Abel, Wilhelm: Geschichte der deutschen Landwirtschaft vom frühen Mittelalter bis zum 19. Jahrhundert. Göttingen ²1967 (Deutsche Agrargeschichte, Bd 2)

ABEL 1974

    Abel, Wilhelm: Massenarmut und Hungerkrisen im vorindustriellen Europa. Versuch einer Synopsis. Hamburg/Berlin 1974

ABEL 1978

    Abel, Wilhelm: Agrarkrisen und Agrarkonjunktur. Eine Geschichte der Land- und Ernährungswirtschaft Mitteleuropas seit dem hohen Mittelalter. Hamburg/Berlin 1978

ANDERSEN 1979

    Andersen, Otto: The development in Danish mortality 1735-1850. In: Scandinavian Population Studies 5. 1979, S. 9-21

APPLEBY 1973

    Appleby, Andrew B.: Disease or famine? Mortality in Cumberland and Westmoreland 1580-1640. In: Economic History Review 26. 1973, S. 403-432

ARENDS 1932

    Arends, Otto Fr.: Gejstligheden i Slesvig og Holsten fra reformation indtil 1864. 3 Bde. København 1932

ARNIM 1957

    Arnim, Volkmar von: Krisen und Konjunkturen der Landwirtschaft in Schleswig-Holstein vom 16. bis zum 18. Jahrhundert. Neumünster 1957 (Quellen und Forschungen zur Geschichte Schleswig-Holsteins, Bd 35)

ASMUS 1980

    Asmus, Walter: Kirchdörfer als Zentralorte. In: Steinburger Jahrbuch 24. 1980, S. 155-161

AST-REIMERS 1965

    Ast-Reimers, Ingeborg: Landgemeinde und Territorialstaat. Der Wandel der Sozialstruktur im 18.

Jahrhundert, dargestellt an der Verkoppelung in den Königlichen Ämtern Holsteins. Neumünster 1965. (Quellen und Forschungen zur Geschichte Schleswig-Holsteins, Bd 50)

ATLAS 1937

Atlas zur deutschen Volkskunde. 1. Lieferung. Hrsg. von Heinrich Harmjanz und Erich Röben. Leipzig 1937

BARDET 1981

Bardet, Jean-Pierre: L'esquisse d'un bilan urbain: L'exemple de Rouen. In: Bulletin de la Société d'Histoire Moderne (Supplément à la Revue d'Histoire Moderne et Contemporaine no. 3, 1981) 80. 1981, S. 21-27

BARDET 1981a

Bardet, Jean-Pierre, K.-A. Lynch, G.-P. Mineau, M. Hainsworth, M. Skolnick: La mortalité maternelle autrefois: Une étude comparée (de la France de l'Ouest à l'Utah). In: Annales de Démographie Historique 1981, S. 31-48

BAUMGART 1964

Baumgart, Carola: Beitrag zur Geschichte der Pocken und ihrer Bekämpfung in Schleswig-Holstein. Diss. Kiel 1964

BEITRÄGE 1967

Beiträge zur historischen Statistik Schleswig-Holsteins. Kiel 1967

BERICHT 1755

Bericht von den Holländereyen in den Herzogthümern Schleswig und Holstein. Glückstadt 1755

BERICHT 1845

Bericht des Landcommissairs Etatsraths Prehn über die in den Herzogthümern Schleswig, Holstein und Lauenburg verbreitete Kartoffelkrankheit. O.O. 1845

BERICHTE 1772

Berichte und Bedenken, die Kriebelkrankheit betreffend, welche von den Schleswigholsteinischen Physicis an die Königl. deutsche Kammer zu Kopenhagen eingesandt worden: nebst dem desfalls ausgefertigten Responso des Königl. Collegii Medici daselbst und einem Unterricht für das Landvolk. Kopenhagen 1772

BERKNER 1977

    Berkner, Lutz R.: Peasant household organization and demographic change in Lower Saxony (1689-1766). In: Population patterns in the past. Hrsg. von Ronald Demos Lee, New York usw. 1977, S. 53-69

BEUTEL 1980

    Beutel, Peter, Helmuth Küffner und Werner Schubö: SPSS 8. Statistik-Programm-System für die Sozialwissenschaften nach Norman H. Nie und C. Hadlai Hull. Eine Beschreibung der Programmversionen 6, 7 und 8. Stuttgart/New York 1980

BEVÖLKERUNG 1972

    Die Bevölkerung der Gemeinden in Schleswig-Holstein 1867-1970 (Historisches Gemeindeverzeichnis). Hrsg. vom Statistischen Landesamt Schleswig-Holstein. Kiel 1972

BEYER 1957

    Beyer, Hans: Zur Entwicklung des Bauernstandes in Schleswig-Holstein. In: Zeitschrift für Agrargeschichte und Agrarsoziologie 5. 1957, S. 50-69

BEYER 1957a

    Beyer, Hans: Mittelholstein im Jahrzehnt nach der französischen Revolution. In: Heimatkundliches Jahrbuch für den Kreis Segeberg 3. 1957, S. 121-141

BIDEAU 1980

    Bideau, Alain: La distribution spatiale des populations et leurs migrations (y compris les recherches communes avec les sciences exactes: anthropologie physique, hémotypologie géographique ...). In: La Recherche en Sciences Humaines 10. 1980, S. 92-96

BIDEAU 1981

    Accouchement "naturel" et accouchement à "haut risque". Deux aspects de la mortalité maternelle et infantile (Châtellenie de Thoissey-en-Dombes, 1660-1814). In: Annales de Démographie Historique 1981, S. 49-66

BIDEAU/PERRENOUD 1981

    Bideau, Alain und A. Perrenoud: Remariage et fécondité. Contribution à l'étude des mécanismes de récuperation des populations anciennes. In: Marriage and remarriage in populations of the past. Hrsg. von J. Dupâquier u.a., London 1981, S. 547-559

BIELMANN 1972

    Bielmann, Jürg: Die Lebensverhältnisse im Urnerland während des 18. und zu Beginn des 19. Jahrhunderts. Basel/Stuttgart 1972

BIRABEN 1973

    Biraben, Jean-Noël: Conséquences économiques des mesures sanitaires contre la peste du Moyen Age au 18e siècle. In: Annales Cisalpines d'Historie Sociale 1973, S. 49-61

BIRABEN 1975

    Biraben, Jean-Noël: Les hommes et la peste en France et dans les pays européens et méditerrannéens. 2 Bde. Paris/La Haye 1975/76

BIRABEN 1981

    Biraben, Jean-Noël: Les aspects médico-écologiques de la mortalité différentielle des enfants aux 18ème et 19ème siècles. MS Manila 1981 (Diskussionspapier auf der General Conference der International Union for the Scientific Study of Population, Manila 1981)

BLUHM 1912

    Bluhm, A.: Stillhäufigkeit und Stilldauer. In: Handwörterbuch der sozialen Hygiene. Hrsg. von A. Grotjahn und J. Kaup, Leipzig 1912, Bd 2, S. 570-591

BOCKENDAHL 1875

    Bockendahl: Generalbericht über das öffentliche Gesundheitswesen der Provinz Schleswig-Holstein für das Jahr 1874. Kiel 1875

BOUCHARD 1972

    Bouchard, Gérard: Le village immobile. Sennely-en-Sologne au XVIIIe siècle. Paris 1972

BOURGEOIS-PICHAT 1951

    Bourgeois-Pichat, Jean: La mesure de la mortalité infantile. In: Population 6. 1951, S. 233-248, S. 459-480

BRAUN 1977

    Braun, Rudolf: Historische Demographie im Rahmen einer integrierten Geschichtsbetrachtung: Jüngere Forschungsansätze und ihre Verwendung. In: Geschichte und Gesellschaft 3. 1977, S. 525-536

BURGUIERE 1977

    Burguière, André: Bretons de Plozévet. Paris 1977

CALLIES/BRODERSEN

    Callies, Hinrich und Julius Brodersen: Aus der Geschichte des Dorfes Leezen. MS Leezen o.J. (Abschrift 1965)

CAMERER, J.F.

    Camerer, J.F.: Zusätze zur Nachricht von dem Dorfe Leezen, im ersten Bande.
In: Vermischte historisch-politische Schriften, in Briefen von einigen merkwürdigen Gegenden der Herzogthümer Schleswig und Holstein, ihrer natürlichen Geschichte und andern seltenen Altertümern 2.1762, S. 821-829

CARSTEN/BURMESTER

    Carsten, R.H. und Ingeborg Burmester: Agrarsozialstruktur und Landnutzung im nordöstlichen Stormarn. In: Atlas der deutschen Agrarlandschaft. Hrsg. von Erich Otremba, Teil IV, Blatt 4, Wiesbaden 1963

CATEL 1977

    Das gesunde und das kranke Kind. Ein Lehrbuch für die Kinderkrankenschwester. Hrsg. von W. Catel, F.H. Dost, W. Kübler und J. Oehme. Stuttgart [11]1977

CHARBONNEAU 1970

    Charbonneau, Hubert: Tourouvre-au-Perche au XVIIe et XVIIIe siècles. Etude de démographie historique. Paris 1970 (INED, Travaux et Documents. Cahier n.5)

CHARBONNEAU 1979

    The great mortalities: Methological studies of demographic crises in the past. Hrsg. von Hubert Charbonneau und André Larose. Liège 1979

CHARBONNEAU/LANDRY 1981

    Charbonneau, Hubert und Yves Landry: La mortalité différentielle des enfants issus des mariages célébrés au Canada au XVIIe siècle. MS Montréal/Manila 1981. (Diskussionspapier auf der General Conference der International Union for the Scientific Study of Population, Manila 1981)

CHAUNU 1973

    Chaunu, Pierre: Réflexions sur la démographie normande. In: Hommage à Marcel Reinhard. Sur la population française au XVIIIe et au XIXe siècles. Paris 1973, S. 97-117

CHAUNU 1982

    Chaunu, Pierre: La civilisation de l'Europe des Lumières. Paris ²1982

CLAUSS/EBNER 1971

    Clauss, G. und H. Ebner: Grundlagen der Statistik für Psychologen, Pädagogen und Soziologen. Frankfurt a.M./Zürich 1971

COALE/DEMENY 1966

    Coale, Ansley J. und Paul Demeny: Regional model life tables and stable populations. Princeton 1966

COALE/TRUSSELL 1974

    Coale, Ansley J. und T. James Trussell: Model fertility schedules: Variations in the age structure of childbearing in human populations. In: Population Index 40. 1974, S. 185-258

CROIX 1981

    Croix, Alain: La Bretagne aux 16e et 17e siècles. La vie, la mort, la foi. 2 Bde. Paris 1981

DAVIS 1963

    Davis, Kingsley: The theory of change and response in modern demographic history. In: Population Index 29. 1963, S. 345-366

DELGADO 1978

    Delgado, Hernan, u.a.: Nutrition and birth interval components: The Guatemala experience. In: Nutrition and human reproduction. Hrsg. von W. Henry Mosley, New York/London 1978, S. 385-399

DEROUET 1980

    Derouet, Bernard: Une démographie sociale différentielle: Clés pour un système auto-régulateur des populations rurales d'Ancien Régime. In: Annales E.S.C. 35. 1980, S. 3-41

DITTMANN 1838

    Dittmann, Georg Friedrich: Vollständige Anweisung zur Kenntniß und zum vortheilhaftem Betriebe der Schleswig-Holsteinischen Landwirthschaft. 3 Bde. Altona 1838

DUNKER 1930

    Dunker, Hans: Werbungs-, Verlobungs- und Hochzeitsbräuche in Schleswig-Holstein. Diss. Kiel 1930

DUPAQUIER 1972

> Dupâquier, J.: De l'animal à l'homme: Le mécanisme autorégulateur des populations traditionelles. In: Revue de l'Institut de Sociologie 45. 1972, S. 177-211

DUPAQUIER 1979a

> Dupâquier, J.: L'analyse statistique des crises de mortalité. In: The great mortalities: Methological studies of demographic crises in the past. Hrsg. von Hubert Charbonneau und André Larose, Liège 1979, S. 83-112

DUPAQUIER 1979b

> Dupâquier, J.: La population rurale du Bassin Parisien à l'époque de Louis XIV. Paris 1979

DUPAQUIER/LACHIVER 1969

> Dupâquier, J. und M. Lachiver: Sur les débuts de la contraception en France, ou les deux malthusianismes. In: Annales E.S.C. 24. 1969, S. 1391-1406

DUPAQUIER/LACHIVER 1981

> Dupâquier, Jaques und Marcel Lachiver: Du contresens à l'illusion technique, suivi d'une réponse de John Knodel à Jacques Dupâquier. In: Annales E.S.C. 36. 1981, S. 489-494

DYRVIK 1981

> Dyrvik, S.: Gagne-pain ou sentiments? Trait du remariage en Norvège au dix-neuvième siècle. In: Marriage and remarriage in populations of the past. Hrsg. von J. Dupâquier u.a., London 1981, S. 297-306

ENGELBRECHT 1905

> Engelbrecht, Th.H.: Bodenanbau und Viehstand in Schleswig-Holstein nach den Ergebnissen der amtlichen Statistik. 2 Bde und 1 Atlas. Kiel 1905-1907

ERIKSSON/ROGERS 1978

> Eriksson, Ingrid und John Rogers: Rural labor and population change. Social and demographic developments in east-central Sweden during the nineteenth century. Uppsala 1978. (Studia Historica Upsaliensia 100)

FEICHTINGER 1973

> Feichtinger, Gustav: Bevölkerungsstatistik. Berlin/New York 1973

FINE-SOURIAC 1978

    Fine-Souriac, A.: Mortalité infantile et allaitement dans le sud-ouest de la France au XIXe siècle. In: Annales de Démographie Historique 1978, S. 81-103

FINKELNBURG 1882

    Finkelnburg: Ueber den hygienischen Gegensatz von Stadt und Land. In: Zentralblatt für allgemeine Gesundheitspflege 1. 1882, S. 4-15, S. 43-54

FISCHER 1965

    Fischer, Alfons: Geschichte des deutschen Gesundheitswesens. 2 Bde. Hildesheim 1965 (Reprint der Ausgabe Berlin 1933)

FLANDRIN 1975

    Flandrin, Jean-Louis: Les amours paysannes. Amour et sexualité dans les campagnes de l'ancienne France (XVIe-XIXe siècle). Paris 1975

FLANDRIN 1976

    Flandrin, Jean-Louis: Familles. Parenté, maison, sexualité dans l'ancienne société. Paris 1976

FLEURY/HENRY 1965

    Fleury, Michel und Louis Henry: Nouveau manuel de dépouillement et d'exploitation de l'état civil. Paris 1965

FOSSEL 1903

    Fossel, Victor: Geschichte der epidemischen Krankheiten. In: Handbuch der Geschichte der Medizin. Hrsg. von Max Neuberger und Julius Pagel, Bd. 2, Hildesheim/New York 1971 (Reprint der Ausgabe Jena 1903), S. 736-901

FRANZ 1976

    Franz, Günther: Landwirtschaft 1800-1850. In: Handbuch der deutschen Wirtschafts- und Sozialgeschichte. Hrsg. von Hermann Aubin und Wolfgang Zorn. Bd 2. Stuttgart 1976, S. 276-320

FREDERIKSEN 1976

    Frederiksen, Anders V. Kaare: Familienrekonstitution. En modelstudie over befolkningsforholdene i Sejerø sogn 1663-1813. Copenhagen 1976

FRIEDLANDER 1969

    Friedlander, Dov: Demographic responses and population change. In: Demography 6. 1969, S. 359-381

GASKIN 1978

> Gaskin, Katharine: Age at first marriage in Europe before 1850: A summary of family reconstitution data. In: Journal of Family History 3. 1978, S. 23-33

GAUNT 1973

> Gaunt, David: Family planning and the preindustrial society: Some Swedish evidence. In: Aristocrats, farmers, proletarians. Essay in Swedish demographic history. Hrsg. von Kurt Ågren u.a., Uppsala 1973 (Studia Historica Upsaliensia 47), S. 28-59

GAUNT 1978

> Gaunt, David: Household typology: Problems-methods-results. In: Chance and change. Social and economic studies in historical demography in the Baltic area. Hrsg. von Sune Åkerman, Hans Chr. Johansen und David Gaunt, Odense 1978, S. 69-83

GAUNT/LÖFGREN 1981

> Gaunt, D. und O. Löfgren: Remarriage in the Nordic countries: The cultural and socio-economic background. In: Marriage and remarriage in populations of the past. Hrsg. von J. Dupâquier u.a., London usw. 1981, S. 49-60

GAUTIER/HENRY 1958

> Gautier, Etienne und Louis Henry: La population de Crulai, paroisse normande. Etude historique. Paris 1958 (I.N.E.D. Travaux et documents. Cahier n. 33)

GEHRMANN 1979

> Gehrmann, Rolf: Einsichten und Konsequenzen aus neueren Forschungen zum generativen Verhalten im demographischen Ancien Régime und in der Transitionsphase. In: Zeitschrift für Bevölkerungswissenschaft 5. 1979, S. 455-485

GELIS 1980

> Gélis, Jacques: Regard sur l'Europe médicale des Lumières: La colloboration internationale des accoucheurs et la formation des sage-femmes au XVIIIe siècle. In: Mensch und Gesundheit in der Geschichte (Abhandlungen zur Geschichte der Medizin und der Naturwissenschaften, H. 39). Hrsg. von Arthur E. Imhof, Husum 1980, S. 279-299

GELIS 1981
> Gélis, Jacques: De la mort à la vie: Les "sanctuaires à répit". In: Ethnologie francaise 11. 1981, S. 211-224

GESUNDHEITSVERHÄLTNISSE 1901
> Die Gesundheitsverhältnisse Hamburgs im neunzehnten Jahrhundert. Den ärztlichen Theilnehmern der 73. Versammlung Deutscher Naturforscher und Ärzte gewidmet von dem Medicinal-Collegium. Hamburg 1901

GIERLICHS 1921
> Gierlichs, Hilde: Die Sterblichkeit in Eutin in den Jahren 1796-1812. Diss. Kiel 1921

GÖTTSCH 1978
> Göttsch, Silke: Beiträge zum Gesindewesen in Schleswig-Holstein zwischen 1740 und 1840. Neumünster 1978 (Studien zur Volkskunde und Kulturgeschichte Schleswig-Holsteins, Bd 3)

GOUBERT 1968
> Goubert, Pierre: Cent mille provinciaux au XVIIe siècle. Beauvais et le Beauvaisis de 1600 à 1730. Paris 1968

GRASSL 1910
> Grassl: Die sozialen Ursachen der Kindersterblichkeit in Bayern, insbesondere der Einfluß der agrarischen Verhältnisse auf die Kindersterblichkeit Bayerns und anderer Staaten. In: Zeitschrift für soziale Medizin 5. 1910, S. 374-402, S. 473-521

GROTJAHN 1968
> Grotjahn, Marianne: Die Säuglingssterblichkeit in der Hansestadt Lübeck bis zum Beginn des ersten Weltkrieges. Soziale Pathologie-Soziale Therapie-Soziale Prophylaxe. Med.Diss. Lübeck/Kiel 1968

GUDME 1819
> Gudme, A.C.: Die Bevölkerung der beiden Herzogthümer Schleswig und Holstein in früheren und späteren Zeiten. Altona 1819

GUDME 1833
> Gudme, A.C.: Schleswig-Holstein. Eine statistisch-geographisch-topographische Darstellung dieser Herzogthümer, nach gedruckten und ungedruckten Quellen. 1. Kiel 1833

HAGEL 1955

    Hagel, Jürgen: Auf Kalkfahrt nach Hamburg. In:
    Heimatkundliches Jahrbuch für den Kreis Segeberg
    1. 1955, S. 62-80

HAINSWORTH/BARDET 1981

    Hainsworth, Michael und Jean-Pierre Bardet: Logiciel
    C.A.S.O.A.R. Calculs et analyses sur ordinateur
    appliques aux reconstitutions. Paris 1981 (1er
    cahier des Annales de Démographie Historique)

HAJNAL 1965

    Hajnal, John: European marriage patterns in perspective.
    In: Population in history. Hrsg. von D.V. Glass
    und D.E.C. Eversley. London 1965, S. 101-143

HANDBUCH 1954

    Methodisches Handbuch für Heimatforschung. Schles-
    wig 1954

HANDWÖRTERBUCH 1927

    Handwörterbuch des deutschen Aberglaubens. Hrsg.
    von E. Hoffmann-Krayer und Hanns Bächtold-Stäubli.
    Abt. 1, Aberglauben. 10 Bde. Berlin/Leipzig 1927-1942

HANSEN 1979

    Hansen, Hans Oluf: A comparison of empirical life
    tables for Iceland 1785-1860 and for Denmark 1800-
    1840 with selected model life tables. In: Scandinavian
    Population Studies 5. 1979, S. 22-37

HANSSEN 1861

    Hanssen, Georg: Die Aufhebung der Leibeigenschaft
    und die Umgestaltung der gutsherrlich-bäuerlichen
    Verhältnisse überhaupt in den Herzogthümern Schleswig
    und Holstein. St. Petersburg 1861

HANSSEN 1880

    Hanssen, Georg: Agrarhistorische Abhandlungen.
    2 Bde. Leipzig 1880-1884

HANSSEN 1912

    Hanssen: Ueber Säuglingssterblichkeit in früheren
    Jahrhunderten. In: Zeitschrift für Säuglingsschutz
    4. 1912, S. 190-200 und S. 378-387

HANSSEN 1912a

    Hanssen, P.: Die Säuglings-Sterblichkeit der Provinz
    Schleswig-Holstein und die Mittel zu ihrer Abhilfe.
    Kiel 1912

HANSSEN 1925

    Hanssen, Peter: Geschichte der Epidemien bei Menschen und Tieren im Norden. Nach Untersuchungen ausgehend von Schleswig-Holstein. Glückstadt 1925

HARBECK 1959

    Harbeck, Hans Hinrich: Chronik von Bramstedt. Hamburg 1959

HARTZ 1928

    Hartz, Otto: Vier Karten zur Geschichte Schleswig-Holsteins. 1622-1721-1815-1914. Altona 1928

HEDEMANN-HEESPEN 1926

    Hedemann-Heespen, Paul v.: Die Herzogtümer Schleswig-Holstein und die Neuzeit. Kiel 1926

HELLBRÜGGE 1977

    Hellbrügge, Th.: Soziale Pädiatrie. In: Lehrbuch der Kinderheilkunde. Hrsg. von Alfred Wiskott, Klaus Betke und Wilhelm Künzer. Stuttgart ^{4}1977, S. 4.1-4.23

HELLER/IMHOF 1981

    Heller, Geneviève und Arthur E. Imhof: Körperliche Überlastung von Frauen im 19. Jahrhundert. In: Leib und Leben. Der Mensch und sein Körper: Ein wandelbares Verhältnis, von der Antike bis heute. Hrsg. von Arthur E. Imhof, Berlin 1983 (in Vorber.)

HENNINGSEN 1981

    Henningsen, Lars N.: Misvaekst og kornspekulation i Sønderjylland 1698-1847. En studie i dyrtids- og hungerår og krisepolitik. In: Sønderjyske Årbøger 1981, S. 5-56

HENRY 1961

    Henry, Louis: Some data on natural fertility. In: Eugenics Quarterly 8. 1961, S. 81-91

HENRY 1972

    Henry, Louis: Démographie, analyse et modèles. Paris 1972

HENRY 1976

    Henry, Louis: Mobilité et fécondité d'après les fiches de famille. In: Annales de Démographie Historique 1976, S. 279-302

HENRY 1980

　　Henry, Louis: Techniques d'analyse en démographie historique. Paris 1980

HENSLER 1767

　　Hensler, Phil. Gabr.: Beitrag zur Geschichte des Lebens und der Fortpflanzung der Menschen auf dem Lande. Altona/Lübeck 1767

HINRICHS 1980

　　Hinrichs, Ernst: Einführung in die Geschichte der Frühen Neuzeit. München 1980

HIRSCH 1881

　　Hirsch, August: Handbuch der historisch-geographischen Pathologie. 3 Bde. Stuttgart ²1881

HÖFLER 1899

　　Höfler, Max: Deutsches Krankheitsnamen-Buch. Hildesheim/New York 1970 (Reprint der Ausgabe München 1899)

HOFFMANN 1952

　　Hoffmann, E.A.: Sammlung Christian Christiansen. In: Mitteilungen der Gesellschaft für Schleswig-Holsteinische Familienforschung und Wappenkunde 4. 1952, S. 40

HOFFMANN/KAWIANI 1976

　　Hoffmann, F. und D. Kawiani: Jahreszeitliche Schwankungen der Geburten- und der Konzeptionsraten im Wandel zweier Jahrhunderte. In: Geburtshilfe und Frauenheilkunde 36. 1976, S. 780-785

HOLLINGSWORTH 1972

　　Hollingsworth, T.H.: Problèmes de représentativité dans les études nominatives. Rapport préliminaire. (Actes du colloque de Florence, 1er-3 octobre 1971) In: Annales de Démographie Historique 1972, S. 17-23

HOLMBERG 1978

　　Holmberg, Ingvar: Variations in natural fertility. In: Chance and change. Social and economic studies in historical demography in the Baltic area. Hrsg. von Sune Åkerman, Hans Chr. Johansen und David Gaunt. Odense 1978, S. 258-268

HOLT 1976

>Holt, Ane Dorthe: Udvandringen til Amerika fra Humble sogn. In: Studier i dansk befolkningshistorie. Hrsg. von Hans Chr. Johansen, Odense 1976, S. 76-120

HOLTZ 1969

>Holtz, Wilhelm: Leezener Dorfbuch. MS Leezen o.J. (1969)

HOUDAILLE 1970

>Houdaille, Jacques: Quelques résultats sur la démographie de trois villages d'Allemagne de 1750 à 1879.
>In: Population 25.1970, S. 649-654

HOUDAILLE 1976

>Houdaille, J.: Fécondité des familles souveraines du XVIe au XVIIIe siècles: Influence de l'âge du père sur la fécondité. In: Population 31. 1976, S. 961-970

HOUDAILLE 1980

>Houdaille, Jacques: La mortalité des enfants en Europe avant le XIXe siècle. In: La mortalité des enfants dans le monde et dans l'histoire. Hrsg. von Paul-Marie Boulanger und Dominique Tabutin, Liège 1980, S. 85-118

IMHOF 1975

>Historische Demographie als Sozialgeschichte. Giessen und Umgebung vom 17. zum 19. Jahrhundert. 2 Teile. Hrsg. von Arthur E. Imhof. Darmstadt und Marburg 1975 (Quellen und Forschungen zur hessischen Geschichte 31)

IMHOF 1976

>Imhof, Arthur Erwin: Aspekte der Bevölkerungsentwicklung in den nordischen Ländern 1720-1750. 2 Bde. Bern 1976

IMHOF 1977

>Imhof, Arthur E.: Einführung in die Historische Demographie. München 1977

IMHOF 1978

>Imhof, Arthur E.: Historisch-demographische Grunddaten in Deutschland vom 16. bis zum 20. Jahrhundert. Typoskript Berlin 1978

IMHOF 1979

 Imhof, Arthur E.: Die Übersterblichkeit verheirateter Frauen im fruchtbaren Alter. Eine Illustration der "condition féminine" im 19. Jahrhundert. In: Zeitschrift für Bevölkerungswissenschaft, 5.1979, S. 487-510

IMHOF 1981

 Imhof, Arthur E.: Die gewonnenen Jahre. Von der Zunahme unserer Lebensspanne seit dreihundert Jahren oder von der Notwendigkeit einer neuen Einstellung zu Leben und Sterben. Ein historischer Essay. München 1981

IMHOF 1981a

 Imhof, Arthur E.: Unterschiedliche Säuglingssterblichkeit in Deutschland, 18. bis 20. Jahrhundert - Warum? In: Zeitschrift für Bevölkerungswissenschaft 7. 1981, S. 343-382

IMHOF 1981b

 Imhof, Arthur E.: Wiederverheiratung in Deutschland zwischen dem 16. und dem Beginn des 20. Jahrhunderts. In: Marburger Personalschriften-Forschungen 4. 1981, S. 185-222

IMHOF 1982

 Imhof, Arthur E.: Beitrag zum Internationalen Kolloquium "Der Mensch und sein Körper in der Geschichte der Neuzeit", Berlin (West) 1.-3.12.1981, MS Berlin 1982

IMHOF/KÜHN 1977

 Imhof, Arthur E. und Thomas Kühn: Die Analyse kirchlich-administrativer Daten mit Hilfe der EDV. In: Quantitative Methoden in der historisch-sozialwissenschaftlichen Forschung (Historisch-Sozialwissenschaftliche Forschungen, Bd 3). Hrsg. von Heinrich Best und Reinhard Mann, Stuttgart 1977, S. 11-64

IMHOF/LARSEN 1975

 Imhof, Arthur E. und Øivind Larsen: Sozialgeschichte und Medizin. Probleme der quantifizierenden Quellenbearbeitung in der Sozial- und Medizingeschichte. Stuttgart 1975

JACOBS/RICHTER 1935

 Jacobs, Alfred und Hans Richter: Die Großhandelspreise in Deutschland von 1792 bis 1934. Berlin 1935 (Vierteljahreshefte zur Konjunkturforschung. Sonderheft Nr. 37)

JENNER 1982

Jenner, Harald: Organisation des Gesundheitswesens in Schleswig-Holstein in der ersten Hälfte des 19. Jahrhunderts. In: Zeitschrift der Gesellschaft für Schleswig-Holsteinische Geschichte 107. 1982, S. 67-112

JENSEN 1958

Jensen, Wilhelm: Die Kirchenbücher Schleswig-Holsteins, der Landeskirche Eutin und der Hansestädte. Neumünster ²1958 (Quellen und Forschungen zur Familiengeschichte Schleswig-Holsteins Bd 2)

JOHANSEN 1975

Johansen, Hans C.: Befolkningsudvikling og familiestruktur i det 18. århundrede. Odense 1975

JOHANSEN 1976

Johansen, Hans Chr.: Geografisk mobilitet i det 18. århundrede belyst ved eksempler fra Langeland. In: Studier i dansk befolkningshistorie. Hrsg. von Hans Chr. Johansen, Odense 1976, S. 189-212

JOHANSEN 1979

Johansen, Hans Chr.: En samfundsorganisation i opbrud 1700-1870. Kopenhagen 1979 (Dansk Socialhistorie 4)

JOHANSEN 1981

Johansen, H.C.: The effects on fertility of frequent absences of the husband. In: Marriage and remarriage in populations of the past. Hrsg. von J. Dupâquier u.a., London 1981, S. 581-589

KÄLVEMARK 1979

Kälvemark, A.-S.: The country that kept track of its population. Methodological aspects of Swedish population records. In: Time, space and man. Essays on microdemography. Hrsg. von Jan Sundin und Erik Söderlund, Stockholm 1979, S. 221-238

KAUP 1910

Kaup, J.: Ernährung und Lebenskraft der ländlichen Bevölkerung. Berlin 1910 (Schriften der Zentralstelle für Volkswohlfahrt. NF, H.6)

KIESEWETTER 1807

Kiesewetter, Heinrich Christian Philipp: Praktisch ökonomische Bemerkungen auf einer Reise durch Hollstein, Schleßwig, Dithmarsen und einen Theil des Bremer und Hannöverschen Landes an der Elbe. Hof 1807

KINTNER 1982

    Kintner, Hallie Joanne: The determinants of infant mortality in Germany from 1871 to 1933.
Diss. University of Michigan (Ann Arbor) 1982

KISSKALT 1921

    Kisskalt, Karl: Die Sterblichkeit im 18. Jahrhundert. In: Zeitschrift für Hygiene und Infektionskrankheiten 93. 1921, S. 438-511

KISSKALT 1953

    Kisskalt, Karl: Epidemiologisch-statistische Untersuchungen über die Sterblichkeit von 1600-1800. In: Archiv für Hygiene und Bakteriologie 137. 1953, S. 26-42

KNODEL 1967

    Knodel, John: Law, marriage and illegitimacy in nineteenth century Germany. In: Population Studies 20. 1967, S. 279-294

KNODEL 1968

    Knodel, John: Infant mortality and fertility in three Bavarian villages: An analysis of family histories from the 19th century. In: Population Studies 22. 1968, S. 297-318

KNODEL 1974

    Knodel, John E.: The decline of fertility in Germany, 1871-1939. Princeton NJ 1974

KNODEL 1975

    Knodel, John: Ortssippenbücher als Quelle für die Historische Demographie. In: Geschichte und Gesellschaft 1. 1975, S. 289-324

KNODEL 1978

    Knodel, John: European populations in the past: Family-level relations. In: The effects of infant and child mortality on fertility. Hrsg. von Samuel H. Preston, New York usw. 1978, S. 21-45

KNODEL 1979

    Knodel, John: From natural fertility to family limitation. The onset of fertility transition in a sample of German villages. In: Demography 16. 1979, S. 493-521

KNODEL 1979a

    Knodel, John: From natural fertility to family limitation: The onset of fertility transition in a sample of German villages. Typoskript Ann Arbor 1979

KNODEL 1981

    Knodel, J.: Remarriage and marital fertility in Germany during the eighteenth and nineteenth centuries: An exploratory analysis based on German village genealogies. In: Marriage and remarriage in populations of the past. Hrsg. von J. Dupâquier u.a., London 1981, S. 591-604

KNODEL 1981a

    Knodel, John: Espacement des naissances et planification familiale: Une critique de la méthode Dupâquier-Lachiver. In: Annales E.S.C. 36. 1981, S.473-488

KNODEL/DE VOS 1980

    Knodel, John und Susan De Vos: Preferences for the sex of offspring and demographic behavior in eighteenth- and nineteenth-century Germany: An examination of evidence from village genealogies. In: Journal of Family History 5. 1980, S. 145-166

KNODEL/HOCHSTADT 1980

    Knodel, John und Steven Hochstadt: Urban and rural illegitimacy in Imperial Germany. In: Bastardy and its comparative history. Hrsg. von Peter Laslett u.a., London 1980, S. 284-312

KNODEL/KINTNER 1977

    Knodel, John und Hallie Kintner: The impact of breast feeding patterns on the biometric analysis of infant mortality. In: Demography 14. 1977, S. 391-409

KNODEL/V.D. WALLE 1967

    Knodel, John und Etienne van de Walle: Breast feeding, fertility and infant mortality: An analysis of some early German data. In: Population Studies 21. 1967, S. 109-131

KNODEL/WILSON 1981

    Knodel, J. und C. Wilson: The secular increase in fecundity in German village populations: An analysis of reproductive histories of couples married 1750-1899. In: Population Studies 35. 1981, S. 53-84

KOCKA 1980

    Kocka, Jürgen, Karl Ditt, Josef Moser, Heinz Reif
und Reinhard Schüren: Familie und soziale Plazierung.
Opladen 1980

KÖLLMANN 1974

    Bevölkerung in der industriellen Revolution.
Studien zur Bevölkerungsgeschichte Deutschlands.
Hrsg. von Wolfgang Köllmann. Göttingen 1974
(Kritische Studien zur Geschichtswissenschaft,
Bd 12)

KÖLLMANN 1976

    Köllmann, Wolfgang: Bevölkerungsgeschichte 1800-1970.
In: Handbuch der deutschen Wirtschafts- und Sozial-
geschichte. Hrsg. von Hermann Aubin und Wolfgang
Zorn. Bd 2. Stuttgart 1976, S. 9-50

KÖLLMANN 1980

    Quellen zur Bevölkerungs-, Sozial- und Wirtschafts-
geschichte Deutschlands 1815-1875.
Hrsg. von Wolfgang Köllmann. Bd I: Quellen zur Bevöl-
kerungsstatistik Deutschlands 1815-1875.
Boppard 1980

KRIEDTE 1977

    Kriedte, Peter; Hans Medick und Jürgen Schlumbohm:
Industrialisierung vor der Industrialisierung.
Gewerbliche Warenproduktion auf dem Land und in
der Formationsperiode des Kapitalismus. Göttingen
1977 (Veröffentlichungen des Max-Planck-Instituts
für Geschichte, 53)

KRIEG 1931

    Krieg, Hans: Schleswig-Holsteinische Volkskunde
aus dem Anfange des 19. Jahrhunderts in Auszügen
aus den Schleswig-Holsteinischen Provinzialberichten.
Erster Teil: Landwirtschaftliche und wirtschaftliche
Grundlagen. Lübeck 1931

KUSS 1825

    Kuss, Christian: Jahrbuch denkwürdiger Naturereig-
nisse in den Herzogthümern Schleswig und Holstein
vom eilften bis zum neunzehnten Jahrhundert. 2 Bde.
Altona 1825/26

KUSS 1847

    Kuss, Christian: Die Stadt Segeberg in der Vorzeit.
In: Archiv für Geschichte, Statistik, Kunde der
Verwaltung und Landesrechte der Herzogthümer Schles-
wig, Holstein und Lauenburg 5. 1847, S. 1-74

LACHIVER 1969

    Lachiver, Marcel: La population de Meulan du XVIIe au XIXe siècle (vers 1600-1870). Etude de démographie historique. Paris 1969 (Démographie et sociétés XIII)

LASLETT 1980

    Laslett, Peter: Introduction: Comparing illegitimacy over time and between cultures. In: Bastardy and its comparative history. Studies in the history of illegitimacy and marital nonconformism in Britain, France, Germany, Sweden, North America, Jamaica and Japan. Hrsg. von Peter Laslett, Karla Oosterveen and Richard M. Smith, London 1980, S. 1-65

LAWAETZ 1795

    Lawaetz: Gedanken über den Zustand der Häuerinsten im Kirchspiel Kaltenkirchen, die Ursachen der von ihnen geäußerten Unzufriedenheit und die Mittel, ihnen aufzuhelfen. In: Schleswig-Holsteinische Provinzialberichte 9. 1795, 4, S. 63-93

LEBRUN 1978

    Lebrun, François: Demographie und Mentalität: Die Konzeptionsbewegungen im Ancien Régime. In: Biologie des Menschen in der Geschichte. Beiträge zur Sozialgeschichte der Neuzeit aus Frankreich und Skandinavien, Hrsg. von Arthur E. Imhof, Stuttgart 1978, S. 167-173

LEBRUN 1980

    Lebrun, François: Les crises démographiques en France aux XVIIe et XVIIIe siècles.
In: Annales E.S.C. 35. 1980, S. 205-234

LEDERMANN 1969

    Ledermann, Sully: Nouvelles tables-types de mortalité. Paris 1969 (I.N.E.D. Travaux et Documents. Cahier no 53)

LEE 1977

    Lee, W.R.: Population growth, economic development and social change in Bavaria, 1750-1850. New York 1977

LEE 1977a

    Lee, Robert: Die Mechanismen der Sterblichkeitsveränderungen in Deutschland, 1750-1850. (Manuskript eines Vortrages vom 24.5.1977)

LEE 1981

    Lee, W.R.: Past legacies and future prospects: Recent research on the history of the family in Germany. In: Journal of Family History 6. 1981, S. 156-176

LENGERKE 1826

    Lengerke, Alexander von: Die schleswig-holsteinische Landwirtschaft. 2 Bde. Berlin 1826

LETI 1979

    Leti, Giuseppe: Problèmes d'échantillonage statistique dans les enquêtes de démographie historique. In: Démographie historique. Hrsg. von Maria Luiza Marcilio und Hubert Charbonneau. Rouen-Montreal 1979, S. 77-107

LINDEMANN 1981

    Lindemann, Mary: Love for hire: The regulation of the wet-nursing business in eighteenth-century Hamburg. In: Journal of Family History 6. 1981, S. 379-395

LITHELL 1981

    Lithell, Ulla-Britt: Breast-feeding habits and their relation to infant mortality and marital fertility. In: Journal of Family History 6. 1981, S. 182-194

LORENZEN-SCHMIDT 1982

    Lorenzen-Schmidt, Klaus-J.: Demographische Strukturen in Hohenfelde (Krs. Steinburg) 1647-1870, im Kirchspiel Marne (Krs. Dithmarschen) 1661-1870 und im Kirchspiel Neuenbrook (Krs. Steinburg) 1691-1869. Typoskript 1982 (Die wichtigsten Ergebnisse daraus in: ders., Lebenserwartung, Säuglings- und Kindersterblichkeit in drei holsteinischen Kirchspielen zwischen 1713 und 1869, in: Die Heimat 90, 1983, S. 164-169.)

LÜBECK 1895

    Lübeck. Festschrift, den Theilnehmern der 65. Versammlung deutscher Naturforscher und Ärzte gewidmet von dem ärztlichen Verein zu Lübeck. Lübeck 1895

LÜBSTORFF 1862

    Lübstorff, H.: Beiträge zur Kenntniß des öffentlichen Gesundheitszustandes der Stadt Lübeck. Hrsg. vom Ärztlichen Vereine in Lübeck. Lübeck 1862

MACFARLANE 1970

    Macfarlane, Alan: The family life of Ralph Josselin, a seventeenth-century clergyman. An essay in historical anthropology. Cambridge 1970

MACKENROTH 1953

    Mackenroth, Gerhard: Bevölkerungslehre. Theorie, Soziologie und Statistik der Bevölkerung. Berlin usw. 1953

MARVICK 1977

    Marvick, Elisabeth Wirth: Natur und Kultur: Trends und Normen der Kindererziehung in Frankreich im siebzehnten Jahrhundert. In: Hört ihr die Kinder weinen. Eine psychogenetische Geschichte der Kindheit. Hrsg. von Lloyd de Mause, Frankfurt a.M. 1977, S. 364-421

MATERIALIEN 1784

    Materialien zur Statistik der Dänischen Staaten, aus Urkunden und beglaubigten Nachrichten, nebst einer characteristischen Übersicht der Dänischen Literatur. 3 Bde. Flensburg und Leipzig 1784-1791

McKEOWN 1976

    McKeown, Thomas: The modern rise of population. London 1976

MEDIZINALWESEN 1891

    Das Medicinal- und Gesundheitswesen mit besonderer Berücksichtigung der Provinz Schleswig-Holstein. Bearb. von Staack. Kiel/Leipzig 1891

MEIFORT 1939

    Meifort, J.: Die bäuerlichen Besitzungen in Leezen und ihre Geschichte. Ein Beitrag zur Dorfgeschichte. Bad Segeberg 1939 (Beiträge zur Heimatkunde aus dem "Segeberger Kreis- und Tageblatt")

MEIFORT 1939a

    Meifort, J.: (Zugehörigkeit von Tralauern zum Kirchspiel Leezen) In: Gemeindeblatt Leezen, Oktober 1939

MENURET 1797

    Menuret, J.J.: Versuch über die Stadt Hamburg in Hinsicht auf die Gesundheit betrachtet, oder Briefe über die medicinisch-topographische Geschichte dieser Stadt. Hamburg 1797

MEYER 1940

    Meyer, Gustav Fr.: Geburt und Taufe im Volksglauben Schleswig-Holsteins. In: Nordelbingen 16. 1940, S. 31-73

MEYER 1965

    Meyer, Gerhard: Die Verkoppelung im Herzogtum Lauenburg unter hannoverscher Herrschaft. Eine Abhandlung zur Agrar- und Landesgeschichte. Hildesheim 1965. (Quellen und Darstellungen zur Geschichte Niedersachsens, Bd 66)

MITTERAUER/SIEDER 1977

    Mitterauer, Michael und Reinhard Sieder: Vom Patriarchat zur Partnerschaft. Zum Strukturwandel der Familie. München 1977

MOMSEN 1974

    Momsen, Ingwer Ernst: Die allgemeinen Volkszählungen in Schleswig-Holstein in dänischer Zeit (1769-1860). Neumünster 1974 (Quellen und Forschungen zur Geschichte Schleswig-Holsteins, Bd 66)

MOREL 1980

    Morel, Marie-France: Mère, enfant, médecin: La médicalisation de la petite enfance en France (XVIIe-XIXe) siècles).
In: Mensch und Gesundheit in der Geschichte (Abhandlungen zur Geschichte der Medizin und der Naturwissenschaften, H. 39). Hrsg. von Arthur E. Imhof, Husum 1980, S. 301-313

MOSLEY 1978

    Nutrition and human reproduction. Hrsg. von W. Henry Mosley. New York/London 1978

MÜTTERSTERBLICHKEIT 1978

    Mütter- und Säuglingssterblichkeit. Hrsg. vom Bundesminister für Jugend, Familie und Gesundheit. Stuttgart 1978 (Schriftenreihe des Bundesminister für Jugend, Familie und Gesundheit, Bd 67)

MUTZENBECHER 1814

    Mutzenbecher, L.S.D.: Vorläufige Nachricht von den jetzt herrschenden Krankheiten dieser Stadt, über Zeichen, Charakter, Behandlung und Verhütung derselben. Altona 1814

NAGEL 1831

    Nagel, C.F.: Ein Wort über das jetzt grassierende Scharlachfieber. Altona 1831

NIEMANN 1823

    Niemann, August: Die holsteinische Milchwirtschaft. Altona ²1823

NISSEN 1794

    Nissen, A.F.: Von dem Kalkberge bei Segeberg, seiner Bearbeitung und den Einkünften von demselben. In: Schleswig-Holsteinische Provinzialberichte 8, 1794, 3, S. 305-342

NORDEN 1981

    Norden, Wilhelm: Eine Bevölkerung in der Krise. Die oldenburgische Küstenmarsch 1600-1850. In: Sozialer und politischer Wandel in Oldenburg. Studien zur Regionalgeschichte vom 17. bis 20. Jahrhundert. Hrsg. von Wolfgang Günther, Oldenburg 1981, S. 15-47

OAKLEY 1981

    Oakley, Stewart P.: The geography of peasant ecotypes in pre-industrial Scandinavia. In: Scandia 47. 1981, S. 199-223

OLDEKOP 1908

    Oldekop, Henning: Topographie des Herzogthums Holstein. 2 Bde. Kiel 1908

OOSTERVEEN 1980

    Oosterveen, Karla, Richard M. Smith und Susan Stewart: Family reconstitution and the study of bastardy: Evidence from certain English parishes. In: Bastardy and its comparative history. Hrsg. von Peter Laslett u.a., London 1980, S. 86-140

OTTE 1798

    Otte: Über den so sehr empfundenen Mangel des Gesindes und der Tagelöhner und die wahrscheinlichen Ursachen desselben. In: Schleswig-Holsteinische Provinzialberichte 12. 1798, 1, S. 48-59

PERRENOUD 1979

    Perrenoud, Alfred: La population de Genève du seizième au début du dix-neuvième siècle. Etude démographique. Tome premier: Structures et mouvements. Paris/Genève 1979

PFAFF 1851

    Pfaff, C.H.: Die asiatische Cholera-Epidemie im Herzogthum Holstein in dem Jahre 1850 nebst einem Rückblick auf ihr früheres Auftreten daselbst in den Jahren 1831, 1832 und 1848 nach den bei dem Schleswig-Holsteinischen Sanitäts-Collegio eingegangenen ärztlichen Berichten. Kiel 1851

PHAYER 1970

    Phayer, J. Michael: Religion und das gewöhnliche Volk in Bayern in der Zeit von 1750-1850. München 1970

PLANUNGSATLAS 1960

    Deutscher Planungsatlas. Band III. Schleswig-Holstein. Bremen 1960

POPULATION CONFERENCE 1981

    International Population Conference. Hrsg. von der I.U.S.S.P. Manila 1981

POUSSOU 1970

    Poussou, Jean-Pierre: Les mouvements migratoires en France et à partir de la France de la fin du XVe siècle au début du XIXe siècle: Approches pour une synthèse. In: Annales de Démographie Historique 1970, S. 11-78

PRESSAT 1979

    Pressat, Roland: Dictionnaire de démographie. Paris 1979

PRESTON 1978

    The effects of infant and child mortality on fertility. Hrsg. von Samuel H. Preston, New York 1978

PRINZING 1899

    Prinzing, Friedrich: Die Entwicklung der Kindersterblichkeit in den europäischen Staaten. In: Jahrbücher für Nationalökonomie und Statistik 72. 1899, S. 577-633

PRINZING 1900

    Prinzing, Friedrich: Die Kindersterblichkeit in Stadt und Land. In: Jahrbücher für Nationalökonomie und Statistik 75. 1900, S. 593-644

PRINZING 1912

>Prinzing, F.: Geburtenstatistik. In: Handwörterbuch der sozialen Hygiene. Hrsg. von A. Grotjahn und J. Kaup, Leipzig 1912, S. 379-388

RAMBACH 1801

>Rambach, Johann Jakob: Versuch einer physisch-medizinischen Beschreibung von Hamburg. Hamburg 1801

REICHARDT 1978

>Reichardt, Rolf: "Histoire des Mentalités". Eine neue Dimension der Sozialgeschichte am Beispiel des französischen Ancien Régime. In: Sozialgeschichte der deutschen Literatur 3. 1978, S. 130-166

REINHARD 1968

>Reinhard, Marcel, André Armengaud und Jacques Dupâquier: Histoire générale de la population mondiale. Paris ^{3}1968

RENARD 1838

>Renard, Louis: Der Holsteinische Landbau. Ein Handbuch für angehende Oeconomen, sowohl belehrend für das Oertliche und Herkömmliche des Landes, als in Bezug auf die Fortschritte der Kunst und deren Anwendung in Zukunft; nebst einer Anleitung zur landwirtschaftlichen Buchführung. Hamburg 1838

RIBBE/HENNING 1980

>Ribbe, Wolfgang und Eckart Henning: Taschenbuch für Familiengeschichtsforschung. Neustadt a.d.Aisch ^{9}1980

RIEDIGER 1955

>Riediger, Hans: Bramstedter Stellenverzeichnis. Als MS gedr. Lieferung 1-15. MS Hamburg 1955-56

RIEKEN 1963

>Rieken, Anne Dörte: Das Amt Segeberg. Innerer Aufbau und siedlungsgeschichtliche Grundlagen. Phil.Diss. Hamburg 1963

RIEMANN 1953

>Riemann, Friedrich-Karl: Ackerbau und Viehhaltung im vorindustriellen Deutschland. Kitzingen 1953 (Beihefte zum Jahrbuch der Albertus-Universität zu Königsberg/Pr. 3)

RUDLOFF 1967

    Rudloff, Hans v.: Die Schwankungen und Pendelungen des Klimas in Europa seit dem Beginn der regelmäßigen Instrumenten-Beobachtungen (1670). Braunschweig 1967

SABEAN 1970

    Sabean, David: Household formation and geographical mobility: A family register study for a Württemberg village 1760-1900. In: Annales de Démographie Historique 1970, S. 275-294

SABEAN 1978

    Sabean, David: Small peasant agriculture in Germany at the beginning of the nineteenth century: Changing work patterns.
    In: Peasant Studies 7. 1978, S. 218-224

CHRONOLOGISCHE SAMMLUNG

    Chronologische Sammlung der im Jahre ... ergangenen Königlichen Verordnungen und Verfügungen für die Herzogthümer Schleswig und Holstein. Kiel 1791-1849

SYSTEMATISCHE SAMMLUNG

    Systematische Sammlung der für die Herzogthümer Schleswig und Holstein erlassenen, annoch gültigen Verordnungen und Verfügungen. Bd 1-9. Kiel 1827-1841

SARTORI 1910

    Sartori, Paul: Sitte und Brauch. 2 Bde. Leipzig 1910-1914 (Handbücher zur Volkskunde Bd 5, Bd 7/8)

SAUGSTAD 1979

    Saugstad, L. Fegersten: Crude death rate and infant mortality 1840-1900 in Norway, Sweden, Denmark and England and Wales, with particular attention to the relationship between mortality and population density - urbanisation. In: Scandinavian Population Studies 5. 1979, S. 83-97

SCHEIDT 1932

    Scheidt, Walter: Niedersächsische Bauern II. Bevölkerungsbiologie der Elbinsel Finkenwärder vom Dreißigjährigen Kriege bis zur Gegenwart. Jena 1932 (Deutsche Rassenkunde. Bd 10)

SCHEIDT/WRIEDE 1927

    Scheidt, Walter und Hinrich Wriede: Die Elbinsel Finkenwärder. Land und Leute, Rasse und Volkstum des Finkenwärder Fischerdorfes. München 1927

SCHMID 1976

    Schmid, Josef: Einführung in die Bevölkerungssoziologie. Reinbek 1976

SCHOFIELD/WRIGLEY 1981

    Schofield, R. und E.A. Wrigley: Remarriage intervals and the effect of marriage order on fertility. In: Marriage and remarriage in populations of the past. Hrsg. von J. Dupâquier u.a., London 1981, S. 211-225

SCHRADER 1787

    Schrader: Beherzigungen über die moralischen und politischen Folgen des Ammendienstes in grossen Städten für die umherliegenden Distrikte. In: Schleswig-Holsteinische Provinzialberichte 1. 1787, 4, S. 457-461

SCHRÖDER/BIERNATZKI 1855

    Schröder, Johannes und Hermann Biernatzki: Topographie der Herzogthümer Holstein und Lauenburg, des Fürstenthums Lübecks und des Gebiets der freien und Hanse-Städte Hamburg und Lübeck. 2 Bde. O.O. ^{2}1855-56

SERING 1908

    Sering, M.: Die Vererbung des ländlichen Grundbesitzes im Königreich Preußen. Bd VII: Erbrecht und Agrarverfassung in Schleswig-Holstein auf geschichtlicher Grundlage. Berlin 1908

SHORTER 1977

    Shorter, Edward: Die Geburt der modernen Familie. Reinbek 1977

SIMON 1981

    Simon, Christian: Untertanenverhalten und obrigkeitliche Moralpolitik. Studien zum Verhältnis zwischen Stadt und Land im ausgehenden 18. Jahrhundert am Beispiel Basels. Basel/Frankfurt a.M. 1981 (Basler Beiträge zur Geschichtswissenschaft, Bd 145)

SIEVERS 1981

    Die deutsche und skandinavische Amerikaauswanderung im 19. und 20. Jahrhundert. Hrsg. von Kai Detlev Sievers. Neumünster 1981

SPAGNOLI 1977

    Spagnoli, Paul G.: Population history from parish monographs: The problem of local demographic variations. In: Journal of Interdisciplinary History 7. 1977, S. 427-452

STEINBORN 1982

    Steinborn, Hans-Christian: Abgaben und Dienste holsteinischer Bauern im 18. Jahrhundert. Neumünster 1982

STEINHEIM 1815

    Steinheim,(Salomon Levi): Über den Typhus im Jahr 1814 in Altona. Altona 1815

STOLLT 1938

    Stollt, Oskar: Die Verteilung und Entwicklung der Bevölkerung in Schleswig-Holstein. Gütersloh 1938 (Phil. Diss. Greifswald 1938)

STORMARN 1938

    Stormarn. Der Lebensraum zwischen Hamburg und Lübeck. Eine Landes- und Volkskunde, als Gemeinschaftsarbeit Stormarner Heimatfreunde hrsg. von Constantin Bock von Wülfing und Walter Frahm. Hamburg 1938

SÜSSMILCH 1775

    Süssmilch, Johann Peter: Die göttliche Ordnung in den Veränderungen des menschlichen Geschlechts, aus der Geburt, Tod, und Fortpflanzung desselben. Hrsg. von Christian Jacob Baumann. Berlin ^{4}1775

TABELVAERK 1856

    Statistisk Tabelvaerk. N.R., Bd 12, 1. Abt.,Kopenhagen 1856

TABUTIN 1978

    Tabutin, Dominique: La surmortalité féminine en Europe avant 1940. In: Population 33. 1978, S. 121-148

TEUTEBERG/WIEGELMANN 1972

    Teuteberg, Hans-Jürgen und Günter Wiegelmann: Der Wandel der Nahrungsgewohnheiten unter dem Einfluß der Industrialisierung. Göttingen 1972 (Studien zum Wandel von Gesellschaft und Bildung im neunzehnten Jahrhundert, Bd 3)

TURPEINEN 1980

Turpeinen, Oiva: Les causes des fluctuations annuelles du taux de mortalité finlandais entre 1750 et 1806. In: Annales des Démographie Historique 1980, S. 287-296

VERZEICHNIS 1837

Verzeichnis gesammter im Volkskalender der Herzogthümer für das Jahr 1837 aufgeführten in- und ausländischen Märkte. In: Itzehoer Wochenblatt 1837, Spp. 184-186, 244-246, 598-600, 922-924. (Repr. in: Rundbrief des Arbeitskreises für Wirtschafts- und Sozialgeschichte Schleswig-Holsteins Nr. 16, Mai 1982, S. 16-20)

VILQUIN 1977

Vilquin, Eric: Aspects saisonniers de la mortalité infantile dans les générations belges 1841-42-43. (Université catholique de Louvain, département de démographie. Working Paper n. 36) Louvain 1977

VOLAND 1984

Voland, Eckart: Human sex-ratio manipulation: Historical data from a German parish.
In: Journal of Human Evolution 13. 1984 (in Vorber.)

WALDSCHMIEDT 1721

Waldschmiedt, Christianus: Dissertatio medica de singularibus quibusdam pestis holsaticae. Kiliae 1721

WALDTSCHMIEDT 1717

Waldtschmiedt, Wilhelmus Huldericus: Diss. medica de morbo endemio convulsivo, per Holsatiam grassante, oppido raro. (Christianus Stephanus Scheffelius). Kiliae 1717

WALL 1981

Wall, Richard: Inferring differential neglect of females from mortality data. In: Annales de Démographie Historique 1981, S. 119-139

WASCHINSKI 1959

Waschinski, Emil: Währung, Preisentwicklung und Kaufkraft des Geldes in Schleswig-Holstein von 1226-1864. Bd 2. Neumünster 1959 (Quellen und Forschungen zur Geschichte Schleswig-Holsteins, Bd 26,II)

WEBER 1814

    Weber, Fr.: Bemerkungen über die in Kiel und der umliegenden Gegend im Anfange des Jahres 1814 vorherrschenden Krankheiten, besonders über den Typhus. Kiel 1814

WEBER 1976

    Weber, Max: Wirtschaft und Gesellschaft. Grundriß der verstehenden Soziologie. Tübingen ^{5}1976

WEBER-KELLERMANN 1965

    Weber-Kellermann, Ingeborg: Erntebrauch in der ländlichen Arbeitswelt des 19. Jahrhunderts auf Grund der Mannhardtbefragung in Deutschland von 1865. Marburg 1965 (Veröffentlichungen des Instituts für mitteleuropäische Volksforschung an der Phillips-Universität Marburg-Lahn R.A., Bd 2)

WEGEMANN 1917

    Wegemann, G.: Die Volkszahl Schleswig-Holsteins seit dem Mittelalter. In: Zeitschrift der Gesellschaft für Schleswig-Holsteinische Geschichte 47. 1917, S. 41-67

WEINBERG 1912a

    Weinberg, W.: Geburtenfolge. In: Handwörterbuch der sozialen Hygiene. Hrsg. von A. Grotjahn und J. Kaup, Leipzig 1912, S. 377-379

WEINBERG 1912b

    Weinberg, W.: Totgeburt. In: Handwörterbuch zur sozialen Hygiene. Hrsg. von A. Grotjahn und J. Kaup, Leipzig 1912, S. 607-614

WIKMAN 1937

    Wikman, K. Rob. V.: Die Einleitung der Ehe. Eine vergleichende ethno-soziologische Untersuchung über die Vorstufe der Ehe in den Sitten des schwedischen Volkstums. I-XLIV. In: Acta Academiae Aboensis. Humaniora 11. 1937, S. 1-384

WITTENBERG 1895

    Die geschlechtlich sittlichen Verhältnisse der evangelischen Landbewohner im Deutschen Reiche. Bd 1, Leipzig 1895 (S.-H. u.a. bearb. von Pastor H. Wittenberg)

WOLFF 1930

    Wolff, Wilhelm: Die Bodenbildungen Schleswig-Holsteins und ihr Verhältnis zu den geologischen Bodenarten. In: Jahrbuch der Preußischen Geologischen Landesanstalt zu Berlin 51. 1930, S. 141-173

WRIGLEY 1969

    Wrigley, E.A.: Bevölkerungsstruktur im Wandel. Methoden und Ergebnisse der Demographie. München 1969

WRIGLEY 1978

    Wrigley, E.A.: Marital fertility in seventeenth-century Colyton: A note. In: The Economic History Review 31. 1978, S. 429-436

WRIGLEY/SCHOFIELD 1981

    Wrigley, E.A. und R.S. Schofield: The population history of England 1541-1871. A reconstruction. London 1981

WUELKER 1940

    Wuelker, Heinz: Bauerntum am Rande der Großstadt. Bd 1: Bevölkerungsbiologie der Dörfer Hainholz, Vahrenwald und List (Hannover). Leipzig 1940

WÜRZBURG 1887

    Würzburg, Arthur: Die Säuglingssterblichkeit im Deutschen Reiche während der Jahre 1875 bis 1877. In: Arbeiten aus dem Kaiserlichen Gesundheitsamte. (Beiheft zu den Veröffentlichungen aus dem Kaiserlichen Gesundheitsamte.) Bd 2. Berlin 1887, S. 208-222, S. 343-446

Abkürzungen

ausgew	ausgewandert
DF	descendance finale (fünffache Summe der Fruchtbarkeitsraten in den 7 Altersklassen zwischen 15 und 50 Jahren)
e_0	mittlere Lebenserwartung bei der Geburt
F	Frauen
FJ	Frauenjahre (von einer verh. Frau in der entsprechenden Altersgruppe verbrachte Zeit)
FR	Fertilitätsraten
G	Geburtsmonat
Geb	Lebendgeborene
I	Index
ident	identifiziert
Ig	Index der ehelichen Fruchtbarkeit (gemessen am Wert 1, der Fertilität der Population der Hutterer)
Ill	illegitime Geburten
K	Konzeptionsmonat
Ksp	Kirchspiel
ln	natürlicher Logarithmus
log	Zehnerlogarithmus
lx	Überlebende (von 1000) im Alter x
M	Männer, männlich
Max	höchster Wert
Md	Median
Min	niedrigster Wert
Mo	Modus (häufigster Wert)
Mw	Mittelwert
n	Anzahl der Fälle
o.A.	ohne Angabe
OSB	Ortssippenbuch
P(t)	Bevölkerung nach "t" Jahren
P(0)	Bevölkerung im Ausgangsjahr
$_yq_x$	Sterberate in y Jahren, vom Alter x an gerechnet

r   jährliche Rate der Bevölkerungszunahme
Rp   Risikopopulation (Anzahl der dem Ereignis ausgesetzten Personen)
TMFR   Rate der gesamten ehelichen Fertilität 20-49 Jahre (Berechnung wie DF, aber nur 6 Altersgruppen)
Totg   Totgeburt
verh   verheiratet
w   weiblich
95%CI   95%iger Konfidenzintervall für den Mittelwert

Übersicht über die Ehetypen[1])

vollständige Ehe: die Ehe bleibt bis mindestens zum 45. Geburtstag der Frau bestehen
unvollständige Ehe: die Ehe endet vor dem 45. Geburtstag der Frau
MF: Heiratsdatum bekannt, Ende der Verbindung bekannt;
MO: Heiratsdatum bekannt, Ende der Verbindung unbekannt;
EF: Heiratsdatum unbekannt, Ende der Verbindung bekannt;
EO: Heiratsdatum unbekannt, Ende der Verbindung unbekannt

Untergliederung der Ehen mit bekanntem Heiratsdatum:

Typ 1: Ende der Verbindung bekannt, Geburtsdatum der Frau auf den Tag genau bekannt
Typ 2:   "   "" - ungefähr bekannt
Typ 3:   "   "" - unbekannt
Typ 4:   "   unbekannt, Geburtsdatum der Frau auf den Tag genau bekannt
Typ 5:   "   "   "" - ungefähr bekannt
Typ 6:   "   "   "" - unbekannt
Typ 11: vollständige beidseitige Erstehe Typ 1
Typ 13: vollständige Erstehe der Frau, Wiederverheiratung des Mannes (Typ 1)

---

[1]) Ein erläutertes und ausführliches Verzeichnis demographischer Grundbegriffe findet sich bei Imhof 1975, S. 1081 ff.

Summary

This study deals with the demographic developments in a parish during the 18th and 19th centuries with regard to the economic and social context and the historical development of mentality. Methologically, the narrow bounds of classical parochial studies patterned on Henry (Crulai) are overstepped by means of a deeper analysis of the determinants of the demographic events.

The parish investigated, Leezen - about 40 km northeast of Hamburg - is typical for Schleswig-Holstein and northern Germany in many respects; for instance in its low infant mortality and moderately high fertility. In its social structure it is marked by a clear opposition between the two numerically dominant groups: the 'Insten' (rural loborers) and the 'Hufner' (independent farmers). The major occupations throughout the period studied were in agriculture carried out on the basis of a medium soil quality, which permitted cultivation of rye, oats, and buckwheat but not wheat. The decisive economic changes in the period studied were the enclosures around 1770 and the transition to intensive cattle raising in the first decades of the 19th century.

Three major phases of demographic and (in many respects coincident) economic development can be distinguished. The time between 1720 and 1770 is marked by a recuperation of the losses from the crises up to the Nordic War and a stagnation of the population at a level which represents the traditional maximum. After the Seven Years' War a population boom begins which leads to a doubling of the number of households by 1864. From 1820 onwards changes can be ascertained in so far as the long range trend of economic boom breaks off and picks up again only in the middle of the century. But for various reasons, such as the decline in infant mortality, the population increase does not yet slow down. Between 1803 and 1845 the increase lies at 1% per year; afterwards, the effects of migration begin to be noticeable.

Changes in mortality which indicate an improved state of nourishment can be demonstrated in the decrease of spring crises and a decline in child mortality in the last third of the 18th century. Improvements in hygiene are reflected above all in the lowering of mortality among mothers and infants. Infant mortality displays a remarkable turning point around 1820. The explanation for this is likely the greater cleanliness consequent on the increased importance of butter production, but possible also the over-supply of laborers leading to a smaller labor burden for women. Finally, one extraordinary element of infant mortality is the overmortality of girls, which is clearly concentrated on the first born in farmer families, so that a connection to the interest in a male heir can be ascertained.

Developments can likewise be shown in the area of marriage and fertility. The rate of illegitimate births and premarital conceptions increases from the 1770's/1780's onward, while the age at marriage temporarily sinks. The affluence due to the economic boom in this agrarian region can thus be seen as a catalyzer for a certain loosing of morals and thus for change in mentality. The improved possibilities of founding an existence by migration in the 19th century strengthen this trend and lead at the same time to a decrease in the quota of remarriages, which was, on the whole, relatively high in this area. Although marital fertility undergoes no radical change in the period under observation such as is represented by the general introduction of birth control in the 1880's, nonetheless, indications of birth limitation can be found. In the 1820's young married couples begin to limit the number of children. This should be seen especially as a consequence of the decline of infant and child mortality; the temporarily worsening economic perspectives may have functioned as an additional impulse. Probably, too, the lower fertility of the rural laborers compared with the independent farmers represents a form of birth limitation.

In the period under observation migrations are the decisive regulators of population size. They display a close connection to economic trends, whereby Leezen is to be characterized as a net-emigration area. From the middle of the 1840's the migration especially to Hamburg increases drastically. This leads to a stagnation of the population after 1864.

Résumé

L'étude a comme sujet l'évolution démographique d'une paroisse aux 18e et 19e siècles dans son contexte économique, social et mental. Le cadre méthodique des études paroissiales classiques selon l'exemple de Henry (Crulai) est franchi grâce à une analyse approfondie des déterminants des événements démographiques.

Leezen, située à environ 40 km au nord-est de Hambourg, est une paroisse à plusieurs égards typique, non seulement pour la région de Schleswig-Holstein, mais aussi pour l'Allemagne du Nord, par exemple en sa mortalité infantile basse et sa fécondité modérément haute. Sa structure sociale est caractérisée par une nette opposition des deux groupes dominants par leur nombre, les 'Hufner'(laboureurs) et les 'Insten'(manouvriers). Basée sur une qualité moyenne du sol qui ne permet pas la culture du blé, mais du seigle, de l'avoine et du sarrazin, l'agriculture reste la source principale de revenu dans la période étudiée. Deux changements importants sont à remarquer. Le premier vers 1770 consiste à transformer des champs ouverts en clos, le deuxième, se déroulant dans les premières décennies du 19e siècle, est l'intensification de l'élevage.

Dans l'ensemble trois phases principales se distinguent dans l'évolution démographique et, souvent parallèlement, économique. La période 1720-1770 est marquée en premier lieu par la récupération des pertes dans les grandes crises qui se terminèrent avec la guerre du Nord, et ensuite par une stagnation du niveau de population qui représente le maximum traditionel. Après la guerre de Sept Ans la croissance démographique s'amorce, il en résulte un doublement du nombre des feux jusqu'en 1864. Vers 1820, le long essor économique est brisé - il ne reprend qu'au milieu du XIXe siècle - sans que l'augmentation ne se ralentisse pour cela. Pour différentes raisons, comme par exemple la baisse de la mortalité infantile, le taux annuel se situe toujours aux alentours de 1% entre les recensements de 1803 et 1845. Plus tard, l'émigration entraîne un abaissement progressif du taux.

En ce qui concerne la mortalité, le recul des crises printanières et de la mortalité enfantine dans le dernier tiers du XVIIIe siècle mettent en évidence une meilleure alimentation, et d'importantes améliorations hygiéniques se traduisent par une diminution de la mortalité des mères et des nourrissons. Cette dernière régression prend un tournant remarquable dans les années 1820. Une explication, possible, se trouve dans une augmentation de la propreté, exigée dans la fabrication du beurre. Mais cela n'exclue pas l'influence de l'abondance de la main-d'oeuvre qui soulage la femme de nombreux travaux. Signalons enfin un élément extraordinaire de la mortalité infantile, la surmortalité des filles. Elle se concentre si nettement sur les premières naissances dans les familles de laboureurs que l'on peut y constater un désir primordial d'obtenir un héritier mâle.

Dans le secteur mariages et fécondité des évolutions sont également évidentes. Les taux des naissances illégitimes et des conceptions prénuptiales augmentent à partir des années 1770/1780, tandis que l'âge au mariage diminue momentanément. Ainsi l'aisance dans cette région agricole, causée par une conjoncture favorable, peut être considérée comme un facteur essentiel d'un certain relâchement des moeurs et donc d'un changement de mentalité. Au XIXe siècle, cette situation se trouve renforcée, car de meilleures possibilités pour fonder une nouvelle existence sont offertes par l'émigration, ce qui mène en même temps à une diminution du taux des remariages lequel est relativement haut dans cette région. Dans la période observée, la fécondité conjugale ne subit pas de changement révolutionnaire, comparable à celui de l'amorcement général du contrôle des naissances dans les années 1880, mais on peut néanmoins trouver des indices pour la limitation des naissances avant cette date. Elle est pratiquée à partir des années 1820 par les couples qui se marient jeunes. Cela doit être considéré comme conséquence de la baisse de la mortalité enfantine et infantile, bien que les perspectives économiques qui s'assombrissent temporairement puissent avoir joué le rôle d'une impulsion supplémentaire. La moindre fécondité des manouvriers par rapport aux laboureurs est probablement dû à une autre forme de limitation des naissances.

Les migrations sont le régulateur décisif de la population dans la période observée. Elles montrent une dépendance évidente de la conjoncture économique, bien que l'émigration domine en général à Leezen. Aux environs de 1845 l'émigration augmente, surtout en direction de la région de Hambourg, ce qui entraîne après 1864 la stagnation de la population.